本书由"十四五"江苏省重点学科苏州大学哲学学科资助

管理哲学元论

周可真 著

中国社会科学出版社

图书在版编目（CIP）数据

管理哲学元论 / 周可真著 . —北京：中国社会科学出版社，2023.4
ISBN 978 - 7 - 5227 - 1800 - 2

Ⅰ.①管… Ⅱ.①周… Ⅲ.①管理学—哲学—研究 Ⅳ.①C93 - 02

中国国家版本馆 CIP 数据核字（2023）第 065009 号

出 版 人	赵剑英
责任编辑	朱华彬
责任校对	谢　静
责任印制	张雪娇

出　　版	中国社会科学出版社
社　　址	北京鼓楼西大街甲 158 号
邮　　编	100720
网　　址	http：//www.csspw.cn
发 行 部	010 - 84083685
门 市 部	010 - 84029450
经　　销	新华书店及其他书店
印　　刷	北京明恒达印务有限公司
装　　订	廊坊市广阳区广增装订厂
版　　次	2023 年 4 月第 1 版
印　　次	2023 年 4 月第 1 次印刷
开　　本	710×1000　1/16
印　　张	25.75
插　　页	2
字　　数	407 千字
定　　价	158.00 元

凡购买中国社会科学出版社图书，如有质量问题请与本社营销中心联系调换
电话：010 - 84083683
版权所有　侵权必究

目 录

引 论 ·· (1)

第一篇 以"管理哲学"为主题的元研究

第一章 西方学者对管理的哲学研究 ································ (33)
第一节 "管理经营哲学"——泰勒和谢尔登的管理
哲学研究 ·· (33)
第二节 "管理文化哲学"——霍金森和沙因的管理
哲学研究 ·· (43)
第三节 "彻底规范性"的价值管理理论——柯克比对管理
哲学的元研究 ·· (50)
第四节 对西方管理哲学研究的评说 ································ (55)

第二章 中国学者对管理的哲学研究 ································ (62)
第一节 中国管理哲学研究简况 ·· (62)
第二节 构建马克思主义管理哲学体系——崔绪治的管理
哲学研究 ·· (66)
第三节 构建东方管理文化理论体系——苏东水的管理
哲学研究 ·· (69)
第四节 对中国管理哲学研究的评说 ································ (71)

本篇反思与总结 ·· (74)

第二篇 以"哲学"为主题的元研究

第三章 传统哲学的两种基本研究方式 (85)
第一节 作为哲学研究方式的自然哲学与文化哲学 (85)
第二节 自然哲学与文化哲学在古代的原始综合 (89)
第三节 17世纪以后西方自然哲学与文化哲学的分化 (93)
第四节 16世纪初中国哲学向文化哲学的转型 (111)
第五节 中西哲学同归于文化哲学的发展趋势 (119)

第四章 哲学的历史形态及其演化规律和演化趋势 (125)
第一节 哲学的三种基本历史形态 (126)
第二节 哲学形态的演化规律和演化趋势 (132)
第三节 文化哲学:生活论形态的后现代哲学 (133)

本篇反思与总结 (142)

第三篇 以"管理"为主题的元研究

第五章 现代管理学的缺陷及片面管理观向全面管理观转变的趋势 (152)
第一节 "人性假设"缺陷:缺乏"自由"要素 (152)
第二节 思想缺陷:把特殊管理理论当作普遍管理理论 (156)
第三节 理论缺陷:缺乏普适性管理概念 (159)
第四节 管理概念缺陷:不适用于个人生活管理 (160)
第五节 管理理念转变趋势:从片面管理观到全面管理观 (161)

第六章 管理是什么? (165)
第一节 管理:对非管理活动的信息反馈活动
——基于对"管理"和"management"的语义分析 (165)
第二节 管理的目的和本质:达成自由和必然的协调统一 (175)

第三节　管理的意义和任务：为非管理活动制定行为
　　　　　　规则 …………………………………………………（180）

第七章　管理学是什么？ …………………………………（183）
　　第一节　"管理学"的意义分析 ……………………………（183）
　　第二节　管理知识的诠释性特点 …………………………（184）
　　第三节　管理知识的综合性特点 …………………………（192）

本篇反思与总结 ……………………………………………（202）

第四篇　以"知识创新"为主题的思维规律研究

第八章　知识创新和创新思维 ……………………………（213）
　　第一节　知识与真理 ………………………………………（213）
　　第二节　知识创造与知识重建 ……………………………（238）
　　第三节　创新思维的本质 …………………………………（255）

第九章　规范思维与自由思维 ……………………………（271）
　　第一节　理论假设条件与相关概念界定 …………………（271）
　　第二节　逻辑学与仁道学 …………………………………（273）
　　第三节　规范思维——广义逻辑思维 ……………………（280）
　　第四节　认知逻辑——logic 的历史形态 …………………（283）
　　第五节　情感逻辑——"将心比心"的仁道思维 ………（307）
　　第六节　意志逻辑——"见义而为"的意志推理 ………（325）
　　第七节　自由思维——广义直觉思维 ……………………（329）

第十章　知识创新中规范思维与自由思维的差异协同规律
　　　　　——以"螃蟹可吃"的知识发明为例 ……………（349）
　　第一节　自由思维对知识创新的作用 ……………………（350）
　　第二节　规范思维对知识创新的作用 ……………………（355）

余　论 ………………………………………………………（362）

参考文献 …………………………………………………………（371）

索　引 ……………………………………………………………（389）

后　记 ……………………………………………………………（395）

引　论

一　开展元管理哲学研究的必要性

从1923年由英国管理学家奥利佛·谢尔登（Oliver Sheldon，1894—1951）撰著、英国伦敦伊萨克·皮特曼父子公司出版、至今被公认为管理哲学学科奠基之作的《管理哲学》算起，到中国大陆学术界最早系统地开展管理哲学研究的崔绪治（1939—　）先生在20世纪80年代初着手这项研究，大约60年。然而，当年崔先生在研究中首先遇到并令其最感困惑的一个问题，竟然是"管理哲学是什么"，因为"经过粗略的考察，我们认为，从总体上看，至今一些学者，特别是西欧、美国和日本的一些管理学者，他们的管理哲学概念基本上是不明确的"[①]。当笔者还是一个年未而立的青年教师时，读了崔先生和徐厚德先生所合著的第一本管理哲学专著《现代管理哲学概论》，好生纳闷：素来好讲逻辑的西方学者研究管理哲学都这么久了，居然至今还没有给管理哲学概念下过一个精确的定义？！后来读了崔、徐所合著的第二本管理哲学专著《现代管理哲学纲要》，才明白过来是怎么回事了，其书中这样写道：

> 确定一个科学的研究对象，通常十分复杂，不是一蹴而就的。往往一个学科在事实上被公认为已经建立起来，而且有了相当的发展，但对于研究对象的规定，却一直众说纷纭，莫衷一是。这在科学史、思想史上是屡见不鲜的。……好在如同恩格斯所说："在科学

[①] 崔绪治、徐厚德：《现代管理哲学概论》，安徽人民出版社1986年版，第29页。

上，一切定义都只有微小的价值。……只要我们不忘记它们的不可避免的缺点，它们也无能为害。"① 在这个意义上，我们可以不必因为对于现代管理哲学研究的对象还没有完全搞清楚或争论不休，而中止这一学科的建设。同时，由于是否具有自己特定而明确的研究对象，毕竟是一个学科能否成立的基本前提和条件，因而，我们在建设现代管理哲学的过程中，又必须通过深入的探讨，使这一学科的研究对象逐步得以廓清。②

如今重温这些话，越发感觉到其鞭辟入里。从读其书到现在，一晃三十多年过去了，虽是弹指一挥间，毕竟天地翻覆，中国乃至整个世界都旧貌换新颜了。中国的管理哲学研究状况也有了很大改变，从起初只有几个人在研究，到现在遍及哲学界和管理学界，大学、研究机构等都有人在研究，其队伍蔚然可观矣！崔、徐关于"管理哲学是介于哲学与管理学之间的边缘学科，是哲学和管理学的交叉学科"③ 的界说，后来获得中国大陆哲学界同人较广泛的认同，直至2007年举行第二届全国管理哲学创新论坛，仍得到与会者普遍一致的肯定④。不过，仔细推敲，他们的界说也并非没有问题。那么，问题在哪儿？

首先，什么叫"边缘学科"或"交叉学科"？英文中"Interdiscipline"一词是晚近出现的，《远东英汉大辞典》（梁实秋主编，台北：远东图书公司印行，1977）和《新英汉词典》（葛传椝等主编，上海译文出版社，1978）均尚未收进该词条。⑤ "Interdiscipline"作为一个学术名词被

---

① 转引自恩格斯《反杜林论》，人民出版社1970年版，第80页。按：这段文字在新版中被译为："在科学上，一切定义都只有微小的价值。……只要我们不忘记它们的不可避免的缺点，它们也没有什么害处。"（《马克思恩格斯选集》第3卷，人民出版社2012年版，第459页）
② 崔绪治、徐厚德：《现代管理哲学纲要》，经济管理出版社1990年版，第16—17页。
③ 崔绪治、徐厚德：《现代管理哲学概论》，安徽人民出版社1986年版，第1页。
④ 张玉新、张小慧：《"全国管理哲学创新论坛"提出：从实际出发创新中国管理哲学》，《人民日报》2007年5月25日第8版。
⑤ 《汉英词典》（吴景荣主编，商务印书馆1978年版）中倒是出现了汉语词"边缘科学"，但相对应的英文释义为"frontier science"（前沿科学），而不是"interdisciplinary science"（边缘科学）。这个情况既反映出我国改革开放伊始国人对当时西方科学发展动态显得相当陌生而未知其究竟，同时也间接地反映出西文中"边缘科学"尚属学术新名词，至少在20世纪70年代前后尚未成为国际上流行的术语。

引入中国以来，大陆学者通常把它译成"边缘学科"，或译为"交叉学科"。但"边缘学科"或"交叉学科"究竟用来指称什么对象，至今尚存歧见。观其实际用法，盖有广义和狭义两种：广义者所指对象可包括综合学科（以特定的自然客体为对象，采取多学科理论、知识和方法对之进行研究的学科）；狭义者仅指两个学科之间互相观照研究的情形。对"边缘学科"一词所标识的概念，迄今为止见诸辞书类著作者有几种不同的界说，诸如"基础科学部门（物理、化学、生物）依次相互邻接的交叉学科（物理化学、生物化学）"[①]、"现代科学发展过程中，由两门或两门以上的学科相互交叉、相互渗透、相互结合而产生的新兴学科"[②]、"在原本科学或分支学科的交叉处（或原有学科领域之间的交接点）产生的新学科"[③] 之类，限于本书主旨，这里不作延伸探究。

其次，哲学和管理学之间究竟何以会发生相互交叉的情况？透过上述这些定义的具体表述形式，抓住其实质内容，大体可知，将管理哲学定性为边缘学科，这其实不过是指出了管理哲学这门学科产生的背景及缘由，即它是由哲学与管理学联结生发出来，是哲学与管理学相互渗透、相互结合的产物。但是，这个背景的具体情况究竟怎样？为什么会出现哲学与管理学相互渗透、相互结合的情况？这样的问题，不仅崔、徐二先生的著作，其他同类著作也均未曾予以探究与说明，所以让人难以把握到管理哲学这门"哲学和管理学的交叉学科"具体而确切的内涵。

要了解哲学和管理学何以会相互渗透、相互结合而产生管理哲学的原因，首先应从学术史上哲学与科学的相互关系及其变动中去寻找。

在历史上，哲学与科学的关系是不确定的。在哲学开创阶段的古希腊时期，一切理论学术都被称为"哲学"，这种情况一直延续至欧洲中世纪。那个时候，所谓哲学与科学的关系，实际上是被称为"第一哲学"

---

① 彭克宏等主编：《社会科学大词典》，中国国际广播出版社1989年版。
② 张首吉等主编：《党的十一届三中全会以来新名词术语辞典》，济南出版社1992年版。
③ 袁世全等主编：《中国百科大辞典》，华夏出版社1990年版；武广华等主编：《中国卫生管理辞典》，中国科学技术出版社2001年版。

的形而上学①与其他理论学术部门的关系。直到近代，科学从哲学中逐渐分化出来，哲学与科学的关系才越来越成为哲学家和科学家所共同关心并力图予以澄清的一个涉及其学科性质的学术问题。

曾被马克思（Karl Heinrich Marx，1818—1883）称为"整个现代实验科学的真正始祖"②的英国科学家和哲学家弗兰西斯·培根（Francis Bacon，1561—1626），是近代较早对哲学与科学做出学科分划的学者之一。培根在《新工具》（Novum Organum，1620）中指出，"哲学和科学的正当分划"应该是这样：

> 要查究那种永恒的、不变的法式（至少在理性眼中看来和就其本质的法则说来是这样的），这就构成形而上学；要查究那能生因、质料因、隐秘过程和隐秘结构（所有这些都是关涉到自然的一般的和通常的进程，而不关涉到自然的永恒的和基本的法则），这就构成物理学。在这两种之下还附有实践方面的两个分支：在物理学之下有机械学；在形而上学之下有我所谓之幻术（在这个字的较纯粹的意义上来说的），这是因其活动途径之广阔，因其控制自然之较强而言的。③

培根认为，哲学和科学的研究对象都是物质，而且都是探究关于物质的原因，因为"真正的知识是凭原因而得的知识"④，但是它们所探究的原因是不同的：哲学是探究"法式因"，科学是探究"质料因"和"能生因"。比较而言，"法式因"是稳定的原因，是"若干最不相像的质体中的性质的统一性"⑤；"质料因"和"能生因"则是"不稳定的原因，都只是仅在某些情节上会引出法式的转运工具或原因"⑥。相对于

---

① 亚里士多德（Aristoteles，前384—前322）所称的"第一哲学"是指作为"物理学之后"的形而上学，与后来被阿奎那（Thomas Aquinas，约1225—1274）称作"第一哲学"（又称"形而上学"）的神学不同。
② 《马克思恩格斯文集》第1卷，人民出版社2009年版，第331页。
③ [英]培根：《新工具》，许宝骙译，商务印书馆1997年版，第116—117页。
④ [英]培根：《新工具》，许宝骙译，商务印书馆1997年版，第106页。
⑤ [英]培根：《新工具》，许宝骙译，商务印书馆1997年版，第108页。
⑥ [英]培根：《新工具》，许宝骙译，商务印书馆1997年版，第107页。

"质料因"和"能生因","法式因"是"始基原理",科学"在隐秘结构的全部发现方面,也须求之于始基的原理才能见到真正的和清晰的光亮,那始基原理是能完全驱除一切黑暗和隐晦的"①;"如果一个人的知识局限于能生因和质料因……,他固然也可能就预经选定的、相互有几分类似的某些质体方面做到一些新的发现,但是他没有接触到事物的更深一层的界线。可是如果有谁认识到法式,那么他就把握住若干最不相像的质体中的性质的统一性,从而就能把那迄今从未做出的事物,就能把那永远也不会因自然之变化、实验之努力,以至机缘之偶合而得以实现的事物,就能把那从来也不会临到人们思想的事物,侦察并揭露出来。由此可见,法式的发现能使人在思辨方面获得真理,在动作方面获得自由。"②"在自然当中固然实在只有一个一个的物体,依照固定的法则做着个别的单纯活动,此外便一无所有,可是在哲学当中,正是这个法则自身以及对于它的查究、发现和解释就成为知识的基础也成为动作的基础。我所说的法式,意思就指这法则"③。

尽管培根认为哲学知识较诸科学知识更为深刻,是"知识的基础",从而也是"(人的)动作的基础",但是在知识获得的程序上,培根是主张按由科学到哲学再到数学的次序,循序渐进地探索自然界的,他认为,"对自然的探究如果始于物理学而终于数学,那就会有最好的结果"④。这也就是说,在哲学与科学的关系上,培根明确主张将哲学建基于科学,强调求知当从科学开始。因为他看到,以往的科学一直处于哲学(形而上学)的怀抱之中,科学只是依据哲学原理来进行应用研究,因而在研究方法上向来都是沿用亚里士多德所创立的演绎法,由此"把自然界的法则作为已被搜寻出来和已被了解明白的东西来加以规定",这"给哲学以及各门科学带来很大的损害"⑤,因为这种追求"合于先入的概念"的做法,实质上是"满足于停留在和仅仅使用那已经发现的知识",不过是

---

① [英]培根:《新工具》,许宝骙译,商务印书馆1997年版,第115页。
② [英]培根:《新工具》,许宝骙译,商务印书馆1997年版,第107—108页。
③ [英]培根:《新工具》,许宝骙译,商务印书馆1997年版,第107页。
④ [英]培根:《新工具》,许宝骙译,商务印书馆1997年版,第116页。
⑤ [英]培根:《新工具》,序言,许宝骙译,商务印书馆1997年版,第1页。

"一种培养知识的方法"，而不是"一种发明知识的方法"①。为此，培根决心"发现理智世界的新大陆"，要为科学寻找属于它自己并且能够"发明知识"的新方法，终于他发现了这个"新大陆"，找到了这个"新工具"——由"观察和实验—列'三表'—归纳"三个环节构成的归纳法。

培根归纳法的创立被康德（Immanuel Kant，1724—1804）认为是实现了人类历史上的一次"智力革命"②，从此自然研究开始从哲学走向科学，因归纳法可用于建立"经验原理"，所以被称为"自然科学"③。

但是，科学独立于哲学是一漫长过程。17世纪时，科学依附于哲学的情况依然很严重。这从当时法国哲学家和数学家笛卡儿（René Descartes，1596—1650）的相关论述可以看出："全部哲学就如同一棵树似的，其中形而上学就是根，物理学就是干，别的一切科学就是干上生出来的枝。这些枝条可以分为主要的三种，就是医学、机械学和伦理学。"④笛卡儿此论并不只是在理当如此的意义上阐明他的主张，其陈述性的表述方式表明，它更反映出当时科学严重依附于哲学（形而上学）的现实状况，只不过笛卡儿不像培根那样认为需要改变这种现状罢了。这个情况到了18世纪和19世纪之交，才有所改变。黑格尔（Georg Wilhelm Friedrich Hegel，1770—1831）在《小逻辑》⑤中称当时西欧（特别是德国）学术界"哲学一名词已用来指谓许多不同部门的知识，凡是在无限量的经验的个体事物之海洋中，寻求普遍和确定的标准，以及在无穷的偶然事物表面上显得无秩序的繁杂体中，寻求规律与必然性所得来的知识，都已广泛地被称为哲学知识了"⑥。黑格尔所说的"哲学"之名被泛用的情况，折射出了当时哲学与科学的关系状态：一方面，科学正从哲学中急剧分化出来却又尚未完全独立于哲学；另一方面，哲学因科学的

---

① ［英］培根：《新工具》，序言，许宝骙译，商务印书馆1997年版，第4—5页。
② ［德］康德：《纯粹理性批判》，第二版序言，蓝公武译，商务印书馆1960年版。
③ 周昌忠：《西方归纳哲学五题议》，《哲学研究》1987年第12期。
④ ［法］笛卡儿：《哲学原理》，关文运译，商务印书馆1958年版，第17页。
⑤ 黑格尔的《小逻辑》第1版出于1817年，第2版出于1827年，第3版出于1830年，其内容前后有所增减。
⑥ ［德］黑格尔：《小逻辑》，贺麟译，商务印书馆1980年版，第46页。

崛起而衰落了。①

黑格尔曾对哲学（又被他称为"思辨科学"）与科学（又被他称为"经验科学"或"特殊科学"）做出了内容大体如下的界定：（1）"特殊科学的对象只是有限对象和现象"②；哲学的对象是"理念""'绝对'的思想"③，是"完全普遍的对象"④。（2）科学是"以经验为出发点"，主旨在"求得关于当前事物的思想"⑤；哲学则属于"纯思"，是对"属于活生生的精神的范围、属于原始创造的和自身产生的精神所形成的世界，亦即属于意识所形成的外在和内心的世界"⑥ 的"反思""后思"，旨在"掌握理念的普遍性和真形相"⑦。在此基础上，黑格尔指出了哲学与科学的关系在于："思辨科学对于经验科学的内容并不是置之不理，而是加以承认与利用，将经验科学中的普遍原则、规律和分类等加以承认和应用，以充实其自身的内容。此外，它把哲学上的一些范畴引入科学的范畴之内，并使它们通行有效。由此看来，哲学与科学的区别乃在于范畴的变换。"⑧

虽然黑格尔也提到了哲学对科学的"承认与利用"关系，但在他看来，这种"承认与利用"只是为了"充实"哲学的"内容"，并不意

---

① 这有似于中国时下因科学的发展而使得哲学失去了昔日的风光，以至于也出现了"哲学"之名被泛用的情况——不仅学术界有诸如"经济哲学""管理哲学""物理哲学"之类的名称，网络博客上更出现了诸如"美陶瓷砖哲学""花生哲学"之类的名称，还见有"花生的哲学""盐水花生的哲学""时尚也哲学"这样一些提法，后面两种情况就不只是"哲学"之名的泛用，更是"哲学"之名的滥用——这完全不同于"科学"之名被盗用或冒用：后者是为了沾"科学"之光，是表明了科学的兴旺发达；前者则实系对"哲学"的嘲弄，是表明了哲学的穷困潦倒！只是黑格尔时代的哲学还远没有衰落到如此严重地步，相反，那时的新兴科学还得借"哲学"名义来从事自己的活动。

② ［德］黑格尔：《哲学史讲演录》第 1 卷，贺麟、王太庆译，商务印书馆 1959 年版，第 58 页。

③ "哲学所研究的对象是理念"（［德］黑格尔：《小逻辑》，贺麟译，商务印书馆 1980 年版，第 45 页）；"哲学的历史就是发现关于'绝对'的思想的历史。绝对就是哲学研究的对象。"（［德］黑格尔：《小逻辑》，贺麟译，商务印书馆 1980 年版，第 10 页）

④ "哲学与艺术，尤其是与宗教，皆共同具有完全普遍的对象作为内容。"（［德］黑格尔：《哲学史讲演录》第 1 卷，贺麟、王太庆译，商务印书馆 1959 年版，第 62 页）

⑤ ［德］黑格尔：《小逻辑》，贺麟译，商务印书馆 1980 年版，第 46 页。

⑥ ［德］黑格尔：《小逻辑》，贺麟译，商务印书馆 1980 年版，第 43 页。

⑦ ［德］黑格尔：《小逻辑》，贺麟译，商务印书馆 1980 年版，第 35 页。

⑧ ［德］黑格尔：《小逻辑》，贺麟译，商务印书馆 1980 年版，第 49 页。

着哲学必须依赖于科学，相反，"基于直接的事实，给予的材料，或权宜的假设"的经验科学"都不能满足必然性的形式"，因"其中所包含的普遍性或类等等本身是空泛的、不确定的，而且是与特殊的东西没有内在联系的"，唯有"思辨的思维，亦即真正的哲学思维"，才能"弥补这种缺陷以达到真正必然性的知识的反思"①。这就是说，科学必须从哲学中获取使自己的知识具有"真正必然性"的思维，否则科学知识就只是一些空泛而不确定的东西。

到了恩格斯（Friedrich Von Engels，1820—1895）撰写《路德维希·费尔巴哈和德国古典哲学的终结》（1886）时，传统哲学所曾经具有的"科学的科学"这种"文化之王"（理查德·罗蒂语）的地位已然丧失。恩格斯指出，由于自然科学的巨大进步，以及"马克思的历史观"及"关于现实的人及其历史发展的科学"的创立，"现在无论在哪一个领域，都不再是从头脑中想出联系，而是从事实中发现联系了。这样，对于已经从自然界和历史中被驱逐出去的哲学来说，要是还留下什么的话，那就只留下一个纯粹思想的领域：关于思维过程本身的规律的学说，即逻辑和辩证法"②。综观恩格斯的有关论述，他对哲学（"逻辑和辩证法"）与科学的界定大抵是如此：（1）科学是基于感性实践来研究物质世界的规律；哲学是建基于科学来研究人类思维的规律。（2）科学所研究的客观规律与哲学所研究的思维规律在本质上是同一的。（3）科学为哲学提供关于客观规律的知识；哲学借助于科学知识来把握客观规律。（4）科学的规律是对客观规律的自觉反映，哲学的规律则是基于对科学的规律的反思所把握到的科学的规律之共性，故哲学的规律是比科学的规律更深刻因而适用范围更宽的普遍规律，而科学的规律是普适性较小的特殊规律。（5）哲学的规律因其比科学的规律更具普遍意义，在更大范围上反映着物质世界的普遍联系，故具有为科学提供理论原则指导的功用；科学欲要达到其最高峰，必须借助于哲学的理论思维。③

---

① ［德］黑格尔：《小逻辑》，贺麟译，商务印书馆1980年版，第48页。
② 《马克思恩格斯选集》第4卷，人民出版社2012年版，第264页。
③ 恩格斯：《路德维希·费尔巴哈和德国古典哲学的终结》，《马克思恩格斯选集》第4卷；《〈反杜林论〉旧序·论辩证法》，《马克思恩格斯选集》第3卷。

恩格斯的上述哲学观和科学观反映了 19 世纪中后期哲学与科学关系的革命性转变：培根所提供的"新工具"（归纳法）已然成为科学的普遍方法，科学不再需要从曾经凌驾于它们之上的哲学（形而上学）那里获取自己的原则；哲学则从原来凌驾于科学之上的"科学的科学"（Science of Science）转变为需要立足于科学之上的"科学的哲学"（Philosophy of Science）了。

诞生于 20 世纪 20 年代的管理哲学，正是在"科学的哲学"勃兴年代问世的——谢尔登的"关于管理的哲学"（"Philosophy of Management"）跟同时兴起的以逻辑经验主义为其思想形态、以维也纳学派（Vienna School）为其代表的"关于科学的哲学"（"Philosophy of Science"）[①] 有着同样的历史背景和学术背景，也是在哲学发生革命性转变、在传统哲学历史性转向的时刻被创建起来的。如果说"关于科学的哲学"可以被理解为科学家和哲学家之间"思想对流"[②] 的产物的话，那么，"关于管理的哲学"则应该被理解为管理学家与哲学家之间思想对流的产物。站在哲学立场上看，管理哲学和科学哲学的兴起，都体现了哲学的转向，体现了哲学不再固守其传统做法——离开科学去从事形而上学研究抑或至多像黑格尔所说的那样只是"利用"科学来充实自己的内容[③]，而是开始将自己的目光投向科学，开展对科学的研究了。从这个角度看，"关于管理的哲学"无疑属于"关于科学的哲学"范畴，管理哲学不过是科学哲学的一个分支，一个专门以管理学为研究领域的学科。

当然，要全面了解管理哲学产生的学术背景，弄清哲学和管理学究竟何以会相互渗透、相互结合，以达到对管理哲学的学科性质的把握，还不能是仅仅在哲学立场上，从哲学与科学的相互关系及其变化中去探究，而是要站在管理学立场上，从管理学内部关系及其变化中去

---

① 此派科学哲学以马赫（Ernst Mach，1838—1916）、彭加勒（Jules Henri Poincaré，或译"庞加莱""彭卡莱"，1854—1912）为其思想先驱，其主要代表人物则有罗素（Bertrand Arthur William Russell，1872—1970）、维特根斯坦（Ludwig Josef Johann Wittgenstein，1889—1951），以及石里克（Friedrich Albert Moritz Schlick，1882—1936）、卡尔纳普（Paul Rudolf Carnap，1891—1970）、亨普尔（Carl Gustav Hempel，1905—1997）、赖辛巴赫（Hans Reichenbach，1891—1953）等。

② 舒炜光、邱仁宗主编：《当代西方科学哲学述评》，人民出版社 1987 年版，第 1 页。

③ ［德］黑格尔：《小逻辑》，贺麟译，商务印书馆 1980 年版，第 49 页。

探究。

美国管理学家哈罗德·孔茨（Harold Koontz, 1908—1984）等合著的《管理学》中有这样的论述：

> 人们历来都有着尽可能地把管理实务搞好的迫切愿意；然而令人惊讶的是，指导管理实务的管理理论只是在近几十年内才发展起来，而企业主管人员和其他方面的领导人一般也只是从第二次世界大战以后才逐渐感觉到有这种需要。①
>
> 在工商界、政府和其他组织的主管人员中间，长时期来还盛行着这样一种观念，即认为管理是不受理论影响的——因为管理完全是一种艺术，而不是一门科学。……把管理作为一门科学来进行研究，是从弗雷德里克·泰罗所创建的所谓科学管理学派开始的。②

由此可见，把管理当作一门科学来进行研究，是在管理被普遍理解为一种艺术的历史语境中产生的，即现代管理学原本是作为管理艺术的挑战者角色出现在管理舞台上，所以很自然，这门科学一经登台亮相，管理到底是科学还是艺术的问题就被提出来了，而且如孔茨等管理学家所说，这是人们经常提出的一个问题③。

从孔茨的上述论述来看，他所谓"管理是不受理论影响"的"一种艺术"，显然是指把管理看作仅仅依赖于管理经验的一种实践技巧。从"科学管理之父"弗雷德里克·温斯洛·泰勒（Frederick Winslow Taylor，旧译"泰罗"，1856—1915）在论述实行科学管理的重要意义时表达了类似的观点。

到20世纪初为止的现代西方文明的发展主要是由于工业革命所造

---

① ［美］哈罗德·孔茨、西里尔·奥唐奈、海因茨·韦里克：《管理学》，黄砥石等译，中国社会科学出版社1987年版，第43页。
② ［美］哈罗德·孔茨、西里尔·奥唐奈、海因茨·韦里克：《管理学》，黄砥石等译，中国社会科学出版社1987年版，第45页。
③ ［美］哈罗德·孔茨、西里尔·奥唐奈、海因茨·韦里克：《管理学》，黄砥石等译，中国社会科学出版社1987年版，第15页。

成,通过这种革命,机器大工业代替了传统手工业,由此导致了社会生产力的跃升。然而,"使用机器代替手工劳动"仅是在"增加产出"的意义上成为"实现文明世界繁荣昌盛的最突出因素"①,而与之同时,由于单凭经验行事的传统管理所导致的工作效率低下却造成了资源的巨大浪费,而且"每天,来自人力资源上的损失要比在物质资源上的浪费大得多"②。所以,要使工业革命所造成的新生产力获得"物尽其用,人尽其才"意义上的充分发展,就必须从根本上解决由于单凭经验行事的传统管理所造成的工作效率低下的问题。

在泰勒看来,"根治效率低下的良药在于系统化的管理"③,而且,"正确的方法只能是科学管理。我坚信,通过实行这一方法,首先,将会带来管理者和工人效率的提高;其次,可以合理分配经过双方共同努力实现的利润。而且,这一管理方法的唯一目标在于保证全体第三方的利益"④。

据此,如果说工业革命的意义是在于它创造了一种全新的生产力的话,那么,以科学管理来代替单凭经验行事的传统管理的管理革命则具有增进这种新生产力的意义,因为它能保证这种新生产力在"物尽其用,人尽其才"的高效率上充分发挥其积极作用。

从管理学角度看,管理哲学之所以会产生,不只是由于像泰勒这样的一批管理学家不再满足于把管理学仅仅当作一门艺术来看待,而是要求把管理学发展成为一门科学;也更是由于像谢尔登这样的一批管理学家,不再满足于以泰勒为代表的科学管理学派,为了提高生产效率而潜

---

① [美]泰勒:《科学管理原理》,马风才译,机械工业出版社2011年版,第105页。
② [美]泰勒:《科学管理原理》,前言,马风才译,机械工业出版社2011年版,第ⅩⅥ页。
③ [美]泰勒:《科学管理原理》,前言,马风才译,机械工业出版社2011年版,第ⅩⅦ页。
④ [美]泰勒:《科学管理原理》,马风才译,机械工业出版社2011年版,第107页。按:泰勒这里所说的"第三方"是相对工业企业中的工人和管理者而言,系指:"作为消费者的全体人民。他们购买前两个利益方的产品并最终支付工人的工资和管理者的利润。"([美]泰勒:《科学管理原理》,马风才译,机械工业出版社2011年版,第104页)

心于探究和制定科学管理原则①，以解决"怎样管理"（管理的方式、方法）的问题，而是要求把管理学进一步发展成为一门哲学，来研究管理的一般科学原则和伦理原则，以解决"为何管理"（管理的目的、意义）的问题。

综上所述，管理哲学是由于20世纪初叶哲学"向下发展"（从形而上学转向科学哲学）和管理学"向上发展"（从管理艺术转向管理科学并从管理方式方法研究上升到对管理目的意义研究）而造成的哲学与管理学之间融合的产物。从哲学"向下发展"维度看，管理哲学是科学哲学中以管理学为研究领域的一个分支学科；从管理学"向上发展"维度看，管理哲学是管理学中探讨管理的一般原理的基础理论部门。因其如此，管理哲学具有管理学与哲学之双重学科性质。

管理哲学自诞生至今差不多已有一个世纪，至今尚未形成一个学界所公认的管理哲学概念（定义）。而今被中国管理哲学界同人所普遍接受的所谓"管理哲学是哲学和管理学的交叉学科或边缘学科"的说法，其实并非关于管理哲学的一个逻辑定义，它尚不能作为迄今为止该学科领域已然达成了共识的一个普适性的管理哲学概念。

诚然，自1985年以来，"全国管理哲学创新论坛"已举办了七届（1985\2007\2011\2012\2014\2016\2018）；自2013年以来，由南京大学主办的"中国传统智慧与现代管理国际学术论坛"也已举行过四次（2013\2015\2017\2019），但是，不但参加这些论坛的国际学者寥寥无几，来自国内的学者也很少有长期稳定地深入研究管理哲学的，而且就是少数几位对管理哲学有较长期稳定深入研究的学者，也是分别来自不同学科。这些历史的和现实的情况表明，无论是在国际学术界，还是在国内学术界，管理哲学都尚未成为一个公认的独立学科，也因此尚未形成一支稳定的管理哲学研究队伍。

---

① 泰勒所制定的科学管理原则，其内容主要包括：（1）科学确定工时定额；（2）科学地挑选工人；（3）使工人掌握标准化的操作方法，并使工具、机械、材料和作业环境也标准化；（4）实行刺激性的工资制度；（5）管理人员和工人均等地分担工作职责；（6）实行职能式管理，达到分工职责明确，从而提高生产效率；（7）控制中推行例外管理原则，经理只接受那些压缩、总结了的而且只是属于对照性的报告，从而使经理全面了解事态进展或后退，并且腾出时间来考虑更为重大的事情。

鉴于上述情况，有必要对管理哲学开展反思性研究，为建立管理哲学的学术标准和学术规范，创建管理哲学学术共同体，进行基础理论建设，是本书的研究宗旨。

二　元管理哲学研究方法

（一）元管理哲学：对管理哲学的元研究

任何一个语词都有多重语用功能，它总是被人们在某个特定场合或场景下出于特定需要而用以表达或表示某个意思，从而以其场合或场景之不同、需要之不同而有种种不同用法并因此赋予其种种不同的具体意义。"管理哲学"一词按其语用功能来说，至少有如下几种指谓：

（1）一种研究工作。例如一个科研人员对别人说："我是搞管理哲学的。"

（2）大学哲学专业或管理学专业的一门课程。例如某个大学老师如此询问其单位的教务秘书："下学期给我安排了哪些课程？有没有管理哲学？"

（3）大学哲学或管理学的一个分支学科。例如有人问："听说最近你们哲学一级学科博士点自行增设了管理哲学和城市哲学两个二级学科博士点，有这回事吗？"

（4）大学学科体系中的一个专业研究方向。例如有人这样回答对方询问："我的最高学位是博士，我所学的专业是哲学，所获学位是哲学博士，读博时主攻方向是管理哲学。"

（5）研究工作的一项内容。例如有人问："你最近在研究什么？"答曰："我最近在研究管理哲学。"

（6）学术讨论或理论研究的一个对象。例如问："管理哲学到底是什么？"

就本书主旨而言，"管理哲学"一词在这里的含义只是上述第六种含义：作为理论研究的一个对象而存在的管理哲学。

以管理哲学为对象所开展的理论研究是属于元研究范畴的学问。"元"（meta）在希腊文中的意思是"在……之后"。[①] 所谓元研究（metastudy），就是对已做的研究进行研究。迄今为止，已有许多学科开

---

① 江怡：《维特根斯坦：一种后哲学的文化》，社会科学文献出版社1996年版，第15页。

展了自己的元研究，由此相应地出现了许多元学科（metadiscipline），这类元学科在数学领域者被称为"元数学"（metamathematics），在哲学领域者被称为"元哲学"（metaphilosophy），如此等等。因此，管理领域的元学科应可称为"元管理学"（metamanagement）。对管理哲学的元研究则可称为"元管理哲学"（meta-management philosophy）。

（二）元研究的三种路向

1. 元数学路向

20世纪20年代初德国数学家希尔伯特（David Hilbert，1862—1943）在数学基础研究中首次提出"元数学"概念，引起国际数学界强烈反响，以至于"元数学"很快就获得各国数学界的普遍承认，从而成为数学领域的一门新兴分支学科。

希尔伯特提出"元数学"概念的学术背景是1903年英国哲学家、逻辑学家、数学家罗素对数学中的集合论提出了以他的名字来命名的"罗素悖论"所引发的第三次数学危机[①]。"罗素悖论"揭露了被当时数学界公认为数学基础的集合论所存在的逻辑矛盾，这促使数学界不得不去研究数学系统的无矛盾性问题。该课题的研究涉及数学理论体系的概念、命题、证明以及数学系统的逻辑结构和证明规律等多方面的内容。希尔伯特所发明的"元数学"一词是用以指称数学系统的一种证明规律的概念，故又被称为"证明论"。这一概念包含着这样一种理论诉求：为了克服"罗素悖论"所引起的数学危机，消除对数学的基础以及数学推理方法可靠性的怀疑，有必要对某一形式的语言系统的无矛盾性给出绝对的证明，从而使整个数学得以立基于一种高度形式化的无矛盾的理论系统。

由此可以说，元数学的元研究路向是对本学科的基础理论进行逻辑证明，使本学科赖以成立的理论前提达到逻辑上足够自洽从而充分成立，换言之，也就是努力构建一种高度形式化的无逻辑矛盾的理论系统作为本学科的基础。

2. 元科学（科学哲学）路向

"科学哲学"有两种含义：一是"关于科学的哲学"，即英语所谓"Philosophy of Science"；二是"科学性质的哲学"，即英语所谓"Scientif-

---

① 韩雪涛：《数学悖论与三次数学危机》，湖南科学技术出版社2006年版。

ic Philosophy"。第二种含义的"科学哲学"另当别论①。这里所讲的是第一种含义的"科学哲学"。这个意义的科学哲学是进入20世纪后，随着"科学家和哲学家之间表现出强烈的思想对流"②而出现的，它主张哲学"以科学或科学领域为限制"，"对科学进行元研究"，其所关心的是"观察、实验、科学事实、自然定律、科学假说和科学理论等等的本质、意义和关系之类的课题"③。按照这种解释，科学哲学实质上就是把各门具体科学归入同一范畴，把它们当作同类中不同个体（"个别科学"）来研究这些"个别科学"的共性问题的"一般科学"。据此而论，所谓元科学（科学哲学）的元研究路向，就是把本学科的各个分支学科都当作同类知识来进行研究，以揭示此类知识的共性及其区别于他类知识的特殊本质，由此建立起本学科的知识论体系。

3. 元哲学路向

"元哲学"（metaphilosophy）一词最早出现在一些法文著作的英译本中，例如由英国霍顿·米夫林出版公司（Houghton Mifflin company）1929年出版的法国政治家、法兰西第三共和国总理克列孟梭（Georges Clemenceau，1841—1929）所著《我的思想的黄昏》（*Au soir de la pensée*, *Paris*: *Plon*, 1927）的英译本（书名"*In the evening of my thought*"）第2卷第498页中，就有"this teratological product of metaphilosophy"（元哲学的畸形产品）一语。④ 但是直到20世纪60年代，"元哲学的畸形产品"才

---

① 刘永谋指出：Scientific Philosophy 包含的是一种"科学的哲学"的理想，意指像科学一样逻辑严密、运用数学的哲学。可是，无论是对原有哲学进行改造，还是建立新哲学，这个理想今天基本上证明是失败了。相比较而言，Philosophy of Science 占据了"二战"以后科学哲学的主流。（刘永谋：《科学哲学·认识论·知识论》，载《科技哲人2007》，刘大椿、陈光主编，西南交通大学出版社2007年版）。

② 舒炜光、邱仁宗主编：《当代西方科学哲学述评》，人民出版社1987年版，第1页。

③ 舒炜光、邱仁宗主编：《当代西方科学哲学述评》，人民出版社1987年版，第2—3页。

④ 拉泽罗韦兹（Morris Lazerowitz，1907—1987）在发表于美国《元哲学》（*Metaphilosophy*）杂志1970年第1卷的《释"元哲学"》（A note on "metaphilosophy"）一文中声称，"metaphilosophy"一词约于1940年被创造出来并使用1942年出版的相关论著中（Lazerowitz, M., "A note on 'metaphilosophy'". *Metaphilosophy*, Volume 1, Issue 1, page 91, January 1970.）。由金炳华主编、上海辞书出版社2003年出版的《马克思主义哲学大辞典》"元哲学"条则称："法国列斐伏尔在《元哲学导论》（1965）中首次运用该词。"持此说者还有吴宁《列斐伏尔哲学观审读》（《长江论坛》2009年第2期）："'元哲学'一词的英文是metaphilosophy，它最早是由列斐伏尔在1965年出版的《元哲学》一书中提出来并集中阐发的。"笔者认为，以上说法都不准确。

开始成为西方哲学界的一个流行术语。

20世纪50年代，美国芝加哥大学政治哲学教授列奥·施特劳斯（Leo Strauss，1899—1973），从他作为一位政治哲学家自觉要求弄清楚政治哲学究竟为何必要的问题意识出发，由探讨在他看来是作为政治哲学的首要问题和核心问题的哲学与政治的关系入手，深入到了元哲学层次——回溯西方哲学的源头，以弄清在苏格拉底（Socrates，前469—前399）和柏拉图（Plato，前427—前347）那里，哲学到底是怎样一种活动，以及政治哲学为何必要。

在施特劳斯看来，从"前苏格拉底哲学"转变到"苏格拉底政治哲学"的真正含义，是为了克制"哲学"的走火入魔，以防止"政治"的走火入魔，维护政治社会的稳定。他认为这是苏格拉底所开创的古典政治哲学的起点，并主张政治哲学返回这个原点。"哲学旨在以知识取代意见，但意见却是政治社会或城邦的要素，因此哲学具有颠覆性，也因此哲人必须以这样的方式来写作：改善而非颠覆政治社会。换言之，哲人之思想的美德在于某种癫狂，但哲人之公共言说的美德则在于温良。哲学本身是超政治、超宗教、超道德的，但政治社会却永远是而且应该是道德的宗教的。"① 施特劳斯说："作为探索智慧的哲学，就是寻求普遍性的知识，寻求关于整体的知识。如果这种知识唾手可得，探索也就没有必要了。"因此，"哲学实际上并不占有真理而是寻求真理"②。

1964年，美国著名分析哲学家拉泽罗韦兹（Morris Lazerowitz，1907—1987）出版了《元哲学研究》（*Studies in Metaphilosophy*）一书，这是英语世界中最早以"元哲学"作为书名的学术专著。

1965年，法国哲学家、西方马克思主义者列斐伏尔（Henri Lefebvre，1905—1991）出版了《元哲学》（*Metaphilosophie*）一书，这是法语世界中最早以"元哲学"作为书名的学术专著。

1970年，美国奥尔巴尼纽约州立大学创办了首家以"Metaphiloso-

---

① 转引自甘阳《政治哲人施特劳斯：古典保守主义政治哲学的复兴（"列奥·施特劳斯政治哲学选刊"导言）》，载［美］列奥·施特劳斯《自然权利与历史》，彭刚译，生活·读书·新知三联书店2006年版，第63页。

② ［美］列奥·施特劳斯：《什么是政治哲学》，载《现代政治思想》，古尔德、瑟斯比编，商务印书馆1985年版，第60页。

phy"（元哲学）命名的英文刊物。该杂志每年定期出版，成为与《美国哲学季刊》（*American Philosophical Quarterly*）、《国际哲学季刊》（*International Philosophical Quarterly*）、《哲学论坛》（*Philosophical Forum*）等齐名的美国著名哲学杂志之一。此后在西方出版的元哲学论著主要有王浩（1921—1995）的《元哲学思考》（1986）①、法国哲学家德勒兹（Gilles Louis Réné Deleuze，1925—1995）和费利克斯·迦塔利（Felix Guattari，1930—1992）的《什么是哲学》（1991）②、美国哲学家道布尔（Richard Double）的《元哲学与自由意志》（*Metaphilosophy and FreeWill*，1996）、俄罗斯科学院院士、著名哲学家奥伊泽尔曼（Теодор Ильич Ойзерман，1914— ）的《元哲学》③、美国哲学家、匹兹堡大学哲学系教授、科学哲学中心主席雷舍尔（Nicholas Rescher，1928— ）④的《哲学的标准》（*PhilosophicalStandardism*，1994）和《哲学辩证法：元哲学论》（*Philosophical Dialectics：An Essay on Metaphilosophy*，2006）等。

中国大陆学界对元哲学的关注和讨论始于20世纪80年代，最早的一批研究论文有Г. А. 布鲁强、陈爱容的《哲学和元哲学》（《哲学译丛》1986年第4期）、丛大川《元哲学刍议》[《延边大学学报》（社会科学版）1986年第2期]、李光程《哲学究竟是什么——从元哲学的观点看来》（《哲学研究》1987年第12期）、高地《元哲学何以可能——与李光程同志商榷》（《哲学研究》1988年第3期）、安维复《元哲学与哲学——与李光程同志商榷》（《哲学研究》1988年第4期）、邢贲思《关于元哲学问题的讨论》（《中国哲学年鉴》1989年）等。至90年代，"元哲学"被收入由冯契（1915—1995）先生主编的《哲学大辞典中的词条》（上海辞书出版社1992年），这标志着元哲学作为一个学科在中国大陆学

---

① 此为王浩所著《超越分析哲学：尽显我们所知领域的本相》（*Beyond AnalyticPhilosophy：Doing Justiceto What we Know*，1986）之第五章，此书中译本有浙江大学出版社2010年徐英瑾译本。按：王浩是美籍华裔数学家、逻辑学家、计算机科学家、哲学家，另有《数理逻辑概论》《从数学到哲学》《哥德尔》等专著。

② 此书中译本有湖南文艺出版社2007年出版的张祖建译本。

③ 此书中译本有人民出版社2013年出版的高晓惠译本。

④ 雷舍尔的最新作品包括：《客观性》《预测未来》以及《复杂性：一种哲学概观》（中译本有上海科技教育出版社2007年出版的吴彤译本）、《推定和临时性认知实践》（中译本有中国法制出版社2013年出版的王进喜译本）。

术界正式登堂入室。进入 21 世纪，李振伦的《元理论与元哲学》（河北人民出版社 2001 年）和杨方的《元哲学初论》（湖南人民出版社 2002 年）相继出版，其中李振伦《元理论与元哲学》一书是作者基于 20 多年苦心探索的力作，也是中国大陆学界最早系统研究元哲学的学术专著。

作为元哲学的最早系统研究者，拉泽罗韦兹将元哲学理解为一种关于哲学之性质的研究，认为它的核心目的在于达到一种有关哲学的主张与要求的没有争议和令人满意的解释。[①] 显然，这种理解是吸纳和包含了元数学的元研究理念因素，并与列斐伏尔的观点有一致之处。

列斐伏尔在《元哲学》一书中，将元哲学理解为对"哲学的真相"的探求，进而将元哲学的根本问题归结为"真正的哲学是什么"[②]。这一元哲学概念一经被提出，就引起了国际哲学界的强烈反响，它牵动了法、英、美、中等世界各主要大国的哲学家们的神经，导致了元哲学研究在世界范围内的普遍开展。作为西方马克思主义者，列斐伏尔提出"真正的哲学是什么"的问题，其实际意义在于追问什么是真正的马克思主义哲学，其目的是弄清或"还原"马克思主义哲学的"真相"。列斐伏尔另一重要著作《日常生活批判》第一卷于 1947 年出版，1962 年又出版第二卷，其副标题为"日常生活社会学的基础"；1981 年更推出第三卷，其副标题为"从现代性到现代主义（走向日常生活的元哲学）"。这表明在列斐伏尔看来，按照马克思主义哲学的"真相"，它应该走向日常生活或回归日常生活。依笔者之见，他是把马克思主义哲学本质地理解为一种文化哲学，似乎在他看来，文化哲学才是哲学的"真相"，或者说，真正的哲学应该是文化哲学。

美国南康涅狄格州立大学计算机与社会研究中心主任、哲学教授、《元哲学》杂志主编特雷尔·拜纳姆（Terrell Ward Bynum）在 2011 年所发表的《元哲学杂志的创建》一文中回忆说，他在 1968 年秋筹办《元哲学》杂志时，之所以决定将它取名为"元哲学"，是欲使其办成一个专门

---

① 陈嘉明：《"元哲学"研究：现状、意义及其问题》，《上海交通大学学报》（哲学社会科学版）2017 年第 2 期。
② 吴宁：《列斐伏尔哲学观审读》，《长江论坛》2009 年第 2 期。按：吴宁博士另有专著《日常生活批判——列斐伏尔哲学思想研究》（人民出版社 2011 年版）。

讨论"哲学的本质，或哲学的各个不同学派或分支之间的相互联系是怎样，或哲学与其他学科之间的关系是怎样"的学术期刊。① 其观点与拉泽罗韦兹大致相同。

道布尔在《元哲学与自由意志》（1996）导论中申明："我以元哲学来表示一种关于哲学是什么，哲学能做什么，并且尤其是哲学为什么的观点。"② 他把"哲学能做什么"和"哲学为什么"也纳入元哲学问题域，这可以说是对列斐伏尔等人观点的一个补充。

奥伊泽尔曼则认为，元哲学是解答"什么是哲学"的，它对这个"哲学自身之问题"的解答属于"哲学的自我界定、自我认识和自决"，因而元哲学属于作为"一种特殊的世界观"的哲学范畴。他还从哲学与实证科学的区别方面说明了"解释"可以作为哲学研究的一种方法。③ 强调元哲学是一种哲学研究，这是奥伊泽尔曼元哲学观的重要特征。

中国学者对于元哲学有如下几种意义不尽相同的解读：（1）"以哲学自身作为对象"④ 的元哲学；（2）"被当成研究框架的某种具体哲学理论"⑤ 的元哲学；（3）"凡是跟哲学本身有关的问题都是其研究对象"⑥ 的元哲学；（4）"一般元理论在哲学领域的一种具体化"⑦ 的元哲学。其中，李振伦的元哲学观比较"另类"。据王志康的分析，李振伦的观点具有如下几个要点：一是把理论作为研究对象的研究，可以是形式化的，也可是非形式化的；二是实践对理论的检验表现为元理论分析，元理论分析是实践检验标准的深入形式，它居于实证科学层次；三是元理论分析用于哲学，或者说，把哲学作为对象理论时，元理论即成为元哲学，元哲学实质上是对哲学作科学的分析；四是元哲学不是对哲学作哲学的分析。⑧ 强调

---

① Terrell Ward Bynum, *Creating the Journal Metaphilosophy*, Metaphilosophy 42 (3): 186 – 190 (2011).
② Richard Double, *Metaphilosophy and Free Will*, Oxford University Press, 1996.
③ ［俄］T. H. 奥伊泽尔曼：《元哲学》，高晓惠译，人民出版社2013年版。
④ 李光程：《哲学究竟是什么？——从元哲学的观点看来》，《哲学研究》1987年第12期。
⑤ 安维复：《元哲学与哲学——与李光程同志商榷》，《哲学研究》1988年第4期。
⑥ 杨俊：《雅斯贝尔斯的元哲学研究》，博士学位论文，山东大学，2008年。
⑦ 李振伦：《元理论与元哲学》，《河北学刊》1996年第6期。
⑧ 王志康：《具有一般方法论意义的元理论何以可能？——读李振伦〈元理论与元哲学〉》，《自然辩证法研究》2001年第12期。

元哲学是属于实证科学范畴的一种理论分析,否定元哲学是一种哲学研究,是李振伦元哲学观的独特之处。

陈嘉明通过对中外元哲学研究的考察与分析,认为无论是元哲学还是元形而上学,都是对哲学或形而上学的目的、性质与基础的思考,这是它们的一致之处。陈嘉明进而对元哲学概念做了如是界定:"元哲学研究有关哲学的对象、性质、类型、方法与基本概念框架等哲学的基本问题。"并说明了为何将"类型"与"基本概念框架"列入元哲学研究范围的理由:(1)将已有的哲学类型列入元哲学研究范围,对已有的哲学进行归类,然后对它们进行解读,这类似于现象学的原则所要求的"从实事出发",也就是从已有的哲学现象出发,这会使得本论题的研究落在实处,有其实在的基础。由此出发,结合哲学家们对哲学的对象、目的等的相关思考,更容易读懂哲学家们的用意。(2)将"经验与先验"、"一与多"(普遍与特殊)、"本质与现象"、"事实与价值"等基本概念列入元哲学研究范围,分析和澄清这些基本概念,将有助于我们获得有关哲学学说的性质、特点以及它们所主张的观念的基本认识。①

综上所述,关于元哲学,尽管学者们的观点还不尽一致,然其主流意见是一致的,那就是把元哲学理解为对哲学本性的探究。据此而论,所谓元哲学的元研究路向,也就是把本学科当作一个知识整体来探究其学术本性。

(三)元管理哲学:关于管理哲学的学术本性的理论探讨

在元研究的上述三种路向之间,元管理哲学当作如何取舍?

首先,笔者认同李振伦关于把理论作为研究对象的研究可以是形式化的也可以是非形式化的观点,并且认为,对管理哲学作形式化的逻辑证明,实际上是难以行得通的,甚至如李振伦所指出的那样,如果认为元理论只应该是一种专门研究形式系统和形式演算的理论,那么,通向一般元理论的路就会被堵死。所以,笔者主张对管理哲学作非形式化的研究,即只求其理论上的逻辑自洽性,而不去作形式化的逻辑证明。

其次,对管理哲学的元研究,也不宜像元科学(科学哲学)那样致

---

① 陈嘉明:《"元哲学"研究:现状、意义及其问题》,《上海交通大学学报》(哲学社会科学版)2017年第2期。

力于构建本学科的知识论,因为元科学的这种努力,在维也纳学派那里,早先是"通过确定自然科学与人类其他知识的不同之处或'高贵'之处,为'科学是最完美的人类知识'做辩护,但是,科学哲学从维也纳学派经过波普尔、库恩、拉卡托斯到费耶阿本德,很快就背离了自己的初衷。卡尔纳普提出证实原则,波普尔提出证伪原则,拉卡托斯的理论实际说明了无论经验证实还是经验证伪都是很困难,库恩的范式理论走向了约定论,费耶阿本德更是提出了'怎么都行'的无政府主义方法论——科学哲学最初是为了证明自然科学知识在认识论上优于其他学科知识,最后却得出了自然科学知识并没有与其他学科知识相比较的特殊之处的结论"①。这就是说,元科学的元研究已被历史地证明了其结局是最终自己否定自己。因此,如果元管理哲学不希望自己像元科学那样从本学科知识论起家而最后走向广义知识论并以此终结自身而被归为一般哲学的话,那么,元管理哲学最好不以建构管理哲学知识论作为自己的目标,虽然其实际研究中不得不涉及知识论问题,并且因此也不得不提出关于这些问题的知识论主张和原则。

笔者主张像元哲学探究哲学本性那样去探究管理哲学的本性,以便按照其本性来进行管理哲学的研究与创新。

(四)有了管理学,为何还要有管理哲学?

探究管理哲学的学术本性,可以先站在管理学立场上去追问:有了管理学,为何还要有管理哲学?

姑且不论管理哲学到底有否可能和必要,先假定它有可能且有必要,则其产生和存在的根据有三种可能:

(1)为了满足某些纯粹为了追求管理知识而没有任何实用目的的求知者的好奇心。这种可能性意味着管理哲学是在如下两种可能情况下产生的:一是对管理现象感到好奇的学者,在探求管理奥秘的过程中,遇到了管理学(既有的管理理论)所不能解答的问题,于是求助于哲学家,期望哲学家来解答这些问题,从而促使一些哲学家开展对这些管理问题的哲学研究;二是对管理现象感到好奇的学者中有一些本身就是哲学家,

---

① 刘永谋:《科学哲学·认识论·知识论》,载《科技哲人2007》,刘大椿、陈光主编,西南交通大学出版社2007年版。

在他们看来，无论是既有的管理理论，还是既有的哲学理论，都解答不了他们所遇到的问题，于是，为了求解这些问题，他们凭借自身所拥有的哲学资源和哲学智能来开展对这些问题的哲学研究。无论是何种情况，仅为满足某些求知者的好奇心而产生的管理哲学，都是哲学家对某些管理问题所进行的一种哲学研究。

（2）为管理学提供它所缺乏又必需的知识。这种可能性意味着管理学自身并不能解答所有管理问题，其中有些问题必须靠哲学来解答，并且哲学对于这些问题的解答，是管理学解答另外一些问题的必要前提或必要条件。在这种情况下，管理哲学是哲学辅助管理学去研究管理学需要求解而其自身又不能解答的某些问题。

（3）为管理活动提供它所必需的知识。这种可能性意味着管理学提供不了管理实务所需要的全部知识，而从事管理实务的人往往会遇到一些在他们看来仅仅靠管理学知识无法解决的问题，他们认为抑或希望哲学能帮助他们解决这些问题，或者说他们的工作经历和经验使他们体会到，正是凭借自己以往所学的哲学知识，他们才妥善地处理了这些问题，因而确信哲学有助于改善管理工作，抑或提高管理工作质量。在这种情况下，管理哲学则不是对某些管理问题的哲学研究，而是妥善处理或正确处理某些管理事务所必需的一种管理智慧，这种智慧是通过管理者学习哲学而由某些哲学知识转化而来，并且在管理活动中被经验证明为有效的管理知识。

诚然，上述三种可能未必就是管理哲学赖以产生和存在的事实根据，但从对这些可能性的分析中，可以了解到管理哲学应有两种可能的形式：

（1）管理哲学是对某些管理学所不能解答的管理问题的哲学研究；

（2）管理哲学是由某些哲学知识转化而来的一种管理智慧。

它们之中究竟谁有可能作为一门相对独立的学问或学术而存在，抑或它们是否都有可能作为一门相对独立的学问或学术而存在？对此，无须"上下求索"，稍加思索便可得到答案：后一种形式的管理哲学是不能作为一门相对独立的学问或学术而存在的。这是因为：

（1）假定某些哲学知识可以转化成处理管理实务者所必需的一种管理智慧，那么，同时也得承认，管理学知识同样必须最终转化成从事管理实务者的一种管理智慧，才能派上实际用场，但是对于这些管理者来说，这两种管理智慧是浑然不可分割也无法分割地存在于其头脑中，无论是他们自己还是别人都很难从这混沌体中分辨出彼此差异分明的两种智慧——一种是来源于哲学的智慧，另一种是来源于管理学的智慧。在这种情况下，如果定要加以专门研究，也只能是一般地去研究理论知识怎样转化为实践智慧，亦即研究理论怎样同实践相结合，但是这种研究与管理哲学并没有直接关系，无论如何，它不能被视同于管理哲学，就像它不能被视同于管理学一样。

（2）由哲学知识转化而来的管理智慧，应该被理解为学习并掌握了一定哲学理论的管理者，根据他们在管理工作中所遇到的实际情况，对这种哲学理论加以灵活运用的实践形式。如果说哲学理论事实上可以作如此具体应用的话，那么，它也并不仅仅是可以应用于管理工作，而是还可以应用于其他工作，这样一来，同一种哲学理论就可以衍生出无数门应用哲学——例如马克思主义哲学在管理领域的应用叫"马克思主义管理哲学"，在军事领域的应用叫"马克思主义军事哲学"，在教育领域的应用叫"马克思主义教育哲学"，在养殖业领域的应用叫"马克思主义养殖哲学"，如此等等。如果说这类应用哲学也都可以叫作"学问"的话，那么，这些学问应该同管理学理论的应用一样，仅仅是从事相关实务的人自己应当去研究的学问，并且应该是在他们自己的具体工作中理论联系实际地进行研究，这样的学问是属于"在做中学""在事中学"的修养之学、功夫之学，是与管理学、哲学之类的专门学术有原则性区别的，绝不可以把它们混为一谈。

因此，从管理学角度来看，假定管理哲学是可能和必要的，那么，它只可能以这样一种形式存在：它是对某些管理学所不能解答的管理问题的哲学研究。据此，可以合理地解答"有了管理学，为何还要有管理哲学"的问题：管理学有其不能解答而有待于哲学来解答的管理问题。据此可以说，管理哲学就是对管理的哲学研究。

事实上，标志现代管理哲学正式诞生的著作——英国管理学家谢尔登所撰《管理哲学》一书的英文名称，就是"*The Philosophy of Management*"，直译成汉语就是"关于管理的哲学"，其意义所指，就是对管理的哲学研究。

在西方，迄今为止以"管理哲学"作为书名或书名中出现"管理哲学"之语的学术专著共有四本，除谢尔登的《管理哲学》以外，其他三本分别是：（1）加拿大维多利亚大学教育学院哲学教授、英国剑桥大学客座教授霍金森（Christopher Hodgkin son，1946— ）的《走向管理哲学》（Towards A Philosophy Of Administration，1978）。（2）霍金森的《管理哲学：管理生活中的价值与动机》（Administrative Philosophy：Values and Motivations in Administration Life，1996）。（3）丹麦哥本哈根商学院管理学、政治学与哲学系教授柯克比（Ole Fogh Kirkeby）的《管理哲学——从彻底的规范视角》（Ledelsesfilosofi Et Radikalt Normativt Perspektiv，1998。按：此书初版为丹麦文本，后被翻译成英文出版，其英文书名为：Management Philosophy：A Radical - Normative Perspective）。另外，还有一些以"管理哲学"作为标题的文章。

以上论著中所出现的皆可中（汉）译为"管理哲学"的英文语词有四个：（1）philosophy of management；（2）philosophy of administration；（3）administrative philosophy；（4）management philosophy。按其语法形式，这些语词又可归为三类：

第一类：philosophy of management；philosophy of administration。

第二类：administrative philosophy。

第三类：management philosophy。

这里姑且撇开"management""administration""administrative"三者语意上的具体差异，而视其为无差别的"管理"之名，由此来考察和分析上述三类语词的不同意义，则可以做出如下阐释：

第一类语词是以"名词 A + of + 名词 B"的结构出现的，在英语中，这种结构通常是表示两个无生命力的东西之间"A 属于 B"的所有关系，在语法功能上，后面的名词是作为定语来修饰前面的名词，具体地说，"management"或"administration"是修饰"philosophy"的定语，这种语法关系是表示它们的指称对象之间具有这样一种关联：philosophy 具有 management（或 administration）的性质。用中文来表达，也就是说，在英语世界中由这种结构的语词来标志的管理哲学概念，是指具有管理学性质的哲学，这种哲学属于管理学，故亦以管理为研究对象，但却不是以管理学方法而是以哲学方法来研究这个对象。因此，"philosophy of management"和"philosophy of administration"均可直译为"对管理的哲学研究"。

第二类语词是属于"形容词+名词"的复合词,它与"economic philosophy"(经济哲学)、"Political Philosophy"(政治哲学)、"educational philosophy"(教育哲学)等在语词结构上属于同类,其中名词部分标识某类学科的本质(共性),形容词部分标识该类中某个分支学科的特质(个性)。在语用功能上,此类语词可被用来指称某类学科中某个分支学科。就"administrative philosophy"而言,它是哲学门类中以管理为研究对象的分支学科的名称。

第三类语词是属于"名词+名词"的复合词。据研究,这种复合词在英语中是并不鲜见的一种语言现象,而且"这种复合词以其强大的实用性得到人们越来越广泛地运用"①。从"management philosophy"和"administration philosophy"均被中(汉)译为"管理哲学"这一具体情况看,这两个复合词中前面的名词都是属于定语名词或形容词词性的名词,它与后面的名词所构成的关系也可以由"名词+of+名词"的结构来表示,即亦可用"philosophy of management"和"philosophy of administration"来表示。这就是说,在语用功能上,此类语词与第一类语词是相同的。

总之,尽管"管理哲学"的英文语词在语法上有三种表述形式,但按其语用功能来说,它们的所指其实只有两种情况:其一,运用哲学方法来研究管理的管理学分支学科;其二,以管理作为研究对象的哲学分支学科。如果撇开其学科性质分类因素不问,这两种情况可以被本质地归结为一种:对管理的哲学研究。这是"The Philosophy of Management"作为谢尔登所首创的一个英文术语的本来意义,也是"管理哲学"作为现代中文语系中的一个外来语的本来意义。

(五) 元管理哲学的三种研究路径

管理哲学是对管理的哲学研究。作为对管理哲学的元研究,元管理哲学则是对历史和现实中关于管理的哲学研究的研究。这种性质的元研究可以有三种路径:

---

① 周军:《英语中名词+名词的复合词》,《四川师范学院学报》(哲学社会科学版) 1990年第4期。

其一，从管理哲学是对管理的哲学研究的角度，探讨历史上和现实中关于管理的哲学研究之究竟，这是关于管理哲学的元研究。这个路径的元研究与管理哲学史有联系，但不是管理哲学史本身，而是借助于管理哲学史的研究成果和基于这些成果，对历史和现实中关于管理的哲学研究的典型案例进行分析，以揭示实然的管理哲学的学术本性。

其二，从管理哲学是管理学分支学科之一的角度，探讨作为该管理学分支的特殊研究方法的哲学之究竟，这是关于哲学的元研究。这个路径的元研究与元哲学有联系，但又有区别：元哲学要全面研究哲学的学术本性，元管理哲学关于哲学的元研究则只是关注哲学的研究方法，只是研究哲学在它的研究方法方面的学术本性。因此，元管理哲学关于哲学的元研究并非元哲学，而是关于哲学自身的研究方法的研究。它看起来似乎是哲学方法论，其实与哲学方法论截然有别：哲学方法论所研究的哲学方法是与哲学世界观相联系并由这种世界观所决定的人们认识世界、改造世界的根本方法；元管理哲学所研究的哲学方法则是哲学研究者从事哲学研究所采取的研究方式。元管理哲学对哲学方法的关注与探究，是为了弄清楚哲学史上哲学家们到底是以怎样的方式来进行哲学研究的，进而揭示哲学研究的方法论特征，据此来评判实然的管理哲学对于管理的哲学研究的合理性，并提出关于管理的哲学研究所当努力的方向。

其三，从管理哲学是哲学分支学科之一的角度，探讨作为该哲学分支学科的特殊研究对象的管理之究竟，这是关于管理的元研究。这个路径的元研究与元管理学有联系，但又有区别：元管理学被认为应当"对人类社会迄今取得的关于管理活动的所有知识进行一番全面的、系统的考察"，"研究管理学知识的性质、来源和产生的机制"，"对管理学知识的可靠性和客观有效性进行检验"，"提取管理学的学科属性，指出管理学作为一种学科体系对于管理实践的意义"；[1] 元管理哲学对于管理的元研究，固然也关心管理学的学科属性和它对于管理实践的意义，但不是通过对所有管理学知识的全面系统考察来把握管理学的学科属性以及它

---

[1] 吕力：《元管理学：管理学属性之争的"应然"与"实然"》，《管理观察》2010 年第 10 期；《元管理学：研究对象、内容与意义》，《当代财经》2010 年第 9 期。

对于管理实践的意义，而是围绕着作为管理学研究对象的管理这个中心主题，首先研究用以指称这个对象的"管理"之名所包含的意义，管理学中由"管理"之名所标识的概念（管理概念）——尤其是现代管理理论中所出现的各种意义不同的管理概念（管理定义）的合理性，其次，以这些管理概念作为理论基石的现代管理理论的合理性。基于这些课题研究，进而对现代管理理论进行评价，并对管理学的学科性质进行评定。最后在此基础上，提出关于管理学创新的原则性意见。

三　本书结构与写作基础

本书的篇章结构主要是按上文所述的三种研究路径来设计的。第一篇是借助于管理哲学史研究成果，通过对管理哲学诞生以来中外管理哲学研究典型案例的分析，来揭示实际存在的管理哲学之学术本性。第二篇是要澄清三大问题：（1）哲学的研究方式有怎样的历史传统？（2）哲学的研究方式有怎样的发展趋势？（3）管理哲学应当努力的方向如何？第三篇是试图解答"管理是什么"和"管理学是什么"两大问题。这三篇每篇都有反思与总结，主要表达三个观点：（1）管理哲学的发展方向是管理文化哲学。（2）管理文化哲学应当研究创新思维规律。（3）现代管理学的根本缺陷是"人性假设"缺乏"自由"要素，管理学要走出自己的"理论丛林"，必须克服这个缺陷，使自己的理论立基于"自由人"理念，建立起关于"自由人"的后现代管理学，即研究社会思维与个人思维的差异协同规律并依据这个规律来制定思维规则的学问。第四篇是立基于前三篇所得之主要结论，接续现代管理哲学中的价值管理理论和知识管理理论，探讨了寓于知识创新过程中的思维规律，所得主要结论是：知识创新是在规范思维与自由思维的协同作用下实现的，故当且仅当思维主体自觉地将规范思维与自由思维互相结合起来并加以合理协调时，知识创新才是可能的。

本书作为一项跨学科的综合性研究，主要涉及元哲学、文化哲学、管理学（含管理哲学）、思维科学（含逻辑学）等知识领域。此前笔者在这些领域所公开发表的学术论文是本书的写作基础。

元哲学领域的论文：（1）《生活论——哲学的未来形态》（《江苏社会科学》1996年第3期，中国人民大学报刊复印资料中心《哲学原理》

1996年9月第7期转载)。(2)《哲学观历史演变与现代哲学之所当然》(《江苏行政学院学报》2005年第4期)。(3)《加强管理哲学研究——兼论部门哲学研究是哲学创新的必由之路》(《中国社会科学院研究生院学报》2007年第6期,《新华文摘》2007年第10期摘要转载)。(4)《和谐与自由——论新时代哲学的思维方式与价值目标》(《南京政治学院学报》2008年第2期)。(5)《中国哲学、西方哲学、马克思主义哲学在哲学观上的会通——对当代中国哲学创新的元哲学及方法论思考》[《中国社会科学(英文版)》2009年第3期]。(6)《哲学的学科属性:理论历史科学——马克思和恩格斯的哲学观新探》[《江南大学学报》(人文社会科学版)2017年第4期]。

文化哲学领域的论文:(1)《作为哲学范畴的价值之我见》(《江海学刊》1998年第3期,中国人民大学报刊复印资料中心《哲学原理》1998年9月第7期转载)。(2)《关于全球伦理的哲学审思》(《伦理学研究》2005年第2期)。(3)《试论哲学的文化范畴》(《常熟理工学院学报》2006年第1期)。(4)《构建普遍有效的文化价值标准——对文化哲学的首倡者文德尔班的文化哲学概念的解读》(《苏州大学学报》2011年第3期)。(5)《中国哲学诠释方法——"同情之理解"的源流及其限制》(《河南社会科学》2013年第4期,《新华文摘》2013年第16期转载,中国人民大学报刊复印资料《中国哲学史》2013年第7期转载)。(6)《普遍自由和普遍平等:后现代文化哲学范畴的核心价值——兼论全球化时代文化研究的应然思维方式》[《贵阳学院学报》(社会科学版)2014年第5期]。(7)《始于阳明心学的中国传统文化哲学的历史演变——兼论中西哲学同归于文化哲学的发展趋势》(《武汉大学学报》2015年第3期,人大复印报刊资料《中国哲学》2015年第7期转载,《高等学校文科学术文摘》2015年第4期转载,《新华文摘》2015年第15期论点摘编)。(8)《形而上学之总结 文化哲学之肇始——略论阳明心学在中国古典哲学中的地位和意义》[《王学研究(第六辑)》,赵平略、陆永胜主编,社会科学文献出版社2017年版]。

管理学(含管理哲学)领域的论文:(1)《老子"无为"新解——兼论老子的管理思想》(《铁道师范学院学报》1993年第2期)。(2)《德治的两种维度:事功之德与人道之德》(《江海学刊》2003年第2期,分别被《中国社会科学文摘》2003年第3期和《新华文摘》2003年第8期摘要转载）。(3)《先秦诸子管理思想论纲》(《苏州大学学报》2004年第5期,《中国社会科学文摘》2005年第1期摘要转载)。(4)《略论中国古典管理学的基本特征》(《苏州大学学报》2005年第2期,《中国社会科学文摘》2005年第4期全文转载)。(5)《老子的执政之道及其现实意义》(《崂山论道》,李宗贤主编,宗教文化出版社2007年)。(6)《管理科学的创新与发展及其路径——兼论管理哲学的功能与任务》(《中国社会科学院研究生院学报》2010年第1期)。(7)《论管理哲学的产生及其学科性质》(《江海学刊》2010年第1期)。(8)《顾炎武的社会管理思想》(《苏州大学学报》2013年第5期)。(9)《中央集权管理模式阻碍市民社会形成——对郡县制合理性问题的思考》(《当代中国社会管理创新研究》,王玉生、刘敬鲁主编,人民出版社2014年6月第1版)。(10)《中国传统学术中的治理学和治理哲学》(《江淮论坛》2015年第2期)。(11)《中国传统国家治理思想的三种基本类型》(《哲学动态》2015年第1期,人大复印报刊资料《政治学》2015年第7期转载)。(12)《中国传统治理哲学及其现实启示》(《人民日报》2016年8月8日理论版)。(13)《论传统治理哲学的价值目标在现代社会治理中的实现途径》(《江淮论坛》2016年第6期)。(14)《知识工具新论：管理视域中的逻辑》(《江汉论坛》2016年第3期)。(15)《文化管理：管理之所当然——对管理之"体""故""理"的文化哲学研究》[《苏州大学学报》(哲学社会科学版)2018年第3期]。(16)《文化哲学视域中的中国式管理》(《学术界》2018年第3期)。(17)《现代管理学的缺陷及片面管理观向全面管理观转变的趋势》[《中北大学学报》(社会科学版)2019年第5期]。(18)《现代西方管理哲学述评——对管理哲学的一种元讨论》(《中国文化与管理》第2卷,南京大学出版社2019年版)。(19)《管理文化哲学应当探求和揭示价值创新思维规律——基于对中国管理哲学的反思性研究》(《中国文化与管理》第2卷,南京大学出版社2020年版)。(20)《论逻辑的知识管理作用》(《中国文化与管理》第3卷,南京大学出版社2021年版)。

思维科学（含逻辑学）领域的论文：(1)《论顾炎武的思维方法——兼论宋明理学到清代朴学的历史转变》(《哲学研究》1999年第8

期)。(2)《思维方式偏颇阻碍科技创新》(《科学时报》2007年3月30日,《新华文摘》2007第11期摘要转载)。(3)《科学的创新思维与直觉方法》(《学术界》2015年第11期)。(4)《简论西方自然哲学的历史演变——兼论马克思和恩格斯的自然哲学贡献》(《江苏行政学院学报》2015年第2期)。(5)《功利的求果性认知与辩证的逻辑实证思维——论实证科学的认知方式和思维方式》[《苏州大学学报》(哲学社会科学版)2017年第2期]。(6)《历史科学的开创和思维科学的建立——论马克思主义创始人的思维科学观》[《江南大学学报》(人文社会科学版)2018年第4期]。(7)《化解思维方式冲突：直觉与逻辑的协同》(《理论与现代化》2019年第4期)。

此外,尚有本书写作过程中所发表的与本书相关内容相一致的论文,如《"真理"考辨——对马克思主义创始人真理概念的新阐释》(《理论与现代化》2021年第3期)、《论知识重建》[《中国文化与管理(7辑)》,南京大学出版社2022年版]等。

本书是基于上述研究成果及其他相关领域的一些研究成果,对其中紧扣本研究主题的论文进行加工、修正、补充、整合而成。

第一篇

以"管理哲学"为主题的元研究

【提要】 现代西方管理哲学的具体形态可划分为三种类型：（1）以谢尔登为代表的管理经营哲学；（2）以霍金森为代表的管理文化哲学；（3）以柯克比为代表的元管理哲学。当代中国管理哲学的实然形态有两种基本类型：中国管理文化哲学和马克思主义管理哲学肩负着前者旨在探求和阐明具有中国文化特色的特殊管理原理，后者旨在探求和阐明马克思主义哲学的管理应用原理，而以实用思维为其共同特征。运用实用思维来开展管理哲学研究，是与管理哲学的"哲学"品格不相称的，它有可能导致管理哲学"降格"为一种实用学术，使管理哲学丧失其哲学本性。按照实证科学时代哲学理性活动的特点，以霍金森为代表的现代西方管理文化哲学，以其探求和阐明"应然广普性"原理，代表着管理哲学发展方向。但霍金森和沙因等西方学者，对组织文化建设中领导在价值观创新方面所担当的角色及其作用的研究，在严格意义上还不是对管理文化的哲学研究。管理文化哲学肩负着对管理文化的哲学研究，理应关注和聚焦于作为管理文化核心的价值观的创新规律，为谋求对价值观创新的有效管理而努力探求和揭示创新思维规律。

第一章 西方学者对管理的哲学研究

第一节 "管理经营哲学"
——泰勒和谢尔登的管理哲学研究

西方的管理哲学研究是由"科学管理之父"泰勒著《科学管理原理》（1911）而奠其基，由英国管理学家谢尔登著《管理哲学》（1923）而开其端。

"管理哲学"之名，首见于谢尔登所著管理哲学开山作的书名。但在谢尔登之前，泰勒已在《科学管理原理》中提出了"科学管理哲学"（the philosophy of scientific management）①的概念，这个概念包含两种意义：其一，科学管理的理论②；其二，包含在科学管理（理论）中并在科学管理（实践）中采取各种方法加以运用的某些广泛的一般原则③。这意

---

① 泰勒说："科学管理的理论或者说科学管理哲学，虽则刚刚为人们所理解，而管理实践本身却已逐步推进。"（〔美〕泰勒：《科学管理原理》，蔡上国译，上海科学技术出版社1982年版，第16页）按：此段话，马风才译本译为："科学管理的理论或思想正在被理解，而管理本身有一个逐步演变的过程。"（〔美〕泰勒：《科学管理原理》，前言，马风才译，机械工业出版社2011年版，第17页）

② 〔美〕泰勒：《科学管理原理》，前言，马风才译，机械工业出版社2011年版，第17页。

③ 泰勒说："科学管理包括着某种主要的普遍原则，是一种能以各种方法运用的哲学，……"（〔美〕泰勒：《科学管理原理》，蔡上国译，上海科学技术出版社1982年版，第17页）按：此段话，马风才译本译为："科学管理主要包括一些广泛意义上的原则和一些可用于很多方面的理念，……"（〔美〕泰勒：《科学管理原理》，前言，马风才译，机械工业出版社2011年版，第18页）

味着在泰勒的术语系统中,"哲学"一词有两种含义:"理论"(theory)和"广泛的一般原则"(broad general principles)。在前一种意义上,书中所谓"科学管理哲学"亦可置换成"科学管理理论";在后一种意义上,书中所谓"科学管理原理"也蕴含"科学管理哲学"的意义。

泰勒在"理论"和"广泛的一般原则"两种不同意义上使用"哲学"一词,都是有哲学史根据的。"哲学"的西文名词源于古希腊文,其本义为"爱智慧"。古希腊哲学家亚里士多德所著《形而上学》(Metaphysics)对"智慧"与"哲学"的关系有如此论述:

> 智慧就是有关某些原理与原因的知识①。
>
> 明白了原理与原因,其它一切由此可得明白,若凭次级学术,这就不会搞明白的。凡能得知每一事物所必至的终极者,这些学术必然优于那些次级学术;这终极目的,个别而论就是事物的"本善",一般而论就是全宇宙的"至善"。上述各项均当归于同一学术;这必是一门研究原理与原因的学术;所谓"善"亦即"终极",本为诸因之一。就从早期哲学家的历史来看,也可以明白,这类学术不是一门制造学术。②
>
> 因为最神圣的学术也是最光荣的,这学术必然在两方面均属神圣。于神最合适的学术正应是一门神圣的学术,任何讨论神圣事物的学术也必是神圣的;而哲学确正如此:(1)神原被认为是万物的原因,也被认为是世间第一原理。(2)这样的一门学术或则是神所独有;或则是神能超乎人类而所知独多。③

在这里,亚里士多德严格地按照"爱智慧"的本义,将哲学界定为"一门研究原理与原因的学术",这门学术既探究个别事物的原理与原因("本善"意义的"终极目的"),又穷究全宇宙的原理与原因("至善"意义的"终极目的")。泰勒所谓"广泛的一般原则",其核心词为"原

---

① [古希腊] 亚里士多德:《形而上学》,吴寿彭译,商务印书馆1959年版,第3页。
② [古希腊] 亚里士多德:《形而上学》,吴寿彭译,商务印书馆1959年版,第4—5页。
③ [古希腊] 亚里士多德:《形而上学》,吴寿彭译,商务印书馆1959年版,第5—6页。

则"（principle），"principle"也可以翻译为"原理"，他在这个意义上使用"哲学"一词，是取"philosophy"一词之古义，用以表示关于个别事物（科学管理）的本善知识，这种知识可以被广泛应用于该特定事物——科学管理的实践领域。其所谓"广泛的"（broad）、"一般的"（general）均是就其本善知识的实践意义而言，旨在强调，这种知识对于科学管理实践具有广普的实用意义和适用性——"可把科学管理原理应用于几乎所有人类的活动中去。从最简单的个人行为到我们那些需要紧密合作的大型公司的活动，都可以找到其应用。"①

在《形而上学》中，亚里士多德将数学、物理学和神学（形而上学）都归入哲学范畴，并将其中的神学（讨论宇宙的"终极目的"）称为"第一哲学"（相对于数学和物理学）或"第一学术"（相对于其他一切学术）。

亚里士多德还从哲学不求实用只求真理的角度称哲学为"理论学术"或"理论知识"、"真理的知识"，他说："哲学被称为真理的知识自属确当。因为理论知识的目的在于真理，实用知识的目的则在于功用。"②

泰勒在"理论"意义上使用"哲学"一词或把"理论"和"哲学"当作同义语来使用，这是取"philosophy"一词的另一古义，但他不是着眼于哲学或理论在目的上的非实用性，而是着眼于哲学或理论对事物的原理和原因的探讨这种求真活动。就其《科学管理原理》的内容在于讨论科学管理的原理而言，这种管理理论完全可以被纳入亚里士多德所说的那种讨论个别事物的原理和原因的哲学范畴，把它理解为一种研究特殊事物（科学管理）的原理的哲学——科学管理哲学。在这个意义上，完全可以说泰勒是现代管理哲学的奠基人。

美国著名管理思想史家丹尼尔·雷恩（Daniel A. Wren，1932— ）在《管理思想史》（*The Evolution of Management Thought*，1972）③中就明确肯定，泰勒的科学管理思想中实际上包含了一种"如何对人力资源和

---

① [美]泰勒：《科学管理原理》，前言，马风才译，机械工业出版社2011年版，第XⅦ-XⅧ页。
② [古希腊]亚里士多德：《形而上学》，吴寿彭译，商务印书馆1959年版，第33页。
③ 丹尼尔·雷恩自1972年出版该书第1版后，截至2005年，已出到第5版。

物质资源进行管理的非常深刻的哲学"①,并且"泰勒的管理哲学在其'心理革命'中得到了反映"②。依笔者之见,雷恩所称的"泰勒的管理哲学"也许应该被恰当地理解为关于企业管理的一种组织理论,其实质在于强调,企业管理不是一种依凭管理者个人经验来进行的艺术,而是一门依据科学规律来构建企业组织的科学,这门科学首先要求企业内部劳资双方进行"心理革命",使资本家与工人都不再把注意力放在盈余分配上,不再为如何分配盈余而互相争执以至于互相对抗,而是把注意力都转移到如何增加盈余数量上,从而一门心思为增加盈余数量而努力提高劳动生产率,只要劳动生产率提高了,则工人可以多拿工资,资本家可以多得利润,这样便可达到劳资双方共同致富的效果。在泰勒看来,科学管理的根本目的是谋求最高工作效率,以实现劳资双方最大限度的利益。泰勒认为,一个组织的实际运行状况,根本上取决于其组织成员的思想和观念状况,因而主张通过转变劳资双方的传统思想和传统观念,来实行对企业文化的根本性改造。他所创立的科学管理理论,其主旨正在于为企业组织确立一种科学的思想和观念,一种为了实现劳资双方共同富裕的目标而努力提高劳动生产率的企业文化,其《科学管理原理》所阐述的有关企业的组织原则、组织制度、组织行为规范、工作方法等等,都可以被纳入这种企业文化范畴,把它们当作这种企业文化的构成要件来理解。

不过,按照学界通常的说法,谢尔登所著《管理哲学》的出版,才是现代管理哲学正式诞生的标志。因为是由谢尔登首次提出了创建管理哲学的主张,并且首次提出了"管理哲学"之概念,并以此作为书名发表。

在谢尔登的学术语汇中,"哲学"一词的含义,首先是指思考问题的一种方式:"哲学是一种广泛的追问,它把日常事情的问题变为相对的无。"③按其所说,他所谓"广泛的追问",意思甚明,就是利用理性思维的抽象概括功能,将日常生活中某些特殊问题转换为普遍问题,也就

---

① [美]雷恩:《管理思想史(第五版)》,中国人民大学出版社2009年版,第314页。
② [美]雷恩:《管理思想史(第五版)》,中国人民大学出版社2009年版,第289页。
③ [英]谢尔登:《管理哲学》,刘敬鲁译,商务印书馆2013年版,第4页。

是透过客观对象的个别现象看到它们的一般本质——相对于感觉可以感知到的个别现象——"日常事情",其一般本质则是不可感知的"相对的无"。转换成我们耳熟能详的话,被谢尔登称作"广泛的追问"的思考方式,也就是"透过现象看本质"的辩证思维。从其下面的论述可以看出,谢尔登的确有一定的辩证思维头脑:

"对管理来说,危险不在于缺乏行动,而在于缺乏行动的计划。在发展的过程中,存在着只见树木不见森林的危险。"①

这里的"树木""森林"之喻,在认识论意义上,正是对个别现象与一般本质的比喻。他将认识过程中"只见树木不见森林"的经验主义思维方式视为一种"危险",是意味着他主张和提倡一种全面认识事物的理性主义思维方式。以马克思主义哲学术语来说,这种思维方式属于"主观的辩证法"范畴的辩证思维。辩证思维的特点体现于认识过程中,就是从客观对象内部诸要素的矛盾关系中,从由这些矛盾关系所造成的各种形式的运动变化中,从这些运动变化的相互联系和相互过渡中来考察客观对象,以便从整体上、本质上完整地把握客观对象。谢尔登固然未必有马克思主义创始人那样自觉的"主观的辩证法"意识,更没有马克思主义创始人那样的一套辩证法理论(唯物辩证法),但他确实具有从整体上、本质上完整地把握客观对象的自觉意识,这从他在《管理哲学》的导言中申言和强调"本书不是从事阐述某一种特殊的管理,而是试图阐明统治整个管理实践的目的、发展路线和原则"② 就分明可见,他是把该书所论的客观对象(工业管理)当作一个整体来进行考察的。据此,完全可以把谢尔登的管理哲学理解为辩证法的整体思维在管理学术领域的一种应用形式,也就是说,谢尔登所创立的管理哲学是哲学思维(辩

---

① [英]谢尔登:《管理哲学》,刘敬鲁译,商务印书馆2013年版,第3页。
② Oliver Sheldon, *The Philosophy of Management*, London: Isaac Pitman & sons, 1923, pp. 14-15. 转引自苟欢迎、刘文瑞《管理哲学的探索者——郎特里和谢尔登》,《管理学家》2007年第2期。按:这段话在刘敬鲁翻译的《管理哲学》中被译为:"下面的内容不是对管理的任何分支的解释,而是作为一种努力,说明那些支配作为一个整体的管理实践的目的、成长路线和原则。"([英]谢尔登:《管理哲学》,刘敬鲁译,商务印书馆2013年版,第4页)

证思维）被运用于管理研究的产物。

其次，在谢尔登的学术语汇里，"哲学"一词的含义还是指可以被人们普遍接受的原则："我们应该创立一种哲学，一套原则，一套科学地确定出来并被人们普遍接受的原则，由于它们是实现最终目标的基础，所以应该用它们来指导日常的职业实践。"① 谢尔登在这个意义上所使用的"哲学"一词与泰勒在"广泛的一般原则"意义上所使用的"哲学"一词，其意义相当，都是用来表示对管理实践具有广普应用意义的本善知识。在谢尔登看来，这种可以被称为"一种哲学"的管理知识，应当包括"科学原则"和"伦理原则"两方面的内容。他认为，由某些科学原则和伦理原则所构成的管理哲学知识，对于管理是如此重要，以至于可以说，"管理对工业的指导作用主要在于一些科学原则和伦理原则，而这些原则的具体应用只起次要作用"②。对谢尔登来说，运用哲学思维（辩证思维或整体思维）来研究工业管理，就是为了求得可以指导工业中"日常的职业实践"（即工业企业的日常管理）的科学管理原则和伦理管理原则。从这里可以看出谢尔登与泰勒的思想差异：泰勒只重视"科学管理"，强调依据"科学管理原理"来进行管理；谢尔登则兼顾"科学管理"和"伦理管理"，认为"科学原则"和"伦理原则"都是不可或缺的管理原则。在"科学管理"思潮盛行于欧美工业界的时候，谢尔登提出"科学原则"和"伦理原则"并重的管理理念，这显然有以倡导"伦理管理"来纠"科学管理"之偏的理论意义和现实意义。因此，他在《管理哲学》中着重从伦理方面，强调工业企业管理者在经营过程中对社会和社区负有不可推脱的责任。他指出：

---

① Oliver Sheldon, *The Philosophy of Management*, London: Isaac Pitman & sons, 1923, p. 283。按：这段话被雷恩所著《管理思想史》所引用，该书中译本《管理思想史（第五版）》将这段话翻译为："我们应该形成一种管理哲学，这套原则被科学地制定出来并获得普遍接受，它建立在根本目标的基础上，并作为日常专业活动的一种指南。"（［美］雷恩：《管理思想史（第五版）》，中国人民大学出版社 2009 年版，第 289 页）又：这段话在刘敬鲁翻译的《管理哲学》中被译为："我们应该发展出一种通过科学方式而确定并且被普遍接受的管理哲学、一套原则；因为它以终极的事情为基础，所以可以把它作为管理职业日常实践的指导。"（［英］谢尔登：《管理哲学》，刘敬鲁译，商务印书馆 2013 年版，第 278 页）

② 转引自苟欢迎、刘文瑞《管理哲学的探索者——郎特里和谢尔登》，《管理学家》2007 年第 2 期。

"在我们考虑工业中的管理时,在早期阶段就要坚持,无论管理是如何的科学,管理力量的充分发挥是多么地依赖于科学方法的应用,管理的首要职责却是有关社会和社区方面的职责。"①

优先考虑伦理之善,是兼顾科学管理和伦理管理的谢尔登管理哲学所提出的关于工业管理的最基本的经营原则,也是"试图阐明统治整个管理实践的目的、发展路线和原则"的谢尔登管理哲学所提出的作为"实现最终目标的基础"的根本原则,这个"最终目标"也就是在谢尔登看来是由工业存在所决定的工业管理目标:"工业之所以存在就是为了提供足够数量的商品和服务,这些商品和服务是社会的良好生活所必需的"②。满足社会良好生活之必需,这便是谢尔登管理哲学所认定的工业管理的终极目的。优先考虑伦理之善,正是由这个终极目的所决定并服务于达成这个最终目标的根本管理原则。在这方面,笔者非常认同刘敬鲁(1955—)的观点,刘先生指出,谢尔登管理哲学思想立足于追问管理的终极目的和本性,阐明了为什么工业管理必须承担社会责任的人性与社会双重根源,开拓了工业管理研究的社会整体优先的视野和历史主义方法。③

综上所述,泰勒的科学管理思想所包含的管理哲学和谢尔登所创建的管理哲学,实质上是一些被认为可以普遍应用于工业社会中工厂或企业的经营和管理领域的理念和原则,这类理念和原则被雷恩统称为"管理经营哲学"④。

但是,谢尔登管理哲学的意义还不只是在于阐明了管理的一些科学原则和伦理原则,更在于为后世开创了运用哲学方法来研究管理的先河,

---

① 转引自苟欢迎、刘文瑞《管理哲学的探索者——郎特里和谢尔登》,《管理学家》2007年第2期。

② 转引自苟欢迎、刘文瑞《管理哲学的探索者——郎特里和谢尔登》,《管理学家》2007年第2期。按:这段话在刘敬鲁翻译的《管理哲学》中被译为:"工业的存在是为共同体的美好生活提供必需的商品和服务,无论共同体在什么范围内需要这些商品和服务。"([英]谢尔登:《管理哲学》,刘敬鲁译,商务印书馆2013年版,第279页)

③ 刘敬鲁:《谢尔登管理的社会责任理论及其现实意义》,《湖南科技大学学报》(社会科学版)2008年第1期。

④ [美]雷恩:《管理思想史(第五版)》,中国人民大学出版社2009年版,第289页。按:雷恩在该页有"谢尔登这样阐述管理经营哲学的基本原理"的话。

从此,"管理哲学"这面大旗被树立起来了。

然而,自从谢尔登在管理领域树起"管理哲学"大旗以后,在半个多世纪里,竟不曾有任何一个西方管理学家主动站到这面旗帜下自觉开展关于管理的哲学研究,虽然这期间也有许多管理学家所提出的理论实际上都可以被当作"管理经营哲学"来理解,例如:

法国管理学家法约尔(Henri Fayol,1841—1925)在《工业管理和一般管理》(1916)一书中提出了一般管理理论,这个理论区分了"经营"和"管理"两个不同概念,认为企业的经营有技术、商业、财务、安全、会计、管理六种职能活动,管理则是其中一种职能活动,这种职能活动贯穿于企业整个经营过程,是企业经营职能活动之一般,并把这种一般管理界定为"就是实行计划、组织、指挥、协调和控制",在此基础上提出了14条"管理的一般原则"。法约尔的一般管理理论是比较名副其实的"管理经营哲学"。

美国管理学家福莱特(Mary P. Follett,1868—1933)通过《新国家》(1918)、《创造性的经验》(1924)和《作为一种职业的管理》(1925)等著作,创立了一种企业哲学,其内容主要包括深深根植于格式塔心理学的群体原则和有关经营的"建设性冲突"与整合统一的思想,以及基于泰勒科学管理原理的有关权力和权威、控制和领导的情境规律的理论。这种管理理论亦是属于雷恩所说的"管理经营哲学"。

20世纪二三十年代,美国哈佛大学教授梅奥(George Elton Mayo,1880—1949)根据对工业生活的精神病理分析,通过对霍桑实验(Hawthorne Studies)结果的研究,提出了对人际关系运动具有学术可信度的人际关系理论(Human Relations Theory)。美国管理学家巴纳德(Chester I. Barnard,1886—1961)则根据自己的经验和社会学理论,并通过《经理人员的职能》(1938)和《组织与管理》(1948)提出了有关协作系统的组织平衡理论,这种理论与梅奥的人际关系理论都是努力"寻求组织整合"的产物——在雷恩看来,它们都是属于"哲学水平"或"哲学理念"层次上的组织理论。① 后来的一些管理学大师如德鲁克(Peter

---

① [美]雷恩:《管理思想史(第五版)》,中国人民大学出版社2009年版,第320—338页、第367页。

Ferdinand Drucker，或译"杜拉克"，1909—2005）、哈罗德·孔茨、明茨伯格（Henry Mintzberg，1939— ）、司马贺（Herbert Alexander Simon，又译"赫伯特·西蒙"，1916—2001）等人，均继承了并发展了20世纪30—40年代以"社会人"（social man）概念为核心的新古典组织理论（或称科学组织理论）。

可是，为什么这些理论的创造者都没有自称其理论研究及其成果为"管理哲学"？出生于加拿大的当代英国学者威泽尔（MorgenWitzel，或译"威策尔"）所著《管理的历史》（*Builders and dreamers：the making and meanings of management*）中有关的论述为我们了解个中缘由提供了一个线索，该书指出："管理哲学可以被理解为一种哲学，这种观点在19世纪和20世纪早期并不少见"，"谢尔登出版了《管理哲学》一书，使这个观点达到了它的鼎盛时间。然而从那时起，管理哲学这一观点多少显得有些过时"①。对于威泽尔的说法，我们不妨做这样的理解：从谢尔登《管理哲学》问世起，管理哲学能否被当作一种哲学来理解，就成为一个颇有争议的问题，由于否定意见在学术界越来越占据上风，后来很少再有人在"管理哲学"的旗帜下从事相关研究。另外，可能还有两个原因，就是如加拿大管理哲学家霍金森所分析的，一方面是由于哲学擅长于整体分析和宏大叙事，其思维方式不对管理重微观的路；另一方面是由于哲学已经给日常管理提供了思考路径和法则，只是我们没有察觉到。②

但是，以"管理哲学"为主题的论文还是零星可见，例如，李培挺在《国外管理哲学基本定位研究：变迁、实质与趋势》（载《管理学报》2012年第6期）一文中所提到的那篇发表于1948年署名Fetzer W.的文章，和另外一篇由戴维斯（R. C. Davis）撰写、发表在美国《保险杂志》（*The Journal of the Insurance*）1958年第25卷第3期上的文章，就都是以"管理哲学"（A Philosophy of Management）作为标题的，在管理哲学差不多已然被人们淡忘了的背景下，这两篇前后相隔正好十年均以介绍管理

---

① ［英］摩根·威策尔：《管理的历史》，孔京京、张炳南译，中信出版社2002年版，第313页。转引自李培挺《国外管理哲学基本定位研究：变迁、实质与趋势》，《管理学报》2012年第6期。

② 彭光灿、李道模：《管理学与管理哲学的联系与区别——从研究对象及学科属性视角》，《理论月刊》2012年第2期。

哲学为主的论文,让管理哲学重新进入了人们的视界。

可以让人看出管理哲学在西方确有复苏迹象和再兴之势的另一篇文章,是由利辛格(William D. Litzinger)和谢弗(Thomas E. Schaefer)合作发表于《管理学会学报》(academy of management journal)1966 年第 9 卷第 4 期的研究论文——《透视管理哲学之谜》(Perspective: Management Philosophy Enigma)。该文从管理学文献、企业组织学文献、哲学研究等方面,仔细考察了"管理哲学"术语演变的情况,阐明了这一术语所包含的意义,作者把这个意义视为美国文化的一种反映,由此提倡"一种务实的管理哲学"(a Pragmatic Philosophy of Management),为此,该文特别强调了澄清"管理哲学"术语意义的重要性,认为在其意义不明确的情况下,管理哲学家会流于互相空谈,而在实际的管理实践中没有有价值的投入。据此,不难想象出那个时候美国管理学界讨论管理哲学的"热闹"景象:一批被该文作者称为"管理哲学家"(management philosophers)的学者,就着管理哲学的话题,各抒己见地高谈阔论,却又都不是很认真地聆听对方的陈说和审思细察彼此交谈中各自使用的术语概念,看似讨论得很"热闹",其实没有什么学术成效,更遑论其理论付诸实践了。正是在这样的背景下,作为美国管理学会会刊的《管理学会学报》才刊发了那篇文章,其用意不言而喻。

20 世纪 60 年代北美管理学界围绕管理哲学的术语和概念所进行的讨论及由此引发的更深入的管理哲学思考与研究,到了 70 年代终于结出硕果。这一成就集中反映在加拿大多伦多大学的组织行为学教授罗伯特·豪斯(Robert J. House,1936—)与其同事艾伦·菲利、斯蒂芬·克尔合著的《管理过程及组织行为》(Managerial Process and Organizational Behavior,1976)一书对管理哲学概念所做的界定上:"管理哲学是指管理者所选择的价值准则,它决定管理的手段,指导管理的行为,进而实现管理的目标。"[①] 这一界说标志着管理哲学在西方的真正复苏,为嗣后西方管理哲学的新发展奠定了坚实的理论基石。

[①] 转引自程宇宏《"管理哲学"何为》,《科学学研究》第 24 卷(增刊),2006 年 12 月。

第二节 "管理文化哲学"——霍金森和沙因的管理哲学研究

在当代国际教育管理学界享有盛誉的加拿大维多利亚大学教育学院哲学教授、英国剑桥大学客座教授霍金森，从 1978 年至 1996 年间陆续出版了《走向管理哲学》(*Towards A Philosophy Of Administration*, 1978)、《领导哲学》(*The Philosophy Of Leadership*, 1983)、《教育领导：道德艺术》(*Educational Leadership: The Moral Art*, 1991) 和《管理哲学：管理生活中的价值与动机》(*Administrative Philosophy: Values and Motivations in Administration Life*, 1996) 四本书。这些著作，是作者主动接过谢尔登所树立的"管理哲学"旗帜并在这面大旗下自觉系统地开展关于教育管理的哲学研究的成果，霍金森也因此成为当今中国学者心目中与谢尔登齐名的管理哲学大家。

但是，作为其教育管理价值理论的一个有机组成部分，霍金森的管理哲学和聚焦于工业管理的谢尔登的管理哲学虽被中国学者一视同仁地称作"管理哲学"，但他们所使用的管理哲学概念并不相同，这最明显地表现在他们的管理哲学专著的书名中所使用的"管理哲学"英文语词的差异上：谢尔登用以冠其书名的是"*the philosophy of management*"，而霍金森所使用的是"*the philosophy of administration*"。这里"administration"和"management"同被汉译为"管理"，然而在英语中它们又是两个语义有差别的单词。那么，在英文里，这两个词在语义上到底有怎样的关系呢？

据中国 MPA 之父、行政学家夏书章（1919—　）先生的相关论析，"administration"这个英文词，按不同语文表述习惯，可以译为"行政"，也可以译为"管理"。① 公共管理作为独立学科，从酝酿到问世、发展，仅约百年。原文 Public Administration 中的 administration 是多义词，因其从研究政府管理开始，故译为行政学和略去公共并无不当。后来内容拓

---

① 夏书章：《设置公共行政硕士专业学位的建议》，《学位与研究生教育》1998 年第 4 期；《夏书章自选集》，广东人民出版社 2007 年版，第 91 页。

展，及于非政府、非营利公共部门（Public sector），已非行政所能概括。① 所以，虽然有人认为"Public Administration"系指公共行政、行政管理，"Public Management"方指公共管理，并且因此也有称公共管理硕士为 MBM（Master of Public Management）者，但毕竟不多见；MPA（"Master of Public Administration"）和 MBA（"Master of Business Administration"）是当今国际通用的学位名称。②

照此说来，在现代英语中，"administration"和"management"是意义相通并且有时可以互相替代使用的两个词。这还可由下述事例得到印证：

20 世纪早期最富影响力的管理思想家之一、西方古典管理理论在法国的杰出代表、有"管理理论之父"之称的法约尔，1916 年在《矿物工业公报》(the Bulletin de la Société de l'Industrie Minérale) 上发表了题为（《行政、工业和一般管理——计划、组织、指挥、协调、控制》）"*Administration, Industrielle et Générale – Prévoyance, Organisation, Commandement, Coordination, Contrôle*"的文章，此文于 1930 年由库布罗（J. A. Coubrough）为国际管理学会（the International Management Institute）从法语翻译过来的英译本的标题是"*Industrial and General Administration*"，而 1949 年由斯托尔斯（Constance Storrs）翻译的英译本的标题则是"*General and Industrial Management*"——它们通常都被中（汉）译为《一般管理和工业管理》。

但是，毕竟"administration"和"management"还是意义有所区别的两个词，按其语用功能来说，其意义的主要区别在于：

（1）"administration"和"management"都可以指管理活动，但"administration"是指决定一个组织的目标和主要政策，在决策层面上属于组织的整体决策，是管理层次上的顶级活动，而"management"是指贯彻执行一个组织的目标和主要政策所做的具体安排，在决策层面上仅在组

---

① 夏书章：《公共管理的旧貌新颜和发展趋势——公共管理面面观》，《公共管理学报》2004 年第 1 期；《夏书章自选集》，广东人民出版社 2007 年版，第 123 页。

② 夏书章：《公共管理的旧貌新颜和发展趋势——公共管理面面观》，《公共管理学报》2004 年第 1 期；《夏书章自选集》，广东人民出版社 2007 年版，第 113—114 页。

织的整体决策框架下做较具体的决策,是管理层次上的中级活动。

(2)"administration"和"management"都可以指一定的管理主体,但"administration"是指政府,而"management"是指从事管理工作的人或组织,尤指资方,因此,当它们被用于指称一定的管理活动时,在习惯上"administration"常指与政府相关的行政管理,"management"则常指与私营工商业相关的企业管理。

(3)在一般情况下,"management"可以泛指包括 administration 在内的一切管理活动。

从这些区别中,我们不难理解霍金森为何选取"administration"一词来指称他的哲学研究领域,因为他的研究领域主要是教育管理,而教育管理是属于与公共组织特别是政府相关的公共事务管理;当然,也是更重要的原因在于,他认为管理在本质上就是领导,领导就是管理①,而领导当然是管理层次上的顶级活动,所以他使用"administration"一词来指称其哲学研究的对象,是反映了他对管理本质的独特理解的。从霍金森自己使用"administration"和"management"这两个词的具体情况来看,他把"哲学""计划""政治"纳入"administration"范畴,把"动员""实施""监督"纳入"management"范畴,前者属于政策制定领域,后者属于政策执行领域。② 由此可以看出,在霍金森的用语里"administration"一词的意思,大致相当于美国管理学家戴维斯(Ralph C. Davis,1894—1986)《高层管理基础》(*Fundamentals of Top Management*,1951)所说的"top management"——戴维斯在该书中将管理定义为"高层管理者的领导职能"③,霍金森对管理的理解与之相一致。因此,霍金森所谓的"the philosophy of administration",完全可以被译为"领导哲学"。

如上所述,豪斯将管理哲学界说为"管理者所选择的价值准则",这个定义并不只是反映了豪斯及合作者对于管理哲学的独特理解,更是北美乃至于整个西方管理学界经过长期的学术探讨所形成的关于管理哲学

---

① 胡永嘉:《霍金森对当代领导理论的批判和重建》,《领导科学》2009 年第 35 期。
② 葛新斌:《教育领导乃是一种道德艺术——霍金森教育管理价值论评析》,《比较教育研究》2007 年第 12 期。
③ [美]雷恩:《管理思想史(第五版)》,中国人民大学出版社 2009 年版,第 405 页。

的一种共识性见解，它代表了西方管理哲学对于自身的一个阶段性自我认知。霍金森的管理哲学研究也是基于这一共识性见解，将目光聚焦于价值问题，以至于认为"管理哲学就是对管理与组织的元价值——逻辑和理性的一般性理解"①。刘敬鲁在《西方管理哲学》（2010）中，将这种指向价值问题的管理哲学研究取向，解释为一种"人文主义关怀"，称霍金森的管理哲学是"人文主义关怀视野下的管理哲学"，这固然有道理；但从现代西方哲学流派角度看，以价值为对象的哲学派别属于文化哲学，故重视价值管理，探讨价值准则的管理哲学，就不仅仅是基于西方管理学界对于管理哲学本性所取得的上述共识性见解，也还意味着，是引入文化哲学方法来开展管理哲学研究。对于像霍金森这样的哲学教授，尤当作如是观：他应该是受到了像文德尔班（Wilhelm Windelband，1848—1915）、卡西尔（Ernst Cassirer，1874—1945）等文化哲学家的思想影响，较自觉地运用文化哲学方法来开展管理哲学研究的。

自觉或不自觉地受现代文化哲学的影响，重视研究管理和组织领域的价值问题，并相应地在观念形态上，将管理哲学理解为支配管理活动的价值观之类的东西，是20世纪70年代以来西方管理哲学的基本特征。这个思想特征也反映在中国对外翻译出版公司影印出版的哈佛管理丛书《企业管理百科全书》（2000）中，该书将管理哲学归结为企业管理人员为人处世的信仰和价值观等。

如果把研究价值问题的管理哲学当作文化哲学的一种具体形态来理解的话，那么，从逻辑上讲，这种可以被称作"管理文化哲学"的管理哲学形态，在人性假设上就势必要把管理者当作"文化人"（Cultural Man）来理解，从而也势必相应地要把管理和组织都纳入文化范畴，从而形成"管理文化""组织文化"的概念。因此，如果说德鲁克、明茨伯格、司马贺等管理学大师都是继承并在不同方向上发展了20世纪三四十年代以"社会人"概念为核心的行为科学组织理论的话，那么，豪斯的管理哲学定义的提出和霍金森的领导哲学的创立——以其《领导哲学》（1983）的出版为标志，则标志着现代管理理论的人性假设由"社会人"

---

① Christopher Hodgkinson, *Toward a Philosophy of Administration*, Oxford: Basil Blackwell Publisheder limited, 1978, p.108.

假设过渡到了"文化人"假设，从而也标志着基于"社会人"假设的行为组织理论过渡到了基于"文化人"假设的组织文化理论。

与霍金森的管理哲学研究活跃期大致相当，美国社会心理学家、麻省理工学院斯隆商学院教授沙因（Edgar Henry Schein, 1928— ）在出版《组织心理学》（*Organizational Psychology*, 1965）以后，至 20 世纪八九十年代，也开始重视并致力于管理和组织领域的价值问题研究，先后出版了《组织文化和领导》（*Organizational Culture and Leadership*, 1985）和《企业文化生存指南》（*The Corporate Culture Survival Guide*, 1999）两部重要著作，其理论被刘敬鲁《西方管理哲学》（2010）冠以"以基本假定为核心的组织文化理论"之名而归入"管理哲学"范畴。

在《企业文化生存指南》中，沙因以大量案例具体证论了在企业发展的不同阶段，企业文化再造是推动企业前进的原动力，企业文化是企业的核心竞争力。在《组织文化和领导》中，沙因则侧重于对组织文化与领导力的关系进行理论阐释，指出了领导力的本质在于文化的创建和管理，尤其是当原有的企业文化变得不再具有适应性以至于影响到组织的生存时，领导力的作用就在于能洞察现存文化的局限性，辨认其中有用和无用的元素，并对文化的发展和变革进行管理，以增强组织的适应性，使之能够适应不断变化的环境；而文化变革的实质是在于改变现存文化中那种不容置疑的价值观——沙因称之为"假设的价值观"（Hypothetical Values），这种价值观是如此深入人心，以至于成为一种理所当然的价值观，为组织成员集体共享，并支配着这个集体的无意识行为，正是这种集体无意识行为，构成了组织文化的本质。

沙因的"假设的价值观"与霍金森的"元价值"（metavalue）[①] 实有相通之处。霍金森所谓的"元价值"是指比一般的价值更深层次的，在这些价值背后对它们起强有力影响作用的精神元素。他在吸纳美国哈佛

[①] 一般说来，"元价值"是比"价值"更基本的概念。"借用'好'这个辞来说明，二者的区别在于：元价值是纯粹的好、始终如一的好，价值则包含好、坏、中（性），可以有三种表现；元价值是本元的、本质的好，价值则是派生的、非本质的好（或坏或中）；元价值是无条件的无须证明的好，价值则是有条件的待证明的好（或坏或中）。总之，元价值是自决自明之好，而价值无论是好是坏是中，都不能由自己决定，自己证明。"［韩东屏：《人·元价值·价值》，《湖北大学学报》（哲学社会科学版）2003 年第 3 期］

大学著名社会学者、美国现代社会学的奠基人帕森斯（Talcott Parsons, 1902—1979）"价值就是关于愿望的概念"① 的基础上加以创造性阐发，把"价值"列入对人的行为和行动具有推动和激励作用的主观力量的范畴，这种主观力量是一个由动机或愿望、思考、认知、理性、意志等诸多因素所构成的观念集合体。② 霍金森所讲的"元价值"则是指这样一些精神元素，它们常常以不明说的或未经检验的假定形式进入个人或集体生活之中，对个人和集体的各个层面的价值产生强有力的无意识的影响；霍金森进而将在现代组织管理生活中起支配作用的精神元素——元价值的本质内容概括为"逻辑和理性""效率和效用"，认为支配着管理行为及管理世界的正是这些根深蒂固的观念，它们在促进生产的同时，也导致了组织管理生活意义的丧失。③ 可以看出，沙因的"假设的价值观"概念颇似于霍金森的"元价值"概念——至少在下述意义上是相同的：它们都是指为人们普遍信从而不加怀疑或毋庸置疑的一套习惯性生活观念，这些观念对于人们的日常生活和工作行为乃至于思维方式都有难以估量的影响作用。

但是，霍金森对这套被他称为"元价值"的生活观念的论述，所关注的是由这些观念所支配的种种价值表象，特别是现实组织管理生活中价值现象的复杂性和矛盾冲突及其解决之道，是针对这类问题所开展的逻辑分析与理性研判。沙因关于"假设的价值观"的思想，可归纳为如下几个主要观点：

（1）企业文化在本质上可以被归结为一定团体所共享的"假设的价值观"。

（2）"假设的价值观"不但决定该团体中的人的心理特质（它使该团体中的人区别于其他团体中的人），而且决定该团体的心理特质（它使该团体区别于其他团体）。

（3）"假设的价值观"是否积极，取决于它是否与变化着的环境相

---

① 转引自 [加] 霍金森《领导哲学》，刘林平等译，云南人民出版社1987年版，第3页。

② 尹姣容、葛新斌：《霍金森教育管理思想之再探析》，《清华大学教育研究》2016年第2期。

③ 张新平：《价值论与整合论：外国教育管理学理论的新进展》，《比较教育研究》2003年第1期。

适应。

（4）对于一个企业来说，一种积极的价值观理当如此：它能给这个企业带来一种内驱力，从而使该企业可以走出与其环境不相适应的困境；同时，它能正向地引导该企业的员工为使企业走出困境而踏上新征程，心甘情愿付出自己的努力。

（5）企业领导者的领导力的关键作用，在于变革现存的"假设的价值观"，使之由不适应环境的消极价值观，转变为适应环境的积极价值观。

显然，以这些观点为主要思想内容的组织文化理论，也可以被当作一种领导哲学来理解，只是同霍金森的领导哲学相比，沙因的领导哲学是着重强调了领导对构建积极的价值观以优化组织文化所负有的使命及其能力，霍金森的领导哲学则偏重于强调领导者所当具备的哲学素养——"如果哲学家不会成为管理者，那么管理者必须成为哲学家"[1]及其协调价值冲突以优化组织文化的哲学实践——"管理是一种行动的哲学"[2]；但是，他们都把领导活动或领导力的体现归结为对组织文化的价值管理，这是其领导哲学的共性所在，也是这一时期"管理文化哲学"的思想特质所在。

然而，同是领导哲学，在沙因则属于管理学范畴，即属于崔绪治所谓"管理理论的最高层次"意义的管理哲学[3]；在霍金森则属于哲学范畴，即属于崔绪治所谓"哲学的应用研究的分支之一"意义的管理哲学[4]。前一种意义的管理哲学，是管理学家对管理所开展的管理学元研究；后一种意义的管理哲学，是哲学家对管理所开展的哲学应用研究。霍金森曾撰有《为什么要对管理进行哲学探讨》[5]一文，这表明了他的管

---

[1] "If philosophers will not become managers, it is certain that manaers must become philosophers." (Christopher Hodgkinson, *Toward a Philosphy of Administration*, Oxford: Basil Blackwell Publisheder limited, 1983, p. 17)

[2] "Administration is philosophy – in – action." (Christopher Hodgkinson: *Toward a Philosphy of Administration*, Oxford: Basil Blackwell Publisheder limited, 1983, p. 2)

[3] 崔绪治、徐厚德：《现代管理哲学概论》，安徽人民出版社1986年版，第1页。

[4] 崔绪治、徐厚德：《现代管理哲学概论》，安徽人民出版社1986年版，第1页。

[5] 载《国外社会科学》（北京）1986年第3期。按：此文摘译自霍金森所著《领导哲学》（*Toward a Philosphy of Administration*）第一章《为什么要哲学化？》（*why philosophize?*）。

理哲学研究是属于哲学性质的活动，是其哲学研究的一种方式和具体形式。这也意味着，霍金森的研究进路是由哲学研究转进至管理哲学研究的。在西方管理哲学史上，很少通过与霍金森同样的路径进入管理哲学领域的学者，绝大多数管理哲学家，都是由管理研究进入或上升至管理哲学研究的。①

第三节 "彻底规范性"的价值管理理论
——柯克比对管理哲学的元研究

当霍金森和沙因的学术活动进入收尾阶段时，丹麦哥本哈根商学院管理学、政治学与哲学系教授柯克比出版了《管理哲学——从彻底的规范视角》（1998）。

柯克比有与霍金森相似的职业与学术身份背景：霍金森是教育学院哲学教授，柯克比是哲学博士和管理学、政治学与哲学系教授。相应地，柯克比进入管理哲学领域的路径亦类似霍金森，也是由哲学研究转至管理哲学研究，而且柯克比的研究聚焦点也和霍金森一样，同样是管理者问题——不但《管理哲学——从彻底的规范视角》以之为核心问题，后来他又写了两本专论管理者问题的著作：一本是论管理者美德的书（*The Virtue of Leadership*, Copenhagen Business School Press, 2008），一本是论领导对话艺术的书（*The New Protreptic*: *The Concept and the Art*, Copenhagen Business School Press, 2009）。这两本书所讨论的话题都是《管理哲学——从彻底的规范视角》中的话题，并且是后者所讨论的四个话题（"Management or Leadership" "Dialogue or Metalogue" "The Virtues of Leadership" "Space and Time in Management"）之二，其中关于对话的话题，后者主要是从"元对话"（Metalogue）角度来讨论的。

---

① 应该就是根据这一实际情况，由中华人民共和国国家质量监督检验检疫总局、中国国家标准化管理委员会于 2009 年 5 月 6 日发布、2009 年 11 月 1 日实施的《中华人民共和国学科分类与代码国家标准（GB/T 13745—2009）》，遂将"管理哲学"归入"管理学"系之"管理理论"类，即把管理哲学定位于管理学三级学科层次上。

笔者还注意到，2009年柯克比在发表于《国际行动研究杂志》(International Journal of Action Research) 的论文《作为事件意义的短语》(Phronesis as the Sense of the Event) 中，提出了以实践智慧（Phronesis）为元研究概念的决定因素和以实践智慧为解放性学习组织策略、知识管理策略、叙述策略和领导能力的观点，这表明了柯克比对实践智慧的探讨是属于管理学术领域的元研究，这与他在《管理哲学——从彻底的规范视角》中关于"元对话"的研讨是一致的，均属于元理论（Meta-theory）层次的研究。这就是说，柯克比关于领导问题的哲学研究，始终都带有元理论或元研究的眼光，这种研究眼光使他的管理哲学也带有元理论性质。

柯克比在《管理哲学——从彻底的规范视角》中明确表示："本书采取一种明确立场，任何关于管理现象的反思，任何关于管理主题的元讨论，都必须是彻底规范性的。"[①] 这表明了两点：第一，他的管理哲学具有对既有的管理哲学进行"反思"和"元讨论"的元理论性质；第二，他的这种元理论具有"彻底规范性"的思想特点。据此再来看他这本书的书名，就不难理解其意义所在：所谓"管理哲学——从彻底的规范视角"，就是"从彻底的规范视角"来审视、反思和讨论"管理哲学"。

由于20世纪70年代以来西方管理哲学界普遍将管理哲学理解为价值观形态的东西，因此，柯克比对管理哲学的反思和元讨论，在本质上具有类似霍金森那样"对管理与组织的元价值——逻辑和理性的一般性理解"的意义，也就是说，《管理哲学——从彻底的规范视角》一书的本质内容是在于讨论价值管理中的元价值，并且这种讨论是围绕着价值的规范性问题来展开的。他在讨论中所提出的核心概念是"绝对"或"第四者"。

关于"绝对"或"第四者"，柯克比指出："这个绝对是美德所追求的，作为知识、情感和行动的边界，它在本书中被称作彻底的规

---

① ［丹麦］柯克比：《管理哲学——从彻底的规范视角》，转引自刘敬鲁、宋作宇《彻底规范视角下的管理实践——科克比的管理哲学述评》，《学海》2010年第2期。

范性。"① 按照柯克比的描述，这个"彻底的规范性"作为"绝对"，是超越于对话、规范、价值、知识、权力和欲望之外的，它无形无声，不可为概念、形象、名称所表达，但又隐匿地属于所有人，并召唤着人们，最强有力地指明了人们的行动方向；它作为"知识、情感和行动的边界"，是人们生活交往的终极规范和人们行为的终极标准，因而也是领导或管理实践的最高尺度。②

这个被柯克比描写得如此神秘兮兮而颇具通灵性质与功能的"绝对"到底是什么？

刘敬鲁等对之作了西方哲学的解读，认为"它的本质意思相当于海德格尔所说的良心呼唤或人的本真存在，或者说相当于康德的绝对命令"，可以被理解为"人之为人、人类之为人类的本真要求或良心要求"。③ 据此解读，它应该是对霍金森的"元价值"加以形而上学改造的产物：

一方面，柯克比对"元价值"所固有的"在价值之后"的意义加以形而上学的引申，赋予了其形而上之本体的意义，使其成为隐藏在可以言语的观念性价值现象背后的价值本体；

另一方面，他又将原本在霍金森那里并不代表至善而是积极意义（善性）和消极意义（不善性）兼而有之的"元价值"，改造为"美德所追求"的至善。

若进一步从中国哲学的视角来审视之，则其作为价值本体，是类似于老子哲学中的"无名"之"道"；其作为至善，则类似于老子哲学中超越"善"与"不善"的"上善"④。

所以，将西哲解读和中哲解读融合起来，那个被柯克比称作"彻底的规范性"的"绝对"，就未尝不可以被理解为形而上学的"常善"之

---

① ［丹麦］柯克比：《管理哲学——从彻底的规范视角》，转引自刘敬鲁、宋作宇《彻底规范视角下的管理实践——科克比的管理哲学述评》，《学海》2010 年第 2 期。
② 刘敬鲁、宋作宇：《彻底规范视角下的管理实践——科克比的管理哲学述评》，《学海》2010 年第 2 期。
③ 刘敬鲁、宋作宇：《彻底规范视角下的管理实践——科克比的管理哲学述评》，《学海》2010 年第 2 期。
④ 《老子·二章》："天下皆知美之为美，斯恶已；皆知善之为善，斯不善已。"（《王弼集校释》，楼宇烈校释，中华书局 1980 年版，第 6 页）；《老子·二章》："上善若水。水善利万物而不争，处众人之所恶，故几于道。"（《王弼集校释》，第 20 页）

"道"。这当然并不意味着它可以被归类于老子哲学意义上的"常善"之"道"。其二者是有原则性区别的：

老子哲学的"常善"之"道"——"常道"①，是将价值批判的矛头针对周代文化"仁""义""礼""智"的道德价值所提出的一种有解构传统文明之意义的古典道德形而上学的自然价值，一种被认为"自古及今"普遍有效的超历史的绝对价值，以此作为治国行为（属于领导实践）的准则和指南，从而"处无为之事，行不言之教"②，可以克服传统礼制名教所导致的朴散真离的虚伪道德（"下德"），使人们返归真朴正直的自然道德（"上德"）；

柯克比的"常善"之"道"——"绝对"或"第四者"，是将价值批判的矛头针对现代社会生活中的"知识""情感""行为"所提出的一种重估现代文明价值之意义的超现代（hyper-modern）的道德形而上学的自然价值，一种被认为普遍适用于超现代文明世界的以"人责"（human duties）而非"人权"（human rights）为内涵的绝对价值，以此作为管理实践的准则和指南，从而以克尽"人责"的美德善行③来塑造可以克服支配现代社会生活的功能主义、机会主义和实用主义或工具主义的价值观给人们造成的精神压力，并能适应高新技术环境的超现代组织文化。

综上所述，整体说来，柯克比管理哲学的要义是在于阐明价值管理中作为管理者的美德所由以发生和赖以存在的价值基础（元价值）——"绝对"或"第四者"，主张管理者应扮演"第四者"所要求的角色，努力使自己成为一个正直、诚实、本真的人。然则，柯克比管理哲学的寓意甚明，就是认为既有的管理哲学或领导哲学都没有在价值管理领域找寻到一个足可为管理者所依循和遵从的终极价值标准，其思想根源就在

---

① 《老子·一章》："道可道，非常道。"（《王弼集校释》，楼宇烈校释，中华书局1980年版，第1页）
② 《老子·二章》，载《王弼集校释》，楼宇烈校释，中华书局1980年版，第6页。
③ 在《管理哲学——从彻底的规范视角》一书中，柯克比提出，现代社会中管理者除了需要具备智慧、节制、勇敢、正义四种主要美德之外，还需要形成深思明辨、热情愉悦、耐力、预见力、直觉力、助力等六种具体美德（刘敬鲁、宋作宇：《彻底规范视角下的管理实践——科克比的管理哲学述评》，《学海》2010年第2期）。

于缺乏"彻底规范的视角",因而无以由价值表象深达于价值本体,这便是柯克比所认为的既有的管理哲学或领导哲学的根本的思想缺陷所在。要言之,他所提出的"彻底的规范性"——"绝对"或"第四者",就是作为其管理哲学的核心理念而要求管理者或领导者接受的元价值标准——一种被认为管理者一经接受了它并由之以行即可获得最高实践智慧的价值管理之道。

自《管理哲学——从彻底的规范视角》出版以来,柯克比在管理哲学领域探索不断,屡有新著问世,其中 2009 年出版的一本其书名可意译为《领导的对话艺术》(*The New Protreptic*: *The Concept and the Art*, Copenhagen Business School Press)的著作,是沿着《管理哲学——从彻底的规范视角》的研究思路,进一步探索适应社会企业创新需要的管理者对话艺术,认为开展积极的对话是真正管理者的必要条件,而现在比以往任何时候都更需要这种条件;这种真正体现领导力或管理实践智慧的积极对话,可以提供一种全新的组织沟通方式,使管理者和员工有可能通过反思性的合作,得以在一个经过深思熟虑的生活的基础上了解他们自己,从而使他们在价值管理和企业品牌塑造中避免跌入那些肤浅的和工具主义的陷阱。另外,他还出版了《自由的组织:热情和慷慨之间的平衡》(*Den frie organisation*: *Balance mellem passion og storsind*, København, Udgivet -2009)。

最后需要指出的是,在柯克比的哲学思想深处存在着传统形而上学的本质主义思维与反本质主义的后现代哲学思维之间的紧张关系:他的带有鲜明元理论思维特征的价值批判,使他的哲学思维带有一定的反"现代性"的后现代主义色彩;而他所选择的那个"彻底的规范性视角",却分明是一种本质主义价值观视角,这又使他的哲学思维带有传统形而上学色彩。从其新近的学术研究动态①来看,柯克比正热心于探究"隐

---

① 柯克比最近的作品有《从同音异义、类比、隐喻等角度对语言谱系、类比、隐喻起源的几点思考》[载《语用学、文化与社会系列跨学科研究:语用学、哲学与心理学视角》第 4 卷,Capone, Alessandro, Mey, Jacob L. (eds.) 2015],在这篇论文中,他试图说明,理性作为一种认知能力,主要是通过使用同形同音异义词(homonyms)发挥作用。另外,哥本哈根商学院的新近网页显示,他正在做"一个叫做'莫扎特'的比喻"的研究课题,主要探讨这样一些问题:是否可以通过思想、行动或情感来实现隐喻?隐喻的反面是什么?是否存在隐喻思维的替代方案?是否存在另一种隐喻思维?所有这类研究,都是跟他在《管理哲学——从彻底的规范视角》中曾经讨论的"对话或元对话"这个话题相关的。

喻"问题,这可是以人为中心来审视世界、分析语言的后现代哲学的一个热门话题!他对这个话题抱有异乎寻常的研究兴趣和学术热情,是否意味着他正在告别自己早先的本质主义价值观而投进后现代主义价值观的怀抱呢?这是一个尚待观察的问题。

第四节 对西方管理哲学研究的评说

以上考察西方学者对管理的哲学研究,我们选取了谢尔登、霍金森、柯克比作为主要代表人物,主要是考虑到,在西方管理思想史和管理哲学史上,唯有这三位学者不仅有自觉的管理哲学概念和管理哲学研究意识,而且都有比较系统的管理哲学专著出版,同时还考虑到他们的这些著作都是以"管理哲学"作为其书名或其书名中的主标题。事实上,这三位学者也是目前我国管理哲学界公认最为重要的西方管理哲学家。

关于谢尔登对管理的哲学研究及其思想成果形态,我们使用了著名西方管理思想史家雷恩用来概括现代西方管理思想史早期管理哲学的术语——"管理经营哲学"来标识它,这首先是基于这样一个事实:谢尔登从 1919 年起一直在英国企业家和管理学家郎特里(Benjamin. Seebohm. Rowntree,1871—1954)的家庭企业——郎特里公司工作,起初担任郎特里的个人助理,后来任联合公司经理,1931 年任郎特里公司总董事会董事。因此,谢尔登首先是一位企业管理者,然后才是一位管理学家、管理哲学家。作为一位企业管理者,他的管理活动不能不服从郎特里公司的经营目标,为实现这个经营目的而努力服务。而郎特里作为一个企业家,他的经营理念是:"不管某一个人从事工业的动机是什么,其真正的基本目的是为社会服务。"① 这一经营理念直接决定了郎特里公司的经营目标,并直接支配着谢尔登的管理实践,也直接影响了谢尔登的管理思想。实际上,也正是基于郎特里所秉持的"真正的基本目的是

---

① 转引自苟欢迎、刘文瑞《管理哲学的探索者——郎特里和谢尔登》,《管理学家》2007 年第 2 期。

为社会服务"的企业经营理念,谢尔登才也相应地形成了"管理的首要职责是对社会和社区所负的职责"的管理思想,而这一思想无疑是谢尔登管理哲学的核心所在。所以,按其管理哲学思想的形成过程及其思想实质来说,与其称谢尔登的管理哲学为"管理哲学",倒不如称它为"经营哲学",如此似乎更贴切。谢尔登自己也认为,在管理与经营之间是"管理实现经营所确定的目标"[①]。他对管理与经营关系的这种认识,反映了其作为企业管理者的管理生活经历和管理实践经验,是他对自己的这种生活经历和实践经验的理性概括。据此来理解他所提出的"管理哲学"概念的意义,无疑可以用"经营哲学"来概括其本质意义。

但这不等于也并不意味着是将其"管理哲学"归结为"经营哲学"抑或等同于"经营哲学"。事实上,谢尔登所谓"管理实现经营所确定的目标",也并不意味着更不等于是把管理归结为经营抑或对管理与经营作等量齐观。根据谢尔登的论述,经营并非管理本身,而是管理的前提和依据,其内容"主要涉及公司政策的制定、财务的协调、生产和分配、组织方向的调整,以及经理人员的最终控制";而"管理本身是在经营所确定的范围内执行政策,以及利用组织来实现特定目标"。从谢尔登将经营和管理以及组织都纳入其"管理哲学"的考察范围来看,很明显,其"管理哲学"的"管理"是一个广义管理概念,其外延包括经营、管理和组织;相应地,其"管理哲学"也显然是一个广义管理哲学概念,它含有"经营哲学"和"组织哲学"的意义,但绝不等同于"经营哲学"或"组织哲学"。从谢尔登对经营、管理、组织三者关系的论述来看,组织是此三者中地位最为次要者——"组织则是管理在实现目标的过程中的器官",尽管他也承认这个"器官"在整个管理过程中有不可或缺的重要意义——"组织要把个人或集团的工作结合起来,以便能以最有效、最有系统、最积极并相互协调的方式去完成任务"。如此综合考量,应该说,以"管理经营哲学"作为谢尔登管理哲学的标识是比较合适的,这个名称既避免了将他的管理哲学简单地归结为经营哲学,又反映了"经

[①] 转引自苟欢迎、刘文瑞《管理哲学的探索者——郎特里和谢尔登》,《管理学家》2007年第2期。

营"范畴在其管理哲学范畴体系中特殊重要的地位。①

从"管理经营哲学"的"哲学"层面来说，谢尔登的管理哲学是运用哲学思维（辩证思维或整体思维）来研究管理，这种哲学思维在其管理研究中突出表现在三个方面：（1）追寻工业管理的终极目的，为此将工业置于整个社会系统中，从工业和社会的联系中来探寻工业存在的原因，进而根据工业存在的意义来确定工业管理的最终目标；（2）探寻工业管理的根本原则，并根据工业管理的最终目标来确定工业管理的根本原则；（3）透过纷纭复杂的工业管理现象，概括出反映工业管理一般本质的三个基本范畴——"经营""管理""组织"，并按照可以被我们表述为"管理服从经营""组织服从管理"的逻辑关系②构建了一个管理哲学范畴体系，这个范畴体系以逻辑形式揭示了工业管理的一般规律，并且从理论上提供了管理学科赖以确立的基本范畴和基本原则。

关于霍金森对管理的哲学研究及其思想成果形态，我们则以"管理文化哲学"这一术语来标识它，该术语在于我们有两种语用意义，可分别用英语"Philosophy of Management Culture"和"Cultural Philosophy of Management"来表示：在前者意义上，"管理文化哲学"是指关于管理文化的哲学，即对管理文化所进行的哲学研究及其思想成果形态；在后者意义上，"管理文化哲学"是指关于管理的文化哲学，即对管理所进行的文化哲学研究及其思想成果形态。在这种意义关系中，这里的"文化"一词含有双重意义：既是对象（客体存在）意义上的文化，又是方法

---

① 本段所引用的谢尔登的原话均转引自苟欢迎、刘文瑞《管理哲学的探索者——郎特里和谢尔登》，《管理学家》2007 年第 2 期。按：在谢尔登《管理哲学》的刘敬鲁中译本中，"管理"（administration）和"经营"（management）二词被分别译成"行政"和"管理"。因此，谢尔登《管理哲学》中论组织、管理和经营的一段文字被刘先生译为："组织是形成一个有效的机制；管理是形成有效的执行；行政是形成有效的指导。行政决定组织，管理使用组织。行政确定目标，管理努力实现目标。组织是管理在实现由行政所确定的目标的过程中所形成的机制。"（［英］谢尔登：《管理哲学》，刘敬鲁译，商务印书馆 2013 年版，第 39 页）

② 在谢尔登的《管理哲学》中，这种逻辑关系被表述为："经营决定着组织，而管理则利用组织，经营确定着目标，管理实现着目标。管理实现经营所确定的目标，而组织则是管理在实现目标的过程中的器官。"（转引自苟欢迎、刘文瑞《管理哲学的探索者——郎特里和谢尔登》，《管理学家》2007 年第 2 期）实际上这也就是后来日本管理学家占部都美在《现代管理论》（1966）中所提到的现代管理的基本原则："管理是为经营目的服务的，组织是为管理服务的。"（［日］占部都美：《现代管理论》，蒋道鼎译，新华出版社 1984 年版，第 94 页）

（主体思维）意义上的文化。在对象意义上，"文化"是对"管理"的性质限定，这意味着管理属于文化活动，是文化活动的一种特殊形式，这种特殊形式的文化活动即管理文化（Management Culture）；在方法意义上，"文化"是对"哲学"的性质限定，这意味着哲学属于文化研究，是文化研究的一种特殊方式，这种特殊形式的文化研究即文化哲学（Cultural Philosophy）。

谢尔登管理哲学与霍金森管理哲学的最大区别是其哲学思维形式不同：谢尔登的哲学思维是辩证哲学思维，其特点是从整体上、本质上完整地把握客观对象；霍金森的哲学思维是文化哲学思维，其特点是探讨支配文化活动的价值标准。但是，霍金森在探讨支配管理文化活动的价值标准时，不是像"文化哲学"的首创者文德尔班那样去寻求普遍有效的文化价值标准，因为在霍金森看来，"事实的世界乃既定的，而价值的世界是人为的"[①]，所以，价值被他理解为一种"具有动机力量"的主观愿望之类的东西，因而他更多是看到了现实的管理生活世界中价值冲突的普遍性，这些价值冲突也包括组织中的普遍价值与组织成员个体的特殊价值之间的冲突，相应地，他对管理文化的价值研究，其主要精力是放在对价值与事实的区分以及对纷繁复杂的价值现象和价值冲突现象进行归纳和分类，以便于领导者正确地认识价值问题和有效地处理价值冲突。

辩证哲学思维与文化哲学思维当然并不是截然不同的两种哲学思维形式，在一定条件下它们是可以互相渗透、互相包含和互相转化的，但是在这里我们无意于去探究这两种哲学思维形式之间的具体关系，因而也无意于去具体探究霍金森管理哲学与谢尔登管理哲学之间在思维形式上的异同离合关系，我们所关注的是这两种不同形式的管理哲学的共性特征，那就是：它们都是运用哲学思维来开展管理研究的精神产物。

李德顺（1945— ）等曾指出："哲学思维具有抽象性、批判性和反思性。这三大特性表现于哲学上观察任何对象的视角和层次之中，也表现于哲学思考所使用的概念形式、哲学推理所追求的逻辑走向之中。哲

---

① 转引自葛新斌《教育领导乃是一种道德艺术——霍金森教育管理价值论评析》，《比较教育研究》2007年第12期。

学的抽象性是一种'形而上'的，将人类的抽象能力发挥到最高限度，力求把握'无限'的抽象；哲学的抽象还是一种通过概念之间横向的逻辑关系来自我限定的抽象。批判性是哲学思维对命题和对象进行带有否定性的考察和分析；追问和澄清前提，是哲学批判最重要的方法。哲学的反思性是指它的批判矛头不仅仅是'对外'的，即针对一切外部对象和已有的概念及思想成果，同时也是'对内'的，即针对批判着的思想自身。"①

据此而论，谢尔登的管理哲学是以比较强烈鲜明的抽象性表现了其哲学思维的特性：无论是它对工业管理的终极目的和根本原则的探求，还是它对工业管理的基本范畴的理论概括及其范畴体系的逻辑建构，都是比较典型的哲学抽象思维。霍金森的管理哲学在抽象性上明显不及前者，然其哲学思维的特性主要并不是通过其抽象性来表现，而是在思维对象上表现出来，即它是围绕"价值的世界"这个中心来进行的以价值分析和价值判断为主要内容的理性活动。在现代科学高度发达时代，"价值的世界"是在"事实的世界"从事理性活动的科学留给哲学的理性活动空间。罗素在他所写的《西方哲学史》（1945）的最后一章"逻辑分析哲学"中，曾如此论述科学昌明时代之所以还会有哲学的原因和哲学之所以有必要继续存在的理由：该时代的学术"仍旧有一个传统上包括在哲学内的广阔领域，在那里科学方法是不够的。这个领域包括关于价值的种种根本问题；例如，单凭科学不能证明以对人残忍为乐是坏事。凡是能够知道的事，通过科学都能够知道；但是那些理当算是感情问题的事情却是在科学的范围之外"②。由此看来，在实证科学时代，评判认知过程中的理性活动是否属于哲学思维，似不能完全以李德顺等所说的那"三大特性"作为判据，而是还应当依据由这个时代所决定的科学与哲学这两种理性活动之间的关系来确定，在这种关系中，科学的理性活动是通过事实判断表现出来的实然性思维，其所得的知识是可以通过可重复的实验数据来验证其是否具有普遍的真理性或确实可靠性的合理性

---

① 李德顺、崔唯航：《哲学思维的三大特性》，《学习与探索》2009 年第 5 期。
② [英]伯特兰·罗素：《西方哲学史》，何兆武、李约瑟译，商务印书馆 1963 年版，第 395 页。

知识；与之相应，哲学的理性活动是通过价值判断表现出来的应然性思维，其所得的知识是可以通过可扩大的社会交往来验证其是否具有广泛的适用性或可接受性的合宜性知识。换言之，科学思维和哲学思维都具有追求广普性知识的特点，但科学知识的广普性是事实上的广普性——实然广普性，哲学知识的广普性则是价值上的广普性——应然广普性。故实证科学时代的科学思维与哲学思维的时代性特质，可被分别概括为"实然广普性"与"应然广普性"。而李德顺等所说的那"三大特性"，实际上已成为该时代科学思维和哲学思维所共有的特性了[1]。因此之故，在实证科学时代，评判认知过程中的理性活动是属于科学思维还是属于哲学思维，主要不是看其有没有抽象性、批判性、反思性，而是要看其所探求和阐明的原理，是属于"实然广普性"原理，还是属于"应然广普性"原理。由此再反观谢尔登和霍金森的管理哲学，则应当说，霍金森的管理哲学是这个时代比较典型的哲学思维形式，相比之下，谢尔登的管理哲学反倒显得其哲学思维特性不是很明显，虽然就其兼顾管理的科学原则和伦理原则并且优先考虑伦理原则而言，它无疑也具有哲学思维特性，因为被他认为广泛适用于工业管理的伦理原则，其广普性毕竟属于价值上的广普性，而非事实上的广普性。更进一步说，还不仅仅是霍金森的管理哲学，管理领域的其他各种文化理论（组织文化理论或企业文化理论）也都是属于"管理文化哲学"范畴，这些文化理论所阐明的管理原理都是属于文化价值范畴的"应然广普性"原理。

  至于柯克比的管理哲学，尽管其属于管理哲学元研究范畴，而在李振伦看来，元理论分析是居于实证科学层次，并不属于哲学研究[2]，但是柯克比对管理哲学的元讨论，显然不是在实证科学层次上进行的，而是在形而上学层次上进行的，他对"绝对"或"第四者"的描述，根本是

---

  [1] 现代科学（例如理论物理学）何尝不具有李德顺所说的那种"抽象性"呢？只是"力求把握'无限'的抽象"亦当加以理性的自我限制，否则，无论是哲学还是科学，都会走向神学；另一方面，以历史主义的观点来看科学，则无论是波普尔（Karl Popper，1902—1994）所说的科学增长过程中的"猜想与反驳"（Conjectures and Refutations），还是库恩（Thomas Samuel Kuhn，1922—1996）所说的科学共同体内的"范式转移"（Paradigm shift），又何尝能离得开李德顺所说的那种"批判性""反思性"呢？
  [2] 王志康：《具有一般方法论意义的元理论何以可能？——读李振伦的〈元理论与元哲学〉》，《自然辩证法研究》2001年第12期。

形而上学的一套话语。因此，就其哲学思维形式而言，他的管理哲学具有双重性质：就其对管理哲学的元讨论而言，其思维形式是属于形而上学思维；就是其讨论的核心话题是价值管理中"领导的美德"而言，其思维形式是属于文化哲学思维。

综上所述，现代西方管理哲学的具体形态可划分为三种类型：（1）以谢尔登为代表的管理经营哲学；（2）以霍金森为代表的管理文化哲学；（3）以柯克比为代表的元管理哲学。按照实证科学时代的哲学思维特性，这三种类型的管理哲学中，以霍金森为代表的管理文化哲学最具典型性，其以探求和阐明"应然广普性"原理的哲学理性活动区别于探求和阐明"实然广普性"原理的科学理性活动。这意味着实证科学时代的管理哲学本质上是管理文化哲学。

第二章　中国学者对管理的哲学研究

第一节　中国管理哲学研究简况

泰勒的《科学管理原理》在1911年初次出版后曾多次再版,并由民国初期实业家穆藕初(1876—1943)最先翻译引入中国,他先是在中华书局发行的《中华实业界》1915年11月10日第二卷第十二期至1916年3月10日第三卷第三期上连载,题为《工厂适用学理的管理法》,并于1916年11月由中华书局出版发行。①

自泰勒的科学管理思想初传至我国起,我国就有学者开始寻求中国自己的管理之道。例如,早年曾积极推动泰勒的科学管理思想在中国传播的杨铨(1893—1933),在1922年应商务印书馆之邀所做的一次讲演中,就曾明确表示:"科学管理法近七八年来美国人士日益注意,不惟商店工厂奉若准绳,即行政各机关亦恒采用此种管理方法","我甚希望有一种中国式的科学的管理法出现"②。又如,曾在商务印书馆任职达25年的王云五(1888—1979)也说过:"我对于欧美,尤其是美国,盛行的工

---

① 蒋国杰:《留学生与西方科学管理思想在中国的传播》,《徐州师范大学学报》(哲学社会科学版)2007年第3期;朱碧云:《直译与意译应为互补而非对立——对〈科学管理原理〉不同译本的比较》,硕士学位论文,北京大学,2012年。
② 杨铨:《科学管理法之要素》,《科学》1922年第4期。转引自蒋国杰《留学生与西方科学管理思想在中国的传播》,《徐州师范大学学报》(哲学社会科学版)2007年第3期。

商管理，虽甚赞同其原则，却不愿整个接受其方法。一因一国有一国的工商背景，一国亦有一国的社会特点；善学者当师其精神，不必拘于形式。我在商务印书馆施行的管理方法，即本此旨。十年以来，该馆三遭巨劫，屡蹶屡起，得力于管理者不少，而我所行之管理方法得收相当效果，则由于不重形式而能实施其原则于特殊之环境！"①

正是沿着这些先辈学者寻求中国管理之道的研究思路，至20世纪60年代，台湾学者曾仕强（1934—2018）首开中国管理哲学研究之先河，出版了《中国管理哲学》一书。曾先生在该书中指出："管理哲学为实践哲学之一，是自全体人生经验上，全部民族文化上，解释整个管理历程的意义与价值，评判整个管理活动的理论与实施；综合各管理科学及其他相关科学的知识，以研究管理上的根本假定、概念及本质，而推求其最高之学。""管理哲学即以全部人生经验为背景，全部管理历程为对象，采取综合的观点、整个的见地，以研究管理之学。""简言之，管理哲学是对管理经验作反省的活动。"② 曾先生意识到管理哲学与管理科学不同：科学无国界，而哲学属于民族文化，有民族性。于是，他从20世纪80年代起，又开始整理和推广所谓"中国式管理"。他在《中国式管理》首版（2001）序言中指出："科学无国界，从管理科学的层面来看，无所谓中国式管理，当然也就没有什么美国式、日本式的区分。大家都一样，在不同的地区，应用相同的管理科学。哲学就不一样，各地区具有不相同的风土人情，表示各地区的哲学并不相同。管理必须和当地的风土人情结合在一起，才能够增强效果，所以各地区的管理哲学不太一样。从管理哲学的层面来考察，大概谁也不会否定中国式管理的真实存在。中国式管理原来只不过是中国式管理哲学。"③ 在其书再版"前言"中，曾先生又说："自古以来，中国式管理便以安人为最终目的。……在儒家思想主导下，中国式管理主张从个人的修身做起。……中国式管理的源头是《易经》"④。

---

① 王云五：《工商管理一瞥》，序言，商务印书馆1943年版。转引自钟祥财《中国近代民族企业家经济思想史》，上海社会科学院出版社1992年版，第438页。
② 曾仕强：《中国管理哲学》，台北：东大图书公司，1963年版，第29—30页。
③ 曾仕强：《中国式管理·前言》，中国社会科学出版社2005年版，第2页。
④ 曾仕强：《中国式管理·前言》，中国社会科学出版社2005年版，第4，5，9页。

继曾仕强之后，蔡麟笔先生著有《我国管理哲学与艺术之演进和发展》(1984)。同时，美籍华人学者成中英（1935— ）先生亦力主"建立中国的管理哲学"，后来更设想"建立一个现代化的中国管理模式"——"C理论"（1993），继之推出了《C理论：易经管理哲学》(1995)。成先生的"C理论"是依据对"《易》理"的独特理解构造而成，他将它应用于研究先秦诸子百家管理思想，并分别将其理解和论定为"决策哲学"（道家）、"领导哲学"（法家）、"权变哲学"（兵家）、"创造哲学"（墨家）、"协调哲学"（儒家），是富有创见的，虽然仅据"《易》理"来解读百家，也有其难掩的局限性。

中国大陆的管理哲学研究则发端于20世纪80年代，其发源地为苏州大学。早在1983年，苏州大学马克思主义哲学硕士学位点就设置了管理哲学研究方向，这在当时是领先于全国的。此后，国内其他一些大学也相继设立该研究方向，较早者如中山大学哲学系中国哲学专业中国管理哲学研究方向（黎红雷教授于2004年开始招收该方向的硕士研究生，2006年开始招收该方向的博士研究生）。2005年，中国人民大学哲学学院创立管理哲学教研室，2007年自主增设管理哲学为该学院哲学一级学科博士点上的一个二级学科博士点（设有经济哲学、管理哲学理论、管理伦理、东方管理哲学等研究方向），同年成立了中国人民大学管理哲学研究中心。嗣后，相继获得哲学一级学科博士学位授予权的黑龙江大学哲学学院和苏州大学哲学系，也先后自主设置管理哲学为二级学科博士点（黑大设有管理哲学理论与实践和管理思想史研究两个研究方向，苏大设有管理哲学理论、西方管理哲学和中国管理哲学三个研究方向）。此外，中国人民大学、北京师范大学、中山大学、华中科技大学等高校都招收在职管理哲学博士生；广西大学公共管理学院则设有四年制本科哲学专业（管理哲学方向），并在该专业招收硕士研究生（设有中国管理哲学、管理伦理与组织文化、行政哲学与公共组织治理三个研究方向）；吉林师范大学管理学院哲学专业也招收管理哲学硕士生（设有管理与文化和领导哲学两个研究方向）。迄今为止，在中国大陆高等教育领域，从本科到硕士、博士三个级别上都设置了管理哲学专业，只是该专业尚限于少数大学，远未"遍地开花"。

中国大陆相关大学的管理哲学教学与研究有三个特点：第一，在大学教育体系中,管理哲学被当作哲学学科的一个专业设置于哲学系(院),其教学与研究被纳入哲学教育体系,实际被看作大学哲学教育的一个组成部分。第二,在哲学学科序列中,管理哲学被置于同中、西、马等哲学二级学科相平列的地位,实际被当作哲学门类中的一个二级学科来看待。第三,在学术研究范围上,除管理哲学理论外,管理哲学还涵盖西方管理哲学、东方管理哲学(含中国管理哲学)、管理伦理与组织文化、管理思想史、行政哲学与公共组织治理以及经济哲学等诸多具体领域。

以上情况表明,在中国哲学界(至少是大陆哲学界),管理哲学向来被视为哲学的一个分支学科。但是,这仅是关于管理哲学学科属性的一个非官方认定。在《中华人民共和国学科分类与代码国家标准(GB/T 13745—2009)》中,"管理哲学"是被列入"管理学"门之"管理理论"类,与"组织理论"、"行为科学"、"决策理论"、"系统管理理论"及"管理理论其他学科"处于同一序列。这是官方对于管理哲学学科性质的正式认定,按照这一学科定性,管理哲学是管理学门类中的一个三级学科。

对管理哲学学科性质的上述两种认定,其实是反映了中国大陆管理哲学界有这样一种共识:管理哲学是介于哲学与管理学之间的一门边缘学科,是哲学和管理学的交叉学科。早在中国大陆管理哲学开创之初,崔绪治等就指出:"管理哲学是介于哲学与管理学之间的边缘学科,是哲学和管理学的交叉学科。"[1] 较早开展中国管理哲学研究的中山大学教授黎红雷(1952—),将管理哲学这门边缘学科的边缘性具体解释为:"管理哲学是管理人的世界观,管理哲学是一门领域哲学,管理哲学是元管理学——上述各点,就决定了管理哲学的内容既是'哲学的'又是'管理的',当然不是哲学与管理的简单相加,而是二者的有机结合。"[2] 据此将管理哲学归入哲学学科或归入管理学科,自然都可以,在理论上都能立得住脚。

在实际研究中,学者们到底是按哲学范畴还是按管理学范畴来进行

---

[1] 崔绪治、徐厚德:《现代管理哲学概论》,安徽人民出版社1986年版,第1页。
[2] 黎红雷:《儒家管理哲学》,广东高等教育出版社1998年版,第4—8页。

管理哲学研究，这主要是取决于他们的学历背景和学术经历以及职业身份和具体的工作与研究环境。从我国目前情况来看，管理哲学研究队伍中的元老级学者主要是来自哲学界（如来自马哲领域的苏州大学教授崔绪治、来自中哲领域的中山大学教授黎红雷）和管理学界（如毕业于厦门大学经济系企业管理专业的复旦大学教授苏东水），其中大半是来自哲学界。这些元老级学者的研究路向，在很大程度上决定了今后我国管理哲学的发展路向。

第二节　构建马克思主义管理哲学体系
　　　　——崔绪治的管理哲学研究

中国大陆最早具有管理哲学研究的自觉意识并系统地进行管理哲学研究的学者是崔绪治先生。早在1983年，崔先生作为苏州大学马克思主义哲学硕士学位点的学术带头人，就首创性地在该学位点开设了管理哲学研究方向，并担任该方向的研究生导师。1984年，崔先生率先在国内倡议研究管理哲学，并作为主要发起人和组织者之一，成功地促成并主办了是年12月在苏州大学召开的首次全国管理哲学研讨会。对此，崔教授曾自述道："1984年12月在苏州大学召开了管理哲学学术讨论会。全国哲学界、管理学界、经济学界等学科的部分学者以及实际管理工作者聚集一堂，讨论建设管理哲学的问题。1985年初，《国内哲学动态》对此作了报导。旋即，安徽人民出版社的丁怀超同志给我来信，给我以热情的鼓励，并对这个学科的建设寄予希望。我及时作复，并接受了撰写管理哲学专著的任务。经过一番酝酿和准备，我便邀请徐厚德同志协同我一齐完成这个项目。"[①] 嗣后，崔先生与徐厚德先生进行合作研究，从1986年到1991年，先后推出了三部在管理哲学研究领域具有开拓和奠基意义的学术专著——《现代管理哲学概论》(1986)、《现代管理哲学纲要》(1990)、《现代管理哲学》(1991)，系统地阐述了对于建设与发展

---

① 崔绪治、徐厚德：《现代管理哲学概论》，后记，安徽人民出版社1986年版，第262—263页。

马克思主义管理哲学的意见与观点，以及创建管理哲学学科体系、构架管理哲学的网络结构、深化管理哲学的理论内涵等方面的问题，崔先生也以此获得大陆学界同行广泛尊重，被称为"中国管理哲学之父"。

崔绪治先生本是一位马克思主义哲学专家，曾积极参加过20世纪80年代中国大陆学术界和思想界关于真理标准问题的讨论，曾与吴建国（1933—2011）先生合作发表过《试论认识的源泉及其与真理标准的关系》（《学术月刊》1980年第12期）、《坚持实践观上的唯物主义一元论》（《中国社会科学》1980年第6期）、《关于认识与实践关系的再探讨》（《哲学研究》1981年第3期）、《实践与唯物史观》（《江汉论坛》1982年第10期）等多篇在当时哲学界颇有影响的论文。基于对实践范畴在马克思主义哲学中的重要地位及马克思主义哲学的实践性的认识和理解，崔先生敏感地意识到有必要通过加强哲学的应用研究来发展马克思主义哲学，为此他与徐厚德先生曾合作发表过相关的研究论文。在他们看来，"马克思主义哲学体系可划分为'基础哲学理论'、'应用哲学理论'、'部门哲学理论'三个基本层次"①。而"加强哲学的应用研究是当前我国哲学发展的基本特点之一。建立应用哲学的理论体系，不仅是哲学的应用研究在逻辑上的完成，也是当前的哲学应用研究区别于以往那套'庸俗化'作法的根本点之一"②。因此，当崔先生以敏锐的眼光瞄准当时正在勃兴的管理学，着手于马克思主义哲学在管理学领域的应用研究时，他是以建立马克思主义管理哲学的理论体系为研究目标的。

在崔先生与徐先生合作撰写的第一部管理哲学专著，也是中国大陆学界第一部管理哲学专著《现代管理哲学概论》中，他们鉴于"至今一些学者，特别是西欧、美国和日本的一些管理学者，他们的管理哲学概念基本上是不明确的"③ 的情况，首先从学科性质方面对管理哲学做出如此明确界定："管理哲学是介于哲学与管理学之间的边缘学科，是哲学和

---

① 徐厚德、崔绪治：《关于应用哲学的研究对象、目的和方法》，《苏州大学学报》（哲学社会科学版）1986年第2期。

② 崔绪治、徐厚德：《应用哲学的基本问题与哲学应用观》，《河南大学学报》（社会科学版）1986年第3期。

③ 崔绪治、徐厚德：《现代管理哲学概论》，安徽人民出版社1986年版，第29页。

管理学的交叉学科。"①。在此基础上，他们又从哲学和管理学两个角度将管理哲学分别定义为"哲学的应用研究的分支之一"和"管理理论的最高层次"②。因此，崔先生的管理哲学研究路向，是通过"（马克思主义）哲学的应用研究"来构造作为"（马克思主义）管理理论的最高层次"的马克思主义管理哲学理论体系。为此，崔先生参照了马克思主义哲学的理论框架和现代管理理论所提供的思想内容，先是在《现代管理哲学概论》中初步构架了一个以"管理价值论""管理实践论""管理意识论""管理艺术论""管理教育论"为基本内容的理论框架，进而在《现代管理哲学纲要》和《现代管理哲学》中加以充实、深化和完善，最终建立起一个以"管理本体""管理操作""管理人才""管理文化"为基本范畴的管理哲学概念系统。在这个概念系统中，属于"管理本体"范畴的基本概念有"管理要素""管理职能""管理本质""管理主体""管理客体""管理介质""管理环境""管理过程""管理规律"九个；属于"管理操作"范畴的基本概念有"管理劳动""管理决策""管理组织""管理监督""管理信息""管理工具""管理效率"七个；属于"管理人才"范畴的基本概念有"管理行为""管理心理""管理技能""管理艺术""管理风格""管理品德""管理教育"七个；属于"管理文化"范畴的基本概念有"管理意识""管理科技""管理价值"三个。这个概念系统逻辑地反映了崔先生对管理本质的哲学认识：管理是一个有目的的实践过程，该过程的基础是构成管理实践的诸要素，正是这些要素相互联系和相互作用构成了管理实践的历史运动，而反映实践目的的管理价值就是该历史运动所要达成的目标。对管理的这一本质的哲学认识在理论形式上表现为以"管理要素"为逻辑起点、以"管理价值"为逻辑终点。这是一种将管理本质地理解为一个价值实现的实践过程的马克思主义哲学管理观。渗透和贯穿于上述概念系统中的一个基本精神则是追求管理实践的"科学化""效率化""现代化"，这反映了生活在中国改革开放初期的崔绪治先生作为一个马克思主义管理哲学家对于改革开放的中国的管理实践的殷殷期望，而"科学""效率""现代"也成为标识崔

---

① 崔绪治、徐厚德：《现代管理哲学概论》，安徽人民出版社1986年版，第1页。
② 崔绪治、徐厚德：《现代管理哲学概论》，安徽人民出版社1986年版，第1页。

先生的管理哲学价值观的三个关键词。

第三节　构建东方管理文化理论体系
——苏东水的管理哲学研究

苏东水（1932—2021）先生出生于著名侨乡福建泉州的一个爱国华侨家庭，1953年毕业于厦门大学。在大学期间，苏先生所学的专业是工商企业管理。时任厦门大学校长的王亚南是马克思名著《资本论》的中文译者，多少是由于这个缘故，苏先生在上大学时就通读了《资本论》。《资本论》对他的影响以及他本科时所接受的管理学专业训练，为其后来成为经济学与管理学双料学者和学术名家打下了坚实的思想基础和知识基础。改革开放后，苏先生曾主持编写后来获得"国家图书奖"的《国民经济管理学》（1982），又陆续出版《管理心理学》（1987）、《产业经济学》（2010）、《中国管理通鉴》（1996）、《东方管理学》（2005）等有重要影响的著作，其中《东方管理学》一书的出版被认为是苏东水的东方管理学正式创立的标志①。

苏先生的东方管理学是被"东方管理学派"的学者称为"中国式管理的新学科"②的当代管理新理论，是苏先生"以哲学的高度去发掘中国管理思想宝库，探索中华传统文化精华与现代管理于一体的新管理模式和中国特色的管理体系"③，"从现代的、发展的、全球的眼光，去观察、发现、体会中国管理实践以及华商管理实践中的现象与问题，系统地总结、提炼中国古代管理思想精华，融合东西方管理精髓"④而形成的一种以论述东方管理文化的价值观和方法论为本质内容和思想特质的管理文化哲学体系。

---

① 冯宇嘉、王韧：《苏东水的东方管理学》，《光明日报》2018年11月5日。
② 东方管理科学研究院编写组：《中国"东学"三十年——东方管理学的创新与发展》，《世界经济文汇》2006年专刊。
③ 苏东水：《中国管理通鉴》，前言，浙江人民出版社1996年版。
④ 东方管理科学研究院编写组：《中国"东学"三十年——东方管理学的创新与发展》，《世界经济文汇》2006年专刊。

苏先生的管理文化哲学体系的形成经过了三十年艰辛探索的漫长历程，对苏先生来说，这是一个从管理思想史研究到管理文化研究再到管理文化哲学研究的学术发展过程。该过程的第一阶段起始于1976年他在复旦大学开设"《红楼梦》经济管理思想"讲座，1978年他将此次讲座内容整理成《〈红楼梦〉经济管理思想研究》一文予以公开发表，嗣后又相继发表《关于管理思想古为今用的几个问题》（1984）、《中国古代经营管理思想——〈孙子〉的经营和领导思想方法》（1985）、《现代管理学中的古为今用》（1986）等多篇反映其"古为今用"的管理思想史方法论观念的研究论文；这期间他在日本"现代管理国际研讨会"所发表的演讲《中国古代行为学派研究》（1985），将中国古代管理行为学说分为十类，被认为是"对东方管理中的行为模式最早的研究之一"①，这显示出其已有将中国古代管理思想当作传统管理文化来研究的倾向。

　　进入20世纪90年代以后，苏先生将其"古为今用"的管理史学观念发展为一种管理文化发展观，并据此开展旨在建立"中国管理体系"的东方文化研究，显示该阶段探索成就的，除了由他个人撰写的《弘扬东方管理文化，建立中国管理体系》（1992）、《东方管理文化的探索》（1996）、《东西方管理文化的比较研究》（1996）、《东方管理文化的精髓》（1999）等研究论文以外，最具标志性的成果是由他任总主编、苏勇为"人物"卷主编、王龙宝为"要著"卷主编、袁闯为"名言"卷主编、芮明杰和陈荣辉为"技巧"卷主编的《中国管理通鉴》（1996），该书对所收录的中国历史上近200位管理名人、200部管理名著、2000余条管理名句、200则著名管理故事——予以介绍、诠释、分析、评价，使中国历史上各个时期的管理遗产得以较为全面的呈现。还值得注意的是，1993年苏东水先生发表了《中国管理哲学若干问题探讨》一文，这显示了苏先生的东方文化研究开始具有自觉的"哲学"意识，这种意识越来越强烈，遂使他产生了建构"东方管理文化理论"的意欲，20—21世纪之交他所发表的《新经济时代东方管理理论的创新与发展》（2000）和《东方管理学研究的宗旨和现实意义》（2001）两篇论文，可以说是标志

---

① 彭贺、苏宗伟：《东方管理学的创建与发展：渊源、精髓与框架》，《管理学报》2006年第1期。

着其正式进入致力于创建东方管理学的文化哲学研究阶段。

此后至《东方管理学》（2005）出版这段时期，苏东水先生所发表的系列论文——包括《东方管理文化与华商的成功实践》（2002）、《东方管理研究的出发点》（2002）、《弘扬东方管理文化，发展现代管理学科》（2002）、《在融合与创新中复兴东方管理思想》（2002）、《以人为本与东方管理文化》（2003）、《东方管理文化的发展与应用》（2004）、《"人为为人"与东方管理思想》（2004）、《东方管理学精要》（2005）等，和作为这些论文思想之集大成专著的《东方管理学》，表明了苏先生所创立的东方管理学在其所认为"要解决管理的价值观和方法论这些最根本的问题"的"管理哲学"[①] 上具有两个鲜明特征：（1）以"融合""创新"概念为核心的管理方法论——主张融合东西方管理文化精髓的管理创新方法论；（2）以"人""德"理念为核心的管理价值观——倡导"以人为本、以德为先，人为人人"的管理德性价值观。由这种方法论和价值观所构成的管理文化哲学，如果用苏先生自己的话来表述，应可称之为"东方管理的人道哲学"[②]。

第四节 对中国管理哲学研究的评说

崔绪治先生和苏东水先生是当代中国管理哲学研究队伍中的元老级学者，他们对管理哲学的先导性研究对当代中国管理哲学研究起到了发凡起例的学术引领作用，而且这两位前辈学者是分别来自哲学和管理学两个不同领域，他们的管理哲学研究较为典型地反映了管理哲学这门介于哲学与管理学之间的交叉学科在当代中国的学术建设总体面貌，尤为重要的是，他们都特别重视管理哲学的理论建构并且实际形成了自己的一套理论。

因为是来自哲学和管理两个不同学术领域，崔绪治先生和苏东水先生的研究志趣亦有相应区别：崔先生的志趣在于从应用哲学方向上发展

---

① 苏东水：《论东方管理学》，《世界经济文汇》2006 年世界管理论坛专刊。
② 余自武、苏东水：《论东方管理的人道哲学》，《上海管理科学》2010 年第 5 期。

马克思主义哲学,而苏先生的志趣在于通过融会东西方文化之精髓来发展现代管理学——前者是受"哲学"(马哲)创新思维支配,后者是受"管理(科学)"创新思维支配。从本质上说,崔先生的管理哲学研究是属于哲学领域的管理研究,苏先生的管理哲学研究则属于管理领域的哲学研究。从元管理哲学角度来看,后者更值得重视,因为苏东水先生的理论创建过程及其思想成果反映出管理哲学研究的一种"综合创新研究模式"。这种研究模式在苏先生的管理哲学研究成果中表现为主张融合东西方管理文化精髓来进行管理理论创新和发展现代管理学。

黎红雷、葛荣晋(1935—)等知名学者的管理哲学研究,在大思路上亦属于"综合创新研究模式"。黎红雷先生曾明确指出:"东西方管理智慧相互补充、融会贯通,是当代世界管理理论和实践的发展趋势。"① 葛荣晋先生更是强调:"只有走综合创新之路,方可建构起以'修己治人'为特征的中国管理哲学思想体系。"② 葛先生认为,"所谓'综合创新之路',可以用 16 个字来概括,即'以我为主,合璧中西,会通古今,自成一家'"③。

就黎、葛二先生的管理哲学研究而言,黎先生的作品以《儒家管理哲学》(广东高等教育出版社 1993 年)为代表,其特点是依据国内通行的哲学体系及其基本内容和现代管理学领域通行的理论体系及其主要议题,将儒家管理哲学的基本内容厘定为"儒家管理的哲学论"(包括"唯人则天"的管理本体论、"知治一致"的管理认识论、"执经达权"的管理方法论、"义以生利"的管理价值论)和"儒家哲学的管理观"(包括"劳心治人"的管理本质观、"人性可塑"的管理人性观、"能群善分"的管理组织观、"无为而治"的管理行为观、"道之以德"的管理控制观、"修己安人"的管理目标观)。这是同类论著中堪称理论性最强、哲学味最浓的著作。

葛先生的作品以《中国管理哲学导论》(中国人民大学出版社 2007 年)为代表,其特点是将中国传统哲学智慧与现代管理实践勾连起来,

---

① 黎红雷:《中国管理智慧教程》,人民出版社 2006 年版,第 1 页。
② 葛荣晋:《中国哲学智慧与现代企业管理》,中国人民大学出版社 2006 年版,第 1 页。
③ 葛荣晋:《中国哲学智慧与现代企业管理》,中国人民大学出版社 2006 年版,第 5 页。

通过对其相互关系的探讨，建构了以"修己治人"为基本特征的中国管理哲学思想体系，提出了中国管理"四境界"（"实践境界""科学境界""道德境界""艺术境界"）说。

较之于苏先生是偏重于"管理（理论、科学）"，黎、葛则偏重于"哲学"；然其研究思路均属于综合创新思维，只是在这种思维支配下，苏先生所注重的是会通东西方，黎先生则注重会通中、西、马，而葛先生是注重古今之间的会通。这三种各有侧重的会通研究，都是属于管理文化研究。因此，他们的管理哲学研究都可以被归入管理文化哲学范畴。

但是，相对于以霍金森为代表的西方管理文化哲学在管理文化价值上重视阐明"应然广普性"原理而言，以苏东水为代表的中国管理文化哲学恰恰是重视阐明"当然特殊性"原理。

从早期欲求"中国式的科学的管理法"，到当今探求"中国式管理哲学"或"中国管理之道"，无论是从科学管理的学习角度，还是从管理哲学的研究角度，其实都是出于"实施其原则于特殊之环境"（王云五语）的实用考虑。因此，以探求和阐明中国管理之道为旨归的中国管理文化哲学，在思维形式上是属于实用思维。崔绪治先生把管理哲学当作马克思主义哲学的一项应用研究来看待，其实亦是受实用思维的支配所致。

实用思维与理论思维是有原则区别的。无论是按照古希腊亚里士多德的哲学观，还是按照马克思主义的哲学观，哲学都是一种理论学术，其思维属于理论思维。运用实用思维来开展管理哲学研究，是与管理哲学的"哲学"品格不相称的，它有可能导致管理哲学"降格"为一种实用学术，使管理哲学丧失其哲学本性。

本篇反思与总结

一 反思：相互关联的若干问题

（一）实证科学时代哲学与科学的学术分工

现代西方管理哲学中以霍金森为代表的一批学者，以其对管理的哲学研究彰显了实证科学时代哲学理性活动的特点，因而代表着管理哲学发展方向，但是他们对于实证科学时代哲学与科学的学术分工，是否有自觉的意识和明确的认识，还有待于做进一步考察，现在尚难下结论。然而，据笔者所知，马克思主义创始人对于实证科学时代哲学与科学的学术分工，是早就有明确的认识和相关论述的。恩格斯曾指出，在自然科学和历史科学取代了自然哲学和历史哲学之后，"这样，对于已经从自然界和历史中被驱逐出去的哲学来说，要是还留下什么的话，那就只留下一个纯粹思想的领域：关于思维过程本身的规律的学说，即逻辑和辩证法"①。恩格斯的这番话有两层意思：第一，哲学不应插手科学之事，而应做自己该做的事；第二，研究客观规律是科学之事，研究思维规律是哲学之事。

（二）客观规律与思维规律的关系

依据笔者对马克思主义创始人关于外部世界运动规律和人类思维运

---

① 《马克思恩格斯选集》第4卷，人民出版社2012年版，第264页。

动规律在本质上同一的观点及相关论述①的理解，思维规律和客观规律的同一性有两个方面：

自然同一性——人（包括人的肉体和精神）是自然界的一部分，人的精神同自然界的联系和人的肉体同自然界的联系一样，都可以被理解为自然界同自身的联系。在人与自然界之间这种一体性关系中，人类思维的运动在本质上是整个自然界的运动的一部分，故这两个系列的运动必定遵从本质上同一的规律。

实践同一性——思维规律和客观规律都可以为人类所认识并自觉地加以应用，就它们对人类的认识和实践的关系来说，这两个系列的规律具有本质上相同的可知性和可行性，它们最终都可以见之于实践，接受实践的检验。

要之，思维规律和客观规律在本质上的同一性，就在于其自然同一性与实践同一性。其自然同一性，是思维规律和客观规律互相统一的自然物质基础；其实践同一性，是思维规律和客观规律互相统一的社会物质基础。正是由于这两个方面的物质基础，才使思维规律和客观规律对于科学具有本质上的同一性，从而不只是客观规律，思维规律亦可成为科学考察和研究的对象。

---

① "自然界，就它自身不是人的身体而言，是人的无机的身体。人靠自然界生活。这就是说，自然界是人为了不致死亡而必须与之处于持续不断的交互作用过程的、人的身体。所谓人的肉体生活和精神生活同自然界相联系，不外是说自然界同自身相联系，因为人是自然界的一部分。"（《马克思恩格斯选集》第1卷，人民出版社2012年版，第55—56页）；"思维规律和自然规律，只要它们被正确地认识，必然是互相一致的。"（《马克思恩格斯选集》第3卷，人民出版社2012年版，第927页）；"我们的主观思维和客观世界遵循同一些规律，因而两者的结果最终不能互相矛盾，而必须彼此一致，这个事实绝对地支配着我们的整个理论思维。"（《马克思恩格斯选集》第3卷，第977页）；"思维过程同自然过程和历史过程是类似的，反过来也一样，并且证明了同一些规律对所有这些过程都是适用的。"（《马克思恩格斯选集》第3卷，第978页）；"辩证法被看做关于一切运动的最普遍的规律的科学。这就是说，辩证法的规律无论对自然界中和人类历史中的运动，还是对思维的运动，都必定是同样适用的。一个这样的规律可以在这三个领域中的两个领域，甚至在所有三个领域中被认识到。"（《马克思恩格斯选集》第3卷，第978页）；"这样，辩证法就归结为关于外部世界和人类思维的运动的一般规律的科学，这两个系列的规律在本质上是同一的，但是在表现上是不同的，这是因为人的头脑可以自觉地应用这些规律，而在自然界中这些规律是不自觉地、以外部必然性的形式、在无穷无尽的表面的偶然性中为实现的，而且到现在为止在人类历史上多半也是如此。"（《马克思恩格斯选集》第4卷，人民出版社2012年版，第249—250页）

与之相应，思维规律和客观规律的相互联系与相互区别在于：（1）思维规律是客观规律在人的头脑中的反映。（2）客观规律是以客观必然性形式自发地起作用的；思维规律是可以被人自觉应用于其生活过程，为达成其生活目的服务的。

（三）思维规律与价值规律的关系

依据马克思主义哲学认识论的唯物主义原则，并参考现代认知心理学关于认知过程三阶段的理论，人的意识对客观规律的反映须经历"知""情""意"三个阶段："知"是通过事实判断来反映客观规律；"情"是通过价值判断来反映客观规律；"意"是通过行为判断来反映客观规律。相应地，以事实判断来表达的规律被称为"事实规律"；以价值判断来表达的规律被称为"价值规律"；以行为判断来表达的规律被称为"行为规律"。"事实规律""价值规律""行为规律"三个概念，实际上都是指同一性质的规律——反映在人的意识中的客观规律。以其为人的意识所反映并支配人的思维活动，故名"思维规律"。也就是说，"思维规律"是对事实规律、价值规律、行为规律的总称。事实规律、价值规律、行为规律是客观规律在人的认知心理发展过程不同阶段上的不同反映形式：事实规律是客观规律的认知表现形式；价值规律是客观规律的情感表现形式；行为规律是客观规律的意志表现形式。故思维规律包含但不等于价值规律。

要之，在认知心理学意义上，价值规律本质上是属于思维规律。据此而言，西方管理文化哲学所致力于探求和揭示的应然广普性原理，应当被理解为属于思维规律范畴的管理原理，即思维规律在管理领域的表现形式。

（四）广义的价值范畴和价值规律

广义的价值范畴，即哲学上的普遍价值概念。马克思曾在《评阿·瓦格纳的〈政治经济学教科书〉》（1879—1880）一文中提到："如果说，'按照德语的用法'，这就是指物被'赋予价值'，那就证明：'价值'这个普遍的概念是从人们对待满足他们需要的外界物的关系中产生的，因而，这也是'价值'的种概念，而价值的其他一切形态，如化学元素的原子价,只不过是这个概念的属概念。"① 对于这段话,有种看法认为,它并非马克思对一般价值概念的界定,而是马克思转述瓦格纳的观点,是马克思所批驳的观点。这个看法获得了学界的普遍赞同或认可,似乎已成为学界的主流看法了。② 不过,在笔者看来,马克思在这里所讲的被当作"普遍的概念"来使用的"价值"应可理解为哲学范畴的价值,不管这段话是否确系马克思转述瓦格纳的观点,但很显然马克思根本无意于拒斥和反对使用普遍的价值概念,虽然同样明显的是马克思本人确乎并没有对普遍的价值概念做出明确的界定。因为马克思对价值问题的探讨,主要是在政治经济学范围内进行的。而在马克思主义哲学诞生以前,如果说在哲学史上也有过所谓价值理论的话,那么,严格说来,这些传统的价值理论无一例外地都是属于伦理学或道德哲学范畴,其所论之价值是人的价值。

无论是经济学所讨论的物的价值,还是伦理学所讨论的人的价值,都只是价值的具体形态,它们都是特殊价值,而非普遍价值。哲学上的价值概念,应是涵盖物的价值和人的价值的普遍价值。要把握这种普遍价值,关键在于弄清楚物的价值和人的价值的统一性所在。

长期以来,人们对于哲学上的价值概念的具体界说虽然是仁智各见,但却几乎没有人否认价值是属于关系范畴——姑且把这看作迄今为止人们在价值问题上所业已形成的哲学共识。以这种共识来考察物的价值和人的价值,可以合乎逻辑地将物的价值理解为人与自然的关系(天人关系),将人的价值理解为人与人的关系(人际关系)。这样,就极有利于看清楚物的价值和人的价值的统一性所在了:这两种不同性质的关系,其实就是人类生活中的天人关系和人际关系。这就昭示着,物的价值和人的价值是统一于人类生活的,生活就是价值本体,即价值的终极原因和终极根据。

将生活设定为价值本体的哲学价值观,是把生活本质地理解为人与

---

① 《马克思恩格斯全集》第 19 卷,人民出版社 1963 年版,第 406 页。
② 郝晓光:《对所谓"马克思主义普遍价值概念定义"的否证》,《光明日报》1987 年 1 月 5 日;崔三常、刘娟:《马克思价值一般概念的批判性阐释——基于〈评阿·瓦格纳的"政治经济学教科书"〉的文本研究》,《广西社会科学》2015 年第 8 期;张建云:《马克思"价值"范畴的深层解读》,《马克思主义研究》2016 年第 9 期。

人及人与自然构成价值关系的过程,因而也就是人与自然获得其价值的过程,换言之,就是肯定生活是价值之源,人和自然的价值皆来自于生活,唯有在生活中,人和自然才能成为价值主体,故生活的意义是在于构建价值世界,生活就是创造价值世界的过程。

依据马克思的有关论述①,可以对"生活"概念做出如下定义:所谓生活,就是人的自由的有意识的生命活动。这种自由的有意识的生命活动,是人类在自然界的存在方式,是人类区别于动物的特殊生存方式。生活作为价值本体,其创造价值的内在根据,就是本性上自由的人的意识(思维)。

如果可以把生活区分为精神和物质两个面层的话,那么,精神生活就是人的思维自由地创造观念形态的价值的过程,物质生活就是将价值由观念形态转变为现实形态的过程。观念形态的价值可称为"心理价值"或"价值观";相应地,现实形态的价值则可称为"物理价值"或"价值物"。

价值观(心理价值)是人的思维所构造的理想事物,这些理想事物是既符合人所自觉到的自我需要,也符合人所认识到的客观事实和客观规律,它们是主观需要与反映在头脑中的客观事实和客观规律的统一,这种统一是通过创新思维而达成的。这个统一体具有如此双重意义:就其为与客观事实和客观规律相一致的主观需要而言,它是目的;就其为与主观需要相一致的客观事实和客观规律而言,它是价值。这就是说,价值观作为人的思维的创造物,实际上是目的与价值的混合体。称其为"目的",是因为这些理想事物反映着人的需要,这种需要是人所意识到的并且自觉其与客观事实和客观规律相一致,而欲以自己的行动来使之

---

① "人是类存在物,不仅因为人在实践上和理论上都把类——他自身的类以及其他物的类——当做自己的对象;而且因为——这只是同一种事物的另一种说法——人把自身当做现有的、有生命的类来对待,因为人把自身当做普遍的因而也是自由的存在物来对待。"(《马克思恩格斯选集》第1卷,人民出版社2012年版,第55页);"一个种的整体特性、种的类特性就在于生命活动的性质,而自由的有意识的活动恰恰就是人的类特性。"(《马克思恩格斯选集》第1卷,第56页);"有意识的生命活动把人同动物的生命活动直接区别开来。正是由于这一点,人才是类存在物。或者说,正因为人是类存在物,他才是有意识的存在物,就是说,他自己的生活对他来说是对象。仅仅由于这一点,他的活动才是自由的活动。"(《马克思恩格斯选集》第1卷,第56页)

变成现实的主体理想;① 称其为"价值",是因为这些理想事物反映着客观事实和客观规律,并且这种客观事实和客观规律是与人的需要相一致,因而可以满足人的需要的客体属性。

显然,价值观形成的必要前提和基础,是创造价值观的思维对于客观事实和客观规律的反映;而思维反映客观事实和客观规律的过程,也就是知识的形成过程。这就是说,一定的价值观必定是建基于一定的知识,离开一定的知识,价值观是不可能产生的。认知心理学所讲的事实判断,其实就是当思维中一定知识尚未与人的需要建立起某种联系,从而以客观知识存在时,思维主体依据客观知识对认知客体所进行的理性判断。而当思维中一定知识与人的需要建立起某种稳定联系时,相应的价值观就建立起来了,同时也宣告了主体目的的生成与确立。

马克思曾指出:"蜘蛛的活动与织工的活动相似,蜜蜂建筑蜂房的本领使人间的许多建筑师感到惭愧。但是,最蹩脚的建筑师从一开始就比最灵巧的蜜蜂高明的地方,是他在用蜂蜡建筑蜂房以前,已经在自己的头脑中把它建成了。劳动过程结束时得到的结果,在这个过程开始时就已经在劳动者的表象中存在着,即已经观念地存在着。他不仅使自然物发生形式变化,同时他还在自然物中实现自己的目的,这个目的是他所知道的,是作为规律决定着他的活动的方式和方法的,他必须使他的意志服从这个目的。"② 据以观之,认知心理学所讲的行为判断,其实就是当思维中一定知识与人的需要建立起某种稳定联系从而形成主体目的时,思维主体依据既定目的对自己的活动方式和方法所做出的意志决断。

然而,现代认知心理学关于认知过程三阶段的理论,实际上是以线

---

① 人的需要作为一种客观性在其尚未被人意识到(自觉)的时候,是一种自在的、与动物本能无本质差异的人的本能。人的活动并不直接地受其本能的支配或影响,直接地影响并支配其活动的乃是其自觉的并努力通过自己的活动来使之实现的需要,这种反映于人的意识并体现于人的活动的主观形式的需要,才是目的,才是真正的人的需要。

② 《马克思恩格斯文集》第5卷,人民出版社2009年版,第208页。

性思维方式①建立起来的一种认知理论。这种理论有助于人们在逻辑上清晰地界定"知""情""意"三个概念的内涵与外延,有其合理性。但是,在现实生活中,人的心理(思维)对客观事实和客观规律的反映,并非按"知—情—意"的线性轨道和确定方向单维度发展,而是如同人的大脑神经和血管组织一样,"知""情""意"是相互连接的,是非平面、立体化、无中心、无边缘的网状结构,用辩证法术语来说,它们之间是相互渗透、相互贯通、相互依赖、相互影响、相互作用,并在一定条件下相互过渡、相互转化的。当把"知""情""意"都纳入人的心理(思维)范畴,把它们都看作人的精神生活的内容时,它们就应该被理解为人的精神生活系统的三个子系统或三个基本要素,它们在这个系统中各有自己的特殊性质和相应的特殊功能,该系统整体的性质与功能就是由它们作为该整体的各个部分的特殊性质与特殊功能之间互相协同作用所造成的。如此再来看"知""情""意"三者的关系,则"事实判断""价值判断""行为判断"之间的划分和与之相应的"事实规律""价值规律""行为规律"之间的划分都是相对的,而非绝对的,即在一定条件下它们是可以互换其位的。正因为它们之间存在着一定条件下可以互换其位的相对性和同一性,便可将"事实判断""价值判断""行为判断"纳入广义的价值判断范畴,而将"事实规律""价值规律""行为规律"纳入广义的价值规律范畴,进而建立广义的价值范畴,即哲学上的普遍价值概念。

哲学上的普遍价值概念是基于"生活是价值本体"的假设,将一切由生活所创造的东西,包括价值观(心理价值)和价值物(物理价值),都纳入价值范畴,把它们都当作价值的具体现象和具体形态来看待。于是,"思维规律"就不再被当作事实规律、价值规律、行为规律的总称,而是被看作价值规律的别称了。换言之,哲学上的价值规律就是思维规律。对思维规律的哲学研究,就是对价值规律的哲学研究;反之亦然。

---

① 线性思维是一种依托线性系统解决问题的传统逻辑。线性思维最初来源于数学领域中对于线性系统的思维逻辑分析,通常是在思维客体线性发展的基础上,以时间或其他给定的逻辑变量为轴线,沿着特定的线性或者类线性的轨道和确定可预见的方向发展来分析问题的思维方式。线性思维较为突出的特征是单向和单一。(强月新、陈星:《线性思维、互联网思维与生态思维——新时期我国媒体发展思维的嬗变路径》,《新闻大学》2019 年第 2 期)

在这种关系中,"思维规律"和"价值规律"两种名称的意谓差异仅仅在于:"思维规律"是指哲学研究的对象不是像科学研究的对象那样是存在于人的意识之外的客观规律,而是人的思维过程本身的一般规律;"价值规律"是指哲学所研究的思维规律是生活创造价值的规律,这个规律不是价值的具体形态之间的内在联系和必然联系,而是存在于创新思维过程中的价值发生规律,亦即思维领域中的价值创新规律。

二 结语:管理文化哲学应当研究创新思维规律

从中西方管理哲学的实然情况看,尽管像霍金森这样的管理哲学家是围绕着价值问题来展开其研究,并且因此在一定意义上已然在从事管理文化哲学研究,但是霍金森和沙因一样,其研究重点都是放在以价值观为核心的组织文化的优化以及在优化组织文化方面领导的担当与作用等问题上,其看重和强调的是领导在组织文化的价值观创新方面所扮演的关键角色与作用,但是显然,他们并没有自觉意识到:(1)价值观创新与这种创新活动的规律并不是一回事:前者是思维活动,后者是思维规律。(2)价值观创新是创造观念形态的价值的思维活动,其本质是创新思维。就管理文化哲学作为"哲学"而言,它的价值研究,不是要去研究价值观创新(创新思维)的决定因素,不是要去弄清楚到底是谁对价值观创新(创新思维)起关键作用,而是要去探求和揭示价值观创新规律(创新思维规律)。因此,霍金森和沙因等西方学者对组织文化建设中领导在价值观创新方面所担当的角色及其作用的研究,在严格意义上还不是对管理文化的哲学研究。

对管理文化的哲学研究,理应关注和聚焦于价值观创新规律,因为价值观是管理文化的核心。哲学范畴的价值管理,是对思维领域的价值创新的管理,这种管理应该按照创新思维规律来进行。对价值管理的哲学研究,是为了谋求价值创新管理的有效,而去探求和揭示创新思维规律。

第二篇

以"哲学"为主题的元研究

【提要】 通观其历史，中、西哲学都有自然哲学与文化哲学两种基本研究方式，只是在古代阶段，无论中、西，自然哲学与文化哲学都还处在原始综合状态。至十六七世纪，中、西哲学才各自形成其偏向明显、取向明确的研究风格和研究传统；从十七八世纪开始，西方逐渐形成自然哲学和文化哲学两个明显不同的研究传统，中国则从十六世纪初就开始向文化哲学转型。至今已显示出中、西哲学有同归于文化哲学的发展趋势：中国是通过对"中""西""马"哲学的诠释性研究来把握人性的"哲学型文化哲学"；西方则不仅自休谟、康德至文德尔班、狄尔泰一脉的哲学是属于文化哲学，就是以维也纳学派为代表的"标准科学哲学"亦具有文化哲学属性，堪称是"科学型文化哲学"。另一方面，从作为世界哲学典型的西方哲学的形态演化史来看，其由"存在论—认识论—实践论"的上升过程所包含的演进逻辑，昭示着实践论形态的现代哲学将过渡到生活论形态的后现代哲学——哲学形态学意义上的文化哲学。在全球化背景下，哲学形态的这一历史转变，意味着文化哲学所要把握的人性在现实性上将由特殊人性（民族性或国民性）转变为普遍人性（人类性），在思维方式上将由决定论的形而上学思维转变为非决定论的辩证和谐思维，在实际研究中将围绕社会生活与个人生活的关系来探究其差异协同规律；相应地，以研究和揭示创新思维规律为己任的管理文化哲学，则应具体地探究社会思维与个人思维的差异协同规律。

第三章　传统哲学的两种基本研究方式

第一节　作为哲学研究方式的自然哲学与文化哲学

在一个被当今世界公认并同称为"哲学"的学术领域里，其实从来都没有形成一个被一切自称为从事哲学研究的学者所共同接受的哲学概念。对此，德国哲学家文德尔班在《哲学史教程》(Lehrbuch der Geschichte der Philosophie, 1892)[①] 中曾有所论：

> 鉴于"哲学"一词的涵义在时间的进程中变化多端，从历史的比较中要想获得哲学的普遍概念似乎是不现实的。根据这种目的提出来的概念，没有一个适用于所有自称为哲学的思维活动的结构。[②]

也因为如此，英国哲学家伯特兰·罗素在他所著的《西方哲学史》(A History of Western Philosophy, 1945) 中只能这样来描述哲学：

> 我们所说的"哲学的"人生观与世界观乃是两种因素的产物：一种是传统的宗教与伦理观念，另一种是可以称之为"科学的"那

[①]《哲学史教程》1892 年初版，原版为德文；1893 年由詹姆斯·H. 塔夫茨译成英文，英译本于 1901 年出第 2 版。

[②]［德］文德尔班：《哲学史教程》，罗达仁译，商务印书馆 1987 年版，第 11 页。

种研究,这是就科学这个词的最广泛的意义而言的。至于这两种因素在哲学家的体系中所占的比例如何,则各个哲学家大不相同;但是唯有这两者在某种程度上同时存在,才能构成哲学的特征。

哲学,就我对这个词的理解来说,乃是某种介乎神学与科学之间的东西。它和神学一样,包含着人类对于那些迄今仍为确切的知识所不能肯定的事物的思考;但是它又像科学一样是诉之于人类的理性而不是诉之于权威的,不管是传统的权威还是启示的权威。一切确切的知识——我是这样主张的——都属于科学;一切涉及超乎确切知识之外的教条都属于神学。但是介乎神学与科学之间还有一片受到双方攻击的无人之域;这片无人之域就是哲学。思辨的心灵所最感兴趣的一切问题,几乎都是科学所不能回答的问题;而神学家们的信心百倍的答案,也已不再象它们在过去的世纪里那么令人信服了。……对于这些问题,在实验室里是找不到答案的。各派神学都曾宣称能够做出极其确切的答案,但正是他们的这种确切性才使近代人满腹狐疑地去观察他们。对于这些问题的研究——如果不是对于它们的解答的话,——就是哲学的业务了。①

面对历史上和当今世界定义纷纭、莫衷一是的哲学概念,若非随心所欲而自行其是,像文德尔班、罗素这样在国际上享有盛誉的权威哲学家的意见,自然就成了普通学者从事哲学研究的必要参照和主要依据了。

罗素对于哲学的总体看法,与文德尔班在《哲学史教程》中按照中世纪到近代对于哲学的分类习惯而对哲学所做的分类是大致相应合的,后者将哲学区分为"理论哲学"与"实践哲学"两大门类,其中"理论哲学"被认为是探讨"对现实世界的认识问题"和"认知过程本身的研究问题",主要包括形而上学、自然哲学、心理学、认识论;"实践哲学"被认为是探讨"在研究被目的所决定的人类活动时所产生的问题",主要包括伦理学、社会学、法律哲学以及美学、宗教哲学。② 显然,罗素所指

---

① [英]伯特兰·罗素:《西方哲学史》,何兆武、李约瑟译,商务印书馆1963年版,第11—12页。

② [德]文德尔班:《哲学史教程》,罗达仁译,商务印书馆1987年版,第31—33页。

哲学中属于广义科学范畴的那部分内容大致便是文德尔班所说的理论哲学、属于宗教与伦理范畴的那部分内容大致便是文德尔班所说的实践哲学。

文德尔班是新康德主义弗赖堡学派（亦称"巴登学派"或"西南学派"）的创始人，他在哲学分类中所使用的所谓"理论哲学"和"实践哲学"的概念是来源于康德所谓"理论理性"和"实践理性"的概念。而康德是以二元论思维来进行"理性对其自身的批判活动"（文德尔班语）的，通过这种理性批判，康德把在他看来是彼此不可调和的理论理性和实践理性分别判归于科学和哲学，将理论理性判归于科学、实践理性判归于哲学，主张科学与哲学"井水不犯河水"地各行其道。故综合罗素和文德尔班对哲学的总体看法，哲学区别于神学与科学的学术特征可被描述为：

> 哲学坚定地信靠被神学弃之不用的人类理性，又不是像科学那样单靠理论理性，而是理论理性和实践理性兼取并用来开展自己的研究。

这一描述至少是揭示了传统哲学的基本思维特征：对理论理性和实践理性的兼取并用。这一思维特征在传统哲学发展过程中表现为不同的哲学家、不同的学派乃至于不同的民族哲学，通过其具体的研究活动及其成果所显示出来的两种基本研究向度：偏倚于理论理性的研究向度和偏倚于实践理性的研究向度。按照德语世界的科学（wisseschaft①）概念，可以把这两种向度的哲学研究当作自然科学（Naturwissenschaft）领域的哲学研究和文化科学（kulturwissenschaft）领域的哲学研究来理解，从而也可以把它们当作分别属于自然哲学范畴和文化哲学范畴的两种不同性质的哲学研究来理解。这就是说，当把理论理性和实践理性的兼取并用看作传

---

① 德语 wisseschaft（科学）一词的含义与英语 science（科学）一词的含义不同，对此，英国科学史学家丹皮尔曾辨析道："拉丁语词 scientia（scire，学或知）就其最广泛的意义来说，是学问或知识的意思。但英语词'science'却是 natural science（自然科学）的简称，虽然最接近的德语对应词 wisseschaft 仍然包括一切有系统的学问，不但包括我们所谓的 science（科学），而且包括历史，语言学及哲学。"（［英］W. C. 丹皮尔：《科学史及其与哲学和宗教的关系》，李珩译，商务印书馆1975年版，第9页）

统哲学的基本思维特征时，这就是意味着肯定和承认传统哲学发展中实际并存有两种不同向度和不同性质的研究传统——自然哲学与文化哲学。

在理论上，自然哲学与文化哲学之间的关系可从如下三个方面来加以说明：

首先，按照著名德国哲学家、新康德主义弗赖堡学派的主要代表李凯尔特（Rickert Heinrich，1863—1936）的观点，文化科学和自然科学有两个方面的重大区别：一方面，自然科学是以经由对经验实在的抽象所获得的概念来把握事物的普遍法则，而文化科学是以对个别的事物、一次性的事件的描述来展示事物的特殊个性；另一方面，因自然对象无所谓价值，故自然科学无须谈论价值，而每个文化现象都必有价值意义，所以文化科学非谈论价值不可，这意味着这两大学科是各有其特殊的思维模式：自然科学是非评价的思维模式，文化科学是评价的思维模式。① 自然哲学固然不等于自然科学，文化哲学也不等于文化科学，但是自然哲学有同于自然科学者——都无须谈论价值，都属于非评价思维；文化哲学也有同于文化科学者——都必须谈论价值，都属于评价思维。

其次，按照我国著名哲学家、科学哲学权威学者江天骥（1915—2006）先生的说法——"17世纪以来的西方哲学主张科学的职能在于探索真理，哲学则揭示意义，特别是科学概念、假说或理论的意义，这是两者的区别及其关系"②，自然哲学与文化哲学的区别亦可被描述为前者"探索真理"，后者"揭示意义"。或按"科学求真、人文求善、艺术求美"的观点③，将其区别描述为自然哲学"求真"，文化哲学"求善"。

---

① 韩林合：《石里克论自然科学、精神科学和世界观的构建》，《自然辩证法通讯》1995年第3期。

② 江天骥：《从意识哲学到文化哲学的转变》，《哲学研究》2001年第1期。按：江先生这里所讲的"科学"是指自然科学，"哲学"是指他所谓的"意识哲学"及"文化哲学"；同时，江先生所谓的"文化哲学"是一个在内涵上被他严加限制了的极狭义的文化哲学概念，这不同于本文用以标志在实践向度上所开展的哲学研究的广义文化哲学概念，但二者在均有别于自然科学和与自然科学相对的意义上是同义的。

③ 2011年12月17日，清华大学学生会时代论坛在清华大学大礼堂举办了"科学求真、人文求善、艺术求美"对话。（中国新闻网2011年12月18日报道：《杨振宁出席清华"科学求真、人文求善、艺术求美"对话》，http://www.chinanews.com/tp/2011/12 - 18/3540307.shtml）

最后，按照文德尔班的观点，理论哲学所要把握的是现实世界的普遍规律，实践哲学所要把握的是人类历史活动的总体目的。① 据此，又可将自然哲学与文化哲学的区别描述为：前者研究自然世界的普遍规律；后者研究人类历史活动的总体目的。

要之，作为传统哲学的两种基本研究传统，自然哲学的基本特点在于依靠和运用求真的理论理性，以非评价思维来探索自然世界的普遍规律；文化哲学的基本特点在于依靠和运用求善的实践理性，以评价思维来探讨人类历史活动的总体目的。

第二节 自然哲学与文化哲学在古代的原始综合

作为统一于传统哲学的两种研究传统，自然哲学与文化哲学不仅同时存在于古代哲学中，而且无论是在中国哲学中还是在西方哲学中，它们都表现出了总体上浑然不分的原始综合特征。

西方哲学固然是起始于"对于自然真理的探索"，古希腊最早的一批哲学家都是"自然哲学家"②，但是德谟克利特（Democritus，约前460—约前370）的伦理学残篇表明，他不但研究自然，同时也开始关注人事和探求人的活动的目的了，他是以精神的宁静与肉体的愉快结合所达到的"怡悦"为幸福生活的最高境界③，但同时强调"对人来说，精神与肉体二者应该更注意精神。精神的完善可以弥补躯壳之不足，但如果没有智

---

① 文德尔班本人所提倡的"文化哲学"则是属于他自己所讲的"实践哲学"范畴，它是研究被作为整体看待的文化的发展目的以及如何实现这种目的的学问。[周可真：《构建普遍有效的文化价值标准——对文化哲学的首倡者文德尔班的文化哲学概念的解读》，《苏州大学学报》（哲学社会科学版）2011年第3期]

② 亚里士多德在《形而上学》中论及古希腊早期的哲学，把那些从事"对于自然真理的探索"，"从可感觉事物追求原理"，并认为"万物唯一的原理就在物质本性""万物的唯一原因就只是物质"的"初期哲学家"称为"自然哲学家"。（[古希腊]亚里士多德：《形而上学》，吴寿彭译，商务印书馆1959年版，第7—32页）

③ 叶秀山：《前苏格拉底哲学研究》，生活·读书·新知三联书店1982年版，第292—293页。

慧的精神，躯壳再强壮也没有用"①。

苏格拉底就更是摒弃了他早年曾研习过的自然哲学，转而专注于人事研究了，他说："如果我以眼睛看着事物或试想靠感官的帮助来了解它们，我的灵魂会完全变瞎了。我想我还是求援于心灵的世界，并且到那里去寻求存在的真理好些。"② 苏格拉底所求诸心灵世界的真理，是兼具自然哲学和文化哲学双重意义的，即它既是知识范畴的真理，又是价值范畴的正义。

在苏格拉底哲学中，求真与求善、知识与道德是一致的，这与"合真善"（张岱年语）的中国古代哲学具有明显一致性，只不过相对说来，苏格拉底是明确地强调了"知识即美德，无知即罪恶"③，而中国先秦儒家与道家均未曾如此鲜明地强调过知识对于道德的先在性、根源性。

但是，道家老子讲"既得其母，以知其子；既知其子，复守其母"④，这其实隐含"无得道之知则无守道之德"的观点；而庄子虽然表面上显得似乎是"不谴是非，以与世俗处"⑤，其实和老子一样，他也是以"道"为"知"与"德"的标准，在他看来，合"道"之"知"则为"至知"⑥，合"道"之"德"则为"至德"⑦，只是较诸分辨"母""子"、"道""德"⑧ 的老子，他不是像后者那样将"知常曰明"⑨ 的"得道（母）"与"常德不离"⑩ 的"守道（母）"分作两截，而是将"至知"和"至德"融合于"齐物"——"齐物"具有"以为未始有物"的"齐物之知"（"至知"）和"天地与我并生，而万物与我为一"

---

① 叶秀山：《前苏格拉底哲学研究》，生活·读书·新知三联书店1982年版，第293页。
② 北京大学哲学系编：《古希腊罗马哲学》，商务印书馆1961年版，第175页。
③ 叶秀山：《前苏格拉底哲学研究》，生活·读书·新知三联书店1982年版，第297页。
④ 《老子·五十二章》，《王弼集校释》，楼宇烈校释，中华书局1980年版，第139页。
⑤ 《庄子·天下》，载《庄子今注今译》，陈鼓应注译，中华书局1983年版，第884页。
⑥ 《庄子·齐物论》："古之人，其知有所至矣。恶乎至？有以为未始有物者，至矣，尽矣，不可加矣！"（《庄子今注今译》，陈鼓应注译，中华书局1983年版，第66页）
⑦ 《庄子·马蹄》："夫至德之世，同与禽兽居，族与万物并，恶乎知君子小人哉！"（《庄子今注今译》，陈鼓应注译，中华书局1983年版，第246页）
⑧ 《老子》分《道篇》与《德篇》，即有分辨"道""德"之意。通观《老子》全文，其"道"与"德"是截然分明的。
⑨ 《老子·十六章》，载《王弼集校释》，楼宇烈校释，中华书局1980年版，第36页。
⑩ 《老子·二十八章》，载《王弼集校释》，楼宇烈校释，中华书局1980年版，第74页。

的"齐物之德"("至德")双重意义①——在"齐物"境界里不再有"知"与"德"的分别。

与道家老子相似,儒家孔子讲"不知礼,无以立也"②,又讲"克己复礼为仁"③,这更是明显蕴含"不知礼则无仁德"的观点,只是到了儒家"亚圣"孟子那里,他将"仁""义""礼""智"四者并举而将"智"放在末位,这大异于孔子"知(智)者不惑,仁者不忧,勇者不惧"④之说对"智""仁""勇"三者的前后排序,从而显示出孟子有将"仁"高置于"智"之上的倾向——后来发生于宋明理学中的"尊德性"与"道问学"之辨,其实就是关于知识("智")与道德("仁")之相互博弈的争论,其论争诸方都肯定抑或至少不否定它们之间有内在联系,但相对说来,主张"知先行后"的朱熹(1130—1200)是偏于强调"道问学"的优先性而近似孔子以"智"为优先的思想,主张"立先乎其大者"的陆九渊(1139—1193)是偏于强调"尊德性"的优先性而近似孟子以"仁"为优先的思想,而主张"知行合一"而"致良知"的王守仁(1472—1529)则有模糊乃至于消除知识与道德之界限而使其融成一片的明显倾向。

据实说,古希腊亚里士多德的哲学在某种意义上也有如苏格拉底哲学那样"合真善"的显著特征,因为亚里士多德把探究被他认为既是"万物的原因"又是"世间第一原理"的"神"的哲学凌驾于其他一切学问之上⑤,成为如康德所说那样的"一切学问之女王"⑥,这意味着亚里士多德是将其哲学所立的"通式"——被他看作对整个自然界与人类

---

① 《庄子·齐物论》。
② 《论语·尧曰》,载《论语译注》,杨伯峻译注,中华书局1980年版,第221页。
③ 《论语·颜渊》,载《论语译注》,杨伯峻译注,中华书局1980年版,第123页。
④ 《论语·子罕》,载《论语译注》,杨伯峻译注,中华书局1980年版,第95页。
⑤ 亚里士多德说:"于神最合适的学术正应是一门神圣的学术,任何讨论神圣的学术也必是神圣的;而哲学确正如此:(1)神原被认为是万物的原因,也被认为是世间第一原理。(2)这样的一门学术或则是神所独有;或则是神能超乎人类而所知独多。所有其它学术,较之哲学确为更切实用,但任何学术均不比哲学为更佳。"([古希腊]亚里士多德:《形而上学》,吴寿彭译,商务印书馆1959年版,第5—6页)
⑥ [德]康德:《纯粹理性批判(第一版)》,序文,蓝公武译,商务印书馆1960年版,第1页。

的理性都起作用的"世界第一原理"①——当作自然真理和人间正义的"极因"（吴寿彭语）来看待了，而他对于这个"真善合一"之"神"（"极因""第一原理"）所进行的哲学研究，实际上正是在他所谓的"理论"的意义上对古希腊哲学最初的自然研究和继之而起的苏格拉底及柏拉图等哲学家的人事研究的一个综合，其《形而上学》便是这种综合性哲学研究的成果，其《物理学》《政治学》《尼各马可伦理学》等则是以其形而上学的"通识"作为逻辑大前提来进行演绎性研究的成果，这些成果既有自然哲学的内容，也有文化哲学的内容。

到了古希腊哲学晚期，"斯多葛派认为哲学有三部分：物理学、伦理学与逻辑学。当我们考察宇宙同它所包含的东西时，便是物理学；从事考虑人的生活时，便是伦理学；当考虑到理性时，便是逻辑学，或者叫做辩证法"②。其后，"在中世纪，更多的在近代，头两门（引者按：指逻辑学、物理学）通常合称为理论哲学，以别于实践哲学"③。

可见，自亚里士多德至中世纪这一西方古典哲学发展之盛期，学者们一直是同时在理论和实践两个向度上开展研究，而且这两种向度的研究是不可分割地融为一体的。

当然，中、西互相比对而言，中国古代哲学在理论向度上所开展的自然研究，确实从未有过如古希腊早期哲学那样独立而鲜明的表现，故相形之下，古希腊哲学便显得它有一个自然哲学传统了，虽然该传统其实主要是表现在前苏格拉底时期，而中国古代哲学便显得缺乏这样一个传统，尽管其宇宙观中以"五行""水""精气""元气"等作为其标志性概念的思想或学说，以及以《周易》为代表的对"数"与"象（形）"的数学研究和以《黄帝内经》为代表的医理研究，表明了中国古代哲学其实也不乏自然哲学方面的内容。

自然哲学与文化哲学作为两个互有区别的研究传统在中西古代哲学中，表现出总体上浑然不分的原始综合特征，恰好说明了古代哲学具有

---

① ［古希腊］亚里士多德：《形而上学》，吴寿彭译，商务印书馆1959年版，第28—29页。
② 《哲学原理发展概述》编写组：《哲学原理发展概述》（上），福建人民出版社1981年版，第5页。
③ ［德］文德尔班：《哲学史教程》，罗达仁译，商务印书馆1987年版，第30页。

这样两个显著特征：（1）它没有固定的思维模式，或者说它是介于或游移于评价思维与非评价思维之间的一种特殊思维方式，按照这种思维方式，是否作价值判断，是取决于研究对象或研究主题的具体情况；（2）它既是崇尚真理的"爱智之学"，又是坚持正义的"贵德之学"。借用朱熹的话语来说，中、西古代哲学这两个方面的旨趣及其研究活动可一言以蔽之，即"穷理"。中、西古代哲学的"爱智"特征是体现于为达到"心不惑"而探求"事物之所以然之故"；其"贵德"特征则体现于为达成"行不谬"而探求"事物之所当然之则"。

第三节 17 世纪以后西方自然哲学与文化哲学的分化

一 西方自然哲学的形成和发展

尽管古希腊最早的一批哲学家都是自然哲学家，但是他们的自然哲学尚属于原始形态的自然哲学，而且如上所述，从整体来看，作为西方古代哲学的两种研究传统，自然哲学与文化哲学尚处在浑然不分的原始综合状态。西方哲学从这种原始综合状态进入明显倾向于自然哲学的发展阶段，是在肇始于 15 世纪下半叶的自然科学的推动下实现的。

在西方，从 15 世纪下半叶起"就获得了日益迅速的进展"的"真正的自然科学"，是"把自然界分解为各个部分，把各种自然过程和自然对象分成一定的门类，对有机体的内部按其多种多样的解剖形态进行研究"——"这是最近 400 年来在认识自然界方面获得巨大进展的基本条件。"[①] 在这 400 年间，西方哲学家越来越表现出其认知兴趣又变得有点儿像古希腊的自然哲学家了，对认识自然界抱有与日俱增的热情，于是在研究向度上越来越表现出明显偏倚于自然哲学的特征，由此形成了一个与古希腊以来的传统哲学以及与其同时代的中国哲学都有明显区别的自然哲学研究传统。

石里克说："从西方思想的最初时期开始一直到牛顿，甚至到康德时

---

① 《马克思恩格斯选集》第 3 卷，人民出版社 2012 年版，第 395—396 页。

代，人们从未对自然哲学与自然科学作过区别。"① 但是笔者却注意到，当培根提出"哲学和科学的正当分划"时，他事实上是对自然哲学与自然科学作了明确区分的，因为他这里所讲的"哲学"和"科学"实际上就是"自然哲学"和"自然科学"的代名词，他所主张建立的"查究那种永恒的、不变的法式"的所谓"形而上学"，按其对象和内容来说，就是关于"自然的永恒的和基本的法则"的自然哲学。②

作为"英国唯物主义和整个现代实验科学的真正始祖"（马克思语），培根的自然哲学具有经验科学唯物主义的基本特征，因而属于现代自然哲学范畴，它在思维方式上截然不同于西方古典哲学。

自古希腊开始逐渐形成和发展起来的西方古典哲学，无论是自然哲学向度的研究，还是文化哲学向度的研究，无不是采用思辨方法来进行的，故可统称其为"思辨哲学"。思辨哲学的思辨性有两个基本方面：超验性和逻辑性。超验性是意味着思辨哲学是一种以远离经验的玄想为特征的纯粹理性思维；逻辑性是意味着思辨哲学还是一种以演绎推理为特征的形式逻辑思维。故以思辨方法来开展对自然界的哲学研究，就是意味着从已知的某些公理或公设出发，或者从主观预设的某些概念或原则出发，凭借纯粹理性来对自然界作合乎逻辑的思考。

由于，培根意识到了"由论辩而建立起来的原理，不会对新事功的发现有什么效用，这是因为自然的精微远较论辩的精微高出多少倍"③，因而主张运用由他所首创的包括观察、实验和归纳三个主要环节在内的"发明知识"的"新工具"，按照"由特殊的东西而适当地和循序地形成的原理"④ 的归纳原则来认识世界，故他所倡导并致力于研究的自然哲学较诸传统的自然哲学，就由思辨型转变为经验型了——这是17世纪初西方自然哲学所发生的一次划时代的学术转型。

按照培根自己的说法，经验型自然哲学不再是像传统的思辨型自然哲学那样按照"从感官和特殊的东西飞越到最普遍的原理，其真理性即

---

① ［德］石里克：《自然哲学》，陈维杭译，商务印书馆1984年版，第4页。
② ［英］培根：《新工具》，许宝骙译，商务印书馆1997年版，第107页。
③ ［英］培根：《新工具》，许宝骙译，商务印书馆1997年版，第14页。
④ ［英］培根：《新工具》，许宝骙译，商务印书馆1997年版，第14页。

被视为已定而不可动摇，而由这些原则进而去判断，进而去发现一些中级的公理"①的演绎原则来建立自己的原理，而是"从感官和特殊的东西引出一些原理，经由逐步而无间断的上升，直至最后达到最普遍的原理"②了。

与培根差不多同时代的法国哲学家笛卡儿则提出了不同于培根的科学认识方法，他在《正确思维和发现科学真理的方法论》（1637）一书中，不仅探讨了"什么是知识"的知识本体论问题，更探讨了"我怎么能知道"的知识方法论问题，其"我思故我在"的著名命题，正是表明了他所提倡的"正确思维和发现科学真理的方法"是一种始于怀疑而非始于信仰的反神学方法。这种方法也应该被理解为现代自然哲学中与培根的经验自然哲学相对的理智自然哲学的一种科学认识方法。

如果说笛卡儿的《方法论》实为法国启蒙运动的理论奠基之作的话，那么，培根的《新工具》则是现代科学方法论奠基之作，由此引起的"智力革命"（康德语），改变了自亚里士多德时代以来久已形成而根深蒂固的知识观念和相应的认知路线与认知方法，其影响是如此深远，以至于自从伽利略和牛顿的时代以来，现代科学就已奠基于对自然的详细研究之上，奠基于这样一个假设之上，这就是："只有已被实验证实的或至少能被实验证实的陈述才是容许作出的。……以很高的准确度并在任意数量的细节上用实验证实一个陈述的正确性这种可能性，给这个陈述以古希腊哲学的陈述所不能具有的巨大分量。"③

石里克曾指出："从那时（引者按：指牛顿、康德时代）以来，（属于自然哲学的）思辨方法似乎已把自己从（属于自然科学的）实验程序中分离出来。结果到十九世纪中叶才开始弄清楚，思辨方法原来是一种骗人的东西，它走的是一条死胡同。此后接着的是一个哲学被自然探索者轻视的时期。"④

然而，也应该看到，19世纪中叶以后，虽然"哲学被自然探索者轻

---

① ［英］培根：《新工具》，许宝骙译，商务印书馆1997年版，第12页。
② ［英］培根：《新工具》，许宝骙译，商务印书馆1997年版，第12页。
③ ［德］海森堡：《物理学和哲学》，范岱年译，商务印书馆1981年版，第36—37页。
④ ［德］石里克：《自然哲学》，陈维杭译，商务印书馆1984年版，第4页。

视",马克思主义创始人之一恩格斯却很热心于"自然辩证法"研究,这一研究是基于这样一种信念:既然"那种把非生物和生物当做既成事物来研究的自然科学"已取得"三大发现"(细胞学说、生物进化论和能量守恒和转化定律)的巨大进步,这对于自然探索者来说,就是意味着他们已经到了"可以过渡到系统地研究这些事物在自然界本身中所发生的变化的时候"了,因为"由于这三大发现和自然科学的其他巨大进步,我们现在不仅能够说明自然界中各个领域内的过程之间的联系,而且总的说来也能说明各个领域之间的联系了,这样,我们就能够依靠经验自然科学本身所提供的事实,以近乎系统的形式描绘出一幅自然界联系的清晰图画"①。显然,恩格斯的自然辩证法研究,是属于石里克在《自然哲学》中所讲的那种"为获得全部自然过程的完整图像而对知识进行综合"②的活动,按石里克这样的分析哲学家的观点来看,这种活动无疑是属于"自然哲学"范畴的活动——笔者也认为,这种活动当然是属于自然科学领域的哲学研究,理应被当作自然哲学来理解,把它看作恩格斯时代自然科学大发展条件下自然哲学活动的一种具体形式,尽管在恩格斯本人看来,他的自然辩证法研究压根儿就是"依靠经验自然科学本身所提供的事实"来系统地揭示"自然界联系"的一种"科学"活动,而不是什么"自然哲学"活动,因为"自然哲学只能这样来描绘:用观念的、幻想的联系来代替尚未知道的现实的联系,用想象来补充缺少的事实,用纯粹的臆想来填补现实的空白"③。

恩格斯原本是想通过自然辩证法研究来构造"一个在我们这个时代是令人满意的'自然体系'"④,但是他的努力并未取得圆满成果,他所留下的《自然辩证法》一书实际上是一部未完成的手稿,后来专门从事马克思主义哲学研究的学者中也未曾有人真正继承恩格斯生前所曾从事的这项工作。据实说,就算有人有意愿继续开展这项工作,立志要完成恩格斯的未竟事业,他们也是不可能达成其目的的,因为现代自然科学

---

① 《马克思恩格斯选集》第4卷,人民出版社2012年版,第251—252页。
② [德]石里克:《自然哲学》,陈维杭译,商务印书馆1984年版,第4页。
③ 《马克思恩格斯选集》第4卷,人民出版社2012年版,第252页。
④ 《马克思恩格斯选集》第4卷,人民出版社2012年版,第252页。

的发展远远超出了恩格斯时代的水平以及恩格斯当时的预期——现代自然科学的知识成果之多、学科门类之众、知识信息之富，使得任何一个哲学家都绝没有能力通过对该时代的自然科学知识进行概括和总结来构造一个令该时代的人满意的"自然体系"，哪怕是由一批天才哲学家所构成的哲学团队也是断不足以构造出这样的"自然体系"的，更遑论这样的"自然体系"对于自然科学的发展究竟有什么实在的积极意义了。所以，当20世纪初"自然哲学"这一名称"又恢复了它的尊严"（石里克语）时，自然哲学又从努力构造"令人满意的'自然体系'"转到了努力解释"自然科学命题的意义"①的方向上。

石里克所说的那种解释"自然科学命题的意义"的"自然哲学"，实指现代科学哲学。现代科学哲学的研究有两个维度：一是 Philosophy of Science（关于科学的哲学）维度，一是 Scientific Philosophy（科学的哲学）维度。前一个维度是基于对科学哲学的研究范围和研究主题的确定，"以科学或科学领域为限制"，以"观察、实验、科学事实、自然定律、科学假说和科学理论等等的本质、意义和关系之类的课题"为抓手，围绕"科学与非科学的分界，科学发现的模式，科学理论的评价，科学发展的模式等"主要问题，"对科学进行元研究"②；后一个维度是基于对科学哲学的研究目标和研究任务的确定，科学主义地追求哲学科学化，引入并致力于运用科学方法来开展对科学的元研究，以保证这种哲学的科学性。这两个维度的科学哲学研究是不可分割地互相联系和内在地互相统一的——至少在以石里克等为代表的维也纳学派（Vienna School）的"标准科学哲学"那里是如此，也正是在这个意义上，科学哲学可以被理解为这样一门学问：以某种理想的科学作为科学的理想，为实现这个科学的理想，运用某种理想的科学方法来研究历史的和现存的科学的学问。这门学问本质上是在科学主义影响下所形成的科学理想主义的科学知识论，这种形态的科学知识论是科学哲学发展过程的起点，也是科学哲学的主流和它的本质内容——至于科学哲学在经过了逻辑主义的发展阶段

---

① ［德］石里克：《自然哲学》，陈维杭译，商务印书馆1984年版，第4页。
② 舒炜光、邱仁宗主编：《当代西方科学哲学述评》，人民出版社1987年版，第2—3页；洪晓楠：《科学文化哲学研究》，上海文化出版社2004年版，第18页。

而转入历史主义的发展阶段并最终趋向于同人本论的文化哲学合流,这是科学哲学的归宿问题了。

就科学哲学作为一种科学理想主义的科学知识论来说,它的精神实质在于受培根《新工具》的启示而执着于经验实证知识的追求,同时又受康德"三批判"① 的启示而执着于纯正科学理性的追求,这两个方面的精神追求构成了这种科学知识论的价值内核,并集中体现在它对科学语言的逻辑经验主义哲学分析,这种语言分析活动,旨在建立一种既符合逻辑形式又符合科学事实的理想语言,它认为哲学的任务就是要通过分析和澄清语言的意义来清除那些既不符合逻辑形式又不符合科学事实的"虚妄的"命题②建立一种"有益于公众而非公众所知之学问"③ 的思辨哲学所固有的演绎逻辑方法。科学哲学的语言分析活动,实质上就是把这两种逻辑方法融为一体而应用于语言(科学)研究领域。

二 西方文化哲学的形成和发展

"文化哲学"(Kulturphilosophie)作为一个学术名词到了 20 世纪初才由文德尔班首次提出来④。当"文化哲学"成为中外学术界相当流行的一个哲学术语并发展成为中外哲学研究的一个热点或重要领域时,人们对它的理解和解释就变得多样化了。

笔者是从文德尔班作为一个哲学家和哲学史家的学术背景和他同康德的学术渊源关系以及他对哲学的总体看法中,从德语世界的特殊科学概念和文德尔班、李凯尔特、狄尔泰(Wilhelm Dilthey,1833—1911)等德国哲学家对文化科学(或精神科学)和自然科学相互关系的讨论中,领悟到了"文化哲学"的一般意义应是指哲学研究的一种基本向度,即实践向度的哲学研究,进而把这一向度的哲学研究理解为文化科学领域

---

① 参见康德《纯粹理性批判》(1781)、《实践理性批判》(1788)和《判断力批判》(1790)。
② 江怡:《维特根斯坦:一种后哲学的文化》,社会科学文献出版社 1996 年版,第 16 页。
③ [德]康德:《纯粹理性批判(第二版)》,序文,蓝公武译,商务印书馆 1960 年版,第 23 页。
④ 刘进田:《文化哲学导论》,法律出版社 1999 年版,第 1 页。按:该名词首次出现于文德尔班所著《文化哲学与先验观念论(Kulturphilosophie und transzendentaler Idealismus)》(1910)中。

的哲学研究，它与自然科学领域的哲学研究（自然哲学）相对应。

当把文化哲学纳入文化科学范畴，把它当作文化科学领域的哲学研究来理解时，要准确地把握文化哲学的学术特质，就应该也必须将其置于同文化科学的关系中来加以考察和理解。

有学者认为，在德语世界里，是19世纪黑格尔首先提出了"文化科学"的概念①。而德语中"文化科学"（kulturwisseschaft）和"精神科学"（Geisteswissenschaft）这两个学术名词在指称同"自然科学"（Naturwissenschaft）相对的学科的意义上是异名同谓。"文化科学"概念后来被英国人类学家爱德华·泰勒（Edward Burnett Tylor, 1832—1917）从德语世界引入英语世界，使用于研究原始文化的著作中。②但是，一进入英语世界，"文化科学"概念在内涵上便发生了变化，其含义不再是它在德语世界的时候那样系指与自然科学相对的那些学问，而是指人类学的一个分支学科——文化人类学了。这明显地表现在泰勒起初在《原始文化》③中提出了"关于文化的科学"（the science of culture）的概念，而在其后所著的《人类学——人及其文化研究》④中，又把原本被他称作"关于文化的科学"的学问（即该书所谓"文化研究"）归入"人类学"了。

文化科学在德语世界和英语世界是按下述不同学术路径发展的：

在德语世界里，文化科学是在哲学家们探讨它与自然科学的关系特别是与后者的区别的理论研究中发展起来的，这种研究最终导致了由文德尔班首先以"文化哲学"一词来命名的新哲学的诞生。

在英语世界里，文化科学则是在人类学的先驱者们对原始部落社会的实地观察记录和采访报道的人种志学（ethnography）研究中发展起来的，这种经验科学研究导致了人类学（anthropology）的诞生⑤，并在这个

---

① 肖建华：《文化哲学简论》，《中南论坛》2006年第1期。按：也有学者说是"1838年，德国学者列维·皮格亨第一次提出'文化科学'一词，主张全面系统地研究文化，建立专门的学科"（林坚：《"文化学"的历史考察》，《社会科学报》2007年5月24日第5版）。

② 肖建华：《文化哲学简论》，《中南论坛》2006年第1期。

③ 该书中译本有连树声译，广西师范大学出版社2005年版本。

④ 该书中译本有连树声译，广西师范大学出版社2005年版本。

⑤ 西方学术界鉴于爱德华·泰勒对人类学所做出的巨大历史贡献，把他尊为"人类学之父"；而实际上，泰勒的人类学研究是属于文化人类学范畴，故准确地说，他是"文化人类学之父"。

基础上逐渐形成了由美国人类学家怀特（Leslie A. White, 1900—1975）所发明的"culturology"（文化学）这一专有名词来加以标志的文化学概念。此概念的确立实是怀特受德国著名物理化学家、1909年诺贝尔化学奖获得者奥斯特瓦尔德（Friedrich Wilhelm Ostwald, 1853—1932）《文化学之能学的基础》（1909）一书①的思想的影响所成，奥斯特瓦尔德在该书中提出，人类的独特之处不是社会而是文化或文明，故理应在社会学之外另外建立文化学，并且他把文化学置于科学体系的金字塔顶端。在1915年所作的题为"科学的体系"的一次讲演中，他又提到"很久以前，我就提议把这一正在讨论的领域称之为文明的科学或文化学（Kulturology）"②。怀特赞同奥斯特瓦尔德的观点，所以提出用"culturology"这个英文单词来做关于文化的科学（the science of culture）的正式学科名称，并在《文化的科学——人类与文明研究》③（1959）一书中对文化学进行了充分的阐述。

　　由上述可见，德语世界的文化科学（kulturwisseschaft）概念和英语世界的文化学（culturology）概念在外延上有如此差异：前者是指与自然科学相对待的一切有系统的学问，后者则仅指以文化为研究对象的专门学问。故完全可以也应该把文化学当作文化科学领域的一门具体学科来看待。在文化学这门具体的文化科学领域中，诚然也可以开展某种形式的哲学研究，但这种形式的哲学研究，完全可以也应该被当作文化科学领域的哲学研究的一种特殊形式来看待。这也就是说，在文化科学领域的哲学研究之外，不存在抑或根本无须建立另一种意义的文化哲学。所以，

---

① 该书中译本有太原社会书店1937年版本、三友书店1943年版本。
② 陈建宪主编：《文化学教程》，华中师范大学出版社2004年版，第7页。按：据陈序经（1903—1967）研究，德文"kulturology"（文化学）一词的最早使用者是德国经济学家拉弗日尼·培古轩（M. V. Lavergne - Peguilhen），他在《动力与生产的法则（Bewegungund Productions - Gesetzen）》（1838）一书中，不但使用了这个名词，还有意倡导建立一门文化学。1854年德国学者C. E. 克莱姆（格雷姆）于1843至1852年分批出版了十卷本《人类普通文化史》，又于1854至1855年出版了两卷本《普通文化学》，其中均使用了"kulturology"一词。（陈序经：《文化学概观》，中国人民大学出版社2005年版，第42页）
③ 此书为论文集，中译本有两种：其一，由曹锦清等译，浙江人民出版社1988年6月出版，书名是《文化科学：人和文明的研究》；其二，由沈原等译，山东人民出版社1988年9月出版，书名为《文化的科学——人类与文明研究》。

文化哲学概念应该被统一到指称文化科学领域的哲学研究这一意义上来，以免造成与该主题相关的思维混乱和文化哲学领域的学术乱象。

就文化哲学与文化科学的区别来说，文化科学所研究的是与自然现象有根本区别的作为人的本质（人性）的具体表现形式的人文现象及其规律，因而它是属于经验科学范畴，文化哲学所研究的则是人性本身，它视文化科学为认识人性的具体途径，试图为具体文化科学提供认识人性的一般方法，换言之，文化哲学本质上是认识人性的一种方法论。

基于对文化哲学概念内涵的上述理解，有理由认为，近代以后西方哲学中作为与自然哲学明显有别的另一种研究风格和研究传统的文化哲学的形成，是始于18世纪英国哲学家休谟（David Hume，1711—1776）著《人性论》（*A Treatise of Human Nature*），因为休谟在该书中明确提出了哲学应当以人性为研究对象的主张：

> "在我们的哲学研究中，我们可以希望借以获得成功的唯一途径，即是抛开我们一向所采用的那种可厌的迂回曲折的老方法，不再在边界上一会儿攻取一个城堡，一会儿占领一个村落，而是直捣这些科学的首都和心脏，即人性本身；一旦掌握了人性以后，我们在其他方面就有希望轻而易举地取得胜利了。"①

同期法国哲学家爱尔维修（Claude Adrien Helvétius，1715—1771）也有与休谟类似的观点，他曾宣称"哲学家研究人，对象是人的幸福"②。

休谟、爱尔维修等之所以主张哲学应该去研究人，其背景是17至18世纪自然科学的发展挤压了自然哲学的发展空间，使哲学在自然领域的活动范围大大缩小了。到康德写作《纯粹理性批判》（1781）时，曾经自认为能给人以"最高智慧"的形而上学已然衰落得不成样子，以至于让康德发出了"时代之好尚已变，以致贱视玄学"的感叹，甚至戏称曾经长期被尊奉为"一切学问之女王"的玄学（形而上学）已然沦落成如同

---

① ［英］休谟：《人性论》，关文运译，商务印书馆1980年版，第7页。
② 北京大学哲学系外国哲学史教研室编译：《十八世纪法国哲学》，商务印书馆1979年版，第478页。

遭人鄙弃而颠沛流离的"老妇"了。①

正是在形而上学的学术地位如此一落千丈的情况下，康德开展了"理性对其自身的批判活动"②。通过"三批判"，康德不但论证了"要在个别科学之外或在个别科学之上对宇宙作哲学的理解是不可能的"，还认识到了"哲学在生活实践方面的使命"。③ 这意味着康德是抛弃了"在个别科学之外或在个别科学之上对宇宙作哲学的理解"这一传统形而上学的研究方式，将形而上学的研究范围从原先大而无当的全宇宙或自然界转移到了人类理性世界，使形而上学由宇宙本体论转变为限于研究人类理性的人本论。

另一方面，康德为完成"哲学在生活实践方面的使命"，更致力于构建以"人"为主题的新哲学，这种被他称名为"实践哲学"④ 的新哲学，在他看来应当是立基于"上帝存在"、"灵魂不死"和"意志自由"三大假设之上，但显然，这些假设既不能从经验中产生，也不能通过经验来证明，只能归因于康德自己指摘玄学（形而上学）时所说的那种"高翔于经验教导之外"，"唯依据概念"来进行的"完全孤立之思辨"⑤。

可见，康德哲学仅仅是在"科学认知"方面摒弃了玄学，在"生活实践"方面则仍然承纳玄学。由此可以认为，西方形而上学发展到康德这里，不仅其知识论早在培根时已然发生历史性转变，其本体论也开始发生历史性转变——从探求宇宙终极原因和第一原理的宇宙本体论转向探求生活实践原理的人本论。

人本论研究的一个必要前提是确定人之实是，即回答"人是什么"的问题。康德的实践哲学所提出的那三大假设（命题）中"意志自由"是其核心命题。按叔本华（Arthur Schopenhauer，1788—1860）的理解，

---

① ［德］康德：《纯粹理性批判》，蓝公武译，商务印书馆1960年版，第3页。
② ［德］文德尔班：《哲学史教程》，罗达仁译，商务印书馆1987年版，第11页。
③ ［德］文德尔班：《哲学史教程》，罗达仁译，商务印书馆1987年版，第11页。
④ 语出康德《道德形而上学的基础》。转引自［德］叔本华《论理学的两个基本问题》，任立、孟庆时译，商务印书馆1996年版，第141—142页。
⑤ ［德］康德：《纯粹理性批判（第一版）》，序文，蓝公武译，商务印书馆1960年版，第13页。

康德这里所说的"自由"是属于"道德的自由",即"自由的意志决定"①。据此,康德是将人假定为一种道德存在来研究人之实是,其"意志自由"的命题便是他对"道德人"之实是的形而上学界定:当且仅当一个人的道德行为是出于其自由的意志决定时,他才是一个有道德的人,一个真正的人,一个有人的尊严从而配称为"人"的人。这也就是说,在康德看来,自由就是人之所以为人的本体。叔本华指出,按照康德的解释,"自由是一种由自己开始一系列变化的能力。……一个自由的意志可能是这样一种意志,它不是由理由(因为每一个决定他物的东西必然是一个理由,在现实的事物中必然是一个现实的理由,即原因),不是由任何东西所决定的;它的单个的表现不是由事先的条件所必然造成的,因此也就是不是由任何东西,按照什么规则所能决定的"②。

对于康德关于道德与自由关系的伦理学见解,叔本华指摘它"是一种不能接受的假定,只不过是伪装的神学道德学"③,并指斥康德"尝试给伦理学一个独立于这个意志(引者按:指上帝的意志)的基础,并且不用形而上学的假设把它建立起来,而用'你应该'和'那是你的义务'的词语(那就是命令的形式)当作伦理学根据,而不首先从其他根源推演出其真实性,这就是再也没有什么正当理由了"④。叔本华不仅认为"康德的道德学基础毫无价值"⑤,更指摘其造成了很坏的思想影响,以至于"我们在费希特的《伦理学体系》中看到,康德的定言命令发展成一种专制命令;而绝对的'应该',制定法则的理性,以及义务的训谕,已经发展成一种道德的宿命,一种深不可测的必然性,要求人类严格按照某些格律行事。……康德道德学的命令形式,道德法则,以及绝对的

---

① [德]叔本华:《论理学的两个基本问题》,任立、孟庆时译,商务印书馆1996年版,第36页。
② [德]叔本华:《论理学的两个基本问题》,任立、孟庆时译,商务印书馆1996年版,第39页。
③ [德]叔本华:《论理学的两个基本问题》,任立、孟庆时译,商务印书馆1996年版,第209页。
④ [德]叔本华:《论理学的两个基本问题》,任立、孟庆时译,商务印书馆1996年版,第147页。
⑤ [德]叔本华:《论理学的两个基本问题》,任立、孟庆时译,商务印书馆1996年版,第204页。

'应该'被一步一步地扩展，直到逐步演变成一种伦理宿命论体系，这种体系制订出来以后，往往陷于滑稽可笑的地步"①。

叔本华自己的人本论研究则是预设以"意志人"，且基于这种预设的研究目的是要"指出潜在于一切具有真正道德价值行为中的真正动机"②。叔本华表示："如果我们的研究成功，我们将必定能使真正的道德动机显露出来；并且因为一切道德科学依赖于这一点，我们的问题即将解决。"③在此意义上，其"意志人"预设亦可理解为"道德人"预设。只是，叔本华不认为康德所说的那种使道德成为道德的"意志自由"是一种有正当理由的假设，因为康德对"自由"的解释，表明了他所找到的道德根据，不过是离开了必然性而不依附于任何理由的无根之根，而叔本华恰恰是要为道德找到"一个现实的理由"。也就是说，康德的道德概念是"应该的道德"，故作为其道德根据的"意志自由"是属于"当然之理"；而叔本华的道德概念是"必然的道德"，故作为其道德根据的"唯一可能的一个动机"④ 是属于"必然之理"。其次，康德的道德信念是立基于"上帝存在"的宗教信念，其道德本质上是一种建立在宗教信仰之上的人为道德，从而潜在地否定了有一种为叔本华所肯定的"天然的道德"；而叔本华则恰恰相信有一种"独立于人类制度的天然的道德"——"一种单纯基于事物的本质或人类本性的道德"⑤。

与其"天然的道德"信念相一致，叔本华的"意志"概念也是"天然的意志"。在他看来，"万物皆有意志，万物的运动就是意志的表现，就是意志的客体化"⑥。这种"天然的意志"在人和动物界就是"生存意

---

① ［德］叔本华：《论理学的两个基本问题》，任立、孟庆时译，商务印书馆1996年版，第204—205页。
② ［德］叔本华：《论理学的两个基本问题》，任立、孟庆时译，商务印书馆1996年版，第231页。
③ ［德］叔本华：《论理学的两个基本问题》，任立、孟庆时译，商务印书馆1996年版，第230页。
④ ［德］叔本华：《论理学的两个基本问题》，任立、孟庆时译，商务印书馆1996年版，第231页。
⑤ ［德］叔本华：《论理学的两个基本问题》，任立、孟庆时译，商务印书馆1996年版，第211页。
⑥ 任立：《叔本华传略》，载《西方著名哲学家传略》下卷，王树人、余丽嫦、侯鸿勋主编，山东人民出版社1987年版，第218—219页。

志",它表现为"迫切要生存,而且要在最好环境中生存的冲动"的"利己主义"。"这种利己主义在动物和人中,都是极密切地和他们的本质与存在结合在一起的;确实,它们是完全一样的东西。"①

据上所论,同样是基于"意志人"或"道德人"的预设,康德的人本论是带有基督宗教特性的道德人本论,而叔本华的人本论是带有泛神论特质的道德人本论。

自称"我的先驱是叔本华"②的尼采(Friedrich Wilhelm Nietzsche, 1844—1900),也是一位基于"意志人"预设的人本论者,但是与康德、叔本华都不同的是,"意志人"在他这里不可理解为"道德人",因为"我是第一位非道德论者"③,"我否定那种作为自在的、流行的、普遍认可的道德——颓废的道德,更确切地说,基督教道德。"④"基督徒过去一直是'道德的人',是无与伦比的稀珍——作为'道德的人',他让自己梦想的比世间最伟大的人类仇敌所梦想的还要荒唐、还要虚假、还要浮华、还要漫不经心、还要于己不利。基督教道德——欺骗意志的阴险形式,是人类本来的瑟西⑤。因为它使人类堕落。"⑥"这种迄今为止一直在宣扬的道德,这非我化的道德流露出'要毁灭的意志',它彻头彻尾否定了生命"⑦,而且这种"非我化的道德首先就是没落的道德,把'我走向

---

① [德]叔本华:《论理学的两个基本问题》,任立、孟庆时译,商务印书馆1996年版,第221—223页。
② [德]尼采:《权力意志——重估一切价值的尝试》,张念东、凌素心译,商务印书馆1991年版,第147页。
③ [德]尼采:《权力意志——重估一切价值的尝试》,张念东、凌素心译,商务印书馆1991年版,第100页。
④ [德]尼采:《权力意志——重估一切价值的尝试》,张念东、凌素心译,商务印书馆1991年版,第101页。
⑤ 瑟西:古希腊神话中太阳神西理厄斯的女儿,头发火红若焰,是一位令人恐惧的女巫,她使用黑魔法,可藏住月亮与太阳,并创造出不存在的幻影,能将冒犯她的人变成动物,还会下毒杀害她的敌人。
⑥ [德]尼采:《权力意志——重估一切价值的尝试》,张念东、凌素心译,商务印书馆1991年版,第104页。
⑦ [德]尼采:《权力意志——重估一切价值的尝试》,张念东、凌素心译,商务印书馆1991年版,第105页。

毁灭'这一事实变成了命令：'你们都应毁灭'——并且不仅仅变成命令！"①

尼采如此激烈地否定基督教道德，致使他全盘否定了康德所谓"上帝存在"、"灵魂不死"和"意志自由"这三大道德哲学命题，认为"如'灵魂'、'精神'、'自由意志'、'上帝'等"这样的"道德的辅助概念"都不过是"骗人的概念"，除了"在心理上腐蚀人类"以外，"它们还有什么意义呢？"② 所以，尼采所预设的"意志人"之"意志"，不仅不是康德的那种"道德人"的"自由意志"，也不是叔本华的那种在动物和人类中都存在的"利己主义"的"生存意志"，尼采对这种被他理解为"自我保存的意志"的"生存意志"明确表示了不感兴趣——他所"感兴趣的不再是'原因和结果'，而是坚韧不拔的创造性；不再是自我保存的意志，而是权力意志"③。

尼采把"权力意志"解释为："就象我们爱美一样，它也是创造性的意志。两种意义并存；现实的含义就是，以按我们的爱好创造事物为目的来获取权力的手段。对创造和改造的爱好——原始的爱好！"④ 这就是把"意志人"本质地理解为一种爱创造事物的生命存在，即把人的生命归结为一种创造活动。尼采的这种人本论观念，不仅是意味着在他看来，创造事物是人的生命的本质所在，还意味着他视创造事物为人的生命的意义所在，因为据他自述，他从事人生哲学研究的根本目的，并非在于一般地探究人生的所以然之故或人之实是（因其"感兴趣的不再是'原因和结果'"），而是在于"寻求生命的意义"："伟大的哲学作为整体始终只说：这是人生之画的全景，从中寻求你的生命的意义吧。以及反过

---

① ［德］尼采：《权力意志——重估一切价值的尝试》，张念东、凌素心译，商务印书馆1991年版，第105页。
② 参见［德］尼采《权力意志——重估一切价值的尝试》，张念东、凌素心译，商务印书馆1991年版，第69页。
③ ［德］尼采：《权力意志——重估一切价值的尝试》，张念东、凌素心译，商务印书馆1991年版，第135页。
④ ［德］尼采：《权力意志——重估一切价值的尝试》，张念东、凌素心译，商务印书馆1991年版，第117页。

来:仅仅体会你的生命,从中寻求你的生命之谜。"① 所以,尽管尼采表示要"重估一切价值",但这并不意味着他是要否定一切价值,他仅仅是否定并力图摆脱在他看来是"使人类堕落"和"彻头彻尾否定了生命"的"颓废的道德""没落的道德"的价值,并欲以"重估一切价值"作为其"思想的方法"②,"要到重估一切价值中去寻找,到摆脱一切道德的价值中去寻找,到肯定和相信一切迄今为止被禁锢、受轻视、遭诅咒的东西中去寻找"那个为他所渴望的"一连串白昼,那全新的白昼的整个世界!"③

较之康德和叔本华的道德人本论,尼采的人本论具有人生本体论与价值本体论之双重特性,这种人本论的根本特征就在于将人生本体和价值本体都归结为人的创造,所以它同时也具有文化哲学的意义。德国的道德人本论发展到尼采这里开始向文化人本论转化了,尼采的人本论是其转化中的一个过渡环节。

尽管康德的实践哲学作为一种人本论形态的本体论也可以被理解为一种文化哲学④,但是按江天骥先生的观点,"真正的文化哲学导源于尼采,因为尼采对意识、自我和主体进行彻底的摧毁,并且主张重估一切传统观念的价值"⑤。似乎江先生的观点更有道理,因为从西方哲学史上最先提出"文化哲学"(Kulturphilosophie)⑥ 一词的德国哲学家和哲学史家文德尔班的有关论述中可以看到,他倡导"文化哲学"的直接目的是为了挽救19世纪哲学从康德发展到尼采时所发生的在他看来是由于尼采的价值观所引起的深刻哲学危机。

---

① 《尼采全集》,1894—1926后莱比锡版第1卷第409—410页,转引自王树人、余丽嫦、侯鸿勋主编《西方著名哲学家传略》下卷,山东人民出版社1987年版,第235页。
② [德]尼采:《权力意志——重估一切价值的尝试》,张念东、凌素心译,商务印书馆1991年版,第135页。
③ [德]尼采:《权力意志——重估一切价值的尝试》,张念东、凌素心译,商务印书馆1991年版,第68页。
④ 范进:《康德文化哲学》,社会科学文献出版社1996年版。
⑤ 江天骥:《从意识哲学到文化哲学》,《哲学研究》2001年第1期,又载《哲学评论》(第5辑),武汉大学出版社2006年版。
⑥ "Kulturphilosophie"被中译为"文化哲学",它用德文表达是"Philosophie der Kultur",用英文来表达就是"Philosophy of Culture",意即"关于文化的哲学",是指对文化的哲学研究。

按照文德尔班的看法，尼采要求"对一切价值重新估价"，这是表明其主张"一切价值都是相对的"，这种"不受限制的个人主义"的价值观可能导致"哲学的解体和死亡"，面对这种危险，"哲学只有作为普遍有效的价值的科学才能继续存在"。① 文德尔班所谓的"文化哲学"，指的正是将作为"普遍有效的价值的科学"而"继续存在"的"哲学"，故他所说的"价值"也是就"文化"而言，是指文化的价值。在《哲学史教程》的结语里，文德尔班从研究对象方面对"文化哲学"做出了明确界说："文化价值的普遍有效性便是哲学的对象"②。紧接着这个文化哲学定义，他又指出：

> 人性之屹立于崇高而广阔的理性世界中不在于合乎心理规律的形式的必然性，而在于从历史的生活共同体到意识形态所显露出来的有价值的内容。作为拥有理性的人不是自然给予的，而是历史决定的。然而人在文化价值创造活动的具体产物中所获得的一切，通过科学，最后通过哲学，达到概念的清晰性和纯洁性。③

这是表达了他对文化哲学的任务的看法，即文化哲学是要用清晰和纯洁的概念来全面反映人在文化价值创造活动中所取得的成就，以充分展示屹立于崇高而广阔的理性世界中的人性。由此可见，文德尔班所谓"普遍有效的（文化）价值"，就是指通过文化哲学所把握到的通过由"理性的人"所创造的文化产物及其成就表现出来的"人性"。所以，他所提倡的文化哲学，其实是这样一种哲学：它是从人类创造文化的历史活动和历史过程中去探求人性的学问。

显然，从事这种哲学研究是以"文化人"的假设作为前提的，其文化哲学不过是人本论的一种具体形态。这种文化人本论的根本特征是在于把人当作一种理性的文化存在去理解，进而将这种文化存在的本体归结为文化的创造。

---

① ［德］文德尔班：《哲学史教程》，罗达仁译，商务印书馆 1987 年版，第 912—927 页。
② ［德］文德尔班：《哲学史教程》，罗达仁译，商务印书馆 1987 年版，第 928 页。
③ ［德］文德尔班：《哲学史教程》，罗达仁译，商务印书馆 1987 年版，第 928 页。

首先，同尼采的人本论相比，文德尔班的人本论也是以"创造"来规定人的本质，但他所说的"创造"是以"理性的人"为主体的"崇高的理性的创造"，而不是尼采所说的具有"创造性的意志"的人出于"原始的爱好"和本于"获取权力"的目的，并"通过驯化和牺牲千百万败类的手段去创造未来"① 的那种"非道德"和"利己主义"的"原始的意志的创造"。其次，也是最重要的，文德尔班的"文化人"概念所指的对象"理性的人"是一种普遍的理性存在，其"人"是一个类概念，其以"创造"来规定的人的本质是人的类本质；而尼采的"意志人"概念所指的对象是具有"原始的爱好"的人——一种非理性的个别存在，其"人"是一个个体概念，其以"创造"来规定的人的本质是人的个体本质，而非人的类本质。这也就是说，尼采的人本论是聚焦于个人，所强调的是个人的特殊创造；而文德尔班的人本论是聚焦于人类，所强调的是人类的普遍创造。文德尔班所倡导的"文化哲学"的使命，并不只是要通过自己的研究来揭示"普遍有效的文化价值"，而是要把这种永恒的、本身有效的文化价值当作文化规范来对它们的有效性做出说明，以便为人的文化价值创造活动提供明确的"理性之法"（普遍有效的文化价值标准）。简言之，其文化哲学是要构建普遍有效的文化价值标准。②

与文德尔班同时代的另一位德国哲学家狄尔泰，也是一位基于"文化人"的预设来开展对人的本体论研究的文化人本论者。狄尔泰原是哲学家、新教神学家施莱尔马赫（Friedrich Schleiermacher, 1768—1843）的再传弟子，其哲学生涯即开始于施莱尔马赫研究，曾撰有《施莱尔马赫传》。在研究施莱尔马赫的生平和思想的过程中，狄尔泰充分认识到了施莱尔马赫的解释学在哲学研究中的重要性。1900 年，狄尔泰受到胡塞尔（Edmund Husserl, 1859—1938）《逻辑研究》（*Logical Investigations*）的启发，开始了从精神科学到解释学的"转向"。在《解释学的兴起》（1900）一书里，狄尔泰赋予了解释学更加重要的意义：解释学不再像它

---

① [德]尼采：《权力意志——重估一切价值的尝试》，张念东、凌素心译，商务印书馆 1991 年版，第 121 页。

② 周可真：《构建普遍有效的文化价值标准——对文化哲学的首倡者文德尔班的文化哲学概念的解读》，《苏州大学学报》2011 年第 3 期。

原初那样仅仅是对某个人的个性或某部重要的历史著作的特点加以挖掘，而是发展为对一切"精神创造"（Schoepfung des Geistes）加以阐释，并且直接深入人类生命本质。由此狄尔泰把解释学从单纯的文本研究扩展到了对现实世界中的人（Mensch）的研究，创造了所谓"生命解释学"（Die Hermeneutik des Lebens）。狄尔泰称他的解释学是"对在文字上固定下来的生命表达进行理解的技巧学"①。

狄尔泰的生命解释学实质上是被他当作精神科学（Geisteswissenschaft）的一般方法提出来的，或者说，是他为精神科学所提供的一般方法。在狄尔泰看来，自然科学和精神科学从研究对象到研究方法都截然有别：

（1）自然科学的对象是独立于人类精神作用之外而存在的实在，即自然界——它要受制于因果律；而精神科学的对象则是人类精神及其产物，是社会的、历史的实在，即精神世界——它是由体验构成的，不受因果律制约；

（2）自然科学的认识方法是因果解释（说明），是归纳或演绎的论证；而精神科学的认识方法只能是理解，即通过外在的生命表现来把握内在的体验内容的过程，实即对他人的体验内容的重新体验（nacherleben）、重现（nachbilden）或复活（nachleben）过程，正是在这个意义上，狄尔泰称"体验是精神科学的细胞"。②

狄尔泰不仅把文学、艺术以及对音乐与诗的研究都纳入精神科学，还把心理学、宗教学以及对哲学世界观与哲学体系的研究纳入精神科学，甚至把国民经济学、法学、政治科学以及历史学等也都当作精神科学来看待。他把"体验"、"表达"和"理解"当作精神科学的核心内容，强调"只有当我们体验（Erlebnis）到人的状态，让这些状态在生命显示中（Lebensauesserungen）表达出来，并且理解这些表达，人类才成为精神科学的对象"③。

由此看来，狄尔泰不仅把生命解释学当作精神科学的一般方法和最

---

① 转引自谢地坤《狄尔泰与现代解释学》，《哲学动态》2006 年第 3 期。
② 转引自谢地坤《狄尔泰与现代解释学》，《哲学动态》2006 年第 3 期。
③ 转引自谢地坤《狄尔泰与现代解释学》，《哲学动态》2006 年第 3 期。

重要的方法，而且是以"体验"作为其方法的核心内容的。从其"体验"方法可运用于精神科学来理解和把握人类生命本质的角度来看，狄尔泰的生命解释学无疑是属于文化哲学范畴的解释学——一种文化哲学解释学。

第四节　16 世纪初中国哲学向文化哲学的转型

较之于西方哲学，中国哲学约提前了一百年就开始走出自然哲学与文化哲学浑然不分的原始综合状态：16 世纪初，以王守仁"龙场顿悟"而创"致良知"之说为标志，开始形成明显侧重于文化哲学的研究风格和研究传统。

中国古代学术发展至西汉武帝时，已形成一个"究天人之际，通古今之变，成一家之言"①的传统。其中"究天人之际"一语，概括性地表达了先秦以来中国哲学的总体特征。此语出自司马迁（前 145 或前 135—前 86）之口，乃是表明中国哲学发展至司马迁时已达到了对"究天人之际"这一自我本性的高度自觉。从此以后，中国哲学在总体上一直都是在"究天人之际"的自觉意识的支配和指导之下自为地发展的。不管人们怎样去理解"究天人之际"的具体内涵，有一点是肯定无疑的，即它的基本意义是研究人与自然的关系。② 以这种关系作为根本问题的哲学，恰好是说明了它具有自然哲学与文化哲学双重性质，抑或具有自然哲学与文化哲学浑然一体的原始综合性。

从中国古代哲学天人观演变角度来看，先秦时代前荀子时期普遍存在自觉或不自觉的"天人不分"意识，直至荀子（约前 313—前 238）提出"明于天人之分"的主张，才有自觉的"天人有分"观念。在"天人不分"阶段，"究天人之际"尚未免带有某种程度的自发性、盲目性，此

---

① （汉）司马迁：《报任安书》，载《汉书·司马迁传》，中华书局 2012 年版。
② 即使有些哲学家（如董仲舒）将自然之天神化为超自然或非自然的神灵，这个神灵也是不离于自然万物抑或寓于自然万物之中的万物之共性，对这种共性的界说，也还是一种自然观——一种神学性的自然观。

时的哲学研究还谈不上有什么自觉而明确的研究取向。到了"天人有分"阶段，荀子在研究向度上有了自觉而明确的取向，提出了"唯圣人为不求知天"①的观点，这似乎意味着他有不求"知天"但求"知人"的研究取向，但至少他未曾从理论上说明为何在"知天"与"知人"之间应当做出不求"知天"只求"知人"的选择之理由，故即便其哲学已显其文化哲学的研究志趣，也不能说他已然有自觉的"知人"取向了。

汉唐时期，从董仲舒（179—104）"以类合之，天人一也"的观念，到刘禹锡（约772—约842）"天人交相胜"和柳宗元（773—819）"天人不相预"的观念，都还反映不出此一时期哲学的研究向度到底是偏向"知天"还是偏向"知人"。到了北宋时期，张载（1020—1077）首先明确提出"天人合一"之说②，从其上文"因诚致明"和下文"致学而可以成圣，得天而未始遗人"的话来判断，其"天人合一"是指"得天而未始遗人"，这是通过"因明致诚，因诚致明"的"致学"所达到的"圣"境。故在张载哲学中，"天人合一"是针对"致学"这一道德修养问题所提出的一个知行观命题③，而不是直接针对"天人之际"这一哲学根本问题而提出的一个天人观命题。这一时期，倒是首先由程颢（1032—1085）提出了"天人无间"④的天人观命题，从其"天人本无二，不必言合"⑤的话，可见"天人无间"的意思，是"天人无二"或"天人不二"，而非"天人合一"。"天人不二"和"天人合一"是思想上并不等值的两个命题，在程氏哲学这里，"天人无间"绝不可以用"天人合一"来代替的。程颢"天人无间"的命题在逻辑上蕴含"天人相即"之意，也就是说，在该命题所陈述的天人关系中，天人之间是"天即人，人即天"或"天不离人，人不离天"这样一种双向互依关系。这种天人观在逻辑上必然导致"知天"与"知人"相即不离的认识论观念，

---

① 《荀子·天论》，载《荀子简释》，梁启雄简释，中华书局1983年版，第222页。
② （宋）张载：《正蒙·乾称》，载《张载集》，中华书局1978年版，第65页。
③ 所谓"得天而未始遗人"者，"得天"是指知天道，"未始遗人"是指"行人道"。所谓"天人合一"，也就是指达到或实现"知天道"与"行人道"的统一。
④ （宋）程颢、程颐：《河南程氏遗书》卷二上，载《二程集》，中华书局2004年版，第33页。
⑤ （宋）程颢、程颐：《河南程氏遗书》卷六，载《二程集》，中华书局2004年版，第81页。

由此更未免进一步导致认知取向和研究向度上把"知天"和"知人"视为同一过程的两个方面。从南宋"朱陆之争"的情况来看，朱熹及其学术上的反对派陆九渊，就都是坚持了"知天""知人"的统一观，只不过朱熹是偏重于"知天"而以"知天"为先、为主，陆九渊是偏重于"知人"而以"知人"为先、为主罢了——朱熹从程氏"一人之心即天地之心，一物之理即万物之理"① 之说引出"心包万理，万理具于一心"② 之说，但又声称"自家虽有这道理，须是经历过方得"③，于是将《大学》"格物在致知"之语解读为"即物而穷其理"，进而要求"学者即凡天下之物，莫不因其已知之理而益穷之，以求至乎其极"④，如此将"知天"路向的"格物穷理"作为达到"得自家这道理"的"知人"之手段和路径；（然据王守仁所"手录"的《朱子晚年定论》说，朱熹到了晚年则自我意识到"向来诚是太涉支离。盖无本以自立，则事事皆病耳"⑤。且表示"今日正要清源正本，以察事变之机微，岂可一向汩溺于故纸堆中，使精神昏弊，失后忘前，而可以谓之学乎？"⑥）陆九渊则继承和发展了孟子"万物皆备于我"和"求放心"之说，认为"道不远人，人自远之耳"⑦；"道塞宇宙，非有所隐遁，在天曰阴阳，在地曰柔刚，在人曰仁义。故仁义者，人之本心也。……愚不肖者不及焉，则蔽于物欲而失其本心；贤者智者过之，则蔽于意见而朱其本心"⑧；"蔽解惑去，此心此理，我固有之，所谓万物皆备于我，昔之圣贤先得我心之所同然者耳"⑨；

---

① （宋）程颢、程颐：《河南程氏遗书》卷二上，载《二程集》，中华书局 2004 年版，第 13 页。
② （宋）黎靖德编：《朱子语类》（全八册），王星贤点校，中华书局 1986 年版，第 155 页。
③ （宋）黎靖德编：《朱子语类》（全八册），王星贤点校，中华书局 1986 年版，第 161 页。
④ （宋）朱熹：《大学章句》，载《四书章句集注》（《新编诸子集成》第一辑），中华书局 1983 年版，第 7 页。
⑤ 吴光等编校：《王阳明全集》，上海古籍出版社 1992 年版，第 132 页。
⑥ 吴光等编校：《王阳明全集》，上海古籍出版社 1992 年版，第 132 页。
⑦ 钟哲点校：《陆九渊集》，中华书局 1980 年版，第 8 页。
⑧ 钟哲点校：《陆九渊集》，中华书局 1980 年版，第 9 页。
⑨ 钟哲点校：《陆九渊集》，中华书局 1980 年版，第 13 页。

"思则得之，得此者也；先立乎其大者，立此者也"①；"求则得之，得此理也；先知者，知此理也；先觉者，觉此理也"②；因此，他坚决反对首先向外去"格物穷理"，以为如此将导致"道之不明"而"困于闻见之支离，穷年卒岁而无所至止"。③ 但同时陆九渊并未否定"知天"路向的"格物穷理"之必要性，仅仅是强调"格物穷理"须"先立乎其大者"而已。

及至"龙场顿悟"之后的王守仁，他对"天地万物与人原是一体"的"天人无间"关系方有明显不同于程朱的新见解：

> 盖天地万物与人原是一体，其发窍之最精处，是人心一点灵明。④

> 充塞天地中间只有这个灵明，人只为形体自间隔了。我的灵明便是鬼神的主宰，天没有我的灵明谁去仰他高？地没有我的灵明，谁去俯他深？鬼神没有我的灵明谁去辨他吉凶灾祥？天地鬼神万物，离却我的灵明，便没有天地鬼神万物了。⑤

> 人者，天地万物之心；心者，天地万物之主也。心即天，言心则天地万物皆举之矣。⑥

这些见解表明，王守仁将"天人无间"的意义由"天人相即"转换为"天即人"或"天不离人"了——在这种天人关系观念中，天人之间不再是一种互相不离的双向互依关系，而是天对人的单向依赖关系，由此在理论上确立了"人"在"天人之际"的中心位置和主体地位，也因此，他对《大学》"格物在致知"的诠释就大不同于朱熹所解释的那样是所谓"即物而穷其理"，而是"致吾心良知之天理于事事物物，则事事物

---

① 钟哲点校：《陆九渊集》，中华书局1980年版，第1页。
② 钟哲点校：《陆九渊集》，中华书局1980年版，第3页。
③ 钟哲点校：《陆九渊集》，中华书局1980年版，第13页。
④ 吴光等编校：《王阳明全集》，上海古籍出版社1992年版，第107页。
⑤ 吴光等编校：《王阳明全集》，上海古籍出版社1992年版，第124页。
⑥ 吴光等编校：《王阳明全集》，上海古籍出版社1992年版，第214页。

物皆得其理矣。致吾心之良知者，致知也；事事物物皆得其理者，格物也"①了。这意味着中国哲学发展至阳明哲学阶段，不再是像以往那样在研究向度上游移不定的"究天人之际"，而是将"知天"与"知人"的关系确定为"知天不离知人"或"知天依赖于知人"的关系，使"究天人之际"的方向明确偏向于"知人"，并使"知人"落实于"知行合一"的"致良知"——阳明哲学断然摒弃了以往"究天人之际"过程中或多或少存在着的到人和人心之外去追求知天明理的那种研究传统，将目光从"天人之际"的方向上彻底收回，全部投向"人"，全力关注"人"，并且直指"人心"，直接向"人心"讨回"良知"，以"致吾心良知之天理于事事物物"，使"事事物物皆得其理"。显然，这种被称为"心学"的哲学，其实质乃是一种人事之学，一种生活之学！它是在肯定人人都有"良知"的前提下，欲使"良知"成为彼此平等的人与人之间互相评判道德是非及其个人自我评判道德是非的价值标准，以消解日常生活中人人都会遇到而且经常遇到的因个人与社会之间、自己与他人之间互相评价和自我评价的标准不一致、不统一所造成的价值冲突，抚平由于这种价值冲突给个人和社会所带来的心灵上与环境上的创伤，质言之，就是要让"良知"成为个人与社会之间、自己与他人之间普遍有效且绝对合理的价值标准，从而使人类能按自己的"良知"来建立自己的社会和创造自己的生活。十分明显，这种合乎"良知"的社会与生活，就是阳明心学所期望达到的人类生活的总体目的。故阳明心学的创立标志着中国古代哲学终于走出了其原始综合状态而进入到一个新的发展阶段——以"人"为中心的文化哲学阶段。

由王守仁所开创的中国传统文化哲学，起初表现为心学形态。这种心学文化哲学，不再以"究天人之际"的思辨形式来讨论"性与天道"，而是把"性与天道"理解为人所固有的"良知之天理"，从而使"究天人之际"转化为"致吾心良知之天理于事事物物"而"事事物物皆得其理"的道德实践。这种主张直接依赖于"本心"来开展"致知良"的道德实践的文化哲学，至明清之际发生了分化，这种分化尤其突出地表现在信奉阳明心学的黄宗羲（1610—1695）和批判阳明心学的顾炎武

---

① 吴光等编校：《王阳明全集》，上海古籍出版社1992年版，第45页。

(1613—1682)这两位政见十分接近而学术道路明显相异的学术大师身上。

黄宗羲是曾师从于刘宗周(1578—1645)而受刘氏心学熏陶甚深的一位心学家。刘述先(1934—2016)先生曾以黄宗羲《明儒学案》自序中的三句话及全祖望(1705—1755)在《梨洲先生神道碑铭》中所引的一句话来概括其心学特色：(1)"盈天地皆心也，变化不测，不能不万殊。"(2)"心无本体，工夫所至，即其本体。"(3)"穷理者，穷此心之万殊，非穷万物之万殊也。"(4)"读书不多，无以证斯理之变化，多而不求于心，则为俗学。"① 黄宗羲的这种心学世界观使他走上了思想史的道路，关于这一点，冯契先生曾指出："在黄宗羲以前，王阳明把理看作一个过程，以为工夫与本体是统一的。这一思想具有重要的方法论意义。黄宗羲进而提出了'心无本体，工夫所至，即是本体'的著名论点。他否定心是虚寂的本体，把本体看作是随工夫（精神活动）而展开的过程。在这一过程中，此心'一本而万殊'，于是表现为'殊途百虑之学'。那些学术卓然成家的学者从不同的途径去把握真理，虽深浅有异，醇疵互见，但对本体各有所见。学派纷争的历史，正体现了本体随工夫而展开的运动，而史家只有运用历史主义的态度来进行系统的批判考察，才能把握其'一本而万殊'的脉络。"② 正是这样，黄宗羲将"致良知"的心学引向了史学之路，使王守仁那种主张直接依赖于"本心"来开展"致良知"的道德实践的直觉型文化哲学转变为主张通过"殊途百虑之学"来把握"一本而万殊"之"本心"的史学型文化哲学。

顾炎武在学术上无明确的师承关系，早年主要是受其嗣祖父"士当求实学"③ 的家教影响，17 岁参加复社后也在一定程度上受到复社通经

---

① 刘述先:《论黄宗羲心学的定位》,《黄宗羲论——国际黄宗羲学术讨论会论文集》,吴光主编,浙江古籍出版社 1987 年版。
② 冯契:《黄宗羲与近代历史主义方法论》,《黄宗羲论——国际黄宗羲学术讨论会论文集》,吴光主编,浙江古籍出版社 1987 年版。
③ (清)顾炎武:《亭林余集·三朝纪事阙文序》,载《顾亭林诗文集》,华忱之校点,中华书局 1983 年版。

致用学风的影响①，继而更从"朱子之说"中领悟到了"圣人下学之旨"②，由此逐渐形成了以"明道救世"为根本宗旨、"博学于文，行己有耻"为基本原则、"非好古多而多闻，则为空虚之学"为实学理念的"修己治人之实学"③，这种实学指摘"其说盖出于程门（按：指程颐、程颢）"的"宋之三家"（按：指上蔡谢良佐、横浦张九成、象山陆九渊）以及"源于宋之三家"的"今之言学者"（按：指明代以来的心学家）是"淫于禅学"④，是"语德性而遗问学"⑤，尤其指摘后者为"谈孔孟"之"清谈"，是"未得其精而已遗其粗，未究其本而先辞其末，不习六艺之文，不考百王之典，不综当代之务，举夫子之论学、论政之大端一切不问，而曰一贯，曰无言。以明心见性之空言，代修己治人之实学，股肱惰而万事荒，爪牙亡而四国乱，神州荡覆，宗社丘墟"⑥。然而，尽管其学术批判的矛头主要针对王守仁及其后学，但顾炎武本人所提倡并从事的"修己治人之实学"其实是一种比较接近于阳明心学的以"尊德性"为本的实践哲学，这种实践哲学的基本特点是根据"非器则道无所寓"的观点，将"文行忠信"本质地理解为"性与天道"寓于其中的道德实践形式，并将这种道德实践看作"尊德性"的现实表现和实现人道与天道（"性与天道"）互相统一的现实途径与方式。⑦ 由于其道德实践哲学是形成和发展于清初特别是康熙以后，其时顾炎武原有的"保国"意识随着明朝灭亡和南明诸政权的逐渐消亡亦逐渐消退，取而代之的是"保天下"意识了，这种意识是出于对"吾道"（儒家仁义之道）有被毁

---

① 参见周可真《顾炎武年谱》第 17.1 条，苏州大学出版社 1998 年版。
② （清）顾炎武：《亭林文集》卷六《下学指南序》，载《顾亭林诗文集》，华忱之校点，中华书局 1983 年版。
③ （清）顾炎武：《亭林文集》卷四《与周籀书书》《与人书二十五》，载《亭林文集》卷三《与友人论学书》，《日知录》卷七《夫子之言性与天道》。
④ （清）顾炎武：《亭林文集》卷六《下学指南序》，载《顾亭林诗文集》，华忱之校点，中华书局 1983 年版。
⑤ （清）顾炎武：《日知录》卷七《予一以贯之》，载《日知录集释〈外七种〉》，上海古籍出版社 1985 年版。
⑥ （清）顾炎武：《日知录》卷七《夫子之言性与天道》，载《日知录集释〈外七种〉》，上海古籍出版社 1985 年版。
⑦ 周可真：《顾炎武哲学思想研究》，当代中国出版社 1998 年版，第 17—25 页。

之危险的警觉①，由此推动他去从事"明道救世"的学问，这种学问所追求的是"救世之道"，这与其早年所追求的"经生之术"的根本区别在于："经生之术"是其个人赖以从事济世经邦之实践的知识基础；"救世之道"则是其民族赖以生存和发展的文化基础。正是出于"明道救世"的需要，其学术活动才由追求"学识广博"转变到追求"学务本原"，从而最终归本于"经学"。这个"经"即"五经"及"圣人之语录"，其实就是顾炎武心目中华夏民族文化的"本原"。就此而言，顾炎武"明道救世"的"经学"也未尝不可以被理解为华夏文化学。② 故如果说黄宗羲哲学是一种史学型文化哲学的话，那么，顾炎武哲学则是一种经学型文化哲学。

黄、顾的文化哲学和王守仁的文化哲学一样，都是属于道德实践哲学范畴，都是主张通过道德实践来体现人之所以为人的本性，并且都把人的本性理解为人所固有的天命之性，更把这种人皆有之的天命之性归结为"仁"，从这个意义上说，它们又都属于儒家"仁学"范畴，都是继宋明理学而起的明清"新仁学"。但是，黄、顾的文化哲学都不再是像王守仁的文化哲学那样主张直接诉诸人的"本心"来开展"致良知"的直觉性道德实践，而是主张通过史学或经学的学术方式来达成其道德实践目的。故如果说王守仁的文化哲学是一种以崇尚"明心见性"为特征的直觉型文化哲学的话，那么，黄、顾的文化哲学则分别是以推崇史学和推崇经学为特征的知识型文化哲学——到章学诚（1738—1801）提出并较系统地论证了"六经皆史"的史学观点以后，分别由黄宗羲和顾炎武所开创的史学型文化哲学和经学型文化哲学就逐渐合流为一了。

黄宗羲、顾炎武之后，通常奉顾炎武为始祖的清代朴学（考据学）兴起并盛行于乾嘉时代。因其考据范围既涉及史更涉及经，故清代朴学完全可以被理解为黄、顾文化哲学的发展形式——就其史学考据而言，

---

① 顾炎武《日知录》有云："夫戎狄者，四方之异气，蹲夷踞肆与鸟兽无别，若杂居中国，则错乱天气，污辱善人。夫以乱辱天人之世，而论者欲将毁吾道以殉之，此所谓悖也。"[（清）顾炎武：《素夷狄行乎夷狄》，载《日知录集释〈外七种〉·日知录校记》，上海古籍出版社1985年版]

② 周可真：《顾炎武实学的特点》《顾炎武对异族文化的态度》，均载周可真《顾炎武与中国文化》，黄山书社2009年版。

则可视其为黄宗羲史学型文化哲学的发展形式；就其经学考据而言，又可视其为顾炎武经学型文化哲学的发展形式。换言之，清代朴学其实也应该被理解为一种文化哲学，只是由于其发展至17世纪晚期"自我认同趋明确、具体，人们不再把道德修养视为求知问学的首要途径，而是看作理性质疑的对象。崇尚道德修养之风式微了"①，故朴学形态的文化哲学便不再具有道德实践哲学的性质，从而原本属于儒家"仁学"范畴的道德实践哲学就演变成属于儒家"智学"范畴的智能技术哲学了。这种智能技术哲学具有鲜明的诠释学特征，它主张"通儒之学，必自实事求是始"②，提倡"实事求是"的"征实之学"，并通过理证、书证、物证等考据方法的实际运用，提供了一种"以信息还原为本质特征的诠释方法"。③

第五节 中西哲学同归于文化哲学的发展趋势

从理论上说，是基于把文化哲学本质地理解为认识人性的一种方法论，才有理由将中国哲学发展到阳明心学阶段的心学当作一种文化哲学来理解，因为这种心学提供了一种把握人性（"良知"）的方法，这个方法就是"致良知"；王守仁的"致良知"学说就是关于把握人性的一种方法论，但是它所提供的"致良知"方法是一种"知行合一"的直觉方法。其后黄宗羲和顾炎武的哲学之所以也可以被当作文化哲学来理解，是因为黄氏哲学和顾氏哲学都各自提供了不同于阳明心学"致良知"的独特方法——黄氏哲学以史学作为把握人性（"本心"）的方法，顾氏哲学则以经学作为把握人性（"性与天道"）的方法。至于清代朴学，其"征实之学"并不是直接用于把握人性的方法，而是它为经学和史学所提供的用于解读经史的诠释方法。在其诠释方法归根到底是服务于把握人性的

---

① 狄伯瑞：《从理学到朴学》，江苏人民出版社1997年版，第39页。
② （清）钱大昕：《潜研堂文集》卷二十五《卢氏（群书拾补）序》，载《潜研集》，上海古籍出版社1989年版。
③ 周可真：《中国哲学诠释方法——"同情之理解"的源流及其限制》，《河南社会科学》2013年第4期。

经学和史学的意义上,清代朴学所自我标榜的"实事求是"的"征实之学"也是属于文化哲学范畴。继朴学而起的晚清今文经学,其实和朴学一样也是属于文化哲学范畴,只不过晚清今文经学所提供的诠释方法不再是"征实之法",而是"阐发微言大义"的方法——一种以文本重构(text reconstruction)为特征的诠释方法。从信息论角度看,文本重构就是信息重构(information reconstruction),它可以被理解为信息传递中的信息变换(information conversion)①,由此当然会产生信息失真(information distortion)的情况。所以,如果是以"求真"的科学(science)标准来加以评价,清代朴学的诠释方法是比较接近于科学而具有一定科学性,晚清今文经学则是远离科学而缺乏科学性,但如果是以"求善"的文化科学(kulturwisseschaft)或"精神科学"(geisteswissenschaft)标准来加以评价,则相对于以信息还原为本质特征的清代朴学诠释方法,以信息重构为本质特征的晚清今文经学诠释方法倒是更贴近文化创造活动的本性。

自胡适(1891—1962)著《中国哲学史》(上卷,1918)创立中国哲学史学科以来,中国哲学界的哲学研究,无论"中""西""马",实际上都不过是运用某种诠释方法或综合运用某些诠释方法来解释各自领域中用文字写成的文本——中哲研究是解释国学中的某些经典文本,西哲研究是解释西学中的某些经典文本,马哲研究是解释马克思主义经典作家的经典文本。按照笔者在2013年中国哲学史学会年会上发表的论文中所表达的观点——"哲学知性是人类知性的一种形式,无论这种知性在人类知性系统中占有怎样的地位和发挥怎样的作用,它都是人类本性(人性)内容之一,这是确定无疑的,因而它也无疑是我们自己作为人类成员的类本质的内容之一,在此意义上,哲学史研究不过是从一个方面对自己的类本质进行历史维度的自我反省,以达到对这种自我本性之来龙去脉的自知之明。就我们作为中华民族的成员来说,中国哲学史研究也不过是对自己的民族本性进行历史维度的自我反省,以达到对这种自

---

① 信息论中所谓信息变换,主要是指信息形态变化、信息内涵的转换变化、信息扩展拓宽、衍化派生新信息的过程。

我本性之来龙去脉的自知之明。"① 现代"中""西""马"的诠释性哲学研究与黄宗羲的史学研究、顾炎武的经学研究本质上是同一的，都属于文化哲学范畴——如果说黄、顾的研究是分别属于史学型文化哲学和经学型文化哲学的话，那么，现代"中""西""马"的诠释性哲学研究则属于哲学型文化哲学——以哲学作为把握人性的方法。

就现代西方哲学界而言，文德尔班、狄尔泰等一批德国哲学家所从事的哲学研究固然是属于文化哲学范畴，就是以石里克为代表的维也纳学派所从事的解释"自然科学命题的意义"的科学哲学，实质上也具有了文化哲学特性，这不仅是因为，如果不是将包括其命题在内的自然科学看作仅仅是由一系列通过一定语言（语词、句子）表述出来的概念、命题所构成的既定知识系统，而是把自然科学本质地理解为人类历史活动的一种形式的话，那么，"自然科学命题"就无疑可以且应当被纳入"人类历史活动"范畴，从而所谓"自然科学命题的意义"也就同"人类历史活动的总体目的"有内在联系了，而不只是同"自然律"（石里克语）有本质关系，于是，解释自然科学命题的意义的自然哲学活动，就不仅可以甚至也应当被作为研究人类历史活动总体目的的文化哲学活动的一部分或一个方面来看待了；也更是因为，发生在 20 世纪初的自然哲学的转向，还意味着自然科学领域的哲学研究从原本关注自然事物和揭示自然世界的规律，转移到了关注人文事物（自然科学）和揭示人文世界（科学知识）的意义，这样，自然哲学也就在一定程度上获得了文化哲学的属性，从而使自然哲学具有了同文化哲学开展学术对话的可能性，这种学术对话当然有可能导致自然哲学与文化哲学之间的学术争端或冲突，但同时也有可能在它们互相排斥的学术冲突中逐渐走向互相求同存异的学术合流或融合。

笔者还注意到了作为现代西方语言哲学最重要的代表人物维特根斯

---

① 周可真：《体古今人性之常，通古今人性之变——论中国哲学史研究的意义和目的》，《湖北大学学报》（哲学社会科学版）2013 年第 6 期；被收录于《问道中国哲学》，郭齐勇、欧阳祯人主编，九州出版社 2014 年版。

坦①在哲学思想上曾发生过如此变化：

早期所著《逻辑哲学论》(tractatus logico‑philosophicus, 1918) 是围绕"命题和词的意义是什么"而着力于探究理想语言的建构，并提出了根据逻辑规则来建立理想语言的构想，认为唯有依据逻辑规则建立起来的理想语言才是符合世界本身的逻辑结构的。也正是在《逻辑哲学论》的影响和启示下，以石里克等为代表的维也纳学派也认为，只有符合逻辑形式的命题才是有意义的，才是可说的；而分析澄清这些命题的意义，就是哲学的任务；反之，对那些既不符合逻辑形式，也不符合科学（经验）事实的命题，都应看作"虚妄的"命题，都是不可说的、应该清除的形而上学命题。②

但是维特根斯坦后期所著的《哲学研究》(Philosophiscal Investigation, 1951) 却改变了其初衷，将研究兴趣由致力于建构理想语言转移到了净化日常语言的努力上，强调了哲学在日常生活中的作用，弱化了它在训练思维方面的理论功能，以至于把哲学当作治疗语言疾病的一门技术来看待——"哲学家对问题的处理，就像是治疗疾病一样"，"哲学的结果是揭示这种或那种十足的呓语，消除理解在碰到语言的界限时受到的创伤。"③

维特根斯坦的上述思想变化表明，语言哲学和科学哲学是交错在一起的，当科学哲学进入语言领域时，它也可能发生类似维特根斯坦的语言哲学那样的变化：从关注科学语言转向关注日常语言，从而由研究科学语言的科学哲学转向并变成研究日常语言的生活哲学。这也就是说，在科学哲学与生活哲学之间并不存在一道不可逾越的障碍。后来的科学哲学发展的事实也确实证明了这一点。

自从英国科学家和小说家斯诺（Charles Percy Snow, 1905—1980）先后出版《两种文化与科学变革》(The Two Cultures and the Scientific Revolu-

---

① 维特根斯坦认为，哲学问题归根结底是语言问题，哲学并不是人类追求智慧和知识的结果，相反，它是由于人们错误地使用语言而产生的。（江怡：《维特根斯坦：一种后哲学的文化》，社会科学文献出版社1996年版，第5页）

② 江怡：《维特根斯坦：一种后哲学的文化》，社会科学文献出版社1996年版，第16页。

③ [德] 维特根斯坦：《哲学研究》，牛津1958，转引自江怡《维特根斯坦：一种后哲学的文化》，社会科学文献出版社1996年版，第18页。

tion，1959）①、《两种文化与第二种见解》（*The Two Cultures and a Second Look*，1963）以后，"科学文化"一词很快就成为科学哲学界的一个"热词"而在全球范围内得以广泛流行，特别是美国科学社会学家小 M. N. 李克特（Maurice N. Richter，JR. 1931— ）所著《科学是一种文化过程》（1980）一书问世以来，科学哲学界越来越多的人将科学理解为一种文化。

斯诺将文化区分为两种：一种是人文学者（literary intellectuals）的文化，一种是科技专家（scientist）的文化。他认为，这两种文化在现代世界是互相割裂的，由此导致了人文学者和科技专家互相都认为对方没有文化，而由于科学和技术在现代社会占据越来越重要的地位，这就使得人文文化越来越被排挤到文化边缘，成为一种弱势文化而广受人们的轻视。

斯诺和小 M. N. 李克特关于科学文化的论著均在 20 世纪 80 年代后期先后被译成中文而相继在中国出版②，他们的思想以及最早由华夏出版社于 1989 年出版的美国著名科学史家乔治·萨顿（George Sarton，1884—1956）在以科学与人文的融合为基调的《科学史和新人文主义》（*The History of Science and the New Humanism*，1931）一书③中所阐述的思想，都对我国的科学哲学研究产生了重大影响，"科学是一种文化"的观点得到了我国科学哲学界越来越广泛的认同，吴国盛、孟建伟、洪晓楠、李醒民、周昌忠、吴海江等一批知名学者都有相关论著发表，在他们的积极推动下，由科学哲学转向科学文化哲学，已成为我国科学哲学发展的一个重要方向。

科学哲学转向科学文化哲学，这还仅仅是科学哲学的一种转向，而

---

① 此书原是 1959 年 5 月 7 日斯诺在剑桥大学评议会大楼举行的讲座上所发表的演讲，该演讲内容源自于 1956 年斯诺在《新政治家》杂志上发表的一篇题为"两种文化"的文章，讲座结束后又加扩充而出版。

② 斯诺的《两种文化》在 1987 年以"对科学的傲慢与偏见"为书名由四川人民出版社出版，小李克特的《科学是一种文化过程》在 1989 年由生活·读书·新知三联书店出版。

③ 该书为萨顿的一部演讲集，收录有作者 1930 年在科尔沃与 1935 年在埃里奥·鲁特的五篇演讲稿，其中包括：《一个人文主义者的信念》《科学史和文明史》《科学史上的东方和西方》《科学史和新人文主义》《科学史和当代问题》。中译本有华夏出版社 1989 年"二十世纪文库"本、上海交通大学出版社 2007 年"萨顿科学史丛书"本。

实际上不仅是科学哲学开始重视文化问题研究,在1983年加拿大蒙特利尔召开的主题为"哲学与文化"的第17届世界哲学大会上,东、西方哲学家虽然哲学立场、观点各异,却一致宣称:从整个世界范围来看,当代哲学研究的重心正在逐渐地移向文化问题。① 这昭示着一个哲学新时代的到来!

---

① (1) Γ. 斯米尔诺夫、吴薇:《哲学与文化——第十七次世界哲学大会总结》,《国外社会科学》1984年第5期;V. 科希、J. 库琴斯基、姜晓辉:《蒙特利尔世界哲学大会的成果和世界使命》,《国外社会科学》1985年第1期。按:从其后历届世界哲学大会的情况来看,除了有两届是反思和讨论哲学自身以外,其主题都与文化问题有密切关系,其关键词除了"文化",就是"人""人性""人道""价值"等——第18届世界哲学大会(英国·布莱顿,1988年)以"各种人道主义的对话"为主题;第19届(俄国·莫斯科,1993年)以"世纪转变中的文化、价值与人类"为主题;第20届(美国·波士顿,1998年)以"哲学、教育、人性"为主题;第21届(土耳其·伊斯坦布尔,2003年)以"面对世界问题的哲学探索"为主题;第22届(韩国·首尔,2008年)以"反思当今的哲学"为主题;第23届(希腊·雅典,2013年)以"哲学作为一种追问和生活方式"为主题;第24届(中国·北京,2018年)以"学以成人"为主题。

第四章 哲学的历史形态及其演化规律和演化趋势

　　文化哲学是以把握人性为旨归的，故中外学术史上对人性的一切形式的哲学探讨都可以被纳入文化哲学范畴。然而，诸如中国古代的人性论之类的学说或理论都还只是作为当时哲学的一个要素或部分而存在，而开创于王守仁的中国传统文化哲学和肇始于休谟的西方传统文化哲学在整体上都还是自发形态的文化哲学，即使如文德尔班者虽有自觉的文化哲学意识，其研究活动也有明确的文化哲学概念作为理论指导，但他的文化哲学意识不过是出于对在他看来是由尼采所引发的价值危机以及由此必然导致的哲学生存危机的警觉，而试图通过建立文化哲学来化解其危机以拯救哲学，特别是拯救康德哲学，故他所致力于构建的文化哲学实是康德人本论哲学的一种发展形式——将康德的道德形而上学改造为从人类创造文化的历史活动和历史过程中去探求"普遍有效的价值"[①]的学问，这门学问不是属于形而上学，而是属于历史科学，是历史科学领域的哲学研究。

　　笔者所理解的文化哲学则具有如此双重意义：一方面，它是传统哲学中以"人"为研究主题、旨在把握"人性"的一种研究传统，与传统

[①] "文化价值的普遍有效性便是哲学的对象"（［德］文德尔班：《哲学史教程》，罗达仁译，商务印书馆1993年版，第928页）；"哲学只有作为普遍有效的价值的科学才能继续存在"（［德］文德尔班：《哲学史教程》，罗达仁译，商务印书馆1993年版，第927页）。

哲学的另一种研究传统——以"天"（自然）为研究主题、旨在把握"天道"（普遍永恒的自然法则）的自然哲学相对应；另一方面，它是哲学形态演化史的一个阶段，是继实践论形态的现代哲学而起的生活论形态的后现代哲学。本章所要讨论的是后一种意义的文化哲学，这是正在形成之中的一种哲学形态，它亦以"人"为研究主题、旨在把握"人性"，但它所要把握的人性又有其独特的时代内涵，是作为全球化过程发展到一定历史阶段的产物的普遍人性——人的类本质与人的个体本质互相统一的人性。笔者的这一理解是基于对作为世界哲学典型的西方哲学的历史考察，同时更是依据对全球化发展趋势的一种把握。

第一节 哲学的三种基本历史形态

通观西方哲学从古至今的发展历史，我们可以发现，它实际上经历了三大发展阶段——存在论、认识论和实践论。

一 存在论形态的古代哲学

西方哲学肇始于对存在问题的思考，由此形成了其最初形态——存在论。它经历了前期的存在论的"性质论"形态和后期的存在论的"本体论"形态。

（一）性质论

性质论是存在论在前苏格拉底时期的主要表现形式，其重点是探讨存在的性质问题。一派以赫拉克利特（Heraclitus，约前530—前470）为代表，主张存在是存在与非存在之统一，将存在的性质归结为变；另一派则以巴门尼德（Parmenides of Elea，约前515—前5世纪中叶以后）为代表，主张存在是存在而非非存在，将存在的性质归结为常（不变）。由此，存在的性质问题被归结到常变问题上。

关于常变关系，以芝诺（Zeno of Elea，约前490—前425）为代表的一派主张常而无变，否认变的真实性；以克拉底鲁（Kratylos，生卒年不详）为代表的一派则主张变而无常，抹杀常的存在。而常变统一论者则视常变为一体，致力于探求变中之常。泰勒斯（Thales，约前624—约前

546）的"水"、阿那克西美尼（Anaximenes，约前570—前526）的"气"、赫拉克利特的"火"，等等，这些所谓的"始基"概念实际上都是标识变中之常的哲学范畴。

（二）本体论

本体论是苏格拉底以后存在论的主要表现形式，它以探讨存在的内部关系——一般（存在的常性形式）与个别（存在的变性形式）的关系为其根本特征，着力探究一般与个别究竟何者为存在之本体的问题。围绕该问题的讨论，起初主要是在柏拉图与亚里士多德之间展开的。柏氏主张"理念"（一般）是存在的本体，个别事物不过是"理论"的"摹本"或"影子"；反之，亚氏则主张"第一实体"（个别）是存在的本体，认为"如果没有第一实体存在，那就不可能有其他的东西存在"[①]。

到了中世纪，上述讨论又进一步在唯名论者和唯实论者之间继续进行。唯名论者主张个别事物为存在的本体，共相（一般）不过是名词或理智中的概念，是第二性的东西；反之，唯实论者则主张共相为存在的本体，认为个别事物是后于共相而存在的第二性的东西。但是，唯名论者逐渐把一般归结到理智形式的存在上，如苏格兰哲学家邓斯·司各脱（John Duns Scotus，约1265—1308）就认为，共相存在于理智中，在理智之外，共相不能存在。这意味着关于个别与一般关系问题的讨论得以再进一步地展开，其讨论方向就势必要转移到理智与感觉的关系问题上，从而实际上宣告了存在论的终结。

二 认识论形态的近代哲学

西方哲学发展至近代，其形态由存在论转变为认识论。认识论是对存在论的一种扬弃，它把存在范畴改造为与认识范畴相对应的一个范畴，进而从认识与存在的关系中去探究认识的本质。在这种关系中，存在是认识的对象，即客体；认识则是主体。认识论的根本问题，就是主体与客体的关系问题。

近代认识论依次经历了下述三个发展时期：

[①] ［古希腊］亚里士多德：《范畴篇》，转引自《古希腊罗马哲学》，北京大学哲学系编译，商务印书馆1961年版，第310页。

(一) 主体论

主体论是从本体论直接发展而来的认识论之早期形式,它是从认识和存在的关系中来探讨认识的本质。其讨论的核心问题是:认识在本质上究竟是关于个别存在的知识还是关于一般存在的知识?主张个别存在为第一性者,是把认识的本质归结为关于个别存在的知识,因而极重经验与归纳,此为经验主体论者;反之,主张一般存在为第一性者,则把认识的本质归结为关于一般存在的知识,故而极重理智与演绎,此为理智主体论者。经验主体论以培根为代表,理智主体论以笛卡儿为代表。

(二) 客体论

客体论是认识论在 18 世纪时的主要表现形式。它先后有三种代表性的理论:

第一种以霍尔巴赫(P. H. D. Baron Holbach, 1723—1789)为代表,认为存在的本质是在于它的引起认识。这种引起认识的存在被称作"物质"。——是为物质客体论。

第二种以贝克莱(George Berkeley, 1685—1753)为代表,认为存在的本质是在于它的"被感知"(即被认识)。这种"被感知"的存在实即"心灵"的对象化。——是为心灵客体论。

物质客体论和心灵客体论实际上都是从因果关系而推断出客体的存在。

第三种以休谟为代表,认为因果关系只具有或然性,因此,"因果关系永远不能使我们由我们知觉的存在或其性质,正确地推断出外界的继续不断的对象的存在"①。这种被怀疑的存在,实为不可知的存在。——是为不可知客体论。

上述三种客体论,既有唯物论与唯心论的对立,又有可知论与不可知论的对立。可知论与不可知论的对立,使主体和客体是否具有同一性的问题突现了出来。从康德开始,认识论便转向了对主客体关系的研究。

(三) 主客论

主客论是近代认识论的最高形式,其核心问题在于:认识和存在、主体和客体究竟有没有统一性?它先后出现了下述三种典型的理论:

---

① [英] 休谟:《人性论》,关文运译,郑之骧校,商务印书馆 1980 年版,第 244 页。

一是从休谟不可知客体论发展而来的、以康德为代表的将主体和客体绝对对立起来而否认其有统一性的二元论；

二是从贝克莱心灵客体论发展而来的、以黑格尔为代表的否认客体的客观实在性，而以主体为主客统一之基础的辩证唯心主义一元论；

三是从霍尔巴赫物质客体论发展而来的、以费尔巴哈（Ludwig Andreas Feuerbach，1804—1872）为代表的否认主体的相对独立性，而以客体为主客统一之基础的形而上学唯物主义一元论。

从康德到费尔巴哈，主体和客体从起初被绝对地对立起来到最终被绝对地统一起来，认识论终于曲折地发展到了它的尽头，至此，作为认识论之前提的认识问题实际上被取消了。

三 实践论形态的现代哲学

费尔巴哈自称其哲学为"人本学"或"人类学"，他显然是将其哲学研究的重点放在人的存在上的，也就是说，其哲学的实质是在于从人的认识和存在的关系中来研究人的存在的本质。故费氏哲学，与其说是一种认识论，毋宁说是一种（关于人的）"存在论"。它是西方哲学从认识论过渡到实践论的中间环节。而从"存在论"起家的马克思主义哲学的创立，则标志着从认识论到实践论过渡的完成。马克思主义哲学归结到一点，就在于把费尔巴哈"存在论"中的感性存在的"人"（抽象的人）改造成了感性实践的人（现实的人），从而使"存在论"升华为"实践论"。

实践论是对以往存在论和认识论的一种综合，它把存在和认识理解为实践主体的两种不同性质的活动，由此来探讨这两种活动之间的关系之究竟。这种探讨是从两个方面展开的：一方面是研究实践主体的本质，另一方面是研究主体活动的本质。与此相应，实践论亦可分为主体论（研究实践主体的本质）和客体论（研究主体活动的本质）两个部分。

（一）主体论

主体论是实践论的理论基础部分，有如下两种基本形式：

1. 社会主体论

社会主体论是通过扬弃费尔巴哈的"人本学"建立起来的。马克思主义反对费氏对于人的本质的抽象理解，认为人在其现实性上并非一种感性的自然存在，而是一种感性的自然活动，即物质性的生产劳动。这种感性的物质活动是建立在许多个人的合作基础上的："只有在这些社会联系和社会关系的范围内，才会有人们对自然界的影响，才会有生产。"①因此，人的本质在其现实性上是一切社会关系的总和；而人的理性思维和感性活动都是人的社会本质的体现。

2. 意志主体论

意志主体论则是由批判康德的二元论发展而来。它把康德不可知的"自在之物"改造为可以通过"直觉"来把握的"意志"，并宣称整个世界都不过是"意志的表象"，从而把人的本质归结为"意志"。以叔本华和尼采为代表的唯意志主义，就是这种非马克思主义主体论的最典型的形式。而以柏格森（Henri Bergson，1859—1941）为代表的生命哲学和以萨特（Jean Paul Sartre，1905—1980）为代表的存在主义，则都是对唯意志主义的继承和发展，因而亦都可以被归入意志主体论范畴。

（二）客体论

客体论是实践论的理论主体部分，有下述三种基本形式：

1. 劳动客体论

劳动客体论是马克思主义哲学的客体论形式，它以社会主体论为其思想基础，把认识和存在当作社会活动的两种形式——社会意识和社会存在——来理解，认为，社会存在是社会活动的感性形式，具体表现为以某种方式合作的许多个人共同地处理他们对自然界的物质关系以及他们自己内部的物质关系的"自然历史过程"；社会意识则是社会活动的理性形式，具体表现为人们通过由语言作为媒介的认知交往创造关于他们自己和他们的各种关系的观念和思想的精神生产过程。这两种过程的基本关系在于："物质生活的生产方式制约着整个社会生活、政治生活和精神生活的过程。不是人们的意识决定人们的存在，相反，是人们的社会存在决定人们的意识"②；"人们按照自己的物质生产率建立相应的社会关系，正是这些人又按照自己的社会关系创造了相应的原理、观念和范

---

① 《马克思恩格斯选集》第1卷，人民出版社2012年版，第340页。
② 《马克思恩格斯选集》第2卷，人民出版社2012年版，第2页。

畴。"① "如果这种理论、神学、哲学、道德等等同现存的关系发生矛盾，那么，这仅仅是因为现存的社会关系同现存的生产力发生了矛盾。"② 要之，马克思主义哲学劳动客体论的实质在于：它把主体活动的本质最终归结为人们对自然界的物质关系。

2. 理性客体论

理性客体论实是对黑格尔"绝对理念"论的一种断章取义式的发展：它一方面以拒斥"形而上学"而抛弃了黑格尔的"绝对理念"范畴，另一方面又暗将黑格尔哲学中用以标识"理念"的两种活动形式的"实践"与"理论"这对概念吸收过来加以改造，并赋予其"经验"与"科学"的形式，以此作为自己哲学的基本范畴。这使其具有"纯客体论"的外观。

理性客体论有两种形式：

一种是以"经验"为核心范畴的经验客体论。它坚持"经验高于科学"的原则，强调"科学"必须回到"经验"，接受"经验"的检验。以孔德（Auguste Comte，1798—1857）为代表的实证主义和以马赫（Ernst Mach，1838—1916）、阿芬那留斯（Avenarius, Richard Heinrich 1843—1896）为代表的批判经验主义，就都是典型的经验客体论。

另一种则是以"科学"为核心范畴的科学客体论。它坚持"科学先于观察（经验）"的原则，强调"科学"对"经验"的指导作用和渗透关系。以波普尔为代表的证伪主义和以库恩为代表的历史主义，便都是典型的科学客体论。

理性客体论经历了一个从经验客体论到科学客体论的演变过程。它以批判"形而上学"起家，却逐渐失去其"纯客体论"的外观，而使自己带有越发浓重的"形而上学"之色彩。这实际上是它在理论上完善自身的一种内在要求，因为，它若不能建立起自己的主体论，就难免会陷入无主体的、盲目的实践论，从而走到其反面——非理性实践论。

3. 非理性客体论

非理性客体论既反对劳动客体论把主体活动的本质归结为一种感性

---

① 《马克思恩格斯选集》第1卷，人民出版社2012年版，第222页。
② 《马克思恩格斯选集》第1卷，人民出版社2012年版，第162页。

的物质活动，也反对理性客体论把主体活动的本质归结为一种理性的精神活动；它主张把主体活动的本质理解为一种既非感性亦非理性的"直觉"——一种"合知行"的活动：就其体现主体"意志"而言，是"行"；就其体认客体"意志"而言，则为"知"。这种"直觉"似乎既"解决"了近代认识论意义上的主客之间的矛盾，而使主体和客体融为一体；又"解决"了现代实践论意义上的知、行之间的矛盾，而使认识和实践融为一体。但是，这种"解决"方式，却实质上是既取消了认识，亦取消了实践。足见，非理性客体论实际上是一种虚无主义的实践论。以叔本华和尼采为代表的唯意志主义，就是这种虚无主义实践论最典型的代表。

要之，现代实践论可划分为两个根本派别，即马克思主义的社会劳动实践论和非马克思主义的精神活动实践论。

第二节 哲学形态的演化规律和演化趋势

西方哲学演化按"存在论—认识论—实践论"的次序逐步上升。这一过程有其内在的逻辑性：

首先，存在论所致力于探讨的一般与个别这两种不同形式的存在，原本是自在地统一于存在的两个方面，只是由于人们认识活动的开展，它们才被自觉地区分开来，并且只是由于人们在认识过程中片面地强调和夸大了感觉或理智的作用，它们才被对立起来。要之，存在之成为问题，实是因认识而起。所以，当存在问题被研究且不断向纵深推进时，作为引起该问题的原因的认识本身，就必然要被当作更深层次的问题提出来加以研究。这就决定了存在论的发展最终必然逻辑地归结到认识论上。

其次，认识论之所以必然进展到实践论，则是由于认识是起因于实践。人们出于实践的要求而不得不结成一定的社会关系，进行某种形式的社会交往；而语言和意识就是"由于和他人交往的迫切需要才产生的"①。可见，认识原是实践着的人们用以实现其社会交往的一种手段和工具，它不过是实践的产物，是服务于实践的第二性的东西。因此，要使认识问题得到澄清，就不能局限于认识论，而必须扬弃认识论而使之上升到实践论；只有站到实践论的高度，才能认清并正确地揭示出认识过程的本质。

要之，西方哲学从一个阶段到另一个阶段的演进，皆是源于探寻前一个阶段的问题，即由于探寻存在问题而进展到认识论，进而由于探寻认识问题而进展到实践论。

据此规律可以推断：哲学形态的进一步演化，将是以探究实践的原因为理论驱动力，由此形成一种新的哲学形态——生活论形态的后现代哲学。

继实践论形态的现代哲学而起的新哲学——后现代哲学之所以将会以生活论形态出现，是因为生活是引起实践的原因，人只是为了生活才需要认识世界和改造世界。对此，马克思主义经典作家早有论述："我们首先应当确定一切人类生存的第一个前提，也就是一切历史的第一个前提，这个前提是：人们为了能够'创造历史'，必须能够生活。但是为了生活，首先就需要吃喝住穿以及其他一些东西。因此第一个历史活动就是生产满足这些需要的资料，即生产物质生活本身，而且，这是人们从几千年前直到今天单是为了维持生活就必须每日每时从事的历史活动，是一切历史的基本条件。"② 这说明了人类认识世界和改造世界的目的，归根到底是为了满足其生活需要。正因为认识、实践皆以生活为归宿，实践也只是生活的一种手段和方式，所以实践论形态的现代哲学向生活论形态的后现代哲学演化乃是势所必然。

第三节 文化哲学：生活论形态的后现代哲学

一 文化哲学的基本问题：社会生活与个人生活的关系问题

实践论形态的现代哲学中马克思主义的社会劳动实践论和非马克思

---

① 《马克思恩格斯选集》第1卷，人民出版社2012年版，第161页。
② 《马克思恩格斯选集》第1卷，人民出版社2012年版，第158页。

主义的精神活动实践论之根本分歧在于其对实践主体——人的本质的理解不同：前者从现实的人出发，把人理解为物质性的社会人（劳动人）；后者从抽象的人出发，把人理解为精神性的个人（意志人、理性人）。这种理论分歧实质上反映了现代资本主义世界中社会与个人的现实冲突。生活论形态的后现代哲学的理论使命，正在于探求为实践论形态的现代哲学所反映和揭示的现实世界中社会与个人之间对立冲突的化解之道。

在生活论形态的后现代哲学看来，社会与个人是人的存在的两个方面：社会是人的一般存在方面，个人是人的个别存在方面。人的一般存在是人类个体之间的同一性，它表现为许多个人的互相合作，人是通过互相合作来实现其作为一个特殊的"类存在物"的生存与发展的，并且正是这种合作关系要求他们每个人的合作行为都必须遵守为其合作关系所决定的合作规则来进行，这种适应其合作需要、合乎其规则要求的合作行为构成了其互相合作中统一的社会生活；人的个别存在是人类个体之间的差异性，它表现为相互合作的许多个人都各按其个性而自由运作，正是通过这种自由运作，他们各自发挥着其作为同类个体在互相合作中的独特作用，由此构成了其互相合作中多样的个人生活。

生活论形态的后现代哲学对于社会与个人的关系的探讨，是把这种关系置于生活之中，通过对社会生活与个人生活的关系的考察来达到对人性的把握。就其以把握人性为旨归而言，生活论形态的后现代哲学是属于文化哲学，但是这种文化哲学，不同于中西方哲学史上以王守仁和康德为代表的文化哲学，仅从道德生活方面来把握人性（此类文化哲学实是基于"道德人"人性假设的道德哲学），而是作为哲学形态演化史的一个特殊阶段的文化哲学——后现代文化哲学，从人的全部生活中来把握人性。这样，社会生活与个人生活的关系问题，就成为后现代文化哲学的基本问题。

二 文化哲学的研究对象：普遍人性

人类个体间的互相合作是人类的生存方式，但是在前全球化时代，人类其实并无统一的或共同的生存方式。原始人是以一个一个的原始群、氏族、部落联盟，散居在地球的不同区域。这些分布在世界各地的人群体，彼此长期互相隔绝而罕有往来联系，其生存方式随自然环境而定，因环境不同而自然形成互有差异的生存方式。至文明人,他们起初也是以一个一个国家各自孤立或近乎完全独立地生活在世界不同地区,后来才逐渐由近及远地发生彼此间越来越频繁的往来关系,直到今天全球化时代的密切交往。因此,所谓人类生存方式,在前全球化时代,实际上是世界各地不同人群体的特殊生存方式,当这些人群体以民族形态出现时,其生存方式便是如美国文化人类学家本尼迪克特(Ruth Benedict,1887—1948)所讲的那种"文化"——她把它定义为"通过某个民族活动而表现出来的一种思维和行动方式,一种使这个民族不同于其他民族的方式"①。这种文化人类学范畴的文化,其实就是以民族形态存在和发展着的文明人的现实人性。这种人性固然也意味着区别于动物性,但却不是以各个民族共同的生存方式表现出来的普遍人性,而是以相互差异甚至互相排斥和对立的各民族的特殊生存方式表现出来的特殊人性——民族性。

民族性是前全球化时代的人性形式。当人类进入全球化时代,由于世界各民族之间的联系紧密到彼此互相依存地共处于一个"地球村"时,居住在这个"地球村"的村民就有可能并且必然趋向于以同一种方式生活了,人性便具有了由民族性(特殊人性)向人类性(普遍人性)转变的现实根据。这种现实根据必将因随全球化过程进一步发展而发展,并最终导致这种人性形式的转变从可能走向现实,从而形成名副其实的人类生存方式——全球范围内各个不同人群体都愿意接受,并且实际采取的普遍有效的生活样式。这种正在形成之中的普遍人性(人类性)将是对原来的特殊人性(民族性)的一种扬弃,即前者的形成将导致后者的特殊性由原来区别于其他民族殊相的殊相形式,转变为区别于人类共相的殊相形式,即转变为与人的类本质(共性)相区别的人的个体本质(个性),从而使人性成为人的类本质(共性)与人的个体本质(个性)的统一体——普遍人性。

从特殊人性向普遍人性的转变,是全球化发展的必然趋势。这种人性形式转变的实质是在于全球范围内各种不同民族文化的整合,这种文

---

① 转引自〔法〕维克多·埃尔《文化概念》,康新文、晓文译,上海人民出版社1988年版,第3页。

化整合略似原子核的聚变，或将爆发出巨大能量，乃至造成如亨廷顿（Samuel Phillips Huntington，1927—2008）《文明的冲突与世界秩序的重建》(*The Clash of Civilizations and The Remaking of World Order*，1993）所讲的那种"文明的冲突"所难免会招致的世界动荡。如今我们已然见到这种动荡的端倪，却不能预估其动荡的烈度将来究竟会发展到何种等级。

然而不管怎样，全球化时代已经到来，这毕竟为文化研究从把握特殊人性（民族性）向把握普遍人性（人类性）的转变创造了历史条件。也正是这个历史条件，使得文化哲学对于人性的把握，有可能借助于全球化时代高度发达而便捷的通信技术手段所提供的极其丰富的信息资源，以求同存异的会通思维开展异质文明之间的文化比较研究来达成。

诚然，在前全球化时代，文化比较研究实际上早就开展起来了。例如，文艺复兴时代法国史学家勒卢阿（Louis Leroy，1510—1577），他在历史研究中就已经注意到了不同历史时代的文化差异和风俗习惯的演变，并根据"以德行为衡量标准的帝国体系的文化观"来加以解释。① 18 世纪法国启蒙学者伏尔泰（Voltaire，1694—1778）所著《风俗论：论各民族的精神与风俗以及自查理曼至路易十三的历史》（1756）一书，更是明显地包含着异质文明之间文化比较研究的内容。到 19 世纪中期，世界不同文化的起源、不同民族及其语言的分布、渊源等问题，成为西欧学者深感兴趣的研究对象。19 世纪 60 年代以后，随着达尔文（Charles Darwin，1809—1882）提出生物及人类进化学说（《物种起源》，1859 年；《人类的遗传》，1871 年），人类学研究各分支的先驱者们依照达尔文主义的原则建立起一门关于人类的科学——人类学。② （据《美利坚百科全书》解释，"文化"作为专用术语，正是出现于 19 世纪中叶人类学家的

---

① 转引自［希腊］斯塔夫里阿诺斯《全球通史——1500 年以前的世界》，"序言·走向全球史"（张广勇），吴象婴、梁赤民译，上海社会科学院出版社 1999 年版。

② "anthropology"（人类学）一词实际上是由德国学者亨德（Magnus Hundt，1449—1519）发明的，他用这个词作为其研究人体解剖结构和生理的著作《人类学——关于人的优点、本质和特性、以及人的成分、部位和要素》（1501）的书名。此后直至 19 世纪中叶的三百年间，"人类学"一词一直是用来指称对人体解剖学和生理学的研究，它大致相当于后世所谓的"体质人类学"。

著述中①）由于学者们各有其不同的研究侧重和研究方法，人类学分化为若干分支学科，主要有体质人类学、文化人类学。其中，体质人类学是从生物的角度对人类进行研究的学科，它包括人类的起源、发展、种族差异、人体与生态的关系及现存灵长类的身体和行为等内容。文化人类学则使用考古学、人种志、人种学、民俗学、语言学的方法、概念、资料，对全世界不同民族的种种行为做出描述和分析，其研究内容涉及人类文化的起源、发展变迁的过程、世界上各民族各地区文化的差异等，它固然也包含文化比较研究的内容，然其研究兴趣主要集聚于原始人群。直到 20 世纪，文化人类学研究才出现了一种新变化：美国人类学家本尼迪克特将心理学引入文化人类学领域，由此创立了文化心理学派，该学派着重通过对不同民族文化的研究来揭示由这些文化所表现出来的民族性差异，本尼迪克特的名著《菊与刀——日本文化的诸模式》（*The Chrysanthemum and the Sword: Patterns of Japanese Culture*，1946）更是该学派创造性地将文化人类学的研究领域拓展到现代社会的民族性（国民性）的典型例证。

但是，上文所引述的本尼迪克特的文化定义，恰好是反映了前全球化时代的人性特征：它尚未以各民族共同的生存方式——人类区别于动物的特殊生存方式（哲学范畴的文化）表现出来，还只是以各民族互相差异的特殊生存方式——一个民族区别于其他民族的特殊生存方式（文化人类学范畴的文化）表现出来。这也表明，即使是文化心理学派的人类学研究，也仍然是对特殊人性（民族性或国民性）的研究，而非对普遍人性（人类性）的研究。旨在把握普遍人性（人类性）的文化哲学，只有在全球化时代背景下才具有现实可能性，它是适应全球化时代人性形态由特殊人性向普遍人性转变的必然趋势而正在形成之中的一种新的哲学形态。

三　文化哲学的思维方式：差异协同思维

被我们称为"全球化"的历史过程，其前奏乃是从 16 世纪初西方资

---

① ［法］维克多·埃尔：《文化概念》，康新文、晓文译，上海人民出版社 1988 年版，第 3 页。

本主义国家对外殖民扩张开始的，发展至资本主义工业阶段，日益明显地表现出如马克思和恩格斯所说的"历史向世界历史转变"①的趋势。这一历史发展趋势到了18—19世纪之交已是非常明显，以至于有学者开始使用"世界历史"概念了②。此概念的提出，实际上宣告了一个历史新纪元的到来，标志着人类正式进入"世界历史"时代。这个时代一直延续至20世纪，资本主义开始从工业时代逐渐向后工业时代过渡，在此过程中，随着以原子能、电子计算机和空间技术的开发与应用为主要标志的第三次科技革命的兴起和迅速蔓延扩张，生产力发展出现了新的飞跃，世界市场进一步扩大，国际分工进一步深化，世界范围的生产和流通被联结成一个不可分割的整体，世界各国与地区之间的经济联系达到空前密切的程度，以至于几乎所有国家都不同程度地卷入到国际性或区域性经济合作组织之中，而建立开放性经济体制则成为各国政府发展本国经济所必须选择的政策原则。这种现象到20世纪80年代突显出来并逐渐引起人们的普遍关注，相应地，"全球化"这一概念③至20世纪80年代末90年代初亦逐渐为国际学术界所广泛接受和运用，此乃宣示了全球化时代的正式到来。

---

① 《马克思恩格斯选集》第1卷，人民出版社2012年版，第169页。
② 在"世界历史"概念正式提出以前，世界历史观念早已在历史学中形成，其主要标志是法国启蒙思想家伏尔泰（Voltaire，1694—1778）所著《论各民族的精神与风俗》（以下简称《风俗论》）。当时西方社会普遍的历史观念是以基督教历史为整个人类历史，以西方历史为整个世史。伏尔泰虽未完全摆脱"西方中心论"，但已开始正视非西方地区的历史与文化风俗，他说："当你以哲学家身份去了解这个世界时，你首先把目光朝向东方，东方是一切艺术的摇篮，东方给了西方一切。"（[法] 伏尔泰：《风俗论》，梁守锵等译，商务印书馆1997年版，第201页）《风俗论》中有相当篇幅是用于描述非西方地区的历史与文化风俗的——例如关于中国，用了两章（第1—2章）；关于印度，也用了两章（第3—4章）。《风俗论》不但将整个人类文明纳入世界文化史之中，在具体写法上也奠定了后世世界史写作的基本格局——以文明为基本划分单元，以研究地理为起始。"世界历史"概念的正式提出是始于黑格尔（谢敏：《论哲学视野中的"世界历史"》，《中文信息》2016年第12期），但黑格尔使用"世界历史"概念，是为了探寻历史最内在的东西，他所关注的主题不是外在的历史，也不是实际存在的历史，而是"哲学的世界历史"。直到马克思，"世界历史"概念才被赋予了更加特定的内涵：世界历史是资本主义生产方式扩张的历史。借助于这一新的"世界历史"概念，马克思准确地把握到了"我们的时代"就是"资产阶级的时代"。（张盾、刘招明：《黑格尔和马克思的"世界历史"概念》，《马克思主义与现实》2009年第3期）
③ "全球化"原是一个经济学术语。所谓全球化，就是经济全球化。

一方面，从当今全球化发展大势来看，多元并存着的世界各地异质多样的文化，尽管其不断发生着激烈程度不同、表现形式也殊异的相互冲突，但不仅这些冲突本身就表明了这些异质文化之间相互联系的加强和紧密。另一方面，如我们所切身感受到的，它们之间相互影响、相互渗透以至于相互融合的现象，也是十分明显的事实①，所有这些都表明，全球文化联结成为一个差异协同的统一体，是世界文化发展势不可当之必然。自觉地顺应其必然性，就该认真研究人类的一切文化现象，以便按其各自的本性对这些差异互见的文化加以合理的协同，使之能够共存于一个统一体之中。身处全球化时代的人们如果不能自觉意识到这个必然性，从而不能自觉地服从这个必然性，而仍以所谓"文明冲突"的对立思维方式来思考问题和相应处事的话，人类终将会因其对立冲突的不可化解而同归于灭亡的命运。因此，只有从人类社会永续发展的需要出发，冷静观察和理性思考人类的现实境遇及未来命运，对现代人所惯常采取的对立思维方式和行为方式进行批判，并在批判中思索和探寻与现代人根本不同的并试图借以化解现实世界矛盾的另类思维方式和行为方式，所谓后现代思想就是这样势所必然地产生和发展起来的。后现代思想本质上就是全球化时代作为非对抗时代的精神产物，由这种思想所构成的世界性潮流即所谓"后现代思潮"，其实不过是该时代之"时代精神"的理性表现形式。

从方兴未艾于西方的后现代思潮来看，尽管其思想五花八门，有一点是共同的，即都否定现实世界中有某种永恒不变的终极存在作为这个世界的基础和主宰力量，在肯定现实世界的丰富多样性的前提下，主张世界的多元化，强调多元主体之间并行不悖的相对关系。这种思想乃是基于对所谓"现代性"的批判而形成的一种反对现代（实为前全球化时

---

① 基于以世界经济一体化为实质内容的经济全球化的文化全球化趋势是如此明显，以至于连太平洋中的小小岛屿，凡有人烟者，其文化都未免受到来自西方文明或多或少的影响，而今欲寻与世隔绝之"文化孤岛"怕是如寻梦一般了。今日之中国的文化情形就更不消说了，满目都是外来文化（主要是西方文化）的印记，就连我们的语言都夹杂着西语的文字与音调，我们的内心深处更有许多来自西方的观念，这些观念对我们的思维方式和行为方式的影响甚至比由传统文化传承而来的本土观念都是有过之而无不及的。以此而谓当今世界已入文化全球化时代，实在无有不妥。

代）传统的对抗观念和对立思维的新思想。

然而，西方后现代思潮中的代表人物无不反对为马克思主义者所坚持的唯物主义原则，例如美国哲学家理查德·罗蒂（Richard Rorty, 1931—2007）就曾声称根本不相信所谓"世界本身的存在方式"的观念①，其所谓"反本质主义"的哲学是一种否定外部世界客观性的主观主义世界观。笔者曾撰文指出，其"反本质主义"所"反"的"本质"实是作为"一切社会关系的总和"的现实的人的本质，其"反"的哲学实质是在于否定全球化时代全人类空前日益密切的社会关系的真实性，因而不愿在行动上采取与他人平等合作的态度，它把真理看作"不过是一个表示满意的形容词的名词化"②，完全否定真理的实在性，否定作为真理本质的人类社会公利③的实在性，其实质是将自我利益凌驾于人类社会公利之上并视之为唯一实在的东西。正如罗蒂认为由于实用主义者"与某种超越的东西失去了任何联系"④，他们"除了自己就无须对任何别的东西负责"⑤一样，其实用主义真理观则以其不相信"世界本身的存在方式"的观念，从而就不是以是否符合人类社会公利，而是以自己是否"满意"来判定是非。⑥

应该说，在西方的后现代思潮中，罗蒂的后现代思想是具有典型性、代表性的，由此可以看出，尽管西方的后现代思潮也在一定程度和意义上表现出了全球化时代之"时代精神"的某种特征，然其反唯物主义原则的主观主义立场，却使其不能客观真实地反映其时代本质和表现其"时代精神"，相反，其主观主义的世界观倒使其在力图摧毁为现代性所构造的被某个中心所制约着的有序世界的同时，自觉或不自觉地陷入了以自我为中心的无序世界的幻想之中，这种幻想形式的自我中心论，非但不能应合其时代对于建构世界的稳定秩序的必然要求而起到消解人际

---

① [美] 罗蒂：《后哲学文化》，黄勇译，上海译文出版社1992年版，第144页。
② [美] 罗蒂：《后哲学文化·作者序》，黄勇译，上海译文出版社1992年版，第12页。
③ 关于"真理的本质在于社会公利"的观点，详见周可真《真理新探》，载《江海学刊》1999年第4期。
④ [美] 罗蒂：《后哲学文化》，黄勇译，上海译文出版社1992年版，第21页。
⑤ [美] 罗蒂：《后哲学文化》，黄勇译，上海译文出版社1992年版，第88页。
⑥ 周可真：《罗蒂的后哲学文化观》，《江苏大学学报》（社会科学版）2005年第3期。

对立冲突的积极作用，反而只会因其推崇自我中心论而必然导致那种声称"除了自己就无须对任何别的东西负责"的极端个人主义和民族主义恶性膨胀，从而不可避免地要将其原本欲求的并行不悖的多元世界推进无序冲突的深渊。

虽然看起来"后现代主义"这个术语似乎仅适用于诸如罗蒂之类的西方学者的思想，而与马克思主义毫无关涉，可是，唯有立基于马克思主义所坚持的"实事求是"的唯物主义原则，以"差异协同"[①]为基本观念的文化哲学，才是客观真实地表现全球化时代作为非对抗时代之"时代精神"而堪称该时代的"时代精神之精华"的哲学，才是与"后现代主义"这个名称足够匹配的具有真正"后现代精神"（非对抗精神或合作精神）的后现代哲学。

正是依据堪称全球化时代之"时代精神"的后现代合作精神，后现代哲学在社会与个人关系问题上超越了传统的"决定论"而持"非决定论"。传统的"决定论"是力图从人的世界中去追寻一种永恒不变的终极存在——"个人决定论"是以个人为人的存在之本体，"社会决定论"是以社会为人的存在之本体，这是与探求至理极因的形而上学相一致的本体论思维方式。后现代哲学的"非决定论"则否认人的世界中有一种永恒不变的终极存在，否认社会与个人之间存在着一种不可以逆转的一方决定于另一方的绝对关系，而主张个人与社会是真实的人的两种不同的存在形式，是内在地统一于人的存在的两个不同的方面，其二者的关系是一种差异协同关系：一方面，社会与个人是既相互差异又相互成济。社会缘个人以成，个人因社会而立。社会倘不能成济个人，则个人无以立，而社会亦不得成；反之，个人若不能成济社会，则社会不得成，而个人亦无以立。另一方面，人是因社会与个人的相济相成而存在和发展的。若只有社会没有个人，则无所谓人的社会；反之，只有个人没有社会，则无所谓社会的人。而现实的人，既是社会的人又是人的社会，因而只能在社会与个人的差异协同关系中存在和发展。

[①] "差异协同"是乌杰先生在《系统辩证论》（内蒙古人民出版社 1988 年版；人民出版社 1991 年版）提出的极富创新意义的哲学概念，本书引进了这一概念。

本篇反思与总结

一 反思：怎样研究创新思维规律？

管理文化哲学应当研究创新思维规律，这是通过上篇的研究与分析所得到的主要结论。本篇论述至此，有必要就这一结论来反思这样一个问题：究竟怎样研究创新思维规律？

自20世纪20年代以来，人们在"创造思维心理学""创造心理学""创造学"①等名义下开展创新思维及其规律研究已有百年历史，其研究在总体上是围绕"创造力"和"创新思维规律"两个主题来进行的。

"创造力"的概念是由德国符兹堡学派（The Wurzburg School）心理学家奥托·塞尔兹在《创造思维心理学》（1922）中首次提出并予以论述的，此后奥地利著名心理学家弗洛伊德（Sigmund Freud，1856—1939）对创造力也有所研究，著有《论创造力与无意识》（孙恺祥、罗达仁译，中国展望出版社1986年版），但直到1950年美国心理学会年会上新任主席吉尔福特发表了题为《创造力》（creativity）的就职演说之后，创造力

---

① 1950年，美国心理学会年会上新任主席吉尔福特（Joy Paul Guilford，1897—1987）发表了题为"创造力"的就职演说，首次提出并界定了创造心理学（psychology of creation）概念，认为创造心理学的研究对象是创造性人格、创造性思维，主要任务是揭示创造活动的心理过程，为激发创造潜能，培养创造型人才提供依据。创造学（Creatology）是研究人类创造活动的心理、规律、方法和创造力开发的一门边缘性、综合性和应用性的软科学。据刘仲林研究，这门软科学是20世纪40年代在美国发展起来的，与市场经济、专利发明、心理学、教育学等密切相关，它是以开发创造能力、普及创造技法为中心，重在创造成果。（刘仲林：《中西会通创造学：两大文化生新命》，天津人民出版社2017年版，第1—2页）

研究才真正受到国际心理学界的重视，成为心理学研究的一股热潮。① 迄今为止，关于创造力究竟是什么，众说纷纭，尚无定论。② 英文中"创造力"一词有几种不同表达形式，如"creative power""creative ability""creativity""ingenuity"等，从其合成词"creative power"和"creative ability"的词素构成来看，创造力或被理解为一种力量、动力（power），或被理解为一种才能、本事（ability），这意味着心理学所研究的创造力，是与人的创造活动直接相关的心力。③ 在心理学家看来，他们研究创造力的意义和目的，是为了使这种心力能够得到提高或增强，并且尽可能地将这种心理潜能激发或开发出来，使其得到充分的发挥和体现。他们对创新思维的心理学研究，就是为了将这种潜能形式的个人创造力激发出来，而精思妙想地设计出种种方法。④

以"创新思维规律"为主题的心理学研究，当以德国心理学家韦特海默（Max Wertheimer，1880—1943）的成就最为突出，其《创造性思

---

① 段培京：《吉尔福特论创造力》，《心理发展与教育》1986 年第 2 期。

② 21 世纪初，曾有统计数据显示，关于"创造力"的定义已有一百多种。（陈名贤：《物理教学中创造性思维能力的培养》，硕士学位论文，四川师范大学，2002 年，第 5 页）

③ 美国著名心理学家德雷夫达尔（J. E. Drevdahl）曾指出："创造力是人产生任何一种形式的思维结果的能力，而这些思维结果在本质上是新颖的，是产生它们的人事先所不知的，它有可能是想象力或者是一种只限于概括的思想综合。创造力本身包括已知信息重新组合的能力。"（转引自陈名贤《物理教学中创造性思维能力的培养》，硕士学位论文，四川师范大学，2002 年，第 4 页）吉尔福特则强调了"创造力是指最能代表创造性人物特征的各种能力，是经由发散思维而表现于外的行为。"（转引自张红学《谈创造力的培养》，《中共郑州市委党校学报》2004 年第 5 期）吉尔福特著有《创造性才能——它们的性质、用途与培养》（*Creative Talents*：*Their Nature*，*Uses and Development*，1986。按：该书中译本有人民教育出版社 2006 年出版的施良方、沈剑平、唐晓杰译本）一书，其书名"*Creative Talents*"表明，他所理解的创造力（发散思维能力）是人的一种天赋能力，因为"talent"一词的要义是指天资、天赋。我国台湾著名创造学研究专家、教育学博士陈龙安教授则认为："创造力是指个体在支持的环境下结合敏锐、流畅、变通、独创、精进的特性，通过思维过程，对于事物产生分歧观点，赋予事物独特新颖的意义，其结果不但使自己也使别人获得满足。"（陈龙安：《创造性思维与教学》，中国轻工业出版社 1999 年版，第 12 页）

④ 例如，吉尔福特的创造心理学研究，首先是概括出了发散思维（创造性思维）的主要特征，进而制定了一整套测量这些特征的具体方法，再将这些方法应用于教育实践，使发散思维的培养转换成一系列可操作的教学程序。作为教育学的一个分支学科，创新教育学的兴起显然与吉尔福特的创造心理学研究密切相关，该学科试图通过对创新教育现象和创新教育问题的研究来揭示创新教育的规律，而所谓创新教育无非是以培养受教者的创新精神和创新能力为基本目标的教育，显然，心理学的"创造力"概念是该学科的理论基石。

维》(Productive thinking, 1945) 一书被认为是"用格式塔观点阐释创造性思维的成功范例"①。在此书中，韦特海默提出了三条科学创造的方法原则：(1) 逻辑—非逻辑互补原则，即逻辑与非逻辑思维互相补充，交互作用，共同完成创造性思维。(2) 结构—整体性原则，即结构重组和意义重释的整合形成创造性思维。(3) 和谐—简单性原则，即创造性思维追求结构的完整、简单与和谐。②

中国科学技术大学刘仲林教授（1948— ）是目前国内创造学领域研究最为深入系统、成绩最为卓著的创造学专家，从其最新研究成果（同时也是其最重要的研究成果）《中西会通创造学：两大文化生新命》(2017) 来看，他对创造性思维规律的研究，是在吸取了韦特海默等心理学家已有成果的基础上进行的。刘先生首先将人类思维区分为概念思维（由概念、判断、推理等要素组成）和意象思维（由想象、直觉、灵感等要素组成）两种基本形式，然后运用逻辑方法分别研究它们各自的特殊规律，认为概念思维和意象思维分别遵循形式逻辑规律和审美逻辑规律③，进而将遵循形式逻辑规律的概念思维和遵循审美逻辑规律的意象思维联系起来，认为这两种思维形式和逻辑形式具有互补性，在实际的创造过程中它们是"互推互动"的④。

以后现代文化哲学来审视上述情况，可以看出，围绕"创造力"来进行的创新思维研究，只是把创新思维当作人类个体心理现象来理解，而没有意识到，创新思维是相互合作的人们的生活现象，是他们以互相合作方式来创造观念形态的价值（价值观）的生命活动，因此，在这个生活过程中，他们面临着一个如何正确处理社会思维和个人思维的关系、使之达到互相协同的问题，如果这个问题不能得到正确解决，他们的创新思维就不能取得有效成果，也就谈不上其创造力的正常发挥了。从这

---

① 阎平：《格式塔心理学派关于创造性思维的研究：方法论原则与认识论基本分析》，《自然辩证法研究》1992 年第 10 期。

② 阎平：《格式塔心理学派关于创造性思维的研究：方法论原则与认识论基本分析》，《自然辩证法研究》1992 年第 10 期。

③ 刘仲林：《中西会通创造学：两大文化生新命》，天津人民出版社 2017 年版，第 169—170 页。

④ 刘仲林：《中西会通创造学：两大文化生新命》，天津人民出版社 2017 年版，第 245—252 页。

个意义上说，人的创造力作为一种心力，应该也只能是存在于由于他们的互相合作所必然造成的社会思维和个人思维的关系中，必须通过正确处理这种关系，才能得到正常发挥。

然而，以韦特海默、刘仲林为代表的创新思维规律研究，同样没有意识到，思维活动和人类的其他生活活动一样，也是以许多个人相互合作的方式来开展的生命活动，因而思维领域和其他生活实践领域一样，也存在着社会与个人的关系，故人类在思维领域进行创造活动，必然面临着如何协同社会思维和个人思维的关系问题。刘先生所谓概念思维和意象思维的关系，在一定意义上恰恰应该被本质地理解为社会思维和个人思维的关系[①]；概念思维和意象思维之间"互推互动"的"互补"，在一定意义上恰恰应该被本质地理解为由于正确处理社会思维和个人思维的关系所达到的社会思维和个人思维之间的差异协同状态。

总之，从后现代文化哲学角度来看，迄今为止关于创新思维及其规律的研究，都是缺乏人性视角，未能将创新思维置于社会与个人的关系之中，把它当作由这种人性关系所构成的生活过程的一个方面来理解，因而不能把创新思维规律本质地理解为生活主体创造价值观的思维过程中社会与个人之间内在的和本质的联系。

二　结语：管理文化哲学应当研究社会思维与个人思维差异协同规律

以往的管理学对于价值观的文化研究倒是有某种人性视角的，这突出地表现在其"文化人"的人性假设上。

"文化人"的人性假设是企业文化的理论基石。一般认为，Z 理论（Theory Z）创始人、日裔美国管理学家威廉·大内（William G. Ouchi, 1943— ）是最早提出"企业文化"概念的人。在《Z 理论——美国企业界怎样迎接日本的挑战》（*Theory Z: How American Business Can Meet the Japanese Challenge*, 1981）中，"威廉·大内强调，文化价值观决定人的

---

① 概念思维属于规范思维，所体现的是人的思维的社会性；意象思维属于自由思维，所体现的是人的个体性（个人性）。但规范思维并不限于刘仲林所讲的遵循形式逻辑规律的概念思维。（参见本书第四篇第九章和第十章。）

行为。这已经触及文化人的核心理念。当然,威廉·大内并没有明确地、系统地提出文化人假设"①。但是,威廉·大内关于文化价值观决定人的行为这一企业文化理念的提出,后来常被管理学和管理哲学界视为"文化人"假设之始。

管理文化理论(包括组织文化理论、企业文化理论等)的"文化人"概念涉及价值与人的关系,其特点是着眼于价值对人的关系,即价值观对组织、企业和组织、企业中的人的行为的影响关系。例如美国管理学家梅西(Joseph L. Massie)说:管理是"一个合作的群体将各种行动引向共同目标的过程,但每个成员、每个群体的行为都要受到价值观的支配"②。又如美国管理学家杜布林(Andrew J. DuBrin)说:"确定一个组织有效与否,取决于人的价值观——什么是他(她)认为是最重要的。"③

上述"文化人"概念实际上也成为像霍金森、沙因这样的西方管理哲学家研究价值观的理念指导,这种"文化人"概念是基于对价值观决定人(个体的人)的行为的关系的认知,而没有看到,价值观本身是在人们的相互合作中被创造出来的,这种合作乃是这些人在创新思维领域中的合作,在其合作过程中,既有他们作为一个合作群体的社会思维的作用,又有他们作为该合作群体中个体成员的个人思维的作用。霍金森、沙因等西方管理学家的管理文化理论之缺陷,恰恰是在于忽视了价值观的创新和创造是人们的社会思维和个人思维相互协同的结果,仅仅是看到了这个协同体中领导思维(某些特殊个人思维)的作用;他们的领导哲学把价值观的变革与创新(属于创新思维)寄希望于领导,其实质是认为价值(观)管理的关键在于领导的素质养成与领导力的充分发挥,

---

① 王雷:《企业文化的人性基石:文化人假设》,《企业改革与管理》2015年第17期。按:王雷在该论文中表示:"文化人的理念早已有之,然而只是萌芽状态,一是自身没有成为一个体系,一是没有自觉地将其作为企业文化的理论基石。"因此称:"本文明确提出文化人假设,并展开充分的论证。"他在这篇文章中围绕"文化人假设"所展开论证的主要观点包括:(1)价值观是人的行为动机之一。(2)价值观是人的行为的约束因素。(3)人在满足本能时也受价值观的约束。(4)价值观对行为的推动力不仅深刻,而且持久,不存在边际效用递减的现象。

② [美]约瑟夫·L. 梅西:《管理学概要》,何广扬、谢作垣译,辽宁人民出版社1985年版,第4页。

③ [美]安德鲁·J. 杜布林:《组织行为基础——应用的前景》,奚慧等译,机械工业出版社1985年版,第199页。

这是一种带有浓重"精英主义"色彩的管理理念,从这里能见到柏拉图所谓"哲学王"的影子。这种管理理念就是比起科学管理学派创始人泰勒的管理理念来,也是逊色的。泰勒早在《科学管理原理》中已申明:"根治效率低下的良药在于系统化的管理,而不是在于收罗某些独特的或不同寻常的人物。"[①] 泰勒指出:"管理人员与工人亲密无间的、个人之间的协作,是现代科学或任务管理的精髓。"[②] 他同时提醒说:"切记,在运用各个要素进行指挥时,还必须有乐观、坚毅和能刻苦工作的领袖人物。他既有耐心,又善于工作。"[③] 相比于泰勒既强调管理过程中个人之间协作的重要性,也不忽视领袖人物对管理工作的重要性,以霍金森为核心人物的管理文化哲学只强调领导的重要作用,就显得有些偏颇了。更为关键的是,他们完全没有意识到,或者说根本不懂得,倘若人们的社会思维和个人思维不能得到互相协同,任何人,即便其创造力超强都无法达成由这些人所构成的群体(组织)的价值观的创新和创造。管理文化哲学,正是要研究价值观创新过程中社会思维与个人思维的差异协同规律,以便为组织文化的价值管理提供哲学智慧。

---

① [美]泰勒:《科学管理原理》,前言,马风才译,机械工业出版社2011年版,第ⅩⅦ页。
② [美]泰勒:《科学管理原理》,前言,马风才译,机械工业出版社2011年版,第2页。
③ [美]泰勒:《科学管理原理》,前言,马风才译,机械工业出版社2011年版,第65页。

第三篇

以"管理"为主题的元研究

【提要】 现代管理学产生并主要发展于西方，其"人性假设"缺乏"自由"要素，不能把组织理解为自由人之间的合作，因而不能把管理理解为相互合作的自由人在自我控制其生活过程中的信息反馈活动，也就不能把管理学理解为是为这种反馈活动提供充分信息的知识整合活动，当然更不能理解这种知识整合活动是为自由人之间的合作提供合理行为规则，使他们能按照这种规则来自我约束其行为和限制其自由，以实现其个人生活与社会生活的和谐。因其如此，自泰勒以来一直统治着管理学界的管理观是片面的社会生活管理观，它忽视了个人生活也需要管理，由此导致了现代管理学至今尚未形成一个普适性管理概念，乃至出现了"管理理论丛林"现象，致使现代管理学事实上成了只有外在统一的"管理"名称，却无内在统一的"管理"思想的庞杂知识集合体。管理学要走出自己的"理论丛林"，须有新的"人性假设"，使自己的理论立基于"自由人"理念，由此建立起关于"自由人"的后现代管理学，即研究自由人互相合作创造价值观的文化过程中社会思维与个人思维的差异协同规律并依据这个规律来制定思维规则的学问。

从以"管理"为主题的元研究角度来说，首先进入其研究视野的是"管理"这个词。按其语用功能来说，该词包含两种意义：一种意义是指客观领域的管理，另一种意义是指主观领域的管理。英文中"management"一词亦兼有这两种意义[①]。为了把这两种意义严格区分开来，可称客观领域的管理为"管理"，而称主观领域的管理为"管理学"。所以，

---

① 在英文中，"管理"的动词形式为"manage"，其名词形式为"management"；而"management"不只是"管理"的名词形式，它还含有"管理学"的意义，例如孔茨、奥唐奈、韦里克所编《管理学》（1955年初版时原名为《管理原理》，1980年第7版时改为现名）一书的英文名称就叫"*Management*"，这显然是指主观领域的管理，故而被翻译为"管理学"。

以"管理"为主题的元研究，实际涉及两个问题："管理是什么"和"管理学是什么"。这是两个彼此关联的问题，因为主观领域的管理是客观领域的管理的反映——管理学是以管理为研究对象的。是否具有自己特定而明确的研究对象，是一个学科能否成立的基本前提。"管理学是什么"应该被合理地理解为"管理学到底研究什么"，由此追问下去，最终必然要把"管理学是什么"的问题归结到"管理是什么"的问题上。

解答"管理是什么"，是解答"管理学是什么"的逻辑前提；如果"管理是什么"确定不下来，"管理学是什么"也就无法确定。而当追问"管理是什么"时，很自然地会想到，已有的管理学著作或教科书是如何回答这个问题的，如果它们已经给出了令人满意的回答，那么，这个问题至少暂时就不成问题了。所以围绕"管理"的元研究，应该是从审视已有的管理学著作和教科书中关于管理概念的定义着手。

由于管理概念是管理学的理论基石，管理学的其他概念乃至于管理学整个理论体系都是建立在管理概念基础上，因此，对管理概念的哲学审视并不能孤立地进行，势必连带着要对既有的管理学理论进行哲学审视。这种哲学审视应是属于康德所谓"理性之批判"的哲学思辨活动，是对迄今为止的管理学家依凭其理性对管理概念和管理理论所做出的种种"独断"进行逻辑分析，进而从逻辑上来评价其概念和理论是否合理。这个思辨过程的主旨是为了发现和揭露其概念和理论所可能存在的问题，而不是为了证明其概念和理论的合理性，更不是为了对其概念和理论所存在的问题做文过饰非性的诡辩。事实上，据我们的思辨性考察，已有的管理学著作和教科书所呈显的管理概念和管理理论确乎存在着一些问题。本篇将首先揭露这些问题，进而再做进一步的关于"管理"的元讨论。

第五章 现代管理学的缺陷及片面管理观向全面管理观转变的趋势

第一节 "人性假设"缺陷：缺乏"自由"要素

彭新武（1968— ）《管理哲学导论》（2006）论及"现代管理思想中的人性假设"，共列举了四种"人性假设"——"经济人""社会人""文化人"和"复杂人"。① 然而笔者发现，其中没有一种"人性假设"将"自由"纳入"人性"范畴，把"自由"作为"人性"的一个要素。按照这些"人性假设"，管理人和被管理人都不是"自由的有意识"的人，都只是"有意识"的人；从而管理也不是"人的自由的有意识的生命活动"②，只是"人的有意识的生命活动"。

事实上，上述种种"人性假设"，无论是"经济人""社会人""文化人"还是"复杂人"，皆是就人的意识而言。所谓"经济人""社会人""文化人"都是指只有某种单纯意识的人——"经济人"是有经济

---

① 彭新武：《管理哲学导论》，中国人民大学出版社2006年版，第160—171页。
② 马克思说："一个种的整体特性、种的类特性就在于生命活动的性质，而自由的有意识的活动恰恰就是人的类特性。"（《马克思恩格斯选集》第1卷，人民出版社2012年版，第56页）"有意识的生命活动把人同动物的生命活动直接区别开来。正是由于这一点，人才是类存在物。或者说，正因为人是类存在物，他才是有意识的存在物，就是说，他自己的生活对他来说是对象。仅仅由于这一点，他的活动才是自由的活动。"（《马克思恩格斯选集》第1卷，第55页）

意识（经济利益需求）的人，"社会人"是有社会意识（社会心理需求）的人，"文化人"是有文化意识（文化价值观）的人；所谓"复杂人"是指具有复杂意识的人，即在不同时期或不同程度上，上述诸种意识属性可能兼有，因而其意识具有多变性的人。①

在上述人性观念支配下，现代管理本质上就成为一些人（管理人）凭借自己的"意识"对另一些人（被管理人）的"意识"的理解，并采取相应的行为手段，利用被管理人的"意识"来实现管理人自己的"意识"的实践活动了。

由于管理人对被管理人的"意识"的理解不同，现代管理便出现了这样两个极端情况：

> 在一个极端，管理方可以是"严厉"或"强大"的，指挥雇员的方法包括强迫和威胁（通常是伪装的）、严格的监督、紧紧的控制。在另一个极端，管理方可以是"温和"或"孱弱"的，指挥雇员的方法包括宽容和满足雇员的要求以实现和谐，这样一来，雇员就会变得易于管理和愿意接受指挥。②

美国麻省理工学院心理学教授麦格雷戈（Douglas M. Mc Gregor, 1906—1964）曾探究其原因，据他的研究结论，现代管理中上述两种极端情况是由于"传统的指挥和控制观点"③所导致，这种观点是基于被他称为"X理论"的人性假设。麦格雷戈认为，"X理论"的人性假设"在现代工业实践中是主流思想，虽然他也注意到了由硬性X（大体来说就是科学管理）向软性X（人际关系）的转变，但是他仍然认为，在基本假设或管理哲学方面还没有发生根本性转变"④。

所谓"X理论"的人性假设，其实是麦格雷戈对于现代管理中种种

---

① 彭新武：《管理哲学导论》，中国人民大学出版社2006年版，第170页。
② ［美］麦格雷戈：《企业中的人的管理》，《新华文摘》2003年第2期。转引自彭新武《管理哲学导论》，中国人民大学出版社2006年版，第166页。
③ ［美］雷恩：《管理思想史（第五版）》，中国人民大学出版社2009年版，第492页。
④ ［美］雷恩：《管理思想史（第五版）》，中国人民大学出版社2009年版，第492—493页。

"人性假设"的共同思想的独特理解。在笔者看来，这种理解并没有切中要害，虽然他对于现代管理由于"传统的指挥和控制观点"所导致的那两种极端情况的描述是大致符合事实的。这个事实反映了现代管理的本质在于：凌驾于被管理人之上的管理人，凭借自己的意识，依据对被管理人的意识的理解，通过自己的行动，实施对被管理人行为的控制。这种控制，无论是对被控制者来说，还是对控制者来说，都不是自由的，因为对被控制者来说，它不是出于他们自己意识的自控，而是来自外部的强制；对控制者来说，它也不是以自己的意识对自己行为的内控，而是以自己的意识（借助于一定手段）对另外一些人的行为的外控。因此，现代管理其实是一种统治性管理，在这种统治性管理中，管理人和被管理人的活动都不具有"自由的有意识的活动"这一"人的类特性"，尽管他们还是"有意识的"，但却不是"自由的"；他们的"意识"是"自由"缺失了的"意识"，这种"意识"所反映的客观规律是依然保持着"单纯外在必然性的外观"的"外在目的"，而不是"个人自己自我提出的目的"，因而并非"实在的自由"，这种目的的达成也并不意味着就是"自由的实现"。①

诚然，从理论上讲，在必然领域内"自由只能是：社会化的人，联合起来的生产者，将合理地调节他们和自然之间的物质变换，把它置于他们的共同控制之下，而不让它作为盲目的力量来统治自己；靠消耗最小的力量，在最无愧于和最适合于他们的人类本性的条件下来进行这种物质变换"②。从这个意义上讲，麦格雷戈所提出的被他称为"个人目标与组织目标的整合"③的"Y理论"，已经触及管理中的自由问题。"个

---

① 马克思在《1857—1858年经济学手稿》中指出："一个人'在通常的健康、体力、精神、技能、技巧的状况下，也有从事一份正常的劳动和停止安逸的需求，诚然，劳动尺度本身在这里是由外面提供的，是由必须达到的目的和为达到这个目的而必须由劳动来克服的那些障碍所提供的。但是克服这种障碍本身，就是自由的实现，而且进一步说，外在目的失掉了单纯外在必然性的外观，被看作个人自己自我提出的目的，因而被看作自我实现，主体的物化，也就是实在的自由，而这种自由见之于活动恰恰就是劳动。"（《马克思恩格斯全集》第46卷下册，人民出版社1980年版，第112页）

② ［德］马克思：《资本论》第三卷"资本主义生产的总过程"，《马克思恩格斯文集》第7卷，人民出版社2009年版，第928页。

③ ［美］雷恩：《管理思想史（第五版）》，中国人民大学出版社2009年版，第493页。

人目标与组织目标的整合"与马克思的上述思想实有内在相通处,因为麦格雷戈的意图非常明显,就是要协调个人目标与组织目标的关系,使管理人与被管理人的行为都统一到同一个目标上,避免管理人与被管理人在行为目的上的分离及由此导致的管理人对被管理人的统治和相应的被管理人的失去自由。也因其有这样的意图,他一方面要求"管理者相信人的能力,并且自己也为实现组织目标做出努力"①,另一方面主张"通过采取授权和委托的方式,使人们从传统组织方法过于紧密的束缚中解放出来,获得一定程度的自由,使他们能够拥有一定程度的可以支配自己的权利,并承担一定的责任,实现自我需要"②。

但是,尽管麦格雷戈的"Y理论"包含了要让被管理人(企业雇员)获得一定程度的自由的思想内容,并且批评"传统的X理论是建立在错误的因果判断基础上的"③,自称其"Y理论"是"建立在对人的本质和动机进行了更充分研究的基础之上的"④,他却并没有将"自由"纳入"Y理论"假设,使之成为"人性"要素,而且虽然他希望管理者采用"Y理论",认为这将有助于改善和提高现有的工业实践⑤,但他又不认为"Y理论"与"X理论"是观点截然相反的两种理论,因为他说:"这两个理论并不处于同一个层面。它们在性质上是不同的……但并不是彼此针锋相对;它们不是位于一个量表中的两端。它们仅仅是不同的理论……(它们)并不是管理战略:它们是关于人性的基本观点,而这些观点将影响管理者采取某种战略,而不是其他战略。"⑥由此看来,麦格雷戈的"Y理论"与现代管理思想中其他的"人性假设"实无本质区别,其"人性假设"亦缺乏"自由"要素。

---

① [美]麦格雷戈:《企业中的人的管理》,《新华文摘》2003年第2期。
② 彭新武:《管理哲学导论》,中国人民大学出版社2006年版,第168页。
③ [美]麦格雷戈:《企业中人的管理》,《新华文摘》2003年第2期。
④ [美]麦格雷戈:《企业中人的管理》,《新华文摘》2003年第2期。
⑤ [美]雷恩:《管理思想史(第五版)》,中国人民大学出版社2009年版,第494页。
⑥ [美]雷恩:《管理思想史(第五版)》,中国人民大学出版社2009年版,第494页。

第二节　思想缺陷：把特殊管理理论当作普遍管理理论

孔茨等所编《管理学》论及"为什么管理思想的发展迟缓"，指出其有五个方面的原因：其一，"工商业在历史上长期以来是受人鄙视"；其二，"经济学所全神贯注的是政治经济学和工商业的非管理方面"；其三，"在社会科学领域这一广阔领域内，学科的划分不当，例如未能把社会学家的研究成果应用于管理领域"；其四，"长时期来还盛行着这样一种观念，即认为管理是不受理论影响的——因为管理完全是一种艺术，而不是一门科学"；其五，"工商业主和主管人员自己在过去也并未自我鼓励地去发展管理理论"。① 据此观点，管理由一种艺术转变为一门科学，首先是由于工商业越来越受人重视而日益繁荣的缘故，其次也由于工商业主和主管人员自我鼓励地去发展管理理论，一方面把经济学研究扩展到了工商业管理领域，另一方面把其他社会科学领域的研究成果应用于管理领域——作为一门科学的管理学就是这样诞生的。显然，这门特殊的科学，其实是关于工商管理的科学——在它刚出现于科学界的时候固然是如此，就是到了孔茨等编著《管理学》时，也差不多还是如此，例如，该书指出："在人类活动中，也许再没有比管理更重要的领域了。为在集体中工作的人员谋划和保持一个能使他们完成预定目标和任务的工作环境，是各类企业中各级主管人员的一项基本任务。"② 这表明了他们的"管理学"是聚焦于企业管理的，实质上就是企业管理学，虽然他们也意识到了管理也许是人类活动中最重要的领域，从而当然也不否认"管理学"还应当关注和研究非企业领域的管理。再如，纽曼、萨默所著《管理过程——概念、行为和实践》论"管理人员的社会作用"时，更是直截了当地说："……管理的任务就是使这种合作努力得以顺利进行。这就

---

① [美] 哈罗德·孔茨、西里尔·奥唐奈、海因茨·韦里克：《管理学》，黄砥石等译，中国社会科学出版社1987年版，第43—45页。
② [美] 哈罗德·孔茨、西里尔·奥唐奈、海因茨·韦里克：《管理学》，黄砥石等译，中国社会科学出版社1987年版，第12页。

需要管理人员把人力、机器和资金这样一些未经组织的资源转变为一个卓有实用价值的企业。管理人员只要抱有服务的思想，企业就能提供和调动所需的生产手段，就能协调企业内的以及同外部共同进行的活动，就能激励企业的人员为共同的目标而努力工作。"① 这简直就是把"管理"当作"企业管理"的同义语来使用了。

把特殊的企业管理当作普遍管理来看待的思想倾向，不只是反映在集中展示现代管理理论研究成果的管理学通论性著作中，也反映在自20世纪七八十年代起新兴于西方的新公共管理理论及其实践中，这种理论主张借鉴企业管理的方式来管理国家，并且实际上也影响了被认为是旨在创建"企业型政府"的西方国家政府改革运动。② 尽管国内一些学者认为，新公共管理理论在一定程度上反映了公共行政发展的规律和趋势，对西方国家的公共管理体制改革产生了实际影响，事实上改进了西方公共管理的水平，满足了更多公共服务的要求，促进了西方国家和社会的发展，因而对改进我国公共管理有积极的借鉴作用③，但是，且不说当代西方政府改革运动才走过了数十年历程，其成败得失尚难定论④，即令其为卓有成效的运动，它是否如新公共管理理论所理解的那样真是以所谓"企业型政府"作为价值目标的一场改革运动，也是大可值得怀疑的，因

---

① [美] W. H. 纽曼、小 C. E. 萨默:《管理过程——概念、行为和实践》，李柱流等译，中国社会科学出版社1995年版，第5页。

② 陈振明:《走向一种"新公共管理"的实践模式——当代西方政府改革趋势透视》,《厦门大学学报》（哲学社会科学版）2000年第2期；曾志柏:《新公共管理：当代西方政府改革的新模式》,《科学管理研究》2002年第5期；刘伟:《西方政府改革运动实践模式演变的回溯分析》,《理论与现代化》2008年第1期。

③ 例如，曾志柏《新公共管理：当代西方政府改革的新模式》（《科学管理研究》2002年第5期）指出："新公共管理是20世纪70年代以来兴盛于西方各国政府改革的一种新模式，这一模式的基本价值取向是以解决政府和其他公共部门管理问题为核心目标，使政府走出财政危机、管理危机和信任危机的困境，提升国家竞争力。"该文肯定了新公共管理对中国有借鉴意义。

④ 例如，刘伟《西方政府改革运动实践模式演变的回溯分析》（《理论与现代化》2008年第1期）指出："西方国家的政府改革运动开启于上世纪的70年代。在实践模式上表现为对'效率、效益、经济'的追求，力求通过引入市场机制，回缩政府职能以提高政府管理的有效性与回应性。因此，分权与市场化成为这一时期改革实践模式的显著特征。在新公共管理理论的推动下，这一时期的政府改革取得了显著的成绩，促进了政府管理理念的转变，丰富了政府管理的工具选择，但与此同时也带来了诸如'权力碎片化'和'政府空心化'等问题。"

为人类活动的方式和方法与其目的之间是有内在联系的，正如马克思在《资本论》中所指出的，人的劳动目的是作为规律决定着劳动者的活动的方式和方法的，他必须使自己的意志服从这个目的①，然而正如新公共管理理论本身所认为的，政府是不该像企业家那样以营利为目的的，既然如此，缺乏企业化管理目的的政府又怎有可能如管理企业般地管理国家？新公共管理理论在逻辑上是不能自洽的。"企业型政府"的追求者在理论上的缺陷是在于把企业管理的特殊性混同于管理的普遍性，这个理论缺陷导致其把局部领域（企业管理）的实践经验（企业管理方法）当作普遍真理用之于其他实践领域（政府管理），如此自然难免要犯经验主义错误。

诚然，也有马克斯·韦伯（Max Weber，1864—1920）《社会组织与经济组织理论》（*The Theory of Social and Economic Organization*）② 这样的管理学专著超越狭隘的工商管理领域，从更加广阔的领域和更为普遍的意义上去研究管理问题，但是，自泰勒以来的绝大多数管理学家无不是将自己的研究聚焦于工商企业管理，甚至像谢尔登这样的管理哲学家，也是着眼于"管理对工业的指导作用"来"阐明统治整个管理实践的目的和发展路线和原则"③。

然而，既然管理是人类活动中最重要的方面，是人类社会的一种普遍现象，局限于工商领域的企业管理研究，那就难以达到对管理的普遍本质和普遍规律的认识，因为工商企业毕竟有别于其他社会组织，不同性质的社会组织从生活内容到生活方式都不一样，其生活各有其特殊性，把握了企业生活的特殊本质，不等于就是把握了别的社会组织生活的特

---

① 《马克思恩格斯文集》第5卷，人民出版社2009年版，第208页。
② 韦伯此书德语原名为 *Wirtschaft und Gesellschaft*（中译"经济和社会"），该书的最初几个章节于1919年秋付印，但全书未能完成。1920年6月14日，韦伯在慕尼黑逝世。1922年玛丽安妮·韦伯出版《经济和社会》一书。1925年和1956年又出版经过增补的新版本。1947年，由帕森斯（Talcott Parsons）和亨德森（A. M. Henderson）翻译的英文节选 The Theory of Social and Economic Organization 出版，中译本《社会组织与经济组织理论》就是由该英译本翻译而来。但是，1968年，昆特·罗斯（Guenther Roth）和克劳斯·威迪奇·罗斯（Claus Wittich Roth）又出版了一个更完整的英译本 *Economy and Society*，中译名《经济与社会》。
③ ［英］谢尔登：《管理哲学》，转引自苟欢迎、刘文瑞《管理哲学的探索者——郎特里和谢尔登》，《管理学家》2007年第2期。

殊本质，更不等于是把握了一切社会组织生活的共同本质，而缺乏对社会组织生活的普遍本质的认识，就无以认识由这普遍本质所决定的社会组织的普遍规律，从而也无以认识由这普遍规律所决定的社会组织管理的普遍规律。

迄今为止的企业管理研究，也许科学地解答了"企业管理是什么"的问题，可是知道了"企业管理是什么"，却并不等于是知道了"管理是什么"，特殊的管理概念和管理理论是代替不了普遍的管理概念和管理理论的，因为特殊不等于普遍，个别不等于一般，尽管特殊与普遍、个别与一般有内在联系。

毋庸置疑，科学是遵循从个别到一般，从特殊到普遍的认识路线的，对管理的科学认识，当然也要从个别的、特殊的管理现象入手。在这意义上，迄今为止的企业管理研究，无疑具有为科学地认识管理的普遍本质开辟道路的重大意义。然而，管理理论不应停留在这个阶段上，特殊的企业管理理论有待于上升到普遍的管理理论，这是科学的管理学进一步向前发展的必然要求。

第三节 理论缺陷：缺乏普适性管理概念

管理学的特殊研究对象的确定，无疑依赖于它对该对象的特殊本质的把握；管理学对自己的研究对象的特殊本质的认识程度，决定着它作为一门特殊科学的发展程度。然而，毋庸讳言，迄今为止，管理学还没有真正建立起自己的理论大厦，因为这个大厦所赖以立足的理论基石——揭示管理的特殊本质的管理范畴（普适性的管理概念）至今尚未形成；既有的管理概念也只是属于企业管理范畴的特殊概念。

由于普适性管理概念的缺失，逻辑地导致了管理学界无以形成统一的管理学概念，迄今为止人们不过是姑且使用"管理学"这个名称来将彼此约略相似或相近的一些学科（诸如管理科学与工程、工商管理、公共管理之类）勉强统合到一起，而其实现有管理学学科体系内部结构在逻辑上是相当混乱的，例如，就中国学术界而言，目前被列为管理学体系中一级学科之一的"管理科学与工程"和其他一级科学如"工商管理"

"公共管理"之间到底是一种什么关系？"工商管理"与"公共管理"的区分固然明显是以其对象的不同作为依据的，可是"管理科学与工程"的特殊对象又是什么呢？它与"工商管理""公共管理"的对象的区别是不是属于同类个体之间的差异关系呢？再如，"人力资源管理"现在被纳入"工商管理"，但是其他领域如"公共管理""农业经济管理"中是否也存在"人力资源管理"呢？诸如此类的问题，实际是反映了管理学界只是把相关学科都统合到了"管理学"名下，却并未顾及这些学科有否共同的理论基石（各学科界说一致的管理概念和管理学概念）和理论基础（各学科共同信守的管理原理和管理通则），以至于形成了管理学思想多元并存的格局，亦即所谓"管理学丛林"现象。

第四节 管理概念缺陷：不适用于个人生活管理

诚然，国内外管理学专家、学者也各自给出了诸如以下管理概念的定义：

> 管理是所有的人类组织（不论是家庭、企业或政府）都有的一种活动，这种活动由五项要素组成：计划、组织、指挥、协调和控制。管理就是实行计划、组织、指挥、协调和控制。①
>
> 管理就是设计和保持一种良好环境，使人在群体里高效率地完成既定目标。②
>
> 管理就是由一个或更多的人来协调他人活动，以便收到个人单独活动所不能收到的效果而进行的各种活动。③
>
> 管理是社会组织中，为了实现预期目标，以人为中心进行的协

---

① [法] 亨利·法约尔：《工业管理和一般管理》，曹永先译，团结出版社1999年版，第7页。
② [美] 哈罗德·孔茨、西里尔·奥唐奈、海因茨·韦里克：《管理学》，黄砥石等译，中国社会科学出版社1987年版，第2页。
③ [美] 小詹姆斯·H. 唐纳利、詹姆斯·L. 吉布森、约翰·M. 伊凡赛维奇：《管理学基础——职能·行为·模型》，李柱流、苏沃涛等译，中国人民大学出版社1982年版，第18页。

调活动。①

撒开其相互差异的具体思想内容不谈，上述诸定义有一个共同点，是揭示了管理的这样一个基本特征：管理是代表一定人群体的人，为了实现其群体目标，以某种方式来干预其群体活动的活动。进言之，不管这些定义对管理都作了怎样互有差异的具体规定，它们都包含着一个共同的基本观点，按照这个观点，管理仅仅是针对人的群体活动（社会生活），只有人的群体活动（社会生活）才需要管理。这表明，自泰勒以来一直统治着管理学界的管理观是属于社会生活管理观，它忽视了人的个体活动（个人生活）也是需要管理的，因而是一种片面的管理观。这种片面管理观导致了现代管理学撇开个人管理，只关注和研究人的社会生活所需要的管理，由此形成的社会生活管理概念也是片面的，它不适用于个人生活管理。

当我们从理论上把个人与社会理解为真实的人的两种不同的存在形式，把它们看作内在统一于人的存在的两个不同方面，从而把个人生活与社会生活看作人的生活的两个不同方面时，我们就不能不把个人生活与社会生活都纳入管理视野，以这种新视野——一种全面管理观，来重新审视、重新诠释管理概念，把人的生活所需要的管理本质地理解为协同个人生活与社会生活的活动。

第五节 管理理念转变趋势：从片面管理观到全面管理观

尽管迄今为止统治着管理界和管理学界的管理观依然是片面的社会生活管理观，但是，从"生涯教育"的提倡者那里，从"个人的管理"的探究者那里，多少可看到从现代片面管理观正在历史性地转向后现代全面管理观的趋势。

自从 1971 年美国联邦教育署署长马兰（Marland Sidney P. Jr.，

---

① 周三多、陈传明、鲁明泓：《管理学——原理与方法（第四版）》，复旦大学出版社 2003 年版，第 11 页。

1914—1992）博士正式提出"生涯教育"（Career Education）概念[①]以来，"职业生涯设计（或职业生涯规划）"（Career design）概念逐渐流行开来，如今已成为职业教育界和职场生活中常用的一个基本概念。按照通常的解释，所谓职业生涯，是指一个人一生连续担负的工作职业和工作职务的发展道路；所谓职业生涯设计，是指对一个人的职业生涯所受其影响与制约的主客观因素进行分析、总结和测定，据此来确定其应选的职业及其奋斗目标，并为实现这一目标编制相应的教育、培训和工作的行动计划。职业生涯当然是属于个人生活范畴，是个人生活的基本方面，也是个人生活的主要方面。职业生涯设计，无疑也应当被纳入管理范畴，被当作个人生活管理的一种具体形式来看待。

"职业生涯设计"概念并非可以被简单地理解为马兰先生个人奇思妙想的产物，其概念的提出实有其深刻的历史背景，那就是：

受到工业社会严重压迫，以至于几乎完全成了依附于这个社会机器的零部件的人逐渐自我觉醒，自觉争取自我解放，并终于取得了实际成果，从而导致了后工业社会的出现，在这新的社会里，人的个性获得了如此空前的发展，以至于不但有越来越多的人，在观念上信奉如法国哲学家、作家、存在主义哲学大师萨特所宣扬的那种个人绝对自由，每一个人都可以自我选择、自我设计、自我造就的存在主义人生观，或信奉其他与之类似的崇尚自我的人生观，从而有越来越多的人在日常生活中偏好，甚至癖好自我展示其独特的主观精神，并因之而有种种如痴如狂的自我表现，或自我宣泄的言行举止方式，而且个人历史作用的独特性和重要性越来越明显，以至于社会的发展与个人的发展，愈来愈表现出彼此相互差异协同的关系状态，在这种关系状态中，社会的发展与个人的发展之间具有空前明显的相互依赖、相互制约、相互转化的同一性，任何一个社会如果忽视其组织中的个人的发展而使后者受到阻碍，其组织本身的发展也就会受到相应的阻碍；反之亦然。社会与个人或组织与个人之间的这种同一关系，在企业竞争和国际竞争中，都表现得越来越明显。按照小托马斯·沃森（Thomas J. Watson Jr, 1914—1993）在其主

[①] 王永丽：《国外生涯教育的特点及对我国的启示》，《基础教育参考》2010 年第 21 期；《今日教育》编辑部：《看到梦 找到路 中小学生生涯教育全解读》，《今日教育》2015 年第 3 期。

要著作《一个企业和它的信条》(A Business and Its Beliefs, 1963) 中所表述的观点，相对而言，一个企业注重其员工个人的发展，就较能调动其员工的聪明才智和工作激情；反之，忽视其员工个人的发展，就较难调动其员工的聪明才智和工作激情。企业是否足具核心竞争力，其关键就在于此。

在现代国际竞争中，非民主国家通常轻视其国民个人的发展，不尊重作为实现其国民个人发展所必需的个人权利，因此不但难以有效地调动其国民的聪明才智和工作激情，而且导致人才外流，把他们的聪明才智和工作激情贡献给异国他乡，所以，这些非民主国家通常都是比较落后的国家；相比之下，民主国家则通常较重视其国民个人的发展，较尊重作为实现其国民个人发展所必需的个人权利，故不但较能调动其国民的聪明才智和工作激情，还能不断地引进人才，所以，这些民主国家也通常都是比较发达的国家。如果说国家也有所谓核心竞争力的话，那么，是否充分重视其国民个人的发展，是否具有能够充分保障其国民的个人权利的健全民主制度，这应该是一个国家是否足具核心竞争力的关键所在。

社会与个人或组织与个人之间在其发展过程中所表现出来的其同一性的日益增强，使个人发展越来越具有跟社会发展同样重要的意义。"生涯教育"及"职业生涯设计"概念正是在这样的历史背景下应运而生的。

也是在上述历史背景下，美国管理学大师德鲁克曾专门探讨了"个人的管理"。"德鲁克文集"第一卷《个人的管理》(The Essential Drucker on the Individuals)① 中，就有专论"个人的成长"(Personal growth) 和"自我管理"(Self management) 的内容，这两部分内容都是围绕着"个人的管理"展开的，基本上是讲一个人的成功之道，其要点包括：了解自己的长处和价值观，以确定自己的职业归宿，树立自己的奋斗目标；在奋斗过程中，掌握好自己的时间，敬业地专心致志地工作，并继续学

---

① "德鲁克文集"由《个人的管理》(The Essential Drucker on the Individuals)、《组织的管理》(The Essential Drucker on Management) 和《社会的管理》(The Essential Drucker on Society) 三本书组成，由日本学者、德鲁克的好友、长期担任德鲁克著作日文翻译的笃男植田先生选编。中译本有上海财经大学出版社 2006 年出版的沈国华译本。

习，定期对自己的工作绩效进行回顾总结；如履新职，应对自己提出新要求并采用新方法；以书面形式记录预期结果，以便将来对照实际结果作反馈分析；及时规划好自己的后半生。联系《德鲁克管理思想精要》①中"个人篇"的内容来看，德鲁克所谓"个人的管理"是偏重于指管理者和知识工作者的个人管理。但不管怎样，它在内容上是跟职业生涯设计相近或相似的。据此，足有理由将职业生涯设计纳入个人生活管理范畴。

当我们从理论上把人的生活所需要的管理本质地理解为协同个人生活与社会生活的活动，并且鉴于现实世界中社会的发展与个人的发展的确愈来愈表现出彼此相互差异协同的关系状态，从而确实有必要且应当以后现代文化哲学来看待和分析管理问题时，我们就不能不对管理概念做出新探讨，因为迄今为止关于管理概念的种种定义，无论其具体规定有怎样的异同之处，它们无一不是基于社会生活管理观，这种管理观在立基于后现代文化哲学所创建的管理文化哲学看来是片面的。

---

① 中译本有机械工业出版社 2007 年出版的李维安译本。

第六章　管理是什么？

立基于后现代文化哲学所创建的管理文化哲学，其全面管理观可以归结为一句话：生活需要管理。不过，这需要论证。首先应澄清"生活"与"管理"两个概念，这是弄清楚生活与管理之间本质联系的逻辑前提。关于"生活"概念，前文已有界说，兹不赘言。至于"管理"概念，则如上文所指，迄今为止，管理学界仍缺乏一个普遍适用于一切生活管理领域的管理概念，甚至连普遍适用于一切社会生活管理领域的管理概念也尚未问世，也就是说，"管理是什么"至今还是一个悬而未决而尚待于澄清的理论问题。

第一节　管理：对非管理活动的信息反馈活动
——基于对"管理"和"management"的语义分析

孔茨所著《管理学》第一篇（"管理学理论和管理科学基础"）第一章（"管理学：理论、科学和实务"）开宗明义第一句是："在人类活动中，也许再没有比管理更重要的领域了。"[①] 这句话包含两层意思：（1）人类活动有两类——管理活动和非管理活动；（2）管理活动比非管

---

① ［美］哈罗德·孔茨、西里尔·奥唐奈、海因茨·韦里克：《管理学》，黄砥石等译，中国社会科学出版社1987年版，第11页。

理活动对人类具有更重要的意义。在该章第二段中，孔茨这样说道："自从人类开始组合起来去完成个人无法实现的目标以来，管理工作对于确保各人工作的协调配合来说就极为重要。"① 这意味着他所谓"管理"是针对人类活动中那些由许多个人组合起来的集体的活动，这些集体活动需要各人工作的协调配合才能实现其目标，"管理"之名便是用来指称促使组合起来的人们能够协调配合个人工作以实现其集体目标的活动。但是，用管理哲学的"哲学"眼光来进行审视，则可发现，孔茨并没有说明，被其称名为"管理"的这类活动，究竟为何可以被称为"管理"？为什么不可用别的名称来称谓人类生活中的这类活动呢？显然，这样的问题，牵涉到管理学者群体约定俗成地使用"管理"一词的习惯，按照这个通则，凡为达成一定群体目标而努力使群体中成员工作协调配合的活动，都可以被称为"管理"。这个管理学学术通则，实际上就迄今为止管理学术共同体据以区分人类活动中管理与非管理两类活动的界限标准。显然，这个标准是立基于社会生活管理观，按照这种片面管理观所建立起来的一种学术标准。

但是，既适用于社会生活管理，又适用于个人生活管理的管理概念，是否仍然可以用"管理"一词来标识？换言之，当用全面管理观来重新诠释管理概念，把人的生活所需要的管理本质地理解为协同个人生活与社会生活的活动时，这种活动是否还可以称为"管理"呢？

还是先来考察一下"管理"之名的本义，看看按照其本来意义，它是用来指称什么的吧！

中文汉语中"管理"一词最早见于唐宋典籍中②，但先秦典籍中早已有"治理"一词，如《荀子·君道》："明分职，序事业，材技，官能，莫不治理，则公道达而私门塞矣，公义明而私事息矣。"③ 从其语境分明

---

① ［美］哈罗德·孔茨、西里尔·奥唐奈、海因茨·韦里克：《管理学》，黄砥石等译，中国社会科学出版社1987年版，第12页。
② 《旧唐书》卷十二《本纪第十二》："壬子，以前涿州刺史、兼御史中丞刘怦为幽州长史、御史大夫、幽州卢龙节度副大使，兼知节度管理度支营田观察，押奚契丹经略卢龙等军使。"（李翔宇：《管理词源探析——以中、英、日三种语言为例》，《管理学家》2010年第12期；李翔宇：《管理文明论》，武汉出版社2011年版，第34—35页）
③ 梁启雄：《荀子简释》，中华书局1983年版，第167页。

可见，此处"治理"一词系指依据一定目标所采取的使相关范围内的对象从不符合该目标要求的纷乱状态转变到符合其要求的有序状态的行为。《荀子》以前，"治"与"理"被单独使用，但"理"均作名词——《周易·系辞上》曰："仰以观于天文，俯以察于地理，是故知幽明之故。"①"理"与"文"为近义词。《荀子》中"理"始作动词——《荀子·王制》："理道之远近而致贡。"② 这里"理"是及物动词，区分、辨别之意，此句意为"区别道路的远近来收取贡品"。《吕氏春秋·劝学》："圣人之所在，则天下理焉。"③ 这里"理"是不及物动词，治理之意。"天下理焉"是"天下得到治理"的意思。《韩非子》中"理"既有作名词之例——《解老》："理者，成物之文也。"④ 又有作动词之例——《解老》："道，理之者也。"⑤ 这里作动词使用的"理"是及物动词，此句意为"道是能使万物理条理化的东西"⑥。按东汉经学家许慎（约58—约147）《说文解字》的解释，作为及物动词"理"的本义是"治玉"——"理，治玉也。顺玉之文而剖析之。"⑦ 在先秦时期，与及物动词的"理"意义相当的一个词是"治"。"治"原为水名，后来被当作动词使用，是指应对和解决跟水相关的问题的行为，后又引申指与此类行为相似的其他行为，于是不但有"治水"（整治水利，疏通江河，免除水患）、"治酒"（置办酒食）一类的词语，更有诸如"治步"（修整仪态，行步中规矩）、"治任"（整理行装）、"治人"、"治国"之类的用语了。所有这些被称作"治"的行为都具有对对象施加一定影响，引起其形态或状态的改变，使之变得合于主体需要的特点。作为及物动词的"理"字起初是指治玉，后来也指与治玉有相似性的其他行为，这些行为像治玉一样，都要对其行为对象加以精审细察的工夫，思索、琢磨合适加工其对象的办法，进而自觉地按照其对象的本性来进行精心的改造、制作，使之达

---

① 高亨：《周易大传今注》，齐鲁书社1979年版，第511页。
② 梁启雄：《荀子简释》，中华书局1983年版，第107页。
③ 许维遹集释：《吕氏春秋集释》（上册）卷四《孟夏纪》，北京市中国书店1985年版，第5页。
④ 《韩非子》校注组：《韩非子校注》，江苏人民出版社1982年版，第199页。
⑤ 《韩非子》校注组：《韩非子校注》，江苏人民出版社1982年版，第199页。
⑥ 《韩非子》校注组：《韩非子校注》，江苏人民出版社1982年版，第199页，注13。
⑦ （汉）许慎：《说文解字》，中华书局1963年版，第12页上。

到满意的效果。"治"和"理"作为及物动词是近义词,其意义有同有异:它们都是指人为地改变客体事物的行为,但"治"是偏重于指这种行为是基于对客体与主体之间利害关系的考虑,意欲达到兴利得益或免除祸患之目的,"理"是偏重于指这种行为是基于对客体与主体之间互相影响和互相制约关系的考虑,旨在达到主客体关系的一致,既追求其行为过程中主体活动不悖或合乎客体的本性,又追求其行为结果上达成主体目的。故"理"既包含"治"的意义又比"治"含有更丰富更深刻的意义。由"治""理"二字所构成的"治理"一词,在语法特征上是属于偏正结构,其核心语素是"理",其词义实际上由"理"决定,"治"在其中仅起修饰、限制的作用,并不具有实在意义,因为"理"就兼有"治"的意义。

与"治理"一词中两个语素之间的关系不同,构成"管理"的词素"管""理"则不是像"治""理"那样属于近义词,因为"管"原是指一种古乐器,一种形似笛的圆筒形乐器。《诗·周颂·有瞽》:"箫管备举。"① 《说文解字》:"管,如篪②,六孔,十二月之音,物开地牙,故谓之管。"③ 后来,举凡一切细长的圆筒形物,皆可称之为"管",是为"管"的引申义。"管"字起初作动词用时,具有"包"的意思——《礼记·乐记》:"乐统同,礼辨异,礼乐之说,管乎人情矣。"郑玄(127—200)注:"管犹包也。"④ 这显然是从"管"字本有的"圆形"之义派生出来的。于是,把某些事情包揽下来,便可以叫作"管事"了。例如,《史记·李斯列传》:"高(赵高)固内官之厮役也,幸得以刀笔之文进入秦宫,管事二十余年。"⑤ 这里"管事"是指赵高曾作为刀笔吏专司文书之事。比较而言,"治""理"均是指行为主体对行为客体的作用关系,其着意点在主体所要做和所做的事情;"管"则是指行为主体对其所行之事的责任关系,着意点在主体要履行自己所承担的任务。进而言之,"治"和"理"都是指事务本身而言,并不论其事主是谁,"管"则不但

---

① 《诗经全译》,袁愈荌译诗、唐莫尧注释,贵州人民出版社1981年版,第504页。
② 篪(chí):一种横吹竹管乐器。
③ (汉)许慎:《说文解字》,中华书局1963年版,第98页下。
④ 《礼记正义(十三经注疏)》,(汉)郑玄注,北京大学出版社2000年版,第1300页。
⑤ (汉)司马迁:《史记》,岳麓书社1988年版,第650页。

言其事务，更论其事主，并强调其事主对其事务的责任。故"管"与"理"结合在一起，构成"管理"一词，其意义又较"治理"更为丰富：它不仅把"治理"的意义摄入其中，更增加了"治理"一词所包含不了的"管"的意义。

中文汉语中"治理"与"管理"在词义上的差异关系，颇似西文英语中同被汉译为"管理"的"administration"与"manage"二词之间的关系。"administration"来源于拉丁文 administrate，其原意为"执行事务"①，这和汉语中"治理"一词一样，也只是指事务本身而言，并不论其事主是谁。"manage"则是来源于意大利文"manggir"和法文"manage"，其本义是"训练和驾驭马匹"②，这与汉语中"管理"一词所包含的"承担一定责任的人为了完成其任务所精心采取的改变对象事物的行为"的意义具有内在的一致性，因此，考察"管理"一词在中西文中的本义，其实只需分析比较中文"管理"一词的意义和西文"manage"一词的意义就可以了。

从其具体意义来看，"管理"和"manage"之间的差异是明显的："管理"的原始意义（"理"的本义）是"治玉"，而"manage"的原始意义为"训练和驾驭马匹"。这种词义上的具体差异所反映的是中西方固有管理概念的文化差异，倘使纠缠于这种因文化差异所造成的具体词义差异，那么，由此便只能得到中西方固有管理概念所分别具有的特殊意义，而无从得到其普遍意义。要从其特殊意义中求得它的普遍意义，可以且必须采用"求同存异"的会通思维方法，忽略其所指之事（训练和驾驭马匹与治玉）在对象、目的和方式方法方面的具体属性，只留意这两种活动的一般性，进而通过思维的抽象活动，概括出它们的共性，由此便可把握到中西文"管理"（management）之名的通义：人类为达到一定目的而改变现存事物的活动。在此，我们完全不用去管这种活动所要改变的现存事物究竟是怎样的具体事物（是玉石还是马匹），也不用去管

---

① 陈咏梅：《行政法与行政诉讼法（现代法学系列）》第一编第一章第一节"行政法基本概念"，中山大学出版社 2008 年版。

② 李兰芬：《管理伦理学》，中国商业出版社 1995 年版，第 2 页。按：由"thefreedictionary"网站所搜寻到的信息，现今英文 manage 一词含有控制、操纵、处理、设计、安排、经营等义。所有这些意义应该都是从"训练和驾驭马匹"这一本义衍生出来的引申义。

这种活动究竟要达到怎样的具体目的（是欲得精美玉器还是欲得驯良之马），更不用去管这种活动究竟是以怎样的方式方法来改变它所要改变的现存事物的，只要知道这种活动是人类有目的地改变现存事物的活动，如此足矣。

当我们依据"管理"一词在中西文中的本义，抽象出"管理"之名的通义"人类为达到一定目的而改变现存事物的活动"时，这并不意味着这个普遍意义上的管理概念在外延上是包括人类为达到一定目的而改变现存事物的所有活动的，而仅仅是意味着这个普遍管理概念是指人类的这样一种活动：为了达成其特殊目的，它把人类的其他一切有目的地改变现存事物的活动，都当作它所需要改变的现存事物来改变它们的现存状态。这就是说，按照中西文"管理"之名的通义所得到的普遍管理概念，人类活动中管理活动和非管理活动之间的本质联系在于：（1）管理活动和非管理活动都是人类有目的地改变现存事物的活动；（2）管理活动是在非管理活动之后所进行的有目的地改变后者的活动，换句话说，管理活动是有目的地改变非管理活动的活动。

马克思曾以"自由的有意识的活动"来区分人与动物[①]，他指出："动物和自己的生命活动是直接同一的。动物不把自己同自己的生命活动区别开来。它就是自己的生命活动。人则使自己的生命活动本身变成自己意志的和自己意识的对象。他具有有意识的生命活动。这不是人与之直接融为一体的那种规定性。有意识的生命活动把人同动物的生命活动直接区别开来。正是由于这一点，人才是类存在物。或者说，正因为人是类存在物，他才是有意识的存在物，就是说，他自己的生活对他来说是对象。仅仅由于这一点，他的活动才是自由的活动。"[②] 从控制论角度看，人把自己的生命活动当作自己思维的对象，这就是意味着人以自己的思维来控制自己的生命活动。按照控制论原理，任何控制都依赖于信息反馈，都是通过信息反馈来实现的。所谓信息反馈，就是由控制系统把信息输送出去，又将其作用结果返送回来，并对信息的再输出发生影

[①] "自由的有意识的活动恰恰就是人的类特征。"（《马克思恩格斯选集》第 1 卷，人民出版社 2012 年版，第 56 页）

[②] 《马克思恩格斯选集》第 1 卷，人民出版社 2012 年版，第 56 页。

响，起到制约的作用，以达到预定的目的。这个过程体现在管理活动中，就是人在通过其思维活动将自己的目的作为一种信息（符合自己需要的知识信息）输出到自己的生命活动中，使自己的生命活动按照这个目的来进行并产生了一定结果之后，再通过自己的思维活动将反映自己以往生命活动结果的信息返送到自己的头脑中，并根据这些信息对自己的原有目的加以调整而形成新的目的，进而使自己的生命活动受新的目的的支配从而产生新的结果。

因此，如果按照控制论原理来理解作为"人的类特征"的"自由的有意识的活动"的话，那么，人类有目的地改变现存事物的一切活动——包括管理活动和非管理活动——都是控制活动；而在非管理活动之后所进行的管理活动，就是为了实现对非管理活动的控制所进行的信息反馈。

综上所述，按照中西文"管理"之名的通义所得到的普遍管理概念，并根据控制论原理来分析这个概念的实际意义，我们所能得到的一个结论是：人类活动中可以被称为"管理"的那些活动，本质上是对非管理活动所开展的以信息反馈为内容的活动。

那么，在这个意义上，"管理"之名是否可以被用来指称协同个人生活与社会生活的活动呢？我们的答案是：当且仅当协同个人生活与社会生活的活动被当作信息反馈活动来理解时，"管理"之名方可用于指称协同个人生活与社会生活的活动。

然而，协同个人生活与社会生活的活动究竟能否被当作信息反馈活动来理解呢？

首先，个人生活与社会生活是文化人创造价值的生活的两个方面，这两个方面是作为普遍人性的两个方面（人的类本质与个体本质）现实地统一于文化人创造价值的生活的，因此，当协同个人生活与社会生活的活动被当作信息反馈活动来理解时，这就意味着文化人创造价值的生活也应该被理解为文化人以自己的思维来控制自己生活的过程。显然，这样的理解是合理的，因为"生活"的本义就是指人的自由的有意识的生命活动，这种生命活动当然是受人的自我意识支配并在这种意识控制下进行的。

其次，当文化人创造价值的生活被理解为受文化人的自我意识支配并在这种意识控制下进行时,这就意味着承认文化人创造价值的生活是属于控制活动,因而是依赖于信息反馈的。而生活过程中的信息反馈活动,无非是文化人为了控制由于其生活过程的展开所造成的个人生活与社会生活的关系,对由这种关系所构成的运动即文化人自己的现实生活所进行的信息反馈。这种反馈活动,当然可以也应该被理解为文化人为了协调个人生活与社会生活的关系,使个人生活与社会生活能够达到互相配合的协同过程。

从以上分析来看,协同个人生活与社会生活的活动,不但可以而且应该被理解为文化人创造价值的生活过程中的信息反馈活动,它当然可以被称名为"管理"。

在一定意义上,现代管理学的社会管理概念也隐含"管理是信息反馈活动"的意义。例如,上文引述了《管理学》(哈罗德·孔茨主编)中的一段话:"自从人类开始组合起来去完成个人无法实现的目标以来,管理工作对于确保各人工作的协调配合来说就极为重要。"[①] 细致分析这段话的意义,可以看出,作者实际承认"管理工作"包含"对各人工作的协调"的意义,而只要承认"对各人工作的协调"属于"管理工作",也就意味着承认,协调"各人工作"的"管理工作",是发生在"各人工作"之后,对"各人工作"所开展的信息反馈活动。可是,按作者的陈述,"管理工作"的主体是外于"各人工作"的主体的,"管理工作"不是对自己工作的信息反馈,而是对他人"各人工作"的信息反馈。这意味着,现代管理学中所讲的管理控制中的信息反馈,本质上是凌驾于被管理者之上的管理者(例如企业主管人员),对被管理者(例如企业员工)个人行为的控制过程中所开展的信息反馈,其目的是实现管理者对被管理者个人行为的控制。

然而,英文中反馈的动词形式"to feed back"的意义是"返回到早先的状态"。这里运动(返回)主体是前后自我同一的,其运动所引起的变化是主体存在状态的改变,在这过程中主体作为实体本身并没有发生改变。所以,对人的活动来说,真正的反馈是人对自己活动的反馈,而

---

① [美] 哈罗德·孔茨、西里尔·奥唐奈、海因茨·韦里克:《管理学》,黄砥石等译,中国社会科学出版社1987年版,第12页。

不是对他人活动的反馈。这当然也意味着，对人的活动来说，真正的控制是人对自己活动的控制，而不是对他人活动的控制。

对自己活动的控制和反馈，才是"自由的有意识的活动"；反之，对他人活动的控制和反馈，则不是"自由的有意识的活动"，只是"有意识的活动"。从这个意义上说，在现代统治性管理活动中，无论是控制行为，还是反馈行为，都是无"自由"可言的，从而也无"人的类特性"可言。

因此，现代管理学所谓的控制与反馈，其实不是真正的控制与反馈，不是自觉自由的自我控制与自我反馈。或者说，由于现代管理学家们有意无意地回避了管理中人的自由问题，他们只能在另外一种意义上去谈论控制与反馈。

在现代管理学中，控制被理解为管理的一种职能。按照法约尔的说法，"在一个企业中，控制就是核查所发生的每一件事是否符合规定的计划、已发布的指示以及所制定的原则。其目的是要指出计划实施过程中所出现的缺点和错误，以求改正和免于重犯。控制必须施之于一切的事、人和工作活动"①。这样的控制固然也是受控制者的意识（思维）支配的活动，但是这种意识所支配的活动却不是支配者自己的活动，而是类似于躲在白色幕布后面的皮影戏艺人，通过自己有意识的活动去操纵影人——他所控制的是显现在幕布上的影人的活动，虽然为了达到对影人活动的控制目的，他也要自我控制对影人活动的操纵活动，但这种对影人活动的操纵活动的自我控制，显然不是现代管理学所关注和讨论的那种控制类型。

假使现代管理学所关注和讨论的控制是管理者的意识（思维）对自己行为的控制的话，则照理说来，这种控制应该是从管理者制订计划时就开始了，而不是到了计划实施时才开始；到计划付诸实施时才开始的控制，就不是一般控制了，而是属于控制过程中的反馈了。有些管理学家可能是意识到了这一点，觉得到计划实施时再来核查其实施过程中所出现的缺点和错误，从效果上说就为时晚矣，所以提出了"前馈控制"

---

① ［美］哈罗德·孔茨、西里尔·奥唐奈、海因茨·韦里克：《管理学》，黄砥石等译，中国社会科学出版社1987年版，第797页。

概念。孔茨称"前馈控制"是为了"使控制有效"所采取的"一种面向未来（future-directed）的控制办法"①。孔茨指出："仅仅用一系统的'输出'作为简单的反馈并通过衡量这一输出作为手段是有问题的。""一个系统的产出量是一项计划执行结果的简单反馈，对良好的控制工作而言没有多少补益。这种反馈充其量只能是'后见之明'；对于已经铸成的既成事实，是谁也无法改变的。"②所谓"前馈控制"，看似发生在反馈之前，与反馈有别，而其实这种为了纠偏所采取的"控制办法"恰恰是反馈，而且相对于到计划实施时才开始的反馈，这种对自己制订但尚未付诸实施的计划所做出的纠偏或修正，才是对自己的活动进行自我控制过程中的真正反馈，因为这种反馈是对自己活动的内在反馈（或曰自我反馈），而到计划实施时才开始的反馈则是对别人（计划执行者）的活动进行外在控制过程中的外在反馈（或曰非自我反馈）。

真正的反馈其实是紧随着控制者意识活动的产生而开始的，这类似中国明代心学家王守仁"知行合一"论所说"一念发动处，便即是行了，发动处有不善，就将这不善的念克倒了"③的所谓"克倒（不善之念）"——"为善去恶"的"格物"④，这种对不善之念的纠正，乃是"良知"对由它自己发动的意念活动进行自我控制过程中的自我反馈。

诚然，王守仁所谓"知善知恶是良知"⑤，表明了他所讲的"良知"作为"不假外求"的"自然之知"⑥是一种先验知识，这种"良知"假说在现实生活中是不能成立的，因为虽然人生来就有能思维的大脑，但大脑只是思维的自然物质基础，却不是思维的充分条件，事实上，并非

---

① ［美］哈罗德·孔茨、西里尔·奥唐奈、海因茨·韦里克：《管理学》，黄砥石等译，中国社会科学出版社1987年版，第806页。

② ［美］哈罗德·孔茨、西里尔·奥唐奈、海因茨·韦里克：《管理学》，黄砥石等译，中国社会科学出版社1987年版，第806页。

③ （明）王守仁：《传习录下》，载《王阳明全集》，吴光等编校，上海古籍出版社1992年版，第96页。

④ 王守仁《传习录下》："无善无恶是心之体，有善有恶是意之动，知善知恶是良知，为善去恶是格物。"（吴光等编校：《王阳明全集》，上海古籍出版社1992年版，第117页）

⑤ 吴光等编校：《王阳明全集》，上海古籍出版社1992年版，第117页。

⑥ 王守仁《传习录上》："知是心之本体，心自然会知：见父自然知孝，见兄自然知弟，见孺子入井自然知恻隐，此便是良知不假外求。"（吴光等编校：《王阳明全集》，上海古籍出版社1992年版，第6页）

人生来就有分辨是非的思维能力和认识能力，这种能力是人在他们所处的社会中学习某种语言时逐渐培养起来的，也就是说，人们是在学习语言过程中逐渐学会运用语言来进行思维和认识世界的；但是，王守仁的"知行合一"论对于管理学是有重要启示意义的，它至少让我们懂得，只要人们具备了分辨是非的思维能力和认识能力，他们的一切活动就无不是在其自我意识支配下进行的自我控制活动，这种控制活动在其自我意识发生时就开始了，并且紧随其后地对自己的意识活动和受这种意识活动支配的实际生活活动的自我反馈也就开始了。这就是说，人的自由的有意识的生命活动，作为一个受自己意识支配的自我控制过程，始终存在着对此前活动的自我反馈。如果把此前活动称为"非反馈"的话，那么，这个自我控制过程就是由一前一后的非反馈与反馈所构成的伸屈运动——非反馈谓之"伸"，反馈谓之"屈"①。从管理学角度来审视这里一前一后、一伸一屈的自我控制运动，则除非把这个运动的整体都当作管理来看待，从而把管理与人的自由的有意识的生命活动等而视之，否则，只能把其中发生在后的屈的运动理解为管理活动，因为这种理解符合中西文"管理"的通义，或者说，这种理解有管理词源学根据；反之，如果把其中发生在前的伸的运动理解为管理活动的话，则非但缺乏管理词源学根据，而且如果用阳明心学观点来解释的话，照此理解的管理活动就不是"为善去恶"的自觉向善活动，而是不分是非、不知善恶的盲目活动了。

要之，管理是人对自己的非管理活动进行自我控制过程中的自我反馈。

第二节　管理的目的和本质：达成自由和必然的协调统一

人类的一切活动都是在人的思维支配下进行的控制活动，这是管理

---

① 这里"屈""伸"是借用《周易》术语。《易传·系辞下》："日往则月来，月往则日来，日月相推而明生焉。寒往则暑来，暑往则寒来，寒暑相推而岁成焉。往者屈也，来者信也，屈信相感而利生焉。尺蠖之屈，以求信也，龙蛇之蛰，以存身也。"高亨注："《释文》：'信本又作伸。'按信借为伸。往者屈而退也。来者伸而进也。屈伸相感交替，而后有利于物，有利于人。"（高亨今注：《周易大传今注》，齐鲁书社1979年版，第570页）

活动与非管理活动的共性所在。正是这种共性,将人类的管理活动与非管理活动联系在一起,使它们彼此不可分离:一方面,管理活动依赖于非管理活动,以非管理活动作为其历史前提和现实基础;另一方面,非管理活动也依赖于管理活动,通过管理活动不断得到改善。

但是,管理活动和非管理活动又是两种不同性质的生命活动。非管理活动本质上是围绕人的目的和为了达成其目的而进行的。这种有目的的活动所要处理的是人的目的与达到这种目的的活动的形式、方法和技巧的关系,简言之,它是在于处理目的与手段的关系。非管理活动对目的与手段关系的处理,无论是根据既定目的来选择或创造手段,还是根据既有手段来确定或调整目的,都是属于"自由的有意识的活动",因而都体现着人的活动的自由性。管理活动则不然,它作为人对自己活动的反馈,首先是从自己以往活动的结果上获知某些未知的外在因素对自己预定目的的干扰而使其目的不能顺利实现,正是这种对自己活动的反思性认识,使人获得了这样一种自我意识,即意识到自己活动的自由的有限性,从而自觉有必要对自己的活动进行自我制约。管理作为一种反馈活动,就其信息反馈作用而言,就是使人达到这种自我意识,一种对于自己活动的自由的有限意识和自我制约意识。管理正是基于这种自我意识来对自己的活动进行一系列的自我限制和自我制约的过程,这些自我限制和自我制约本质上都是对人的自由边界的限定,这种活动不是体现人的自由性,而是体现人的自由度。

因此,如果说体现人的自由性的非管理活动是为了追求自由,并通过自己的活动使自己的目的最终对象化于自己活动的结果来实现其自由的话,体现人的自由度的管理活动则是通过自我限制和自我制约来化解自己活动过程中自由和必然的矛盾,以达到二者的协调统一。

人的生命活动中自由与必然的矛盾究竟是怎样造成的?对此,可用系统论观点来解释和说明。

现实的人是在一定社会关系中生活着的人,而自从人类世界出现最早的社会组织形式母系氏族以后,现实的人无不同一定的组织相联系。现实的人所生活于其中的社会组织,无论其具体形式如何,无不以某种系统方式存在着。就是人类诞生之初无组织状态下的原始群,其实也是一种特殊系统,一种内部高度不稳定、杂乱无章的混沌系统,人类的社会组织就是从这种混沌系统演变而来的一种有序系统。用普利高津（ILYA PRIGOGINE，或译"普里戈金"，1917—2003）耗散结构理论[①]的术语来说，混沌无序的原始群是属于那种远离平衡态的开放系统，社会组织则是属于那种远离平衡态条件下由于原系统的随机涨落在耦合作用下自发形成的耗散系统。

按照耗散结构理论，有序系统通常有三种有序状态，即空间有序、时间有序和功能有序。一切有序的物质系统皆具时间有序和空间有序的性状，而生物系统更兼具功能有序。但是，人类社会组织作为一种特殊物质系统，其功能有序又有不同于一般物质系统的功能有序的特点，这是因为人是有意识的类存在物。人类有意识的生命活动的本质特征在于："他不仅使自然物发生形式变化，同时他还在自然物中实现自己的目的，这个目的是他所知道的，是作为规律决定着他的活动的方式和方法的，他必须使他的意志服从这个目的。"[②] 社会组织的功能有序所体现的正是决定其组织活动的方式和方法的目的。是否具有目的，是社会组织系统与其他物质系统的根本区别所在。社会组织系统的有序性，本质上就是它的目的性。

人类社会的各种组织都各有其特殊的组织目的，在一定社会组织中生活着的每个人也都各有其特殊的个人目的。组织目的使组织活动成为一个有序系统（以下简称"社会系统"），个人目的也使组织系统中的每个人的活动都各自成为一个有序系统（以下简称"个人系统"），这些受彼此相互差异的个人目的支配的个人系统相对社会系统来说，就是社会系统中的各个子系统，相应地，社会系统也就是它们的母系统。

按照耗散结构理论，在系统处于远离平衡态条件下，系统内部任何一个随机因素（涨落），哪怕看起来微不足道，也都可能导致系统的跃迁。如果社会系统是处在这样的状态下，它就极不稳定了，随时都有面临解体的危险。所以，社会系统不该是一个远离平衡态的开放系统，否

[①] 下文凡涉普利高津耗散结构理论的内容，均依据［比］普里戈金、［法］斯唐热《从混沌到有序——人与自然的新对话》（*Order Our of Chaos*），曾庆宏、沈小峰译，上海译文出版社1987年版。

[②] 《马克思恩格斯文集》第5卷，人民出版社2009年版，第208页。

则，由于其随时可能发生突变，会使生活在其中的个人常处于人人自危之境。但是，社会系统又不能是一个平衡态的孤立系统，因为假定处于这种状态，它将停止其所有运动，如此"死寂态"的社会系统，当然是不可能存在下去。因此，只有近平衡态，才是社会系统的常态。对于它的子系统来说，同样是如此，个人系统亦须是近平衡态的开放系统。

在耗散结构理论中，近平衡态是指系统处于离平衡态不远的线性区，从而使系统内部满足线性变化的状态。在这种状态下，因其内部涨落总是尽可能趋近于平衡态，故其结构能保持相对稳定，系统得以"动而不乱"地相对静止。如果说远离平衡态是混沌无序，从远离平衡态自发形成耗散结构是从混沌到有序的话，近平衡态就是介于无序与有序之间的中间态，此时无序与有序是统一的。对于社会系统和个人系统来说，无序与有序的统一就是自发（无目的）与自觉（有目的）的统一。对于任何社会组织和社会组织中的任何个人来说，其活动都具有双重性——兼有盲目性与目的性，自发性与自觉性。

目的是人的需要在他自己头脑中的反映，这种需要是人作为一种特殊的有生命的自然物与其他自然物之间的一种物质关系，即人对那些为其生命的维持所不可或缺的物质要素的依赖关系，当这种关系尚未被人认识到的时候，它是作为一种盲目的必然性支配着人的生命活动的——当人类刚从动物界分离出来的时候，人类的生命活动几乎完全就是受这种盲目的必然性的支配，也因为如此，其时的人类生活是处于混沌无序状态，一种近乎动物界的自然生命状态；而当其远离动物界而真正成为有意识的类存在物时，人类就有能力去认识这种必然性了——目的就是对这种必然性的认识，正是这种认识，才使人的活动具有了区别于动物活动的自觉性、目的性。

在人之所以为人而区别于动物的意义上，人的一切活动（包括组织活动和个人活动）都是有目的的，都是在一定目的支配下进行，因而都是有序活动。但是，人的有目的的活动只要是作为一个系统而持续着，无论怎样它总是开放的，在开放状态下，其活动过程中必然存在着人与环境的相互作用，由此必然导致人与环境的具体关系不断发生改变，从而对身处这些物质关系中的人的意识和行为来说，它们就有新旧两种不同性质的关系：（1）旧的物质关系，是已为人所认识并且以观念性的目的形式支配着人的行为，使人自觉地从事着为达成其既定目的的有序活动；（2）新的物质关系，是尚未被人认识到而以盲目的必然性形式支配着人的行为，使人不自觉地从事着偏离其既定目的的无序活动。

人的有目的的活动作为一个开放系统，在其运动过程的不同阶段上，因其环境条件不同或变化而有其不同程度的开放性，从而上述新旧两种物质关系对于人的意识和行为也具有不同的影响力和制约力：若其开放度较小，则以自觉的力量形式表现出来的旧的物质关系（人的目的）对人的意识和行为的影响力和制约力就比较大，相应地，以自发的力量形式表现出来的新的物质关系（盲目的必然性）对人的意识和行为的影响力和制约力就比较小，从而人的活动的目的性、有序性也就比较强；反之，如果其开放度增大，则人的目的对人的意识和行为的影响力和制约力就会相应变小，而盲目的必然性对人的活动的影响力和制约力则会相应增大，从而人的活动的目的性、有序性也会相应减弱。

综上所述，人的生命活动中之所以存在自由与必然的矛盾，是由于人的活动（包括组织活动和个人活动）作为一个系统具有目的性和开放性。人类生活系统的目的性和开放性决定了它的有序性和无序性，由此导致了人类生活过程不可避免地存在着体现人的自觉自由本性的目的与限制人的自觉自由本性的必然之间的矛盾。实际上，也正是由于其存在着这样的矛盾，人类生活才需要管理。所谓管理，就是人处理自己生活过程中目的与必然之间相互关系的活动。

为什么人的活动的上述双重性决定了人类生活必须管理而不能离开管理呢？

首先，假定人的活动仅具有盲目性，即人的活动完全不受人的目的支配的话，那么，这种活动就无异于动物的活动，当然是无所谓管理的。

其次，假定人的活动仅具有目的性，即人的活动完全处于人的目的控制之下，则这种活动就只是执行预定目的，在这种情况下如果也有所谓管理的话，这种管理也不过是执行预定目的而已。但是，假使执行预定目的的活动也能叫作"管理"的话，"管理"之名就被泛化到了用以指称人的一切有目的的活动的程度了，这样一来，"管理"就成为标识人的活动区别于动物活动的本质属性的概念了，从而人类生活中也就无所谓管理活动与非管理活动了。

最后，正是由于人的活动兼具盲目性和目的性，既受盲目的必然性的支配，又受观念性的目的的支配，这样对于人来说，就存在着一个怎样处理盲目的必然性与观念性的目的的关系问题。这里盲目的必然性是人所未知的自在因素，对于人是一种异己的客观力量；观念性的目的是人所已知的自为因素，对于人是一种自我的主观力量。这两种性质不同、作用方向相反的因素和力量恰好构成了人类生活中的一阴一阳，并且正是由于这一阴一阳的相互作用，才造成了运变复杂的人类生活过程。所谓管理，其实就是人类处理其生活过程中的这对阴阳关系以达到其关系和谐的过程。这种和谐关系是人类生活保持其作为一个近平衡态的开放系统所必需的条件，易言之，其系统相对稳定的近平衡态，不是自发实现的，而是必须通过有效管理才能达到并得到维持。

第三节　管理的意义和任务：为非管理活动制定行为规则

如上所述，管理活动与非管理活动在一般目的上有如此区别：非管理活动是为了追求和实现自由，管理活动则是为了追求和实现自由与必然的协调统一。这两种活动固然都存在着对必然的顺应关系，但是其具体情况却很不一样。

非管理活动所顺应的必然，与其说是与自由相对待的必然，毋宁说是内在于自由并作为自由的本质规定而存在的自由本身，因为从事这种活动的人，在其追求自由的过程中，以其对外部世界的认识活动的展开和不断深入，原本自在地存在于外部世界并以自发的力量形式支配其活动的物质关系——客观形式的必然，就逐渐转变成不但为其观念所掌握并且其自觉应当依此行事的目的——主观形式的必然，这个目的是人所知道的并且是作为规律决定着人的活动的方式方法的，人必须使自己的意志服从这个目的形态的规律，自觉地按照这个规律而有序行事，才能实现其自由，在这里，自由恰恰是自觉的必然的自我实现形式；倘若离开了这种必然，人的自由就无从谈起了。

管理活动欲要保持它所作用的对象（非管理活动）作为一个开放系统的近平衡态，必须既考虑使该系统具有有序性力量因素，又考虑使该系统具有无序性力量因素，并努力使这两种力量因素达到相辅相成的动态平衡，故管理活动所顺应的必然包括两种基本形态——主观形式的必然（作为管理活动作用对象的非管理活动的预定目的）和客观形式的必然（外在于非管理活动的预定目的并对其目的产生作用、使其活动偏离预定目的的环境变化及其规律），管理活动必须使这两种不同形式的必然——其作用性质不同、作用方向相反的两种力量因素和谐地统一起来，才能实现和维持非管理活动作为一个开放系统的近平衡态。

由于管理是在非管理活动之后所进行的旨在改善后者的反馈活动，其反馈过程是人通过自己的意识将反映自己以往生命活动的结果的信息返送到自己的头脑中，并依据这些信息对原有目的进行自觉调整而形成新目的，进而以新目的来控制自己的生命活动，通过这种控制来实现其新目的，故管理主体协调上述两种形式的必然以达到其和谐统一的过程，其实质就不过是在于处理人的生命活动中目的与必然的关系。在此过程中，人必须首先掌握关于这两种形式的必然的知识——即自我审检原有目的（主观形式的必然）和了解环境变化及其规律（客观形式的必然），并努力使这两种知识互相协调统一起来——即依据了解到的环境变化及其规律对自己的原有目的做出调整和修正，同时对原有目的支配下的活动方式与方法也做出相应的自我调适，使之能适应变化了的新环境。这一系列的自我调整与修正对于在原有目的支配下为实现其自由的非管理活动来说，无疑就是对其自由的自我限制；而且，由于这种自我限制最终是落实于其生命活动的方式与方法的自我改变，所以，它实质上就是自我制定其生活行为规则的过程。这也就是说，就管理作为人对自己活动的信息反馈来说，它的意义和任务就在于：为了自我约束其生命活动而自我设定其行为规则。

从管理与组织的关系来说，管理所要确定的行为规则就是组织行为规则。所谓组织行为规则，对组织来说，就是组织的规章制度；对组织成员来说，组织的规章制度就是他们的行为规范。确定组织的规章制度是管理的任务，组织规章制度的落实是靠每个组织成员的努力，必须依凭组织成员对于组织规章制度的认同和基于这种认同而自觉自愿地遵守这些行为规范的自律意识、自律习惯和自律行为，组织规章制度才能由观念转变为现实。组织成员对于组织规章制度的认同和相应的自律意识、自律习惯和自律行为，是通过组织对组织成员的教育和组织成员的学习和自我修养来达成的；但组织成员对于组织规章制度的认同则不仅仅是通过教与学来达成，更有赖于通过管理制定出尽可能合理从而更易于为组织成员所接受的行为规则。从这个意义上说，管理乃是研究尽可能合理的组织行为规则的学问；相应地，管理实践则是组织和组织成员围绕管理学所提供的关于组织行为规则的知识所开展的教育与学习（包括自我修养）过程。

第七章　管理学是什么？

在探究和回答"管理学是什么"之前,需要对"管理学"这个名称的意义做一番推敲、分析,以把握它的确切含义。

第一节　"管理学"的意义分析

"管理学"的英文"management"是由动词 manage 加名词后缀 ment 所构成的名词,表示管理的动作、过程、状态。故如果说"management"一词在"管理"意义上是被用来泛指管理的动作、过程、状态的话,那么,它在"管理学"意义上应该是被用来特指对管理的动作、过程、状态的学习与研究。据此,"管理学"应该是管理经验、管理艺术、管理理论和管理哲学的总称。换句话说,管理经验、管理艺术、管理理论和管理哲学都是属于管理学范畴。

管理经验:管理经验是管理学的基础。管理经验是由于长期的管理生活累积而成,可分为两类:一类是仅由管理者自我感受和体会而无可言传的个体性经验,另一类是可以言传但只能言其然而不能言其所以然的事实性经验。

管理艺术:管理艺术是基于上述两类管理经验所悟得且行之有效的管理诀窍,是与管理者的管理行为浑然不可分割的"行为知识"。

管理理论:管理理论是对自己和他人的事实性管理经验的概括与总

结，是接着事实性管理经验而言其所以然之故，即揭示其成功经验何以取得成功及其失败经验何以招致失败的原因，进而言其所当然之则，即指明未来管理生活所当遵循的行为准则（管理原则）——若背离其准则行事，则必招致其行为的失败；若按照其准则行事，则可达成其行为目的。与作为"行为知识"的管理艺术相比，管理理论是对一切管理者（包括已经掌握管理诀窍者和尚未掌握管理诀窍者）的管理行为都具有指导意义实际上并不直接影响其行为而是直接影响其思维的"思维知识"。

管理哲学：管理哲学又和管理理论有区别。一方面，管理理论直接来源于事实性管理经验，是对这种管理经验的概括和总结；而管理哲学是在管理理论的基础上，反思、比较各种管理理论在逻辑上的得失，并加以会通而综合创新出一种逻辑上相对完善而在内容上兼融了这些特殊理论的一般理论。另一方面，管理理论是根据事实性管理经验，它要确保其管理原则的可靠性，必须时刻关注事实性管理经验的变化，对这种变化着的管理经验作跟踪研究，从而使其无暇顾及现实的管理经验之外的世界；管理哲学则因其无须直接面对事实性管理经验，而可以相对超脱于现实的管理经验，去关注古今中外的一切管理理论和管理思想，对它们加以逻辑的分析与研究。

综上所述，"管理学"之名所指称的对象是以管理生活为本体的一切知识，包括管理经验知识、管理艺术知识、管理理论知识和管理哲学知识。简言之，所谓管理学，就是管理知识。

第二节 管理知识的诠释性特点

如果说管理学就是管理知识的话，那么，"管理学是什么"就可以转换为"管理知识是什么"。在理论上，"管理知识是什么"可分为两个方面：其一，在知识对象上，"管理知识是关于什么（知识客体）的？"其二，在知识分类上，"管理知识是属于什么（知识类别）的？"

一 管理学具有诠释学特性

关于"管理知识是关于什么（知识客体）的？"有一个明摆着的事实

是：管理知识是关于管理的知识。从诠释学角度来加以审视，这种知识具有诠释性特点。

诠释（exegesis）是诠释学（德文 Hermeneutik，英文 hermeneutics）的基本概念。诠释学的先驱人物、德国神学家丹恩豪尔（Johann Conrad Dannhauer，1603—1666）所著《圣经诠释学或圣书文献解释方法》（1645），最早使用"Hermeneutik"（诠释学）一词作为其书名，其本义是"文献解释方法"。诠释学作为一门独立的学问，原本是一种解释技艺，后来逐渐发展成为一种理论和哲学。作为诠释学范畴的诠释对象的文本（text），原来仅限于用文字写出来的作品，后来扩展到其他作品，乃至于凡历史的、文化的以及社会的事件或现象非经解读则不能被理解者当作文本来看待。相应地，诠释学中的诠释起初只是对文字作品的解释，后来发展到对存有诸多不同解释之可能的一切非自然的事件或现象的解释，其诠释功能最初只是说明文本原有的意义，后来更兼及说明文本在解释者所处时代所可能具有的意义。

管理知识之所以与诠释有某种内在关联，是因为管理涉及心际沟通①，而管理沟通有如下三重意义：

第一，客观领域的管理所存在的沟通。这种沟通是管理者履行管理职责，实现管理职能的一种基本活动方式。沟通能力是管理者的一种重要能力，甚至是管理者的核心能力或最重要能力。

第二，管理学者与管理者之间所存在的沟通。管理学作为管理学者的研究活动，一种认识活动，首先是发生在管理学者与从事管理实务的管理者之间，它必须通过管理学者与管理者的社会交往来实现，其二者间的沟通是这种社会交往的重要内容。对管理学者来说，他们必须依赖于这种沟通，借助于这种沟通来获得关于管理实务的经验知识。因此，沟通能力不但是管理者必须具备的一种能力，也是管理学者必须具备的一种能力，这种能力应该被理解为管理研究能力之一种，而且是诸多管

---

① "沟通"原指挖沟使两水相通。《左传·哀公九年》："秋，吴城邗，沟通江淮。"[鲁哀公九年，秋天。吴国在邗（今扬州）建城，开凿沟渠来沟通长江和淮河] 后来"沟通"被借用来表示运用一定方法使人与人之间、人与群体之间以及群体与群体之间达到思想和感情的交流、畅通和一致。这种人际沟通本质上属于心际沟通。

理研究能力中最基本的能力之一。

第三，管理学者与管理思想创造者之间所存在的沟通。管理学者不仅要通过同从事管理实务的管理者的沟通来获得相关的经验知识，还要通过学习和研究既有的管理思想来获得相关的理论知识（书本知识）。故管理学者不但与管理者之间存在沟通关系，与既有的管理思想的创造者之间也存在沟通关系，尽管这两种沟通的具体方式各有其特殊性，但它们都是基于对沟通对象的理解：在与管理者的沟通关系中，是对管理者的管理行为——实事形态的文本——的理解；在与既有的管理思想创造者的沟通关系中，是对管理思想创造者的管理论著——文字形态的文本——的理解。

管理沟通的上述三重意义对于管理学具有不同意味：

客观领域的管理存在沟通关系，这意味着管理学必须研究沟通问题，并建立自己的理解学，因为沟通需要理解，理解是沟通的必要条件，也是沟通的核心内容；

管理学者与管理者及管理思想创造者之间都存在沟通关系，这不仅意味着管理学必须研究沟通问题，更意味着管理学具有诠释学特性，因为对管理学者来说，沟通中所需要理解的对象——包括管理者的管理行为和管理思想创造者的管理论著，就是有待于管理学者理解和诠释的文本，管理学者的研究活动就包含着对这些文本的理解和诠释，由此得到的管理知识不能不带有诠释性特点。

二　管理学须有自己的理解学

现代管理学以及社会学等学科也有关于沟通问题的研究和相应的理论，并且这些理论也都涉及沟通中的理解，但是现代沟通理论至少存在如下缺陷：

第一，只重视客观领域的管理沟通，轻视或忽视管理学者与管理者及管理思想创造者之间的沟通。

第二，尚未形成自己的理解学。现代沟通理论是在信息论指导下来研究沟通问题的，因而把人际沟通的本质归结为信息沟通，相应地，其所谓理解是指对信息的理解，而迄今为止信息论对信息的界定是将它规定为具有可识别性，甚至直接把信息定义为认识主体接收到的、可以消除对事物认识不确定性的新内容和新知识，这么一来，沟通中所需要理解的信息就被预设为可理解的东西①了，从而信息沟通中何以可能达到理解的根据问题实际上是被取消了。正因为如此，迄今为止的现代沟通理论不过是把理解当作人际沟通中所必须要做的一项工作来看待，从而只是从这项工作的操作层面上来研究理解的操作程序，对理解的本质则未予深究，因而并未形成它自己的理解学。

第三，对沟通中理解的伦理学研究尚显不足。杜慕群《管理沟通》（清华大学出版社2009年版），郝红《管理沟通》（科学出版社2010年版），许罗丹、林蓉蓉《管理沟通》（机械工业出版社2012年版）等专著，都是聚焦于沟通策略与技巧，完全没有触及沟通中理解的伦理问题。李兰芬《管理伦理学》（中国商业出版社1995年版）研究了决策伦理、领导伦理、激励伦理、信息管理伦理等管理伦理问题，美国伦理学家拉瑞·托恩·霍斯默（LaRue Tone Hosmer）《管理伦理学》（*The Ethics of Mangement*，张初愚、张水云译，中国人民大学出版社2005年版）是聚焦于"正确""公平""公正"的平衡点，均未论及沟通中理解的伦理问题。迄今为止，国内外仅有零星论文涉及理解伦理、沟通伦理。例如，法国学者埃德加·莫兰（Edgar Morin，1921—　）的论文《理解的伦理学》[陈一壮译，载《江南大学学报》（人文社会科学版）2012年第1期]指出：人类之间的相互理解是达到人类的相互宽容和团结所必需的；人类之间的相互理解需要找到产生不理解的各种根源并自觉地加以克服，还需要客观的理解、主观的理解和复杂的理解互相结合。值得关注的是，关于主观的理解，作者认为，它是通过mimesis（亚里士多德古希腊用语"模仿"：投影—同化）理解他人体验到的东西——包括感情、动机、痛苦和不幸，尤其是他人的痛苦和不幸，它们会引导理解者认识到被理解者的主观存在，并在理解者身上唤醒对于人类共同体的意识。又如，曾萍、姚建文的论文《管理沟通与伦理道德建设融合探析》（载《经济问题探索》2008年第10期）提出"管理沟通与伦理道德整合化"——包括"管理沟通伦理道德化"和"伦理道德管理沟通化"两个方面，但并未涉

---

① 例如，景志明《浅析领导者的信息沟通艺术》（《西昌师范高等专科学校学报》1998年第3期）说："沟通是指可理解的信息或思想在两个或两个以上人群中的传递或交换的过程。"

及沟通中理解的伦理问题。

理解学固然不等于是诠释学，它只是诠释学的一种特殊形态。当诠释学走进人的心灵世界，谋求心际沟通的时候，诠释学便是理解学。管理学既然要研究心际沟通，就不能没有自己的理解学。

三 管理学的理解方法

长期以来，管理学一直都是向实证科学看齐，崇尚实证方法。但从诠释学角度看，有待管理学者理解和诠释的文本，无论是事实形态的文本（管理行为），还是文字形态的文本（管理论著），都不是靠实证方法而能达到对它们的理解的；实证方法仅仅是为管理学者的理解和诠释提供必要的和尽可能充足且真实的文本资料，它并不能帮助管理学者达到对这些文本资料的理解和诠释；要达到对这些文本资料的理解和诠释，必须借助于逻辑方法和伦理方法。

理解是发生于主体际关系中的心际沟通过程。管理研究者作为一批特定的人对另一批人的管理行为和管理论著的理解即属于心际沟通过程中的理解。由于人的意识有三种基本形式——认知、情感和意志，故心际沟通理应包括关于事实关系的认知沟通、关于价值关系的情感沟通和关于行为关系的意志沟通三个方面，换言之，心际沟通理应有三种基本形式：认知沟通、情感沟通和意志沟通。

认知沟通所传达的信息是关于客体的信息，传达这种信息所需要的人与人之间的互相理解，是以他们有一套公认的逻辑规则并且都学会按照这套逻辑规则来进行思维作为前提和根据的。当人们都遵循同一套逻辑规则来进行思维时，他们就能达到认知沟通中的互相理解，即他们在思考共同的客体时，彼此都知道对方是怎样进行思维的——因为他们的思维规则是相同的。这也意味着认知沟通中所发生的理解障碍本质上是逻辑障碍，亦即：要么没有一套大家所接受的逻辑规则，要么即使有了这样一套公认的逻辑规则，彼此也不是严格按照其规则来进行思维，这就势必造成彼此都难于理解对方究竟是怎样来思考问题的，认知沟通也就无法顺利进行。

较之于认知沟通只是传达关于客体的信息，情感沟通和意志沟通则都是传达关于主体的信息。传达这种信息所需要的人与人之间的互相理解，是以他们有相似的生活体验作为前提和根据的；这种生活体验是他们在相似的社会处境中进行的，其相似的社会处境会使他们产生相似的需要。当人们具有相似的需要时，他们就能达到情感沟通和意志沟通中的互相理解，因为在这种情况下，他们彼此都可以根据自己有怎样的需要来推断对方也有类似的需要。这种相似需要只有在相似的社会处境中才会实际发生，所以，当人们实际处在并不相似的社会环境从而事实上有并不相似的需要时，他们只能设身处地来想象彼此间的相似需要。故情感沟通和意志沟通中的理解其实有两种情况：一种情况是事实上彼此有相似需要时的互相理解；另一种情况是事实上彼此并无相似需要而都只是设身处地想到彼此有相似需要时的互相理解。但无论何种情况，它们都是以自己作为对方的同类怀有"同情"作为前提和根据的，倘若没有这种道德情感，则即使事实上有彼此需要，也未必能达到互相理解。而人类之间"同情"的道德情感是必须通过道德修养才能培养起来的。故心际沟通中的理解理所应当有两种基本方法——逻辑方法和伦理方法。这两种理解方法不可彼此互相代替，但可以相互补充。社会学、管理学等一切涉及心际沟通的社会科学，都应该把伦理方法和逻辑方法结合起来加以综合运用，如此才能达到心际沟通所必需的理解。

对于逻辑方法，现代管理学者一般都比较重视，尽管其未必个个都能自觉地加以运用，尤其不是个个都能达到运用自如。但是，关于伦理方法，则由于到目前为止对于管理沟通中理解的伦理学研究尚显不足，并未引起管理学者的普遍重视，也还没有建立起相应的理论。

谋求心际沟通的理解学的伦理方法，可以用陈寅恪（1890—1969）所谓的"同情之理解"[①] 来加以概括。陈先生所说的这种理解方法应是来源于孔子所谓"近取譬"的"仁之方"[②]。在陈先生那里，它应是"近取譬"的"仁之方"在史学诠释领域中的具体运用，尽管其还可以被运用

[①] 此语源出于陈寅恪这样一段话："凡著中国古代哲学史者，其对于古人之学说，应具了解之同情，方可下笔。"（陈寅恪：《冯友兰中国哲学史上册审查报告》，载《金明馆丛稿二编》，上海古籍出版社1980年版，第247页）

[②] 《论语·雍也》："夫仁者，己欲立而立人，己欲达而达人。能近取譬，可谓仁之方也已。"（《论语译注》，杨伯峻译注，中华书局1980年版，第65页）

到更为广阔的学术领域，却难以说它足以代表"现代中国的诠释方法"①。

孔子之所以采用"近取譬"作为"仁之方"，是因为他对人与人的关系有"性相近"② 的体认。所谓"相近"，就是有同有异③。正是基于对人与人之间在本性上既非全同又非全异关系的认识，孔子才认为"仁"者待人之法（"仁之方"）可以并且只能是"近取譬"（即以己喻人，将心比心）。运用这种方法所达到的对他人的理解，较之于被理解者的真实情况，正是有同有异的"相近"关系，即介于"是真"与"非真"之间的"如真"之知。这种"如真"之知所反映的是自己与他人之间相互差异关系中的同一性，这种同一性也就是孟子所谓"凡同类者，举相似也"④ 的"同类"关系。孔子所谓"性相近"的"性"即标识人与人之间"同类"关系的概念，它是基于"举相似"即列举人与人之间的相似现象，进而从这些相似现象中抽象出来的一个类概念；运用这个类概念，便可进行由己及人的"类推"。"近取譬"便是由己及人的"类推"，它以"类推"者对自身生命活动的自我体验为基础，根据对自己生存状态的自我感受，来推断他人处在和自己相似的生存状态中会有怎样的自我感受。由此"类推"所获得的对于他人的"如真"之知，便是所谓"同情之理解"。所谓"己欲立而立人，己欲达而达人"⑤，正是基于"同情之理解"，由自己的感受推知他人的感受，从而把根据自我感受来对待自己的办法用于对待他人的仁爱之行。

把"同情之理解"运用到诠释领域，是有条件限制的，即被诠释的文本应该是人的生命活动。换言之，"同情之理解"可以作为生命解释学的方法，这种方法类似于现代生命解释学创始人狄尔泰所谓的"体验"。但是，"同情之理解"原本具有道德意义——在孔子那里，"近取譬"是"己欲立而立人，己欲达而达人"的仁爱之行的主体条件，是从事这种实

---

① 张茂泽、徐怀东：《同情的了解：现代中国的诠释方法》，《人文杂志》2000 年第 6 期。
② 《论语·阳货》："子曰：'性相近也，习相远也。'"（《论语译注》，杨伯峻译注，中华书局 1980 年版，第 181 页）
③ 王弼《论语释疑·阳货》云："孔子曰：性相近也。若全同也，相近之辞不生；若全异也，相近之辞亦不得立。今云近者，有同有异，取其共是。"（楼宇烈：《王弼集校释．论语释疑辑佚》，中华书局 1980 年版，第 632 页）
④ 《孟子·告子上》，载《论语译注》，杨伯峻译注，中华书局 1960 年版，第 261 页。
⑤ 《论语·雍也》，载《论语译注》，杨伯峻译注，中华书局 1980 年版，第 65 页。

践的人的道德理性的一种表现形式。因此，如果把"同情之理解"当作一种普遍适用的诠释方法，这就无异于是把诠释学本质地理解为伦理学了，从而如果把"现代中国的诠释方法"归结为"同情之理解"，这就无异于是把现代中国的诠释学归结为现代伦理学的一种具体形态了。

伦理学致力于求善，而伦理之善是"成人之美"①的善，且行善者不但以"成人之美"为目标，更以实现"成人之美"来达到"成己之美"的境界，亦即是寓"成己之美"于"成人之美"之中，这乃是人己合一的关系。这种关系在实际生活世界中表现为"人和"，即人际和谐而无冲突；在精神生活世界中则表现为"心和"，即彼此心际无碍融通。

伦理学作为一门学问，它虽然追求实际生活世界的"人和"，但其实并不探求"人和"的实际规律——这种规律是如法学、社会学、管理学等一些社会科学所探求的对象，而是探求"人和"的心理规律，亦即探求"心和"之道——寻找达到心际无碍融通的正确途径。实现心际无碍融通，才是伦理学的宗旨。谋求"心和"并试图借助于"心和"来达到"人和"，这是伦理学区别于其他人文学科的特点。

因此，伦理学的知识诉求，不是像科学那样期望达到对自然本性及规律的真实之知，也不是像神学那样期望达到对所崇拜的神灵的虔信之知，而是期望达到人与人之间互相理解的和善之知，因为只有依靠人与人间的这种良知的力量，才能消除人们的心际障碍而达到彼此心灵的融通。从这个意义上说，伦理学就是理解学。

"同情之理解"是谋求心际沟通的理解学的伦理方法，它要求理解主体对自己的同类怀有"同情"的道德情感（类似孟子所说的"恻隐之心"），并在这种道德情感支配下运用"近取譬"（将心比心）的类比技巧来进行心理类推。因此，管理学沟通理论中所讲的伦理方法是与培养"同情"的道德情感的道德修养紧密联系在一起的，而这种道德修养除了依靠道德主体的自我修为，还需要有一定的文化环境作为一种助推力量来促进道德主体的自修行为，如此内外相互作用，才能使"同情"的道德情感成为一种普遍的文化心理。这种文化环境必须靠人道主义的人文

---

① 《论语·颜渊》："子曰：'君子成人之美，不成人之恶。'小人反是。"（《论语译注》，杨伯峻译注，中华书局1980年版，第129页）

教育来营造，如果离开了这种人文教育，"同情"的道德情感照理是不会从纯粹个人的自我修养中产生的，除非真如孟子所认为的那样"恻隐之心"等的道德情感是人类与生俱来的天赋自然本性。

第三节　管理知识的综合性特点

再来讨论"管理知识是什么"之第二个方面的问题："管理知识是属于什么（知识类别）？"

依据上文对管理本质的探讨，人类的全部活动可以归为非管理活动与管理活动两类，然则，人类的全部知识就也可以归为非管理知识与管理知识两类。于是，"管理知识是属于什么？"便可归结为"管理知识与非管理知识有何质的区别？"要解答这个问题，应该也只能从探究迄今为止关于非管理知识是如何分类的问题入手。

知识分类是个学科概念。中文汉语"学科"一词的英文对应词是"branch of learning"。这里，"learning"（学习、学、学问、学术等）是对应于"学科"之"学"；"branch"（支、部门、科、分等）是对应于"学科"之"科"。然则，（1）若"学"取"learning"（学习、学）之义，则"学科"为"学习的科目"（相当于英语的"course"）或"学习的课程"（相当于英语的"subject"）之意；（2）若"学"取"learning"（学问、学术）之义，则"学科"为"学术的部门"（相当于英语的"academic departments"）或"学问的分支"（相当于英语的"branch of knowledge"）之意。按第（1）义项，"学科"是指方便师生开展教学活动所作的知识分类，这是教育领域中按教学规律划分成若干知识科目与知识课程；按第（2）义项，"学科"是指方便学者开展认知活动所作的知识分类，这是学术领域中按认知规律划分成若干知识领域与知识部门。要之，"学科"一词的基本含义就是"知识分类"。

知识的类别是根据什么来确定的？古希腊哲学家亚里士多德把当时的知识划分为"理论""实用""生产"（或译"制造"）三大类，这是按认知规律来进行知识分类。在亚里士多德看来，"智慧就是有关某些原理与原因的知识"①，"明白了原理与原因，其它一切由此可得明白，若凭次级学术，这就不会搞明白的。凡能得知每一事物所必至的终极者，这些学术必然优于那些次级学术；这终极目的，个别而论就是事物的'本善'，一般而论就是全宇宙的'至善'"②。因此，上述三类知识中，"理论"优于"实用"，"实用"优于"生产"，而"理论"类（包括数学、物理学和哲学）中哲学又处于最优级别，因为它是有关"全宇宙的'至善'"即万物的共同原理与共同原因的知识，这种知识是其他一切知识的根基，因为其他一切知识都是由此推演出来。可见，亚里士多德是根据由一般到个别的演绎性认知规律来划分知识类别的。

到了培根时代，由个别到一般的归纳性认知开始受到重视，这种认知规律是"从感官和特殊的东西引出一些原理，经由逐步而无间断的上升，直至最后达到最普遍的原理"③。据此，培根设想，"对自然的研究如果始于物理学而终于数学，那就会有最好的结果"④，于是他构想了由数学、形而上学（哲学）、物理学（科学）所构成的关于自然研究的学科体系，其中形而上学附有幻术，物理学附有机械学。

尽管亚里士多德和培根对认知规律有不同的认识，并据此做出了不同的知识分划，从而构建了不同的学科体系，但是他们的知识分类方法也有一个共同点，就是根据知识对象的特点来确定知识的类别。例如，在他们的学科系统中，哲学的对象都是"最普遍的原理"（培根语）——在亚里士多德即所谓"第一原理"（整个宇宙的"形式因"），在培根即所谓"自然的永恒的和基本的法则"（自然界的"法式因"）。这就是说，他们的知识分类思想有一个共同观点，即认为一个学科的性质是取决于该学科的对象的性质。这个知识分类学观点为后世所继承。

但是，培根以后的知识分类思想，明显是受到了在培根经验哲学基础上发展起来的经验主义的影响，以至于在知识分类上，是根据知识对象的感性特征来确定相应知识的类别，例如，把整个感性世界区分为自

---

① ［古希腊］亚里士多德：《形而上学》，吴寿彭译，商务印书馆1959年版，第3页。
② ［古希腊］亚里士多德：《形而上学》，吴寿彭译，商务印书馆1959年版，第4—5页。
③ ［英］培根：《新工具》，许宝骙译，商务印书馆1997年版，第12页。
④ ［英］培根：《新工具》，许宝骙译，商务印书馆1997年版，第116页。

然现象和社会现象两大类，相应地把所有知识归为自然知识和社会知识两大类，在这两个大类之下再作具体的知识分类。由于自然知识领域最早出现"科学"（分科之学），培根之后的知识分类学遂逐渐演变成"科学分类学"。

按照马克思的说法，现代实验科学的真正始祖是培根[1]；而据恩格斯说，"真正的自然科学"（按：指分科的和实证的自然科学）从15世纪下半叶已开其端，其基本特点是"把自然界分解为各个部分，把各种自然过程和自然对象分成一定的门类，对有机体的内部按其多种多样的解剖形态进行研究"[2]。到了"哥白尼那本不朽著作的出版（编者注：尼·哥白尼《天体运行论》1543年纽伦堡版），他用这本著作向自然事物方面的教会权威提出了挑战，虽然他当时还有些胆怯，而且可以说直到临终之际才采取了这一行动。从此自然科学便开始从神学中解放出来"[3]，"科学以意想不到的力量一下子重新兴起，并且以神奇的速度发展起来"[4]。

从马克思主义创始人的有关论述来看，他们对当时既有的科学曾做过多种方式的划分：（1）按"世界不是既成事物的集合体，而是过程的集合体"的观点[5]，将所有科学都纳入"历史科学"范畴，并将历史科学区划为自然科学、社会科学、思维科学。[6]（2）按科学对象运动形式差异，将科学划分为力学、物理学、化学、生物学等——这种划分是基于这样一个观点："每一门科学都是分析某一个别的运动形式或一系列相互关联和相互转化的运动形式的，因此，科学分类就是这些运动形式本身

---

[1] 《马克思恩格斯全集》第2卷，人民出版社1957年版，第136页。

[2] 恩格斯：《反杜林论》，载《马克思恩格斯选集》第3卷，人民出版社2012年版，第395—396页。

[3] 恩格斯：《自然辩证法》，载《马克思恩格斯选集》第3卷，人民出版社2012年版，第848页。

[4] 恩格斯：《自然辩证法》，载《马克思恩格斯选集》第3卷，人民出版社2012年版，第865页。

[5] 恩格斯：《路德维希·费尔巴哈与德国古典哲学的终结》，载《马克思恩格斯选集》第4卷，人民出版社2012年版，第250页。

[6] 恩格斯在《〈反杜林论〉旧序·论辩证法》中提到"关于思维的科学，也和其他各门科学一样，是一种历史的科学，是关于人的思维的历史发展的科学"（《马克思恩格斯选集》第3卷，人民出版社2012年版，第873—874页），这个观点是基于把自然、社会和思维都当作历史发展过程来理解，并把思维过程理解为自然过程和社会过程在人脑中的反映的唯物辩证法思想。

依其内在序列所进行的分类、排序，科学分类的重要性也在于此。"①
(3) 按科学各个部门发展先后顺序差别，将科学划分为天文学、数学、力学、物理学、化学、生物学、地质学等。②（4）按科学方法和思维形式差异，将科学划分为经验科学与理论科学。③ 马克思主义创始人的科学分类思想有两个基本特征：一是把科学的认知对象与科学的认知方法统一起来，二是把科学的认知历史与科学的认知规律统一起来。

值得注意且有必要指出的是，马克思主义创始人是德语世界的学者，其原著所用语言本属德语，但笔者所能读和读到的都是它们的中文译本，阅读中屡见"科学"一词，经考察，其德文原词是"wisseschaft"；又读文德尔班《哲学史教程》，见其中"绪论"部分对"科学"（wisseschaft）一词做了如下说明："wisseschaft"一词在含义上相当于苏格拉底以后的希腊文献里所出现的"哲学"一词，它包含两种意义：第一种意义是"我们认识'现存'事物的井井有条的思想工作"；第二种意义是"特殊科学，在这些特殊科学里我们要研究和认识的是现存事物的个别领域"。④ 此外，文德尔班又加注说明道：

> "在英译本中，'science'（科学）与'scientific'（科学的）两词用于这种更广泛的意义上。'natural science'（自然科学）一词则用于通常单独用'science'（科学）一词时所指的更狭窄的意义。如能提醒初学者，哲学和科学思想是一个东西，而自然科学不是科学的全体，可能是有好处的。"⑤

可见，德语"wisseschaft"不但可以汉译为"科学"，亦可译为"哲学"，

---

① 恩格斯：《自然辩证法》，载《马克思恩格斯选集》第3卷，人民出版社2012年版，第943页。

② 恩格斯《自然辩证法》，载《马克思恩格斯选集》第3卷，人民出版社2012年版，第865—866页。

③ 恩格斯在《自然辩证法》中提到"理论自然科学"与"经验自然科学"（《马克思恩格斯选集》第3卷，人民出版社2012年版，第873—874页、第894页）、"经验科学"与"理论科学"（《马克思恩格斯选集》第3卷，第878页、第894页）。

④ ［德］文德尔班：《哲学史教程》，罗达仁译，商务印书馆1997年版，第8页。

⑤ ［德］文德尔班：《哲学史教程》，罗达仁译，商务印书馆1997年版，第8页，脚注②。

但是当"科学"或"哲学"均指"wisseschaft"时,其意义既不同于英语的"science"(科学),也有别于德语的"philosophie"(哲学),因为英语"science"一词被单独用时,或泛指科学,或特指自然科学;德语"philosophie"一词则如文氏所说:"所谓哲学,按照现在习惯的理解,是对宇宙观和人生观一般问题的科学论述。"① 就笔者所读马克思主义创始人原著汉译文本而言,其中"科学"一词是泛指一切有系统的学问,故有"自然科学""历史科学""哲学科学""关于人的科学""关于社会的科学""关于思维的科学"等提法。

现在中文汉语常用的"科学"一词原是从日本引入的日文汉字。日本学者在明治初期的 60 年代已用日文汉字"科学"② 来称谓德语的 Wissenschaft,其字面意思是"基于技术训练的分类学问"③。1874 年,留学荷兰莱顿大学(Leiden University)的日本留学生西周时懋(にしあまね,1829—1897)接受了法国哲学家和社会学家孔德(Auguste Comte,1798—1857)的学科分类思想,在《明六杂志》第一次用日文汉字把英语 Science 一词译为"科学",寓意为"分科之学"④。1893 年,康有为(1858—1927)最先引进并使用"科学"一词。⑤ 严复(1853—1921)在1900 年到 1902 年翻译密尔(JohnStuart Mill John Stuart Mill,1806—1873)

---

① [德]文德尔班:《哲学史教程》,罗达仁译,商务印书馆 1997 年版,第 1 页。

② 关于日文汉字"科学"的来源,冯天瑜说:"古汉语中的'科学',典出南宋陈亮《送叔祖主筠州高要簿序》:'自科学之兴,世为士者往往困于一日之程文,甚至于老死而不遇。'南宋·叶适(1150—1223)《同安县学朱先生祠堂记》:'今夫笺传衰歇,而士之聪明亦益以放恣,夷夏同指,科学冒没,浅识而深守,正说而伪受,交背于一室之内,而不以是心为残贼无几矣。'"(冯天瑜:《"科学":概念的古今转换与中外对接》,《中国地质大学学报》(社会科学版)2007 年第 6 期)

③ [美]艾尔曼:《从前现代的格致学到现代的科学》,蒋劲松译,庞冠群校,《中国学术》2000 年第 2 期。

④ 杨文衡:《"科学"一词的来历》,《中国科技史资料》1981 年第 3 期。

⑤ 朱发建:《清末国人科学观的演化:从"格致"到"科学"的词义考辨》(《湖南师范大学社会科学学报》2003 年第 4 期),《最早引进"科学"一词的中国人辨析》(《吉首大学学报》(社会科学版)2005 年第 2 期);苏宁:《中国科学发展历程及现状》(《知识与创新》2009 年第 8 期)。按:有最新考证说,或许晚清"四大买办"之一唐廷枢(1832—1892)才是中国近代第一个使用"科学"一词的人,"科学"是中国本来就有的词语,并非从日本引进的外来语。(周程:《究竟谁在中国最先使用了"科学"一词?》,《自然辩证法通讯》2009 年第 4 期;周程:《"科学"一词并非从日本引进》,《中国文化研究》2009 年第 2 期)

的《逻辑体系》时,将"sciences"或"science"翻译为"科学",而将"natural philosophy"译为"格物"或"对事物的探究"。类似地,当1903年清政府颁布现代学校条例(即《奏定学堂章程》,又称"癸卯学制")时,"格致"一词被用来在总体上指称各种科学的集合,而单独的技术学科则被命名为"科学"。① 英语 science 一词源于拉丁文 scientia。《朗曼现代英语词典》(*Longman Modern English Dictionary*, *Longman*, 1976)对 science 的释义是:Knowledge acquired by careful observation, by deduction of the laws which govern changes and conditions, and by testing these deductions by experiment. (意即:通过认真观察和对支配变化与状态的规律的推论并通过实验来检验这些推论所获得的知识。)显然,science 一词是到了实验科学时代才开始流行起来的。② 本来,拉丁文 scientia 仅含"知识""学问"之义,其演变为 science 后,science 在 scientia 固有的"系统的知识"的意义上,更含有"实证之学"和"分科之学"的意义了。由于实验科学最早兴起于自然知识领域,故 science 通常是指以观察与实验为基础的自然科学。指称这类自然科学的德文单词是 naturwissenschaft,而德语 wissenschaft 一词被用于指称一切基于技术训练的分类学问,其概念的外延远大于 science。近代以来中国人在使用"科学"一词时,常较偏重于它的"分科之学"的意义,有时还注意到它的另一层意思——"系统的知识"③,强调被称作"科学"的知识应有系统性、条理性。1915年,商务印书馆出版的《辞源》是如此解释"科学"一词的含

---

① [美]艾尔曼:《从前现代的格致学到现代的科学》,蒋劲松译,《中国学术》2000年第2期。

② 据席泽宗《关于"科学"一词的来历》(《历史教学》2005年第11期)一文所说,"科学"一词源于拉丁文 scientia(知识),不但汉语中没有这个词,希腊文中也没有。1830年左右法国实证主义哲学家孔德在作学科分类时才用"science"一词来统称将研究对象分为众多学科(如物理学、化学)去研究的学问,以对应于"philosophy"一词所指的统辖众学科的学问。

③ 王国维(1877—1927)在1899年为日本人著《东洋史要》(樊炳清译,1900年东文学社排印本)作序云:"自近世历史为一科学,故事实之间,不可无系统。抑无论何学,苟无系统之知识者,不可谓之科学。中国之所谓历史,殆无有系统者,不过集合社会上散见之事实,单可称为史料而已,不得云历史。"1900年王国维又为徐有成等译著《欧罗巴通史》(日本人箕作元八、峰岸米造合著,1900年东亚译书会铅印本)作序云:"凡学问之事,其可称科学以上者,必不可无系统。"[以上均参见朱发建《最早引进"科学"一词的中国人辨析》,《吉首大学学报》(社会科学版)2005年第2期。]

义的:"以一定之对象为研究之范围,而于其间求统一确实之知识者,谓之科学。"① 这里强调了"科学"是"统一确实之知识",蕴含了英语 science 所包含的"实证之学"的意义,但并不明显。总体上看,中国人更多是接受了德语世界的科学(wissenschaft)概念,而并不看重英语 science 所包含的"实证之学"的意义。

按照德语世界的 wissenschaft(科学)概念来划分,科学可分 Naturwissenschaft(自然科学)和 kulturwisseschaft(文化科学)两大类,它们分别相当于英语世界的 natural science(自然科学)和 social science(社会科学)加 humanities(人文科学)。据 1997 年我国颁布的《授予博士、硕士学位和培养研究生的学科、专业目录》(按:这是在 1990 年 10 月国务院学位委员会和国家教育委员会联合下发的《授予博士、硕士学位和培养研究生的学科、专业目录》的基础上经过多次征求意见、反复论证修订而成,与原目录相比,增加了管理学学科门类),全部 13 个学科门类②中,除了新增的管理学门类以外,其他属于自然科学者有理学、工学、农学、医学 4 个门类,属于文化科学者有哲学、经济学、法学、教育学、文学、历史学、军事学、艺术学 8 个门类。后面 8 个学科门类中,属于社会科学者有经济学、法学、教育学、军事学 4 个门类,属于人文科学者有哲学、文学、历史学、艺术学 4 个门类。相对于新增的管理学,其他所有 12 个学科门类都是属于非管理知识。2021 年 1 月,国务院学位委员会、教育部印发《国务院学位委员会 教育部关于设置"交叉学科"门类、"集成电路科学与工程"和"国家安全学"一级学科的通知》,"交叉学科"成为我国第 14 个学科门类,"集成电路科学与工程""国家安全学"成为该门类下的一级学科。交叉学科不能被归入自然科学、社会科学和人文科学中任何一个门类,因为它是这三个门类的学科之间相互交叉、融合、渗透而出现的新兴学科,相对于管理学,交叉学科知识亦是属于非管理知识。

---

① 樊洪业:《中国科学社与新文化运动》,《科学》1989 年第 2 期。
② 我国目前普通高校的研究生教育和本科教育的学科划分均是这 13 大门类。然据 2020 年 7 月 29 日在北京举行的全国研究生教育会议所释放的重磅信息,我国将新增交叉学科作为新的学科门类,交叉学科将成为我国第 14 个学科门类。

那么，管理学或管理知识与非管理知识之间质的区别究竟何在？笔者曾在《科学时报》（即今《科学日报》）撰文指出：

> 按国人对科学概念的使用习惯，如今科学一般被区分为自然科学、社会科学和人文科学三大类，它们的英文名称分别是"Natural Sciences"（自然科学）、"Social Sciences"（社会科学）和"Humanities"（人文科学）。从其英文名称则较易看出它们的区别：Natural Sciences 和 Social Sciences 同属 Science 类，而 Humanities 是与 Science 相对的一类。据此再来分门别类，则科学应可划分为科学（Science）和人文（Humanities）两类，而科学（Science）又可分为自然科学（Natural Sciences）和社会科学（Social Sciences）两种。
>
> 科学（Science）和人文（Humanities）的区别在于：科学（Science）的研究对象是社会的物质关系，即以劳动交换为实质、以产品交换和服务交换为基本内容的人际合作关系；人文（Humanities）的研究对象是社会的精神关系，即以语言交流为形式、以思想交流和感情交流为内容的人际沟通关系。人际沟通与人际合作是社会生活的两个基本方面，其基本关系是：人际合作方式决定人际沟通方式，人际沟通方式反作用于人际合作方式。科学（Science）的实质在于探求良好的人际合作方式（包括合作方法与合作形式），人文（Humanities）的实质在于探求良好的人际沟通方式（包括沟通方法与沟通形式）。
>
> 自然科学（Natural Sciences）和社会科学（Social Sciences）的区别在于：自然科学的研究对象是人际合作中以创造物质财富为内容的生产劳动；社会科学的研究对象是人际合作中以配置人力资源为内容的组织活动。生产劳动和组织活动之间的基本关系是：生产方式决定组织方式，组织方式反作用于生产方式。自然科学的实质在于探求良好的生产方式（包括生产方法与生产形式），社会科学的实质在于探求良好的组织方式（包括组织方法与组织形式）。[①]

[①] 周可真：《人文社会科学评价中的逻辑标准与事实标准》，《科学时报》2009年4月10日 A4 周末评论。

简要说来，科学学科是研究物质领域的人际合作——自然科学是研究人际合作中的生产劳动，社会科学是研究人际合作中的组织活动；人文学科是研究精神领域的人际沟通。

从管理角度看，科学学科和人文学科各自的研究对象都是管理的对象，管理也因此分为两大领域：围绕科学学科的研究对象来展开的人际合作管理；围绕人文学科的研究对象来展开的人际沟通管理。其中，人际合作管理又可分两个领域：围绕自然科学的研究对象来展开的生产劳动管理，围绕社会科学的研究对象来展开的组织活动管理。

从管理学科发展史角度看，以"经济人"为人性假设前提的所谓科学管理，正是围绕自然科学的研究对象来展开的生产劳动管理；以"社会人"为人性假设前提的所谓人际关系管理，正是围绕社会科学的研究对象来展开的组织活动管理；以"文化人"为人性假设前提的组织文化管理，正是围绕人文学科的研究对象来展开的人际沟通管理。

由此可见，迄今为止，管理知识其实都是来源于被管理领域或非管理领域各个学科的知识——生产劳动管理知识，是来源于生产劳动领域的自然科学知识；组织活动管理知识，是来源于组织活动领域的社会科学知识；人际沟通管理知识，是来源于人际沟通领域的人文学科知识。[1]

进一步说，如果可以把知识理解为经过加工处理后被应用于实际生活的信息的话，那么，管理认识其实不过是对被管理领域（非管理领域）诸学科知识的整合过程。对此，泰勒指出："科学管理是过去就存在的各种要素的'集成'，即把原来的知识收集起来，加以分析、组合并归类成规律和规则，从而形成一门科学。"[2] 泰勒这里所讲的"原来的知识"就是指非管理领域各学科的知识；所谓"分析、组合并归类成规律和规则，从而形成一门科学"，就是指对非管理领域诸学科知识的整合过程。相对于被整合的非管理知识是以"各种要素"形式存在

---

[1] 交叉学科虽不能被归入自然科学、社会科学和人文科学中任何一个门类，但由于它是这三个门类的学科之间相互交叉、融合、渗透的产物，故就其知识来源而言，也不外乎是这三个门类。

[2] ［美］泰勒：《科学管理原理》，前言，马风才译，机械工业出版社2011年版，第107页。

的分科性知识，由这些分科性知识整合而成的管理知识则是以"集成"形式存在的综合性知识。这种综合性知识便是管理作为信息反馈活动所要反馈给管理主体，使管理主体能据以改变和改善自己以往活动（非管理活动）的管理信息。

要之，综合性是管理知识区别于非管理知识的本质属性。管理知识与非管理知识之间质的区别就在于：非管理知识是分科性知识，管理知识是综合性知识。[①]

据此来理解现代管理（Modern management）的本质，则可以把它看作科学分化（Division of Science）的产物。科学分化的实质是知识分化，它在现实性上是产业分化、行业分化和职业分化。与之相应，科学综合（The synthesis of Science）的实质是不同专业知识的综合，它在现实性上就是不同产业之间以及不同行业和不同职业之间的相互配合与协调。正是由于科学分化的存在和发展以及由此必然要求的科学综合，现代管理才应运而生。

现代管理是在科学分化条件下所出现的一个知识部门，并由于该部门的知识应用于实际生活而出现的一种产业、行业和职业。现代管理的社会功能，就在于处理和协调不同产业之间以及不同行业和不同职业之间的关系，使它们达到相互合理的分工与高效运行的合作。现代管理要能够发挥和实现自己的社会功能，就必须把不同的专业知识联系起来，并实现其知识综合。现代管理活动不过是这种综合性知识被运用于实际生活的过程。这当然也意味着，现代管理知识是以综合性为本质特征的，其内涵是各种不同专业知识的融会贯通。

---

① 交叉学科是由于不同学科之间相互交叉、融合、渗透而产生，它一经产生便成为一个特定学科，其知识相对于管理知识来说也是属于分科性知识。

本篇反思与总结

一 反思：现代管理学为何缺乏"自由人"理念？

产生并主要发展于西方的现代管理学，是立基于对西方资本主义企业经营的研究，其管理概念从一开始就被纳入经营范畴。例如谢尔登从管理哲学角度，认为"经营决定着组织，而管理则利用组织，经营确定着目标，管理实现着目标。管理实现经营所确定的目标，而组织则是管理在实现目标的过程中的器官"[①]。法约尔就更是明确地将管理列入经营六大职能（技术、商业、财务、安全、会计、管理）之中，进而将管理区划为计划、组织、指挥、协调和控制五大职能。从此，这竟成了西方管理学最基本的通识内容。直到1966年，日本管理学家占部都美（うらべとび，1920—1986）又重申了"管理是为经营目的服务的，组织是为管理服务的"[②]的基本原则。因此，现代管理学本质上是属于经营学范畴。在现实性上，它是建立在资本主义经济理性基础上的企业经营学。

资本主义经济理性的形成与欧洲文艺复兴运动有密切关系，这个运动极盛于16世纪，但是在13世纪就已经在意大利酝酿，后来从意大利逐渐向北传播，终于席卷全欧——在北方各国，它则演变为宗教改革或新教运动。按照马克斯·韦伯的看法，资本主义经济理性之所以受到推崇，

[①] 转引自苟欢迎、刘文瑞《管理哲学的探索者——郎特里和谢尔登》，《管理学家》2007年第2期。

[②] ［日］占部都美：《现代管理论》，蒋道鼎译，新华出版社1984年版，第94页。

主要应当归功于宗教改革，因为"新教徒（特别是后面还要详尽探讨的新教运动的某些支派），不管是作为统治阶级还是被统治阶级，不管是作为多数派还是作为少数派，都表现出一种特别善于发扬经济理性主义的倾向；而这种经济理性主义在天主教徒身上……却从未表现到这样的程度"①。经济理性主义所推崇的经济理性，其具体内涵是什么呢？据韦伯说，经济理性在天主教徒身上的表现是，他们"一般都会以一种异乎寻常的力量介入经济行为。他们最富有才干的成员都在这一领域来寻求使自己的才干得到承认从而得到满足"②。不过，韦伯指出，天主教徒之所以如此热衷于在经济领域来寻求使自己的才干得到承认从而得到满足，是"由于他们自愿或不自愿地被排除在政治影响之外"，因此，"他们没有机会为政府工作"③。这也就是说，天主教徒的上述做法并非总是出于自愿，还不免带有消极被动的性质。在韦伯看来，正因为如此，"他们从未像新教徒那样在经济上取得令人注目的进展"④。但是，对于"特别善于发扬经济理性主义"的新教徒来说，他们的介入经济行为则是出于其特殊的宗教理念。韦伯指出，"所有新教教派的核心教理"在于："上帝应许的唯一生存方式，不是要人们以苦修的禁欲主义超越世俗道德，而是要人完成个人在现世里所处地位赋予他的责任和义务……这种生存方式、而且唯有这种方式是上帝的意愿，因此，每一种正统的职业在上帝那里具有完全同等的价值。"⑤ 韦伯还指出，按照新教的教理，衡量一个职业是否"正统"，就是看这种职业是否"有用"，而"一种职业是否有用，也就是能否博得上帝的青睐，主要的衡量尺度是道德标准，换句话说，必须根据它为社会所提供的财富的多寡来衡量。不过，另一条而且

---

① ［德］马克斯·韦伯：《新教伦理与资本主义精神》，于晓、陈维刚等译，生活·读书·新知三联书店1987年版，第26页。
② ［德］马克斯·韦伯：《新教伦理与资本主义精神》，于晓、陈维刚等译，生活·读书·新知三联书店1987年版，第26页。
③ ［德］马克斯·韦伯：《新教伦理与资本主义精神》，于晓、陈维刚等译，生活·读书·新知三联书店1987年版，第26页。
④ ［德］马克斯·韦伯：《新教伦理与资本主义精神》，于晓、陈维刚等译，生活·读书·新知三联书店1987年版，第26页。
⑤ ［德］马克斯·韦伯：《新教伦理与资本主义精神》，于晓、陈维刚等译，生活·读书·新知三联书店1987年版，第58—60页。

是最重要的标准乃是私人获利的程度……要是上帝为你指明了一条路，沿循它你可以合法地谋取更多的利益（而不会损害你自己的灵魂或者他人），而你却拒绝它并选择不那么容易获利的途径，那么你会背离从事职业的目的之一，也就是拒绝成为上帝的仆人，拒绝接受他的馈赠并遵照他的训令为他而使用它们。他的圣训是：你须为上帝而辛劳致富，但不可为肉体、罪孽而如此"①。这样，新教徒便理所当然地认为"个人有增加自己的资本的责任"②，"倘若财富意味着人履行其职业责任，则它不仅在道德上是正当的，而且是应该的，必须的"③。这种把在现世里合法地增加自己的资本、谋取更多的利益（特别是私利）看作"上帝"赋予自己的责任和义务即自己的"天职"，进而把在一项世俗的职业中"殚精竭虑，持之不懈，有条不紊地劳动""作为禁欲主义的最高手段，同时也作为重生与真诚信念的最可靠、最显著的证明"④，亦即"把劳动本身作为人生的目的"⑤ 的宗教观念，便是驱使新教徒义无反顾地介入经济行为的内在动力所在。总之，"把获利作为人生的最终目的"是"资本主义的一条首要原则"⑥；这个原则，也就是资本主义经济理性的要义所在⑦。

---

① [德] 马克斯·韦伯：《新教伦理与资本主义精神》，于晓、陈维刚等译，生活·读书·新知三联书店1987年版，第127页。引文中着重号为引者所加。
② [德] 马克斯·韦伯：《新教伦理与资本主义精神》，于晓、陈维刚等译，生活·读书·新知三联书店1987年版，第36页。
③ [德] 马克斯·韦伯：《新教伦理与资本主义精神》，于晓、陈维刚等译，生活·读书·新知三联书店1987年版，第127页。
④ [德] 马克斯·韦伯：《新教伦理与资本主义精神》，于晓、陈维刚等译，生活·读书·新知三联书店1987年版，第135页。
⑤ [德] 马克斯·韦伯：《新教伦理与资本主义精神》，于晓、陈维刚等译，生活·读书·新知三联书店1987年版，第124页。
⑥ [德] 马克斯·韦伯：《新教伦理与资本主义精神》，于晓、陈维刚等译，生活·读书·新知三联书店1987年版，第37页。
⑦ 美国学者杰里米·里夫金（Jeremy Rifkin）和特德·霍华德（Ted Howard）在《熵：一种新的世界观》（吕明、袁舟译，上海译文出版社1987年版，第185页）中也指出："在高熵社会里，人生的首要目的便是利用高能流创造物质财富并满足人们的各种欲望。……高熵与实利主义的价值体系……把生存的根本目的解释成满足所有可能的物质需求，而不管这种需求多么无意义。"他们所谓的"高熵社会"，实指资本主义社会，特别是现代资本主义社会；所谓"高熵与实利主义的价值体系"，实指以资本主义经济理性为核心的价值体系。从其论述可见，他们对资本主义的看法与韦伯的看法是完全一致的。而且，在笔者看来，马克思主义者对资本主义的理解

"把获利作为人生的最终目的"是资本主义经济理性的本质内容,故"获利"当然也是资本家经营企业的最终目的。泰勒说:"管理的主要目标是使雇主的财富最大化,同时也使每一位雇员的财富最大化。"①"在科学管理下,……工人工资会有很大的上升空间,同样,制造商的利润也会大量增加。"②孔茨说:"一些非工商企业的行政领导有时说,企业最高主管人员的事情好办,因为他们的目标就是利润。后面将会详细论述到,利润只是对企业的收入超过其支出的盈余部分进行衡量的一个尺度。前已指出,所有主管人员的目标实质上必然都是为了挣得盈余。……在工商企业和非工商企业中,主管人员的目标基本上相同。"③

所以,尽管资本主义也有追求"个性自由"的人文理性④,但是"自由"

(接上注)与韦伯对资本主义的理解也有相似之处,前者把资本主义理解为一种以资本家私人占有生产资料和剥削雇佣劳动为基础的社会制度,并揭示了资本主义剥削雇佣劳动的秘密在于剥削剩余价值,这其实也就是把资本主义的经济实质归结为生产资料的资本家私人占有形式,而把资本主义的伦理精神归结为资本家对剩余价值的无限追求。在这个问题上,马克思主义者的观点之区别于韦伯的观点的根本在于:马克思主义者把对剩余价值的无限追求这一资本主义本性归于以资本主义私有制为基础的资本主义经济制度;韦伯则把"靠持续的、理性的、资本主义方式的企业活动来追求利润并且是不断再生的利润"([德]马克斯·韦伯:《新教伦理与资本主义精神》,于晓、陈维刚等译,生活·读书·新知三联书店1987年版,第8页)这一资本主义本性归于新教的宗教理念。这种区别归根到底是唯物史观与唯心史观的区别。

① [英]泰勒:《科学管理原理》,前言,马风才译,机械工业出版社2011年版,第3页。
② [美]雷恩:《管理思想史(第五版)》,中国人民大学出版社2009年版,第168—169页。
③ [美]哈罗德·孔茨、西里尔·奥唐奈、海因茨·韦里克:《管理学》,黄砥石等译,中国社会科学出版社1987年版,第14—15页。
④ 资本主义人文理性最初孕育并表现于欧洲文艺复兴运动。"文艺复兴的第一次和第二次浪潮的共同特点是对个人自由的热烈渴望:个人不再情愿受既定的意见和制度束缚,而是欲望他的特殊个性的全面和自由的发展,欲望他所有的冲动和力量的全面和自由的训练,在争取自由的斗争中他以他的本性对抗传统习惯,而这也是希腊人所致力的目标——个人的最自由的发展,因为这个原因,希腊精神成为人性的理想。"([德]包尔生:《伦理学体系》,廖生白译,中国社会科学出版社1998年版,第113页)这种以"个性自由"为价值内核的人文理性后来成为启蒙运动所崇奉的"理性"的重要内容之一:"个性自由"是"法国启蒙学者的道德哲学的出发点和归宿"(黎红雷:《中法启蒙哲学之比较》,《哲学研究》1987年第5期)。按照伏尔泰的观点,"个性自由"的含义就是"试身做你的意志绝对必然要求的事情的那种权力"(《十八世纪法国哲学》,第95页,转引自黎红雷《中法启蒙哲学之比较》,《哲学研究》1987年第5期)。而认为这种个人自由权是人的本性所固有则是资产阶级的一个普遍观念,对自由问题非常注意的18世纪法国唯物主义者就都声称"人生来就是自由的"([苏联] B. П. 戈卢宾科:《必然和自由》,苍道来译,北京大学出版社1984年版,第15页)。这一点在1789年法国大革命后更被写进了《人权和公民宣言》:"在权利方面,人们生来是而且始终是自由平等的。""这些权利就是自由、财产、安全和反抗压迫。"

是从属于"获利"的，在这种关系中，如果说资本主义人文理性是在于确认，个人具有为其本性所固有的自由权——或者说它是一种天赋的人权的话，资本主义经济理性则在于确认，这种天赋的人权即个人自由权在于合法地增加自己的资本、谋取更多的利益特别是谋取更多的私利——总而言之，人生来就具有合法地增加自己的资本、谋取更多利益特别是谋取更多的私利的权利。西方资本主义国家宪法和法律所确认和规定的公民自由权利，本质上就是这种被认为是人人生来就具有的谋利权利。然而，在资本主义私有制条件下，这种谋利权利对不占有生产资料的企业雇员来说，实际上只是自由地出卖自己劳动力，以谋取养家糊口所必需的生活资料的权利。这种权利与占有生产资料从而可以支配雇员的雇主（资本家）权利，并非同一种权利，或者说不是一种平等权利。在雇主权利支配下的雇员所进行的生产劳动，只是为了实现雇主的企业经营目标，而不是为了达到雇员自己的目的，因而其劳动也就不具有自由的性质和意义。因此，主要为现代资本主义企业主（资本家）服务的西方管理学[①]，自然无法直面企业经营过程中雇员的不自由状态，而是自觉或不自觉地回避这个现实事实，所以难以提出关于"自由人"的人性假设来。

二　结语：后现代管理学应当是关于"自由人"的管理学

现代管理学产生并主要发展于西方，其"人性假设"缺乏"自由"要素，不能把组织理解为自由人之间的合作，因而不能把管理理解为相互合作的人在自我控制其生活过程中的信息反馈活动，也就不能把管理学理解为是为这种反馈活动提供充分信息的知识整合活动，当然更不能理解这种知识整合活动是为自由人之间的合作提供合理行为规则，使他们能按这种规则来自我约束其行为和限制其自由，以实现其个人生活与社会生活的和谐。

[①] "在过去，管理概念曾被有效地应用于私营企业，但在医院、培训中心、宇航机构、城市交通以及野生生物保护场这样一些非营利事业单位，对有效的管理者的需要还仅只是一种压力。"（［美］W. H. 纽曼、小 C. E. 萨默：《管理过程——概念、行为和实践》，中国社会科学出版社 1995 年版，第 5 页）

因其如此，自泰勒以来一直统治着管理学界的管理观是片面的社会生活管理观，它忽视了个人生活也需要管理，由此导致了现代管理学至今尚未形成一个普适性管理概念，乃至出现了"管理理论丛林"现象①，其学派之多甚至超过了中国春秋战国百家争鸣时代的"十家九流"之数，于是现代管理学便事实上成了只有外在统一的"管理"名称，却无内在统一的"管理"思想的庞杂知识集合体。

管理学要走出自己的"理论丛林"，须有新的"人性假设"，使自己的理论立基于"自由人"理念，由此建立起关于"自由人"的后现代管理学。

关于"自由人"的后现代管理学究竟是一门怎样的学问呢？

所谓"自由人"，是指能够自我支配和自我控制其生命活动而不受外在力量支配和控制的人。作为一种"人性假设"，"自由人"的这一假定还蕴含着另一个假定：人处在一种能够使其成为自由人的社会关系中。此类假定是包括科学在内的一切理论研究所必需的。在科学领域，例如物理学，它要研究水，就必须假定水是没有任何杂质的纯水，尽管现实世界中并不存在没有任何杂质的纯水——人工制造的纯净水，即令其纯度再高也达不到不含任何杂质的程度。所以，不含任何杂质的纯水，是从关于现实世界中或多或少含有杂质的水的经验中抽象出来的水概念，是理念形态的水。关于自由人及其社会关系的上述假设也是出于同样道理，在这种假设中，完全不考虑现实的人在其所处的社会关系中是否享有平等的自由抑或享有多大程度的自由等具体的自由状态。

根据"自由人"的假设，能够自我支配和自我控制其生命活动的人，

---

① 1961 年，美国著名管理学家哈罗德·孔茨发表著名论文《管理理论的丛林》，把当时的管理理论概括为六大学派或研究方法。它们分别是管理过程学派、经验或案例学派、人类行为学派、社会系统学派、决策理论学派、数学学派。到了 20 世纪 80 年代初，孔茨又对自己 20 年前所提出的管理理论丛林重新进行考察。"考察结果，我发现，现在至少已经有十一个学派，而不只是 1961 年我所提到的那六个了。丛林已显得更加茂密而难于通过。但是，也出现一些发展趋势，可能导致将来各学派逐步融合，以至形成一种统一的、更为有用的管理理论。"（Harold Koontz, The Management Theory of Jungle Revised, *Academy of Management Journal*, 1980, 5 (2)：175）孔茨所讲的"十一个学派"是指经验或案例学派、人际关系学派、群体行为学派、社会协作系统学派、社会技术系统学派、决策理论学派、系统学派、数学或管理科学学派、权变理论学派、经理角色学派、经营管理学派或管理过程学派。

他的活动归根到底是具有自我支配和自我控制能力从而不仅支配和控制其他一切活动而且支配和控制自我的思维,因此,如果说管理是人对自己的非管理活动进行自我控制过程中的自我反馈的话,那么,这种自我控制与自我反馈归根到底是人的思维的自我控制与自我反馈,这意味着,管理本质上是人的思维为了达到自我改善而进行的自我反馈。据此,当从管理与组织的关系方面来理解管理的意义和任务,把管理当作研究尽可能合理的组织行为规则的学问来看待时,就势必要把管理学归结为为了改善人类思维而研究尽可能合理的思维规则的学问。而所谓合理的思维规则,当然应该是依据思维规律所制定的思维规则。因此,这门学问应该被本质地理解为就是研究思维规律并依据思维规律来制定思维规则的学问——一门看似逻辑学而实非逻辑学的学问:它是在管理文化哲学指导下,以生活论形态的后现代文化哲学为视域,把思维当作自由人互相合作创造价值观的文化过程来理解,运用后现代文化哲学的和谐思维方式,来研究该文化过程中自由人的社会思维与个人思维的差异协同规律,并根据这个规律来制定自由人的思维活动的规则。

要之,后现代管理学是研究自由人互相合作创造价值观的文化过程中社会思维与个人思维的差异协同规律并依据这个规律来制定思维规则的学问。

第四篇

以"知识创新"为主题的思维规律研究

【提要】 彼得·圣吉和野中郁次郎的知识管理理论是霍金森和沙因的价值管理理论的深化形式。知识管理本质上是对知识创新中社会思维与个人思维的协同，故有必要研究知识创新中社会思维与个人思维的差异协同规律，唯有遵循其规律的知识管理才能获得成效。以知识创新为内容的创新思维，是人类创新活动之根本和人类思维之本性，创造性与主观性是人类思维能动性的两个方面。知识的普遍真实性与良善性，必然要求知识创新主体具有追求思维与存在的一致和成己成人的知识创新效果的创新思维。以往的相关研究因受西方逻辑学思想的影响，只考虑逻辑与直觉的因素，不考虑情感和意志的因素，忽视了归纳过程有一个从实物信息到语言信息的转换，抑或未能清醒地意识到，只有通过这样的信息形态转换，才能实现由个别（经验）到一般（理论）的飞跃，而且这种信息形态转换，更必须以知识创造者愿意公布自己研究成果作为情感前提，并以知识创造者决定公布自己研究成果并采取相应行动作为意志前提，若缺少了这两个心理条件，归纳推理是不可能的。知识创新是通过创新思维来实现的，创新思维是规范思维和自由思维的辩证统一，这种统一所体现的是创新思维的社会性和个人性的统一、连续性和非连续性的统一。知识创新是在规范思维和自由思维的协同作用下实现的，在这个过程中，自由思维作为创新思维的非连续性形式，在"智"（认知推理）、"仁"（情感推理）和"勇"（意志推理）三种形式的规范思维之间的互相转换或互相过渡中发挥着中介作用，尤其在该过程的起点上发挥着奠基作用。

前三篇分别从三个不同角度对元管理哲学进行了力所能及的研究，其得出的主要结论是：管理文化哲学是管理哲学的发展方向，它应当使自己的理论立基于"自由人"理念，探究价值观创新过程中社会思维与个人思维差异协同的规律。本篇拟对这个创新思维规律进行尝试性探究，为管理文化哲学的新开展探索其应然路径，同时也是为了使本书所进行的元管理哲学研究成果落到实处，使这一成果得到具体展现。

在西方管理哲学史上被我们纳入"管理文化哲学"范畴的霍金森、沙因的管理理论都是聚焦于价值问题。在他们看来，组织文化的本质在于为组织成员所普遍信从而不加怀疑或毋庸置疑的那些习惯性生活观念——它们被霍金森称为"元价值"，被沙因称为"假设的价值观"；组织文化管理归根到底是对"元价值"或"假设的价值观"的管理，因其对组织成员的日常生活和工作行为乃至于思维方式都产生着难以估量的影响作用；组织文化的优化取决于这些习惯性生活观念的变革或创新，而领导者的领导力就集中体现在他们对这些习惯性生活观念的变革或创新所发挥的关键作用上。故霍金森和沙因的理论可以说是一种价值管理理论。

另一方面，被刘敬鲁的《西方管理哲学》（2010）概括为"系统辩证的组织学习理论"而置于该书第十七章加以论述的美国管理学家彼得·圣吉（Peter M. Senge, 1947— ）的"学习型组织"（Learning organization）理论，以及日本管理学家野中郁次郎（Ikujiro Nonaka, 1935— ）的"知识创造"（Knowledge - creation）理论①，则都是聚焦于知识问题。彼得·圣吉的理论是偏重于怎样吸收现有知识，野中郁次郎的理论则不仅肯定了组织学习知识的必要性，更特别强调了组织创造知识的重要性，因而实质上是对前者的一种补充和发展。故相对于霍金森和沙因的价值管理理论，彼得·圣吉和野中郁次郎的理论则可以说是一种知识管理理论。

如前文所指，一定价值观是必须依赖于一定知识才能产生的，知识

---

① 野中郁次郎曾与竹内光隆（Tadeuchi）合著《知识创造公司》（*The Knowledge - creation Company: How Japanese Companies Create the Dynamics of Innovatio*, 1995），该书主要观点是认为，知识可以分为"隐性知识"（Tacit Knowledge，主观的、自悟的知识）与"显性知识"（Explicit Knowledge，客观的、理性的知识），这两种知识的互相作用、互相转化构成了知识创造过程，在这个过程中，知识转化有四种基本模式——潜移默化（Socialization）、外部明示（Externalization）、汇总组合（Combination）和内部升华（Internalization），简称 SECI 模型。该书认为，隐性知识具有独创性，所以在激烈的竞争环境中，隐性知识的积累和转化运用对于企业的生存与发展起着特别重要的关键作用。该书还强调并充分论证了这样一个观点：知识创造活动固然会导致企业短中期效率的损失，但是终究会给公司带来长期绩效。

终究是价值观的基础，价值观不过是与人的需要建立了某种稳定联系的知识而已，在这种联系中，人的需要获得了知识形式而成为目的，知识则成为反映人的需要的价值观。故彼得·圣吉和野中郁次郎的知识管理理论，其实是对于霍金森和沙因的价值管理理论的一种深化，其目的亦在于优化组织文化。本篇是立基于前三篇所得之主要结论，接续他们的工作，在把知识管理本质地理解为遵循知识创新思维规律来开展思维管理的基础上，将研究对象确定为知识创新思维规律。

　　知识创新是通过创新思维得以实现的。所谓知识创新思维规律，就是以知识创新为内容、追求新知为目标、达到新知为归宿的思维过程的规律。本篇对知识创新思维规律的研究是在吸取心理学相关研究成果的基础上进行的，首先是把创新思维纳入心理学范畴，但又不是像创造心理学那样把创新思维只是当作个人心理来理解，而是借鉴社会心理学（Social Psychology）关于社会与个人相互作用的观点①，将创新思维置于社会和个人的相互作用关系中，把它理解为社会思维和个人思维相互作用的过程，并从文化哲学角度将这种相互作用理解为社会思维与个人思维的互相协同，进而从创新思维是规范思维与自由思维的辩证统一的观点出发，将社会思维和个人思维的互相协同理解为规范思维与自由思维的互相协同，由此来探讨并揭示知识创新过程中规范思维与自由思维的差异协同规律。

---

① 社会心理学是介于心理学与社会学之间的一门边缘性学科，是用心理学的观点与理论来阐明社会与个人之间的相互作用，并揭示其心理机制。［时蓉华：《现代社会心理学（第3版）》，华东师范大学出版社2007年版］

第八章 知识创新和创新思维

知识创新是通过创新思维来实现的，在这种关系中，知识创新是创新思维的内容，创新思维是知识创新的形式。下面先论作为创新思维内容的知识创新，再论作为知识创新形式的创新思维。

第一节 知识与真理

知识创新是一种求知活动，但什么是知识呢？对人类而言，求知（追求知识）与求真（追求真理）是什么关系，或者说，知识和真理是什么关系？这是讨论知识和知识创新所无法回避也不能回避的问题。为此，分析"知识"和"真理"的语义，以澄清这两个概念，是十分必要的。

一 "知识"的语义分析

在古汉语中，"知识"一词可以作名词用，也可作动词用。作名词用时，"知识"有两种不同含义：（1）友人、相识的人。如《墨子·号令》："其有知识兄弟欲见之，为召，勿令入里巷中。"[①] 此处"知识"是"友人"之意。如《吕氏春秋·遇合》："人有大臭者，其亲戚兄弟妻妾

[①] 方勇译注：《墨子》，中华书局2015年版，第555页。

知识，无能与居者，自苦而居海上。"① 此处"知识"是"相识的人"之意。（2）辨识事物的能力。如焦竑（1540—1620）《焦氏笔乘·读孟子》："孩提之童，则知识生，混沌凿矣。"② 作动词用时，"知识"也有两种不同含义：（1）结识、交游。如《南史·虞悰传》："悰性敦实，与人知识，必相存访，亲疏皆有终始，世以此称之。"③ 此处"知识"是"结识"之义。如《水浒传》第七十九回："原来这闻焕章是有名文士，朝廷大臣多有知识的，俱备酒食迎接。"④ 这里"知识"是"交游"之义。（2）了解、辨识。如刘向（前77—前6）《列女传·齐管妾婧》："人已语君矣，君不知识邪？"⑤ 此处"知识"是"了解"之义。又如唐朝薛用弱《集异记·汪凤》："每面各有朱记七窠，文若谬篆，而又屈曲勾连，不可知识。"⑥ 此处"知识"是"辨识"之义。

在现代白话文中，"知识"仍有被当作动词用者，如鲁迅（1881—1936）《现今的新文学的概观》："在文学界也一样，我们知道得太不多，而帮助我们知识的材料也太少。"⑦ 此处"知识"是"知道"的近义词，为"了解"之义。但到了现代汉语里，"知识"已不再作动词用，只作名词用了。作为名词的"知识"，包含双重意义：（1）当被作为与英语"Knowledge"相对应的词来使用时，"知识"是泛指意识主体所获得的外界信息。（2）当被作为"认识"的动名词来使用时，"知识"是泛指意识主体为获取外界信息所开展的认知活动。这两种意义的"知识"之间的关系是：在词义上，前者表示认知结果，后者表示认知过程；在逻辑上，前者的意义为后者所涵摄。

在现代汉语里，作名词用的"知识"与"认识"、"认知"皆为近义词，辨析比较其意义同异，有助于更准确地把握"知识"的含义。

首先，"知识"和"认识"都是属于联合结构的合成词，这里，"知

---

① 刘生良评注：《吕氏春秋》，商务印书馆2015年版，第374页。
② （明）焦竑：《焦氏笔乘》，李建雄点校，凤凰出版社2020年版，第179页。
③ （唐）李延寿：《二十二史·南史卷》，中华书局1999年版，第783页。
④ （明）施耐庵：《水浒传》，群言出版社2017年版，第514页。
⑤ （汉）刘向：《列女传》，文物出版社2019年版，第145页。
⑥ （宋）李昉等编：《太平广记》，中华书局2020年版，第866页。
⑦ 鲁迅：《三闲集》，译林出版社2018年版，第118页。

识"的"知"和"识"是近义词,"认识"的"认"和"识"也是近义词,但这两个合成词有一个共同的词素——"识"。"识"的含义可用英文词"Knowledge"来表示,这是"知识"和"认识"二词共有的意义。这两个词各自的特殊意义则分别取决于"知""认"二词素的意义。"知"与"认"作为动词均含有"Know"之义,但"知"之为"Know"是表示寻求和获取外部信息的意识活动,"认"之为"Know"是表示辨识和理解外部信息的意识活动。故"知识"和"认识"作为名词的不同意义在于:"知识"之为"Knowledge"是表示意识主体所掌握的信息,"认识"之为"Knowledge"则是表示意识主体所理解的信息。这就是说,虽然"知识"和"认识"都是指意识主体所获得的外部信息,但就其获取信息的过程来说,"认识"一词是强调了主体在这个过程中的主观能动作用,"知识"一词则相对地淡化了主体在这个过程中的主观能动作用。换言之,"知识"和"认识"都是指意识主体得自外界的信息,但被称作"认识"的信息是与信息拥有者的主观状态有密切关系从而带有个人主观倾向的信息,而被称作"知识"的信息是不带有主观倾向的信息。例如,当人们说"知识就是力量"时,这里的"知识"一词就是指不带有主观倾向的客观信息;而当人们说"认识有偏差"时,这里的"认识"一词则是指带有主观偏向的信息。也因为如此,"知识就是力量"是不能被说成"认识就是力量"的,而"认识有偏差"也不能被说成"知识有偏差"。这表明,现代汉语中"知识"和"认识"各有其特定含义,它们分别被用来指称客观信息和带有主观偏向的信息,这已是约定俗成的了。

在现代汉语里,"知识"与"认识"还有一个重要区别,即"知识"仅仅被当作名词用,而"认识"还被当作动词用;当被当作动词用时,"认识"是指主体获取外部信息的意识活动及其发展过程。由于现代汉语中"知识"不可作动词用,知识作为一种活动、一种过程的意义实际上是由动词"认识"来表示的,在这种场合,"认识"可以被看作动词化了的"知识"的异体词。

鉴于现代汉语言中"知识"与"认识"二词的上述约定俗成的用法,哲学上"认识论"和"知识论"这两个概念之间的逻辑关系应该被理解为"认识论"包含"知识论",在这种关系中,"知识论"所讨论的知识既可以被理解为认识的成果形态,也可以被理解为认识的特殊形态。当知识被理解为认识的成果形态时,这里"知识"可被视为"理论"的同义词;当知识被理解为认识的特殊形态时,这里"知识"可被视为"科学"的同义词。这就是说,可以在两种意义上使用"知识论"一词:一是关于理论的理论——这种意义的知识论,应该是属于恩格斯所谓"形式逻辑和辩证法"范畴①;一是关于科学的理论——这种意义的知识论,应该是属于现代西方哲学中"以科学或科学领域为限制","对科学进行元研究"的所谓"科学哲学"("Philosophy of Science")范畴②。

其次,与"知识""认识"都相关的词——"认知",是较晚出现的一个现代汉语词,它是英文"Cognition"的义译名称,原是一个心理学术语,其基本意义是"再知""再知觉"③。但自从司马贺《人类的认知——思维的信息加工理论》(荆其诚、张厚粲译,科学出版社1986年版)一书出版以后,"认知"一词逐渐在汉语世界广泛流行,一度出现了以"认知"取代"认识"的趋势④,相应地,它在汉语系统中的词义也发生了一些变化:(1)在与"认识"的关系中,"认知"和"认识"一样,都是指人类个体在获取知识的心理活动中对外界信息的辨识和理解的过程,但在实际使用中,其意义仍有差别:"认识"常被作为哲学术语

---

① 恩格斯《反杜林论》:"现代唯物主义本质上都是辩证的,而且不再需要任何凌驾于其他科学之上的哲学了。一旦对每一门科学都提出要求,要它们弄清它们自己在事物以及关于事物的知识的总联系中的地位,关于总联系的任何特殊科学就是多余的了。于是,在以往的全部哲学中仍然独立存在的,就只有关于思维及其规律的学说——形式逻辑和辩证法。其他一切都归到关于自然和历史的实证科学中去了。"(《马克思恩格斯选集》第3卷,人民出版社2012年版,第400页)按:与此相近的论述又见恩格斯《路德维希·费尔巴哈和德国古典哲学的终结》:"这样,对于已经从自然界和历史中被驱逐出去的哲学来说,要是还留下什么的话,那就只留下一个纯粹思想的领域:关于思维过程本身的规律的学说,即逻辑和辩证法。"(《马克思恩格斯选集》第4卷,人民出版社1972年版,第264页)

② 舒炜光、邱仁宗主编:《当代西方科学哲学述评》,人民出版社1987年版,第2—3页。

③ 在80年代出版的心理学教科书和词典中,"认知"被释为"当过去反映过的事物重新出现时,人们对它感觉熟悉,并能认出过去反映的事情"(全国九所综合性大学《心理学》教材编写组:《心理学》,广西人民出版社1982年版,第355页),或"事物呈现在眼前,感到熟悉,确认以前感知过"(八所综合性大学《心理学词典》编写组:《心理学词典》,广西人民出版社1984年版,第27页),或"对曾经感知过的事物再度感知的时候,觉得熟悉,知道它是从前感知过的",等等。这些解释大同小异,表明该名词的基本含义是"再认""再知觉"。(赵璧如:《关于用"认知"取代"认识"的问题》,《中国社会科学》1994年第3期)

④ 赵璧如:《关于用"认知"取代"认识"的问题》,《中国社会科学》1994年第3期。

广泛使用,"认知"则很少在哲学意义上被使用,例如哲学上有所谓"认识论",但无所谓"认知论",在这种场合,"认知"和"认识"在意义及用法上有明显区别。(2) 在与"知识"的关系中,"认知"是指获取知识的心理活动,即人类个体接受和评估外界信息并对这些信息进行加工处理的过程;"知识"则是指进行这种心理活动后所得到的结果。

此外,还需要辨析一下"知识"与"意识"的词义差异。"意识"一词较早见于王充(27—约97)所著的《论衡·实知》:"众人阔略,寡所意识,见贤圣之名物,则谓之神。"① 这里"意识"是一个动词。王充强调"是非者不徒耳目,必开心意"②,故他所谓"意识"是指发挥思维器官("心")的思维功能("心意")去辨识感觉器官("耳目")所感觉到的外界事物,与现代汉语"认识"一词的含义大致相当。但是,在现代汉语言中,"意识"一般只作名词,较少作动词,而且作动词时,其词性为不及物动词,不能作及物动词使用(例如,可以说"意识到问题的严重性",但不可说"意识问题的严重性"),其及物动词功能已由动词"认识"一词来承担了。现在,"意识"作为名词主要有以下两种用法:

一种是在哲学上被用来统称与物质现象相对的各种精神现象。我们的现行哲学教科书中通常是把"意识"解释为"人脑的机能"和"人脑对客观事物的反映"或"客观事物在人脑中的反映"。在"人脑的机能"意义上,"意识"相当于荀子所谓"所以知之在人者谓之知"③ 的"知";在"人脑对客观事物的反映"意义上,"意识"与"思维"、"认识"、"知识"、"认知"都是属于同一序列的近义词,但通常它们不可以被互相替换使用。

另一种是在心理学上被用来指称作为最高等动物的人的心理现象。在这个意义上,"意识"与"思维"是属于同一序列的近义词,在实际使用中,它们常常可以被互相替换使用。

此外,在中国佛教唯识宗的用语里,"意识"是该宗所谓的"八识"(眼识、耳识、鼻识、舌识、身识、意识、末那识、阿赖耶识)之一。

---

① (汉)王充:《论衡·实知》,上海人民出版社1974年版,第401页。
② (汉)王充:《论衡·薄葬》,上海人民出版社1974年版,第353页。
③ 《荀子·正名》,载梁启雄《荀子简释》,中华书局1983年版,第310页。

综上所述，从"知识"一词和与之相关的一些近义词之间的语义差异方面看，其相对稳定的词性是名词；而"知识"作为名词在现代汉语中所具有的相对确定而独特的含义，是指意识主体由外界所获得的客观信息，尤指上升为理论的客观信息。

二 知识是以语言加以陈述的客观信息

无论是在泛指客观性信息的意义上，还是在特指上升为理论的客观性信息的意义上，"知识"所指的实际对象都和语言有密不可分的联系，因为所有这些信息都是通过人的意识活动来获取的，而"语言是一种实践的、既为别人存在因而也为我自身而存在的、现实的意识"[①]。现实生活中的人是在学会某种语言的过程中学会思维的，并且必须借助于某种语言才能进行思维。人在和外界事物打交道的过程中，通过其意识活动来获取外界信息的过程，就是将自己改变外部世界的行动（包括行为对象、行为活动与过程及其结果）作为一种信息源所发出并经由其感官传递到大脑的信息，由感觉（sensation）、知觉（perception）、印象（representation）等感性形态的实物信息转换成概念（concept）、判断（judgment）、推理（reasoning）等理性形态的语言信息的认知活动。凡被称为"知识"的东西，都是在认知过程中由实物信息转换而来的语言信息。

凡语言皆具抽象性、概括性：语词的抽象性、概括性表现在某个语词都是表示某一类事物，其意义是对某类事物（例如笔）中所有个体（包括钢笔、铅笔、毛笔和圆珠笔等）的一般属性或共性、本质的抽象与概括；语法的抽象性、概括性则表现在语词的结构方式、短语和句子的结构规则等都是从个别和具体的语言材料中抽象概括出来的。因此，借助于任何一种语言来标识和表达的信息——知识，都必定具有抽象性、概括性。

知识对于语言的依赖性意味着，当且仅当学会了使用某种语言来开展社会交往的人才是知识主体，从而也意味着知识主体及其创新活动只能存在于社会之中，亦即存在于由许多个人的相互合作所构成的组织之中。

---

① 《马克思恩格斯选集》第 1 卷，人民出版社 2012 年版，第 161 页。

综上所论，知识是意识主体由外界获取并借助语言予以陈述的客观信息，具有抽象性和概括性，在特定场合还具有理论性。

三 知识的客观性是普遍真实性与普遍良善性的统一

据上分析，"知识"一词的基本意义是指意识主体由外界获取并借助语言予以陈述的客观信息。客观性是知识的基本特性，凡知识皆具客观性，皆为客观知识。但在哲学认识论和科学知识论中，人们对于客观性有不同理解，由此形成不同的客观概念，较有代表性的是列宁（Vladimir Ilich Lenin，1870—1924）的客观概念和波普尔的客观概念。

列宁的客观概念与他在《唯物主义和经验批判主义》（1908）中提到的"客观实在"相联系；波普尔的客观概念则与其在《客观知识——一个进化论的研究》（*Objective Knowledge*，1972）中提到的"客观知识"相联系。列宁所讲的"客观实在"是指不依赖于人的意识而存在，为人的意识所反映的物质；这里"客观"的含义是"不依赖于人的意识而存在"或"存在于人的意识之外"。① 波普尔所讲的"客观知识"是指那些由说出、写出、印出的各种陈述组成的知识②；这里"客观"的含义是"依赖于语言文字而存在"或"存在于语言文字之中"从而"能被主观间相互检验"。③

按照列宁的客观概念，"客观知识"就是"存在于人的意识之外的知

---

① "客观实在即运动着的物质不依赖于我们的意识而存在"；"客观实在（＝既不依存于个别人，也不依存于全人类的实在）"；"物存在于我们的意识之外并且不以我们的意识为转移"；"物质的唯一'特性'就是：它是客观实在，它存在于我们的意识之外。"（《列宁选集》第2卷，人民出版社1972年版，第176、183、191、266页）

② "谈到人类知识时，我心中通常想着'知识'一词的客观意义。""这里的'知识'一词，我们只取它的客观意义或非私人的意义；在这个意义上，知识可以说是记载在书本上、存放在图书馆里、或者在大学里讲授的东西。"（［英］卡尔·波普尔：《客观知识——一个进化论的研究》，舒炜光等译，上海译文出版社1987年版，第297页）

③ "波普尔一再强调，重要的是：区分主观意义的知识与客观意义的知识。……客观知识是由说出、写出、印出和各种陈述组成……。客观知识包括思想内容以及语言所表述的理论内容，它们出现在杂志、书本、图书馆等一定环境之中。波普尔所谓'客观的'这个词的用法不同于康德。那不是指可证明的、不依赖于任何人的意念的，而只是说的能被主观间相互检验，指非私人的意义。"（［英］卡尔·波普尔：《客观知识——一个进化论的研究》，舒炜光等译，上海译文出版社1987年版，第1页）

识"。这个意义的客观知识实际上是不可能存在的，因为知识必定要借助于语言文字来陈述，而陈述者的陈述必定是依赖于陈述者的意识的，如果离开了他的意识或在他的意识之外，他的陈述是根本无从谈起的。所以，所谓"客观知识"的"客观"，应该不是列宁所讲的那个"客观"。

按照波普尔的客观概念，"客观知识"就是"存在于语言文字之中的知识"，这就相当于说知识有语言文字作为其客观外壳，而这跟说知识是一种语言信息并无实质区别。显然，对客观知识的追求并不是要去追求知识的这样一种客观性，亦即不是要去追求知识表达于语言文字，使知识存在于语言文字之中。所以，所谓"客观知识"的"客观"，应该也不是波普尔所讲的那个"客观"。

那么，所谓"客观知识"的"客观"究竟何所指呢？

知识必须依赖于意识抑或必须依赖于语言（意识与语言不可分离），这是毫无疑问的；知识的客观性问题，并不在于知识是否存在于意识之外，抑或知识是存在于语言文字之中还是存在于语言文字之外，而是在于关于知识的种种陈述与这些陈述所依据的理由或标准之间的关系问题。对此，中国先秦墨家创始人墨子曾提出"言必立仪"和"言有三表"之说：

> 子墨子言曰："言必立仪。"言而毋仪，譬犹运钧之上而立朝夕者也，是非利害之辨不可得而明知也。故言必有三表。何谓三表？子墨子言曰："有本之者，有原之者，有用之者。"于何本之？上本之于古者圣王之事。于何原之？下原察百姓耳目之实。于何用之？废（发）以为刑政，观其中国家百姓人民之利。此所谓三表也。①

墨子对"言"（陈述知识的言论）所立之"仪"或"表"（标准），是从"是非"和"利害"两个关系维度来确定的。他所提出的三条标准（"三表"），实际就是陈述知识的言论所应当依据的三条理由——当且仅当具备这三条理由时，其言论才具有客观性；其中两条理由——"古者

---

① 《墨子·非命上》，《墨子校释》，王焕镳著，浙江文艺出版社1984年版，第282—283页。

圣王之事"和"百姓耳目之实"是属于事实依据,"国家百姓人民之利"是属于价值依据。当这三条理由被作为判定一种言论是否具有客观性的根据时,前两条便是事实标准,后一条则是价值标准。当一种言论符合事实标准时,即可判定该言论为"是"(对的或真的),否则为"非"(错的或不真的);当其符合价值标准时,则可判定为"利"(善的或好的),否则为"害"(恶的或不好的)。这就是说,按照墨子的观点,知识的客观性理应包括两个方面:真实性和良善性。一种知识既真且善时,方为客观知识。

不管墨子所提出的"三表"是不是为知识的客观性提供了可靠保证,重要的是他的"三表"说为保证知识的客观性提供了指导性原则。撇开其具体内容不论,仅就这些原则的一般形式——真实和良善来说,它们是合理的。尤其值得注意的是,墨子论"三表"时讲到"有原""有用",特别强调了"原察百姓耳目之实""中国家百姓人民之利",由此明显可以看出,在墨子看来,真实和良善并非知识对于特定个人或小集团的特殊关系,而是知识对于人民的普遍关系,即知识的真实是普遍真实——为人民有目共睹的真实,知识的良善是普遍良善——对人民及其国家共同体都有利的良善。这种知识的真善观对于正确认识知识的客观性有极为重要的启示意义。

拙著《明清之际新仁学——顾炎武思想研究》(2006)在探讨顾炎武知识论时已然触及知识客观性问题,认为同西方近现代科学知识论相比较,顾氏知识论是偏重于处理和协调生活实践中的主体际关系而忽视了主客体关系,西方近现代科学知识论则是偏重于处理和协调生活实践中的主客体关系而忽视了主体际关系。[①]

据实说,西方科学知识论是当它发展到后现代时,才开始重视处理和协调生活实践中的主体际关系。但西方后现代主义对近现代科学知识论的批判却又矫枉过正了,它在试图克服近现代科学知识论的痼疾时,连带将其合理因素也给抛弃了——它只讲主体际关系的协调,不讲主客体关系的协调了,甚至连"世界本身的存在方式"的观念都不相信,不

---

① 周可真:《明清之际新仁学——顾炎武思想研究》"实学篇"第二章第二节,中国大百科全书出版社 2006 年版。

但要放弃"现象与实在、意见与知识之间的对立",还要放弃"在认识事物与使用事物之间的区别"。①

　　真正科学的知识论不仅应当关心和研究人类的生产实践,同时更应当将其实践中的主体际关系和主客体关系都纳入其知识论视野来加以全面综合的考察与研究,以追求足以处理和协调好这两种现实关系的科学知识。而要获得这样的知识,不能仅仅是从事求证于众物的自然科学实验,也不能仅仅是从事求证于众人的社会交往实践,而是应当把这两个方面的求证活动结合起来,才能求得既反映客体(物)的共性又反映主体(人)的共性的既真且善的知识。②

　　将上述思想归纳起来,可对"客观知识"做出如下界定:(1)所谓知识的客观性,是指知识的这样一种普遍性,即它既反映知识客体(物)的共性——与人的现实生活中事物的共同规律相一致,又反映知识主体(人)的共性——与现实地生活着的人的共同需要相一致;前一方面的普遍性是知识的普遍真实性,后一方面的普遍性是知识的普遍良善性。(2)所谓客观知识,就是兼具普遍真实性和普遍良善性的知识。

　　从认识论角度来讲,所谓知识的普遍真实性,就是陈述知识的某种言论时所讲的情况,是可以在任何人的经验中出现的——在自然科学领域,这就是所谓实验的可重复性;所谓知识的普遍良善性,就是陈述知识的某种言论所讲的道理,是一般人都可以接受的——在社会交往领域,这就是所谓公认的道理。一种知识仅当其既经得起众人的经验验证又得到众人的公认时才是客观的,否则就不能称其为知识,而只是假说或意见而已。不管是科学假说或权威意见,还是非科学假说或非权威意见,只要是假说或意见,就不是知识。

四 "真理"考辨

　　尽管人们经常使用"真理"一词,尤其在一些宏大叙事上,比如

---

①　[美]罗蒂:《后哲学文化》,黄勇译,上海译文出版社1992年版,第11—12页、第141页;周可真:《罗蒂的后哲学文化观》,《江苏大学学报》(社会科学版)2005年第3期。

②　周可真:《明清之际新仁学——顾炎武思想研究》"实学篇"第二章第二节,中国大百科全书出版社2006年版。

"追求真理""忠于真理""为真理而奋斗"之类,更是一些人所钟爱且听起来相当庄严与郑重的说辞,但是这些说辞中的"真理"到底是什么意思呢?恐怕很少有人能说得清楚。不过,这些说辞倒是表明了"真理"与"知识"并不等值。如果说"追求真理"还可以被替换成"追求知识"的话,那么,"忠于真理""为真理而奋斗"就很难被替换成"忠于知识""为知识而奋斗"了。至于本书中所屡屡提到的"知识创新",就更不能被替换成"真理创新"了,这尤其突显了"知识"与"真理"之间的语义差别。

(一)古汉语中"(真)理"的四种含义

在中文汉语系统中,"真理"是由"真"和"理"两个词素所构成的一个偏正式的合成词,其中"理"为该词的中心要素,"真"则是其修饰因素,因此,无论有没有这个"真"字,都不会影响到该词的核心意义。单单一个"理"字,就可独立成词,且足以概括"真理"一词的核心意义。通观中国古代学者、哲学家所论之"理",不外乎是下述四种含义:

1. 客观事物之理——北宋理学家张载论之曰:"理不在人皆在物,人但物中之一物耳,如此观之方均。"①

2. 文辞义理之理——如葛洪(284—364 或 343)《抱朴子·钧世》:"今诗与古诗,俱有义理,而盈于差美。方之于士,并有德行,而一人偏长艺文,不可谓一例也。"② 清代学者凌廷堪(1757—1809)于此类理,评论甚精:"虚理在前,吾所谓是者,人既可别持一说以为非,吾所谓非者,人亦可别持一说以为是也,如理义之学是也。"③

3. 宇宙本体之理——如南宋理学家朱熹所谓"理一分殊"④ 的"理"之类。

4. "本心"之理——明代理学家王守仁于此类理,言之最明:"心即

---

① (宋)张载:《张子语录上》,载《张载集》,中华书局 1978 年版,第 313 页。
② (晋)葛洪:《抱朴子·钧世》,上海古籍出版社 1990 年版,第 255 页。
③ (清)凌廷堪:《戴东原先生事略状》,《校礼堂文集》卷三十五,道光六年宣城张氏刊本。
④ (宋)靖德黎编:《朱子语类(六)》,中华书局 1986 年版,第 2409 页。

理也。此心无私欲之蔽，即是天理，不须外添一分"①。"吾心之良知，即所谓天理也"②。"君子之学，惟求得其心。虽至于位天地，育万物，未有出于吾心之外也。……故博学者，学此者也；审问者，问此者也；慎思者，思此者；明辩者，辩此者；笃行者，行此者也。心外无事，心外无理，故心外无学。"③

与"理"相比较，"真理"一词在古汉语典籍中出现较晚。先秦典籍中有"真宰""天理""道理"等名词④，但无有"真理"之名。直到魏晋，佛教中观学派兴起，才有"二谛"（"真谛"与"俗谛"）之说。此派学者据有关佛教经论（如《摩诃般若波罗蜜多心经》《中论》），将"二谛"理解为诸佛教化众生而假设的言教⑤，并以"真谛"为其第一义谛，视之为佛法真义，故又称其为"真理"。萧统（501—531）所著《令旨解二谛义》有云："真理虚寂，惑心不解，虽不解真，何妨解俗。"⑥此"真理"乃"真谛"之同义词（按：后来它们都被英译为"truth"），是指为心有所惑者所不解的诸佛言教之实义。以此，东晋佛学家释慧远（334—416）乃有"理蕴于辞"⑦ 之说，意指佛法实义隐含于佛教经论。要之，作为一个佛学术语，"真理"所指是属于上述第二类理——文辞义理之理。

中唐以后，儒家学者反佛风气渐行，至宋而益盛。宋明理学家虽多有出入于佛、老者，且暗取其义，然表面上常为主张孔孟之道而辟佛斥老，故"真谛""真理""真如"一类的佛家术语亦颇为一般理学家所忌

---

① 吴光等编校：《王阳明全集》，上海古籍出版社1992年版，第2页。
② 吴光等编校：《王阳明全集》，上海古籍出版社1992年版，第45页。
③ 吴光等编校：《王阳明全集》，上海古籍出版社1992年版，第239—240页。
④ 《庄子·齐物论》："若有真宰，而特不得其朕。"（陈鼓应：《庄子今注今译》，中华书局1983年版，第46页）；《庄子·养生主》："依乎天理"（陈鼓应：《庄子今注今译》，中华书局1983年版，第96页）；《韩非子·解老》："缘道理以从事"（《韩非子》校注组：《韩非子校注》，江苏人民出版社1982年版，第188页）。
⑤ 也就是根据受众不同的理解力等具体情况，对一些受众采取某种言教形式，对另一些受众采取另一种言教形式，如：为著"空"者依"俗谛"说"有"，为著"有"者依"真谛"明"空"。
⑥ （南朝·梁）萧统：《令旨解二谛义》，道宣《广弘明集》卷二十一，《四部丛刊》本。
⑦ （晋）释慧远：《大智论钞序》，《大正新修大藏经》第55册，中华书局1990年版，第75页b。

而不取。像顾炎武这样不但辟佛斥老而且批评"今之理学，禅学也"而力倡"古之所谓理学，经学也"①的学者，甚至反对使用"真知"一词，他说："'五经'无'真'字，始见于老庄之书。《老子》曰：'其中有精，其精甚真。'《庄子·渔父篇》：'孔子愀然曰："敢问何谓真"？客曰："真者，精诚之至也。"'（原注：《荀子》'真积力久'亦是此意。《黄庭经》曰'积精累气以为真。'）《大宗师篇》曰：'而已反其真，而我犹为人猗。'……以生为寄，以死为归，于是有'真人'、'真君'、'真宰'之名。……隆庆二年会试，为主考者厌'五经'而喜《老》、《庄》，黜旧闻而崇新学，首题《论语》'子曰由诲汝知之乎'一节，其程文破云：'圣人教贤者以真知，在不昧其心而已。'（原注：《庄子·大宗师篇》：'且有真人而后有真知。'《列子·仲尼篇》：'无乐无知，是真乐真知。'）始明以《庄子》之言入之文字。自此五十年间，举业所用，无非释、老之书。"②顾炎武认为，庄子"真知"说的实质是在于否定"学而知之"，主张以"无知"为"真知"，所反映的是"以生为寄，以死为归"的虚无主义人生观，只有"以生为寄，以死为归"的"真人"才推崇"真知"。可是，不知从什么时候起，深受儒家文化熏陶的中国知识分子居然觉得，光讲"真知"还不够，须讲"真理"才得劲，这或许是明清以后中国又更进一步佛教化的缘故吧！

（二）古希腊语中"aletheia"（真理）的四种含义

在西语中，与汉语"真理"一词相当的一个古希腊语词是"aletheia（άληθεια）"。吴国盛根据海德格尔（Martin Heidegger，1889—1976）对该词的解读［即从现象学角度将它视为由前后两个词根"a-"（非）和"letheia"（遮蔽）组成的一个否定性的词，意味着"去掉遮蔽的状态"或"揭开遮盖而显示出来的状态"］，认为"在其原本的意义上，aletheia

---

① （清）顾炎武：《与施愚山书》，《顾亭林诗文集》，华忱之点校，中华书局1983年版，第58页。

② （清）顾炎武：《日知录》卷十八《破题用庄子》，《日知录集释（外七种）》，黄汝成集释，上海古籍出版社1985年版。

作为'真理'是'去蔽'和'敞开'"①。但问题是：这个"去蔽"和"敞开"究竟是指自然的过程还是指人为的过程呢？若指的是自然的过程，则"aletheia"应该是"体（本体、实体）显于用（现象、功用）"之意，德谟克利特所谓"真理和现象是同一的，真理和显现于感觉中的东西毫无区别"②，显然就是在这个意义上来使用"aletheia"一词——该词在这里是指客观事物本身（与显现于感觉中的现象相对）；若指的是人为的过程，则"aletheia"应该是"解蔽以得周道"③ 之意，赫拉克利特所谓"智慧就在于说出真理，并且按照自然行事，听自然的话"④，显然就是在这个意义上来使用"aletheia"一词——该词在这里是指对自然运动法则毫无偏曲的陈述。

与赫拉克利特和德谟克利特都不同，苏格拉底则认为，"如果我以眼睛看着事物或试想靠感官的帮助来了解它们，我的灵魂会完全变瞎了。我想我还是求援于心灵的世界，并且到那里去寻求存在的真理好些"⑤。照此观点，真理既不是客观事物本身，也不是对客观事物的周全陈述，而是存在于心灵世界并依靠心灵本身去把握的东西。继承苏格拉底思想的柏拉图更认为，要获得这样的真理，须靠灵魂对理念世界的"回忆"，并且，"如果我们要对任何事物有真正的知识，我们就必须摆脱肉体……灵魂若是和肉体在一起的时候，就不能有纯粹的知识；知识如果真能获

---

① 吴国盛：《技术与形而上学——沿着海德格尔的"思""路"》，博士学位论文，北京大学，1998 年。另可参阅彭公亮《论"无蔽"（Aletheia）——兼论海德格尔的思想转向》，《湖北教育学院学报》（社会科学版）1999 年第 6 期。

② 北京大学哲学系外国哲学史教研室编译：《古希腊罗马哲学》，生活·读书·新知三联书店 1957 年版，第 104 页。

③ 《荀子·解蔽》："凡人之患，蔽于一曲，而暗于大理。……孔子仁且不蔽，故学乱术足以为先王者也。一家得周道，举而用之，不蔽于成积也。"梁启雄注："此语盖谓：不见全体而但见一偏之谓；略如佛家'盲人摸象'之喻。……孔子总结大理而且全面地用大理；同时又不犯'私其所积'的错误，——即不被狭隘的经验论所偏蔽。"（梁启雄：《荀子简释》，中华书局 1983 年版，第 286、292 页）

④ 北京大学哲学系外国哲学史教研室编译：《古希腊罗马哲学》，生活·读书·新知三联书店 1957 年版，第 29 页。

⑤ 北京大学哲学系外国哲学史教研室编译：《古希腊罗马哲学》，生活·读书·新知三联书店 1957 年版，第 175 页。

得的话，也必须是在死后才能获得"①。

曾师事柏拉图 20 年之久的亚里士多德，虽然尊敬他的老师，但思想上却不敢苟同他的老师，遂讲出"吾爱吾师，吾更爱真理"的千古名言。在真理问题上，亚里士多德的观点也不同于柏拉图的理念论真理观，而是认为"每一事物之真理与各事物之实是必相符合"②。这是最早的"符合论真理观"，其与晚期希腊斯多葛派（Stoicism）关于"真理是对象和意识的一致"③ 的真理概念形成对照：亚里士多德的真理概念是强调了与对象（"事物之实是"）相符合，而斯多葛派的真理概念是强调了与意识（"宇宙理性"④）相符合。但二者也有共同点，即它们都把真理归结为与本体（亚里士多德的"实是"、斯多葛派的"理性"）相一致的现象，故均可被归入"符合论真理观"。

要之，古希腊语"aletheia"（真理）一词有四种含义：（1）客观事物本身。（2）对客观事物的如实陈述。（3）存在于心灵世界并依靠心灵本身去把握的理念。（4）现象与本体的一致。

（三）英语中"truth"（真理）的两种含义

中世纪经院哲学家阿奎那宣称："一切真理都来自上帝。""上帝本身不仅是真理，而且还是最高和第一真理。"⑤ 这个"真理"和苏格拉底所说的那个"真理"恰好形成鲜明对照：它们的关系犹如朱熹的"天理"和王守仁的"本心"，一个在"天"，一个在"人"，似有"天""人"

---

① ［古希腊］柏拉图：《斐多篇》，转引自［英］罗素《西方哲学史》上卷，何兆武、李约瑟译，商务印书馆 1963 年版，第 182 页。
② ［古希腊］亚里士多德：《形而上学》，吴寿彭译，商务印书馆 1959 年版，第 33 页。
③ ［德］黑格尔：《哲学史讲演录》第 3 卷，贺麟译，商务印书馆 1996 年版，第 23 页。
④ 在黑格尔《哲学史讲演录》所引述的斯多葛派的真理定义（"真理是对象和意识的一致"）中，"对象"应是指宇宙万物，"意识"应是指宇宙理性。斯多葛派认为，宇宙理性（或译"世界理性""宇宙理智本性"）是决定宇宙万物变化发展的主宰力量，它普遍存在于自然事物中，也存在于人心中，故而被黑格尔当作"意识"来看待；又因为宇宙万物由"意识"所主宰，故而被黑格尔当作"（意识的）对象"来看待。在斯多葛派的代表性著作《沉思录》（Meditations）中，作者奥勒留（Marcus Aurelius, 121—180）写下这样一段话："没有任何人能阻止你按照你自己的理智本性生活；没有任何违反宇宙理智本性的事情对你发生。"（［古罗马］马可·奥勒留：《沉思录》，何怀宏译，中央编译出版社 2008 年版，第 93 页）由此可以看出，在斯多葛派看来，宇宙理性是人皆有之的，人们应当按照自己固有的宇宙理性行事。
⑤ ［意］托马斯·阿奎那：《真理论》，傅乐安摘译，《哲学译丛》1978 年第 5 期。

之别。然究其根本，它们都不过是外于客观事物的"形上之理"——这"形上之理"到了黑格尔的思辨哲学中终于被归结为"绝对理念"。对于这类"形上之理"，培根将其归入宗教神学信仰范畴，认为它是依靠神的启示得来的真理，这完全不同于从感觉经验得来的真理。不过，在培根看来，这两个不同领域的真理互不相干，但不是不共戴天，它们可以并行不悖。培根的这种"双重真理"观与英语中同汉语"真理"相当的一个单词"truth"的含义颇有一致性。《牛津现代高级英汉双解词典》中"truth"词条之第三目是这样解释的："fact, belief, etc accepted as true：真理；真义。"① 这里的英文解释可具体化为："被承认是确实发生了或完成了的事（fact）或被承认是确实的或合于事实的所信之事或教义（belief）等"。要之，"truth"的基本含义有二："fact accepted as true"和"belief accepted as true"。前者大抵相当于培根所谓从感觉经验得来的真理——或可称为"事实真理"②；后者大抵相当于培根所谓依靠神的启示得来的真理——或可称为"信仰真理"。

（四）德语中"Wahrheit"（真理）的本义

叶秀山（1935—2016）先生曾指出："中文译成'真理'的德文为'真（东西）'（Wahre）的抽象名词化——'Wahrheit'，即'真（东西）'之所以为'真（东西）'的那种特性。'真'与'假'（Falsche）相对，一切'有对'（相对）的东西都有'（虚）假性'，而只有'无对'（绝对）的东西才真的是'真（实）'的。"③

如果说"Wahrheit"就是意味着"绝对"，或只有"绝对"才是"Wahrheit"的话，那么，"Wahrheit"未尝不可以被汉译为"道"——中

---

① 《牛津现代高级英汉双解词典》，商务印书馆、牛津大学出版社1996年版，第1243—1244页。

② 如此译法不免有点儿"言不尽义"，因汉语中"真""实"常含"非人为"之义，而英语"accepted"却并不含"非人为"之义，相反，它是意味着被人接受、同意，这里包含着人的意愿、意志、观念等主观因素。这也就是说，"fact accepted as true"并非指那种与人的意识毫不相干的客观实在，而是指与人的意识有这样或那样联系的事物，只是这个与人的意识有联系的事物又不是人的意识本身，而是存在于人的意识之外并与人的意识有某种联系（为意识所反映）的客观对象，故译为"事实真理"也不过是牵强之译。

③ 叶秀山：《读那总是有读头的书——重读黑格尔〈精神现象学·序言〉》，《读书》1991年第4期。

国先秦道家老子哲学之"道":这个"道"不仅意味着"一"、"独立"("无对"),也意味着"朴"、"全有"(无所亏遗的全体;all-inclusive totality)①,当然,它还意味着"无形"(无感性特征)、"无名"(无可称谓)。在老子哲学中,这个被"字之曰道"的东西,不是"知"(感知和理智)的对象,而是在自我"涤除玄览(鉴)"后所达到的"无疵""虚静"的"心"之"观"(直觉)的对象。这样一种只有依靠神秘直觉才能与之"玄同"的东西,如果也可以把它称为"真理"的话,那么,这个"真理"应该是与上述所谓"信仰真理"大致相当的。

(五)现代汉语中"真理"的两种含义

《现代汉语词典》将"真理"释义为"客观事物及其规律在人的意识中的正确反映"②。这个解释近似《马克思主义哲学原理》"(真理)即主体的认识同客体的本质和规律相符合或相接近"③之说,其共同点是都把真理理解为与客观事物本身既有区别又有联系的意识或认识,在这种联系中,意识或认识与客观事物及其本质和规律有一致性。

毛泽东(1893—1976)在《实践论》(1937)中所使用的"真理"概念则有别于上述二书所阐释的"真理"概念,他写道:

> 判定认识或理论之是否真理,不是依主观上觉得如何而定,而是依客观上社会实践的结果如何而定。④
>
> 客观现实世界的变化运动永远没有完结,人们在实践中对于真理的认识也就永远没有完结。⑤

---

① 《老子·二十八章》有云:"朴散则为器"(楼宇烈:《王弼集校释》,中华书局1980年版,第75页)。"朴"喻"道","器"喻"万物"。老子将"道……生万物"比作"朴散为器",认为这是世界从原始的整体、全体逐渐分化为众多部分的过程。魏晋玄学家王弼解《老》所谓"将欲全有,必返于无也"〔(魏)王弼:《老子注·四十章》,《王弼集校释》,楼宇烈校释,中华书局1980年版,第110页。按:"无"指"道"而言〕的思想即来源于此。

② 中国社会科学院语言研究所词典编辑室编:《现代汉语词典(修订本)》,商务印书馆1996年版,第1598页。

③ 肖前主编:《马克思主义哲学原理》,中国人民大学出版社1994年版,第643页。

④ 《毛泽东选集》第1卷,人民出版社1999年版,第248页。

⑤ 《毛泽东选集》第1卷,人民出版社1999年版,第296页。

其中，前一段所讲的"真理"是指某种认识或理论——据毛泽东在《增强党的团结，继承党的传统》（1956）中所提出的"按照辩证唯物论，思想必须反映客观实际，并且在客观实践中得到检验，证明是真理，这才算是真理，不然就不算"①的论断，这种被称为"真理"的认识或理论，也就是反映客观实际并在客观实践中得到检验被证明为符合客观实际的正确思想。

后一段所讲的"真理"是指人们在实践中认识的对象——从下面所引《实践论》的另一段论述来看，这个被称作"真理"而其实是人们所要认识的对象的东西是客观过程的规律：

> 理论的东西之是否符合于客观真理性这个问题，在前面说的由感性到理性之认识运动中是没有完全解决的，也不能完全解决的。要完全地解决这个问题，只有把理性的认识再回到社会实践中去，应用理论于实践，看它是否能够达到预想的目的。……许多时候须反复失败过多次，才能纠正错误的认识，才能到达于和客观过程的规律性相符合，因而才能够变主观的东西为客观的东西，即在实践中得到预想的结果。②

这里"理论的东西之是否符合于客观真理性"和"理性的认识……到达于和客观过程的规律性相符合"这两个提法分明是表示，"客观真理性"和"客观过程的规律性"是同一概念，"客观真理"与"客观过程的规律"也是同一概念。

要之，在现代汉语中，"真理"一词至少有两种含义：一是指符合客观实际的正确思想或正确认识；一是指客观事物所固有的本质和规律。

五　马克思主义创始人的真理概念

"真理是符合客观实际的正确思想或正确认识"是我国哲学界占主流地位的真理概念。这个意义的"真理"之名在古汉语系统中未曾出现过，

---

① 《毛泽东文选》第 7 卷，人民出版社 1999 年版，第 90 页。
② 《毛泽东选集》第 1 卷，人民出版社 1999 年版，第 292—294 页。

应该是一个外来概念。

这个外来概念首先跟古希腊的"符合论真理观"有关。古希腊的"符合论真理观"是属于一元论哲学的真理观,其肯定现象和本体有同一性,实质是将世界统一的基础归结为某种绝对的东西,并视之为世界的本体。它所推崇的真理,本质上是作为世界统一基础的宇宙本体;其崇尚真理,不过是追求世界的统一性,要求以绝对、唯一的本体来统摄相对、多样的事物。我国哲学界占主流地位的"符合论真理观"亦属于一元论哲学,是唯物主义一元论哲学的真理观,其思想特征在于肯定世界的统一性在于它的物质性,其所推崇的真理本质上是属于物质范畴,其崇尚真理不过是主张意识统一于物质,要求意识同物质相一致。从这个角度看,其真理概念乃是一个物质本体论概念,其与古希腊"符合论"的真理概念固然有原则性区别,但是在一元论哲学思维方式上是彼此相通,互相一致的。由此可以说,古希腊"符合论真理观"是我国哲学界占主流地位的真理观之思想源头。

另一方面,更应该看到,我国哲学界占主流地位的真理观更为直接和更主要的思想来源是马克思主义哲学的真理观。

马克思主义创始人马克思和恩格斯都是以德语为母语的德国哲学家,他们也是德国古典哲学的终结者,其真理概念既与德语中"Wahrheit"(真理)一词的本义有语言文化联系,更与德国古典哲学真理观有思想传承关系。

上文提到,"Wahrheit"的本义是"无对"("绝对"),因此,如果是在一元论哲学意义上,则"Wahrheit"照理是既可用来指称具有"无对"("绝对")性的世界本体,亦可用来指称与世界本体相符合的现象。但是,作为德国古典哲学的开创者,康德的哲学却是二元论哲学,这种哲学将世界分成本体和现象两截,而称世界本体为"物自体"(Ding an sich,又译"自在之物"),认为"物自体"是一种超验性的存在,它在人的认识过程中只是起到刺激人的感官而引起人对现象的感知的作用,但人并不能认识它,人所感知到的现象与它之间并不存在同一关系,这么一来,"Wahrheit"这个词就不能被用来指称世界本体或与世界本体相符合的现象了,于是在《纯粹理性批判》中,康德对"Wahrheit"做了这样解释:"什么是真理?对真理这个名词的解释是:真理是知识和它的对象的一致。"① 由于这个"对象"不是"物自体"的真现象，只是显现在人的经验中的东西，故从本质上说，所谓"知识和它的对象的一致"，不过是人的精神现象之间的一种联系，所以在《逻辑学反思录》中，康德又说："真理是知性与理性的一致。"② ——"知识"的精神本质是"知性"，"（知识的）对象"的精神本质是"理性"，它们之间的一致是人类理性诸要素（"理性""知性""感性"）③ 之间的一种统一关系。康德的真理观强调"真理是知性与理性的一致"，其实质是要求"知性"服从"理性"，而康德的"理性"概念有三层意义，分别被邓晓芒称为"理性1""理性2""理性3"，其中，"理性3是最狭义的理性"，"理性3的实质是实践理性、自由意志，是一个实践本体论概念"④。故服从"理性"即意味着是服从"自由意志"——这便是康德二元论哲学的真理概念之意蕴所在。德语"Wahrheit"所固有的"无对"（绝对）意义到康德这里，实是指人类道德实践所必须服从的"绝对命令"（普遍道德规律）——"自由意志"了。

如果说二元论哲学家康德是从"Wahrheit"之本义引申出了实践本体论的本体概念——作为支配道德实践主体的"绝对命令"的"自由意志"概念——的话，那么，一元论哲学家黑格尔则是从"Wahrheit"的本义引申出了"绝对理念"（Die absolute Idee，又译"绝对观念"）。对黑格尔来说，"这个绝对观念是从来就存在的，是不依赖于世界并且先于世界而在某处存在的"，而"我们在现实世界中所认识的，正是这个世界的思想内容，也就是那种使世界成为绝对观念的逐步实现的东西"⑤。这就是说，黑格尔把人类认识的对象世界理解为先于这个世界而存在的"绝对理念"，而"绝对理念"有一个逐渐实现自身的过程，人类所认识的就是在这个过程中逐渐表现出来的"绝对理念"。黑格尔的真理概念正是指一切

---

① ［德］康德：《纯粹理性批判》，邓晓芒译，人民出版社2004年版，第56页。
② 普鲁士皇家科学院：《康德著作集》第29卷。柏林：1902—1983。第16页，S250。转引自王建军《论康德对真理概念的判断力奠基》，《哲学研究》2016年第4期。
③ 刘凤娟：《康德的知性存在与理性存在概念之区分》，《江淮论坛》2010年第1期。
④ 易晓波编著：《邓晓芒点评：论康德的知性与理性》"中文摘要"，湖南教育出版社2010年版。
⑤ ［德］恩格斯：《路德维希·费尔巴哈和德国古典哲学的终结》，《马克思恩格斯选集》第4卷，人民出版社2012年版，第231页。

与"绝对理念"相符合的东西——包括与这个理念相符合的认识和其他一切真实的事物,但又不是指表现这个理念的个别具有真实性的认识或事物,而是指所有这些互相联系和结合的个别实在所组成的总体。在黑格尔看来,只有在这个总体中,"绝对理念"才能得到充分的自我实现。也正是在这个意义上,黑格尔把"绝对理念"当作真理本身,而把一切个别真实的存在只是当作真理的一个方面来看待:"理念是真理,因为真理就是客观性跟概念的符合……一切真实的事物,就它们之为真理而言,即是理念。换言之,一切真实事物之所以为真的,即仅由于理念的力量。一个个体的存在只表示理念的某一方面,因此,它尚需要别的实在,而这些别的实在同样好象有它们的独立存在似的。唯有在这些个别的实在之结合和关系里,概念方实现其自身。那孤立的个别事物,是不能符合它的概念的。"①

1886年,恩格斯写下了《路德维希·费尔巴哈和德国古典哲学的终结》。在这篇长文中,恩格斯充分肯定了黑格尔关于真理是一个历史过程的思想:

> 黑格尔哲学(……)的真实意义和革命性质,正是在于它彻底否定了关于人的思维和行动的一切结果具有最终性质的看法。哲学所应当认识的真理,在黑格尔看来,不再是一堆现成的、一经发现就只要熟读死记的教条了;现在,真理是在认识过程本身中,在科学的长期的历史发展中,而科学从认识的较低阶段向越来越高的阶段上升,但是永远不能通过所谓绝对真理的发现而达到这样一点,在这一点上它再也不能前进一步,除了袖手一旁惊愕地望着这个已经获得的绝对真理,就再也无事可做了。……这种辩证哲学推翻了一切关于最终的绝对真理和与之相应的绝对的人类状态的观念。②

从恩格斯针对黑格尔哲学所发表的这番肯定性评论可以看出,恩格斯所使用的"真理"概念是指包含在认识过程本身中,为该过程某个阶

---

① [德]黑格尔:《小逻辑》,生活·读书·新知三联书店1957年版,第399页。
② 《马克思恩格斯选集》第4卷,人民出版社2012年版,第222—223页。

段上所获得的某种认识，但这不是那种再也不能前进一步的所谓"绝对真理"，而是可以继续向前并且不断向前发展的认识。在接下来的论述中，恩格斯把这种认识称作"相对真理"，并且主张"沿着实证科学和利用辩证思维对这些科学成果进行概括的途径去追求可以达到的相对真理"①。这里所谓"相对真理"的"相对"是相对于"绝对真理"（或"最终的绝对真理"）的"绝对"而言：其"绝对"的意思是"认识已然达到这样一点，在这一点上它再也不能前进一步"；反之，其"相对"的意思就是"从认识的较低阶段上升到较高阶段，愈升愈高，但是永远都不能达到这样一点，在这一点上它再也不能前进一步"。恩格斯之所以特别强调"真理"的"相对"而不是"绝对"，是因为"绝对"是意味着认识过程的结束和真理的终结。恩格斯指出："黑格尔，特别是在《逻辑学》中，尽管如此强调这种永恒真理不过是逻辑的或历史的过程本身，他还是觉得他自己不得不给这个过程一个终点，因为他总得在某个地方结束他的体系。"② 这就是说，在黑格尔那里，被他视为"逻辑的或历史的过程本身"的"永恒真理"终究还是属于"绝对真理"。然而恩格斯强调，假定"达到所谓绝对真理，世界历史就会终结，而历史是一定要继续发展下去的"③。所以恩格斯主张，应当顺乎历史永恒发展的趋势，沿着为黑格尔本人（虽然不是自觉地）所指出的认识道路，走出黑格尔的思辨哲学体系的迷宫，切实地去认识无限发展着的物质世界，即放弃对不可求致的"最终的绝对真理"的幻想，去追求那可以达到的"相对真理"。

但是，德语中"Wahrheit"（真理）一词原本是包含"无对"（"绝对"）之义的，故即便是"相对真理"也还是包含"绝对真理"之义的，不过在恩格斯的真理概念中，这种"相对"包含"绝对"的意思是指无限发展着的认识是由该发展过程之每一阶段所达到的认识所构成的。然则，恩格斯真理观之特点乃在于强调人类认识发展过程的无限性与其发展过程每一阶段的有限性之间的辩证统一，其真理概念就是标识认识的无限性与有限性之辩证统一的历史辩证法概念。

---

① 《马克思恩格斯选集》第 4 卷，人民出版社 2012 年版，第 226 页。
② 《马克思恩格斯选集》第 4 卷，人民出版社 2012 年版，第 224 页。
③ 《马克思恩格斯选集》第 4 卷，人民出版社 1972 年版，第 213—214 页。

与恩格斯的真理概念有所差别，马克思的真理概念则是强调了思维对物质实践的依赖性。马克思在 1845 年春所写的《关于费尔巴哈的提纲》中，对于真理问题有这样一段论述：

> 人的思维是否具有客观的［gegenständliche］真理性，这不是一个理论的问题，而是一个实践的问题。人应该在实践中证明自己思维的真理性，即自己思维的现实性和力量，自己思维的此岸性。关于思维——离开实践的思维——现实性或非现实性的争论，是一个纯粹经院哲学的问题。①

这段评论是针对费尔巴哈的相关论点②而发，表达了马克思真理观及其与费尔巴哈真理观的分歧。从这里可以看出，马克思和费尔巴哈的真理观有某种共同之处——都承认"人的思维具有客观的真理性"，而这也表明了，他们的真理概念都是表示"思维"对"客观"的关系概念。由于他们都是唯物主义者，故在他们的语汇里，"思维"与"客观"是指意识与物质，抑或精神与自然界；其真理概念即指意识对物质、精神对自然界的一致关系，对此，他们都肯定这种关系，亦即承认物质可以为意识所反映。但是，物质在何种条件下可以为意识所反映呢？正是在这个问题上，马克思和费尔巴哈的思想产生了根本分歧：费尔巴哈是把作为意识对象的物质理解为自开天辟地以来就一直存在着的自然界，在他看来，人的意识就是对自然界的直观反映；马克思则认为，与人的实践无关的自然界并不能作为意识的对象而存在，意识的对象是由人的实践所造成③，因此，只有在实践中，物质才能为意识所反映；若是离开了实

---

① 《马克思恩格斯选集》第 1 卷，人民出版社 2012 年版，第 134 页。

② 费尔巴哈有"具有客观真理性的思维"（《费尔巴哈哲学著作选集》上卷，荣震华、李金山译，生活·读书·新知三联书店 1959 年版，第 178 页）之说。

③ 马克思、恩格斯《德意志意识形态》："费尔巴哈设定的是'人'，而不是'现实的历史的人'。……他没有看到，他周围的感性世界决不是某种开天辟地以来就直接存在的、始终如一的东西，而是工业和社会状况的产物，是历史的产物，是世世代代活动的结果。"（《马克思恩格斯选集》第 1 卷，人民出版社 2012 年版，第 155 页）按：意识的对象是由人的实践所造成，这个观点也可以用马克思所说的"通过实践创造对象世界"（《马克思恩格斯全集》第 1 卷，人民出版社 2012 年版，第 56 页）来加以概括。

践，意识与物质之间有没有同一性，就会成为"一个纯粹经院哲学的问题"，从而围绕该问题的讨论将永无休止，永远都不会有结果。对马克思来说，思维的客观真理性问题本质上思维是否具有现实性和力量的问题，即：思维在何种条件下可以转变为现实，转变为改变世界的物质力量？在马克思看来，人必须通过自己的实践，才能使自己的思维转变为现实，转变为改变世界的物质力量，从而才能证明自己的思维具有现实性和力量。在这里，"真理"不过是用来表示要求改变世界的实践唯物主义者的思维对促使它转变为改变世界的物质力量的实践的依赖关系的一个概念。正是借助于这个概念，一般唯物主义世界观所承认的思维与存在的同一性，遂具体化为实践唯物主义世界观所强调的思维对实践的依赖性。

据以上考察与分析，可以清楚地看出，恩格斯的真理概念和马克思的真理概念的差异性在于：马克思的真理概念是着眼于思维对实践的依赖关系，是强调了思维必须通过实践才能转变为改变世界的物质力量，故真理被理解为这样一个过程，即思维作为人的一种本质力量借助于实践由精神力量到物质力量的转变过程；恩格斯的真理概念则是着眼于人的实践的历史过程性对认识的决定作用，是强调了认识必将随着实践的无限发展而无限发展，故真理被理解为这样一个过程，即认识作为人脑对物质世界的反映是随着人类社会实践水平的不断提高而不断上升的历史过程。

要之，马克思主义创始人的真理概念，并不是在一般世界观意义上坚持唯物主义一元论原则，主张意识统一于物质，要求保持意识与物质相一致的物质本体论概念，而是在坚持唯物主义一元论基础上所提出的关于人的历史存在论概念，其所推崇的真理本质上是作为人的历史存在之本体的物质实践，其崇尚真理不过是追求人的历史存在的两个方面——认识（人的精神性历史存在）与实践（人的物质性历史存在）的一致。这种一致关系，不仅是作为无限发展着的认识过程的一个历史环节或历史阶段而存在的，在这个历史阶段上，人的认识还达到了与自己的实践相一致的程度，以至于可以通过自己的实践，由观念的东西转变为现实的东西，由精神力量转变为改变世界的物质力量，而且是作为无限发展着的实践过程的一个历史环节或历史阶段而存在的，在这个历史阶段上，人的实践还达到了与自己的认识相一致的程度，以至于可以在自己认识的指导下,由不自觉的或自觉度较低的行动转变为自觉的或自觉度较高的行动,由不自由的或自由度较低的行动转变为自由的或自由度较高的行动。在后一种意义上,其崇尚真理的实质在于崇尚自由:

> 自由不在于幻想中摆脱自然规律而独立,而在于认识这些规律,从而能够有计划地使自然规律为一定的目的服务。这无论对外部自然的规律,或对支配人本身的肉体存在和精神存在的规律来说,都是一样的。这两类规律,我们最多只能在观念中而不能在现实中把它们互相分开。因此,意志自由只是借助于对事物的认识来作出决定的能力。因此,人对一定问题的判断越是自由,这个判断的内容所具有的必然性就越大;而犹豫不决是以不知为基础的,它看来好像是在许多不同的和相互矛盾的可能的决定中任意进行选择,但恰好由此证明它的不自由,证明它被正好应该由它支配的对象所支配。因此,自由就在于根据对自然界的必然性的认识来支配我们自己和外部自然;因此它必然是历史发展的产物。①

由是观之,我国哲学界占主流地位的真理概念与马克思主义创始人所坚持的唯物主义一元论世界观有较密切的关系,但与马克思主义创始人在坚持唯物主义一元论世界观之前提下所提出的关于人的历史存在论尚存差距,它仅仅是从唯物主义一元论世界观出发,看到了意识对物质的依赖关系,但未能透过其现象而进一步看到这种关系的本质在于认识(人的精神性历史存在)对实践(人的物质性历史存在)的依赖关系,因而不能把对客观事物的本质和规律的认识理解为就是对人的物质实践的本质和规律(即人的物质性历史存在的本质和规律)的认识,从而也就不能把真理本质地理解为知与行的历史统一,以及在这个历史统一关系中人的精神力量和意志自由从抽象到具体、从观念到实在的历史性转化关系。

六 知识与真理的共性与差异

要之,按照马克思主义创始人的真理观和笔者对于知识的理解,知

---

① 《马克思恩格斯选集》第 3 卷,人民出版社 2012 年版,第 491—492 页。

识和真理的关系可以被归纳为：（1）知识和真理都具有客观性；（2）客观知识是作为一种精神力量而存在于人的头脑中的抽象的观念形态的东西，客观真理则是作为一种物质力量而存在于人的实践中的具体的现实形态的东西；（3）客观真理是客观知识通过物质实践走向对象化或物化——由抽象观念转变为具体事物，由精神力量转变为物质力量的过程。

第二节　知识创造与知识重建

《墨经》将人类知识划分为"闻知""说知""亲知"三类。"闻知"是指由传授得来的知识，包括由他人转告得到的传闻之知和自己直接听到的亲闻之知；"说知"是指超越界限，由推理得来的知识，其意义与"恕知"相同；"亲知"则是指从亲身观察或与外物接触得来的知识，其意义与"接知"相同。① 对于特定的知识创新主体来说，闻知是外来的，而非来自他自己的创新，他自己创新所得的知识要么是属于亲知，要么是属于说知。据此，知识创新应该且只能有两种基本形式：亲知创新和说知创新。

一　亲知创新是开辟知识源头的知识创造

从知识发生和发展角度看，原发的知识必由亲身观察或与外物接触得来的亲知，故知识创新必始于亲知创新。

在传说中燧人氏发明火、有巢氏发明巢居、伏羲氏发明八卦的时代，人类知识尚处于原始积累阶段，其每一项知识发明都是且必定是依靠发明者亲身实践所获得的直接经验才取得成功的。此类亲知创新皆属首创、原创。例如，螃蟹可吃的知识必由第一个吃螃蟹的人所发明；正是由于他的破天荒吃螃蟹的勇敢尝试，才使天下人逐渐都知道螃蟹是可以食用的（螃蟹可吃的知识，对第一个吃螃蟹的人来说是亲知，对后来直接听说或经别人转告才知道螃蟹可吃的人来说是闻知）。再如，中国古代医学

---

① 谭戒甫译注：《墨经分类译注·认识类（上经：80－81/下经：70）》，中华书局1981年版，第89—90、92—93页。

领域关于中药的发明，有所谓"神农尝百草"的传说，其核心内容是讲神农在尝百草的过程中，识别了百草，发现了具有攻毒祛病、养生保健作用的中药。将中药的发明权归于一个叫作神农的人，这固然属于虚构，但该传说也包含真实可靠的内容，即每一种中药的发明都是通过人类"尝"的直接经验才取得成功的。诸如螃蟹可吃、某草可入药之类的知识发明皆为亲知创新，其所得知识皆属《墨经》所谓亲知。亲知是其他一切知识的源头，亲知创新是开辟知识源头的知识创造，是知识从无到有的发生过程。

二 说知创新是利用已有知识来开展的知识重建

说知是由推理得来，而推理必以已有知识作为前提，故说知创新是凭借和利用已有知识来开展的知识重建。

人的实践是一个历史过程，这个过程从人类诞生之日起一直延续到现在，并且还将继续下去，向未来发展。这意味着每一代人的实践都不过是人类实践全过程中的一个环节，都是前人实践的继续，从而每一代人对自然界的本质和规律的认识也都是前人认识的继续。因此，如果撇开人类历史发展过程的起点不论，仅就该过程中每一代人而言，他们的认识就远不仅仅是来源于他们自己实践过程中所获得的直接经验，而更主要是来源于间接经验——前人（包括同代人中前辈）所累积起来的知识，正是这些既有知识（通过教育和知识传播）成为他们自己认识世界的基础和主要依托。这意味着，如果撇开人类认识起步阶段的原始知识创新（诸如上文所述"螃蟹可吃"的知识发明之类）不论，仅就通常的或一般的知识创新来说，它们无不是凭借和利用既有知识来开展的知识重建。知识重建是知识创新的主要方式。

三 亲知创新与说知创新的相互渗透

知识创新固然是起始于亲知创新，但是亲知创新又包含着说知创新的因素，因为亲知创新的必要前提是：创新主体通过学习语言而学会了思维。当且仅当其掌握了某种语言而能够思维时，他才能开展认知活动。只要承认人类对外部世界的反映是借助于语言系统来进行的，就不能不承认人类对外界事物的一切认知活动——包括亲知活动、闻知活动和说知活动，都是在由一定语词承载着的概念指导下进行的。根据既有概念来反映外界事物，是人类意识区别于动物意识的本质特征。离开既有概念来反映外界事物，充其量也只是动物式的人类意识活动——在猿到人的进化过程中那些似猿似人的过渡性动物的意识活动或许就是如此。

　　以螃蟹可吃的知识发明来说，这种发明是属于亲知创新，但是当第一个吃螃蟹的人尝试吃第一个螃蟹时，他的头脑里并非一片空白，而是事先已经有了与螃蟹相关的概念，即使在他所掌握的词语系统中尚未有"蟹"或与之同义的词，从而还根本谈不上有"蟹"之类的概念，但至少有能够让他分辨出他将要冒险试吃的那个螃蟹是动物还是植物，抑或是生物还是非生物，因为他不可能在对它毫无辨识的情况下去吃它。此时，他对那个螃蟹的辨识必须运用一定概念，至于这个概念是用什么语词来表示的，那是无关紧要的。而当他运用这些概念来辨识那个对象并辨认出它和他所吃过的某种动物相似时，他便会凭借其已有的相关经验知识，将它和他所吃过的那种动物进行类比而得到它也许可吃的或然性结论，并依据这种类比推理所得到的或然性结论而决定冒险去吃它。因此，尽管从整体上说，他作为第一个吃螃蟹的人所做出的螃蟹可吃的知识发明是属于亲知创新，但由于这种创新是基于上述类比推理所得到的说知，所以，它所得到的知识并非纯粹的亲知，其中也包含着说知因素，正是在这个意义上，应该说，它是渗透着说知创新因素的亲知创新。

　　再就说知创新来说，如上所述，在通常情况下，人类的认知过程都是某代人基于前人（包括同代人中前辈）所累积起来的知识，对于探求新知的这代人来说，这些知识是属于闻知，而非亲知。在其探求新知过程中，他们是依据闻知（以一定语词系统形式存在于他们头脑中的关于客观事物一般属性的概念系统）来理解其经验对象从而获得其亲知（关于客观事物个别属性的经验知识）的，而正是这些亲知又成为他们进而开展说知创新的经验基础，这意味着他们的创新所得到的知识并非纯粹的说知，而是其中包含了亲知因素的，正是在这个意义上，应该说，它是渗透着亲知创新因素的说知创新。

四　知识重建的三种基本样式

　　著名科学哲学家刘大椿（1944—　）先生曾指出：人类知识的发展

经历了一个由古代的整体化到近现代的专业化再到当代的综合化过程，并且，新知识愈益以学科交叉融合的方式涌现出来。刘先生用"知识统合"来描述学科尚未分化时（古代）知识的整体化发展，用"学科分化"来描述近现代知识的专业化发展，用"学科整合"来描述学科深度分化之后（当代）知识的综合化发展。① 据此，从知识发展角度，可将知识重建归纳为三种基本样式：整体化知识重建、专业化知识重建、综合化知识重建。

（一）"温故知新"：整体化知识重建——以中国古代经学的诠释性研究为例

整体化知识重建是知识发展初级阶段的人类知识重建样式，该阶段的知识尚处在学科未分的混沌状态，其重建样式可用"温故知新"② 来加以概括和描述——"故"即"旧的"，是表示一切过往的知识；"新"即"革故鼎新"之"新"，是表示前所未有且超越以往，比以往更好的知识；"温"即"复习"，是表示将过往知识放到现时环境下重加体验、领会，使过往知识增添与其环境相宜的更好内容；"温故知新"，是表示通过温习旧知识而达到对旧知识的超越从而生成新知识的过程。

从理论上讲，温故知新之所以可能，是因为知识作为一种语言信息，它所包含的意义是与它的语境相联系的，温故者将过往知识放到他所处的具体环境下重加体验、领会，这是意味着由于他的这种活动，其知识语境发生了改变，由此导致其知识意义也发生相应变化——相对于其原有意义，其变化后所生成的意义是新义；较之于原有意义的旧知，包含新义的知识是新知。也就是说，"温故"（温习旧知识）之可以达到"知新"（产生新知识），其客观根据是在于知识语境的变迁。然而，对知识创新主体来说，这样的客观根据只是其知识重建之可能性，其创新活动才是导致这种可能性转变为一种现实性的条件。这种创新活动以中国古代经学最为典型，下面就以中国古代经学的诠释性研究为例，来具体说明"温故知新"的知识重建样式之究竟。

---

① 刘大椿、潘睿：《人文社会科学的分化与整合》，《中国人民大学学报》2009 年第 1 期。
② 语出《论语·为政》："温故而知新，可以为师矣。"（《论语译注》，杨伯峻译注，中华书局 1980 年版，第 17 页）

中国古代经学是中国古代学术中以经、史、子、集中的经部作品①为文本的诠释性学问，无论是其本身的知识，还是作为其诠释对象的文本所包含的知识，都是学科未分的混沌体。（按现今的学科分类标准，它兼跨自然知识、社会知识和人文知识三个领域，是这三个领域的知识统合于一体的原始综合性知识。）经学学术作为一种诠释性学术，是人类知识整体化发展阶段上进行知识重建的一个典型范例，因其学术活动就是将过往知识（包括被称作"经"的儒家典籍所包含的知识和以往解释这些典籍的作品所包含的知识）放到诠释者所处的具体环境下重加体验和领会而产生新知识的"温故知新"过程。故整体化知识重建也可称为诠释性知识重建。一部经学史就是对以儒经作为根基的既有经部作品不断进行诠释性知识重建所构成的学术发展过程和相应的知识增长过程。在这过程中作为重建对象的知识本体（或曰知识原型），不只是儒经本身所包含的知识，还包括以往经学家通过诠释儒经所重建的知识。经学学术的发展就是经学家们对这两类知识不断进行诠释性重建的历史。

经学的历史非常悠久，在几千年的发展过程中，实际形成了一门可以被称为"儒经诠释学"的学问，即儒家经典文献诠释方法。清代学者曾将宋明以来的经学归为"义理之学"和"征实之学"②两种基本形态，

---

① 用文字写成并被列入经部的儒家作品，包括被称作"经"的儒家典籍和注解这些典籍的作品。被称作"经"的儒家典籍的范围并非一成不变，起初它仅有"六经"（《诗》《书》《礼》《易》《春秋》《乐》），后因《乐经》毁于秦火，"六经"乃变为"五经"。至唐朝，曾先后两次增加"经"的内容：第一次加《周礼》《仪礼》《公羊》《谷梁》，使"五经"变成"九经"；第二次又加《孝经》《论语》《尔雅》，使"九经"变成"十二经"。至宋朝，又增《孟子》，遂使"经"的范围由"五经"最终扩大到"十三经"。"经"的范围的历史演变表明，经部作品是一个开放系统，即原本不属于经部的儒家作品，在一定条件下可以转变为经部作品。

② 《四库提要》曰："盖明代说经，喜骋虚辨。国朝诸家，始变为征实之学，以挽颓波。"（《四库全书提要》卷十六经部，诗类二《毛诗稽古编》，第一册）这里"征实之学"与"虚辨"的"说经"相对，后者是指明代经学的诠释方法，前者是指清代经学的诠释方法。凌廷堪曰："昔河间献王实事求是。夫实事在前，吾所谓是者，人不能强辞而非之，吾所谓非者，人不能强辞而是之也，如六书、九数及典章制度之学是也；虚理在前，吾所谓是者，人既可别持一说以为非，吾所谓非者，人亦可别持一说以为是也，如理义之学是也。"［（清）凌廷堪：《戴东原先生事略状》，《校礼堂文集》卷三十五，道光六年宣城张氏刊本］此处凌氏所谓"六书、九数及典章制度之学"是指清代考据学，其核心是经学，就其经学内容而言，它也就是《四库提要》所谓的"征实之学"；所谓"义理之学"是与《四库提要》所谓明代"虚辨"的"说经"相一致的，它是泛指宋明经学的诠释方法。

它们也标志了儒经诠释学的两种基本方法。

"义理之学"发端于"丘治《诗》《书》《礼》《乐》《易》《春秋》"①之原始经学中的"述六经"②。如果说孔子"治六经"是经学之始的话，那么，孔子"述六经"就是儒经诠释学之始。"述"是孔子对"六经"的诠释方法。根据《孟子·离娄下》和《史记·孔子世家》的有关记述③，孔子对"六经"的"述"包括两个方面的内容：其一，保留所治经文中合乎"礼义"者；其二，删除所治经文中不合"礼义"者。显然，经其如是之"述"的"六经"，是反映了孔子本人对于"礼义"的理解的，实质上是孔子所理解的"礼义"的表达。这种依据诠释者的思想（对"礼义"的理解）对经典原文既有所保留又有所删削的诠释方法可称为"述解法"。由顾炎武首先发现的《史记》"于序事中寓论断"④的史学方法以及顾炎武本人所著《日知录》所采取的"让他人来为自己代言的思想表述方式"⑤，其实都是对孔子"述解法"的继承和发展。"述解法"看起来是"述而不作"，实际上是"寓作于述"，即通过有选择的叙述史事或转述他人的言论来表达叙述者本人的思想。这种旨在表达诠释者本人思想的诠释方法，在早期经学作品《易传》中得到了实际运用，《易传》不过是借助于对《周易》的解释来表达《易传》作者自己的思想的作品。汉代今文经学家（如董仲舒）对"五经"之"微言大义"的阐发，魏晋玄学家（如王弼）对《周易》"言外之意"和"象外之意"的阐发，宋明理学家对寓于"五经"的"道"的阐发，以及清代

---

① 《庄子·天运》，载《庄子今注今译》，陈彭应注译，中华书局1983年版，第389页。

② 孔子曾自言"述而不作，信而好古"（《论语·述而》，载《论语译注》，杨伯峻译注，中华书局1980年版，第66页），据此《三字经》（相传为南宋王应麟编写）乃有"六经者，统儒术，文周作，孔子述"之说。

③ 《孟子·离娄下》：孟子曰："王者之迹熄而《诗》亡，《诗》亡，然后《春秋》作。晋之《乘》，楚之《梼杌》，鲁之《春秋》，一也；其事则齐桓、晋文，其文则史。孔子曰：'其义则丘窃取之矣。'"（《孟子译注》，杨伯峻译注，中华书局1960年版，第192页）《史记·孔子世家》："古者诗三千余篇，及至孔子，去其重，取可施于礼义……三百五篇。"

④ 顾炎武曰："古人作史，有不待论断而于序事之中即见其指者，惟太史公能之。《平准书》末载卜式语，《王翦传》末载客语，《荆轲传》末载鲁句践语，《晁错传》末载邓公与景帝语，《武安侯田虫分传》末载武帝语，皆史家于序事中寓断法也。"（《日知录》卷二十六《史记于序事中寓论断》，载《日知录集释（外七种）》，黄汝成集释，上海古籍出版社1985年版）

⑤ 周可真：《顾炎武哲学思想研究·导论》，当代中国出版社1999年版，第7页。

常州学派（以刘逢禄、宋翔凤为代表）对《春秋》"圣王大义"的阐发，实质上也都是假借解释儒经来表达他们自己的思想。

从诠释学角度来说，"义理之学"所采用的是以文本重构为特征的诠释方法。从信息论角度看，文本重构就是信息重构，它可以被理解为信息传递中的信息变换[①]，由此产生信息失真的情况是必然的。"征实之学"正是力图"存古"以避免信息失真的一种诠释方法。如果说"义理之学"是以信息重构为本质特征的诠释方法的话，那么，"征实之学"就是以信息还原为本质特征的诠释方法。但对以文字作品为对象的文本诠释来说，无论是信息重构，还是信息还原，都包含着对文本信息的理解，只是其理解的目的不同——信息重构中的理解是为了正确地重构信息，使其重构所成的信息符合诠释者（主体）的需要；信息还原中的理解是为了正确地还原信息，使其还原所成的信息符合文本（客体）之本然。

就儒经诠释学中的理解而言，"征实之学"的理解方式以清代经学中主张"通儒之学，必自实事求是始"[②]的朴学派最为典型，它通过理证、书证、物证等考据方法来获得正确解经所必需的真实材料（"实事"），进而依据这些真实材料来理解经义。"义理之学"的理解方式则以宋明经学中主张"体贴天理"[③]的理学派最为典型，它是假借释经来表达诠释者自我"体贴"到的"天理"。故宋明"义理之学"作为一种特殊形式的诠释活动有两个方面的内容：其一，诠释者自我"体贴天理"；其二，诠释者根据自我"体贴"到的"天理"来诠释经典。"体贴天理"是诠释经典的前提和根据，对诠释者来说则是一个心性修养过程，也就是以某种修养方法达到对自身所固有的天命之性（天理）的自觉过程。把经典诠释和心性修养结合起来，并以心性修养作为经典诠释的基础，这是宋明"义理之学"诠释方法之根本特征。

在中国古代经学史上，顾炎武是介于"义理之学"与"征实之学"

[①] 信息论中所谓信息变换，主要是指信息形态变化、信息内涵的转换变化、信息扩展拓宽、衍化派生新信息的过程。

[②] （清）钱大昕：《潜研堂文集》卷二十五《卢氏（群书拾补）序》，吕友仁点校，上海古籍出版社 2009 年版。

[③] 程颢说："吾学虽有所授受，'天理'二字却是自家体贴出来的。"（《二程外书》卷十二《二程集》，中华书局 2004 年版，第 411 页）

之间，将这两种儒经诠释法互相结合而达到融会贯通并有所创新和发展的一位经学大师。从诠释学角度看，顾氏儒经诠释学思想及方法具有如下特点：

1. 强调诠经者须以"行己有耻"为立身之本

顾炎武继承了宋明"义理之学"以心性修养作为经典诠释的基础的儒经诠释方法，并加以发展，认为儒经诠释者不但要"博学于文"，更要"行己有耻"，指出："耻之于人大矣！不耻恶衣恶食，而耻匹夫匹妇之不被其泽，……士而不先言耻，则为无本之人。"① 所谓"言耻"，就是要为自己没有做过有益于天下百姓的实事而感到羞愧和耻辱。所谓"先言耻"，是在于强调必须先立济世泽民之志，而后才可以从事学术研究。这是顾氏儒经诠释学思想的首要特征。

2. 肯定诠经的意义在于"引古筹今"

因为顾炎武强调诠经者须以"行己有耻"为立身之本，所以在他看来，诠经是一项济世泽民的事业，其意义在于"引古筹今"②。这里，"古"是所谓"好古敏求"③、"好古多闻"④ 之"古"，在经学意义上，就是"六经之旨"；"今"就是"当世之务"⑤。所谓"引古筹今"，就是引据"六经之旨"来筹划"当世之务"。

3. 要求诠经先具"济世安民之识"

顾炎武曾对他的外甥徐元文（1634—1691）说："必有体国经野之心，而后可以登山临水；必有济世安民之识，而后可以考古论今。"⑥ 所

---

① （清）顾炎武：《亭林文集》卷三《与友人论学书》，载《顾亭林诗文集》，华忱之点校，中华书局1983年版，第41页。

② 《亭林文集》卷四《与人书八》："引古筹今，亦吾儒经世之用。"[（清）顾炎武：《顾亭林诗文集》，华忱之点校，中华书局1983年版，第93页]

③ 《论语·述而》："我非生而知之者，好古，敏以求之者也。"（《论语译注》，杨伯峻译注，中华书局1980年版，第72页）

④ 《亭林文集》卷三《与友人论学书》："非好古而多闻，则为空虚之学。"[（清）顾炎武：《顾亭林诗文集》，华忱之点校，中华书局1983年版，第41页]

⑤ 《亭林文集》卷一《生员论中》："国家之所以取生员而考之以经文、论、策、表、判者，欲其明六经之旨，通当世之务也。"[（清）顾炎武：《顾亭林诗文集》，华忱之点校，中华书局1983年版，第23页]

⑥ （清）顾炎武：《历代宅京记（中国古代都城资料选刊）·徐元文序》，中华书局2020年版。

谓"济世安民之识"，就是"通当世之务"①，即对当今济世安民之务有洞见。有了这种洞见，才能知道处理"当世之务"需要什么知识和应当具备怎样的知识；具备了这些知识，才能知道如何正确地"筹今"（筹划当今济世安民之务）。

4. 以"考古""论今"之结合为诠经方式

"引古筹今"的必要前提是"考古"，即所谓"习六艺之文"（研习儒家六经）"考百王之典"（稽考历朝典章制度）②，在这过程中，既要做到像郑玄那样在经文训诂上"六艺既该通，百家亦兼取"，而达至于"探赜靡不举"③，更要做到像董仲舒、朱熹那样在经义考释上"阐微言"而"明大道"④，以至于"不徒羽翼圣功，亦乃发挥王道"⑤。但是"考古"并非目的，它只是出于"引古筹今"的需要。为了"筹今"，不但要"考古"，还要"论今"，即在"习六艺之文""考百王之典"的基础上"综当代之务"（综论当今济世安民之务）。

5. 以"征实""义理"之结合为诠经方法

将"义理""征实"结合起来，并以"征实"作为基础，是顾氏儒经诠释学方法的本质特征。这种方法是基于"道"不离"经"的经学观点。⑥ 正是这个观点，导致了顾氏经学与阳明心学产生了严重对立：按照阳明"心即理"的新理学观点（按：相对于程朱"性即理"的理学观点而言），"明道"就是"明心见性"的心性修养过程，也就是"致良知"的道德实践。从逻辑上讲，这种道德实践并不必然要求道德主体研习儒家经典，这样就有可能导致道德主体脱离儒家经典，出现被顾炎武称为

---

① 《亭林文集》卷一《生员论中》，载《顾亭林诗文集》，华忱之点校，中华书局1983年版，第23页。

② （清）顾炎武：《日知录》卷七《夫子之言性与天道》，载《日知录集释〈外七种〉》，黄汝成集释，上海古籍出版社1985年版。

③ （清）顾炎武：《亭林诗集》卷四《述古》，载《顾亭林诗文集》，华忱之点校，中华书局1983年版，第384页。

④ （清）顾炎武：《亭林诗集》卷四《述古》，载《顾亭林诗文集》，华忱之点校，中华书局1983年版，第383页。

⑤ （清）顾炎武：《亭林文集》卷五《华阴县朱子祠堂上梁文》，载《顾亭林诗文集》，华忱之点校，中华书局1983年版，第121页。

⑥ 关于顾炎武"道"不离"经"的经学观点，参见周可真《顾炎武哲学思想研究》问学篇第二节《明先王之道》，当代中国出版社1999年版。

"今之清谈"的"今之所谓理学",亦即被其指摘为"不习六艺之文,不考百王之典,不综当代之务,举夫子之论学、论政之大端一切不问,而曰一贯,曰无言。以明心见性之空言,代修己治人之实学"①的"禅学"。在顾炎武看来,唯有本于"五经"及"圣人之语录"的经学才是"古之所谓理学"。②按照这种看法,据"经"论"理"(即通过对"经"的诠释来"发挥王道"),才是儒学本色。但由于种种原因,儒家经书在历史上和当时现实中都曾遭受了一些破坏,致使经文出现失真情况,而且在顾炎武看来,其失真情况相当严重,这在其《日知录》中有许多具体描述。正是鉴于这个实情,为了正本清源,恢复儒家经典本来面目,顾炎武力主围绕经籍考订来进行系统的古籍整理,并将这项工作的全面开展寄望于"后之君子"③。顾炎武本人则主要是从训诂入手来进行旨在准确把握经义的经文字义考证,以及旨在合理阐发经义的经学源流考证和相关史实考证。

顾炎武认为,训诂是经学基础,而"汉人犹近古"④,所以汉学训诂最可信赖。他特别看重东汉古文经学家许慎的训诂成就《说文解字》,认为"论字者必本于《说文》"⑤。但许慎对字义的训释,主要是从字形方向去进行"形训";顾炎武则认为"读九经自考文始,考文自知音始"⑥,所以他的经文字义考证是侧重于从字音方向来进行"音训",其成就集中反映在其《音学五书》中。

顾炎武通过经学源流考证与疏理,认为经学史上最值得推崇的有三人:董仲舒、郑玄和朱熹。顾炎武之推崇郑玄,主要是看重郑玄"探赜

---

① (清)顾炎武:《日知录》卷七《夫子之言性与天道》,载《日知录集释〈外七种〉》,黄汝成集释,上海古籍出版社1985年版。
② (清)顾炎武:《亭林文集》卷三《与施愚山书》,载《顾亭林诗文集》,华忱之点校,中华书局1983年版,第58页。
③ (清)顾炎武:《日知录》卷十八《监本二十一史》,载《日知录集释〈外七种〉》,黄汝成集释,上海古籍出版社1985年版。
④ (清)顾炎武:《亭林诗集》卷四《述古》,载《顾亭林诗文集》,华忱之点校,中华书局1983年版,第384页。
⑤ (清)顾炎武:《亭林文集》卷四《与人书四》,载《顾亭林诗文集》,华忱之点校,中华书局1983年版,第91页。
⑥ (清)顾炎武:《亭林文集》卷四《答李子德书》,载《顾亭林诗文集》,华忱之点校,中华书局1983年版,第73页。

靡不举"的训诂之功。不过，在顾炎武看来，训诂只是"六经所传"之"祖"①，并非"传经"（经典诠释）本身；"传经"是在经籍考订和经文训诂基础上，依据由之恢复了其本真面貌的正确经文来探究和阐发其义理，在这方面，顾炎武虽然肯定了郑玄有"探赜"之功，但他更认为惟有像董仲舒、朱熹这样的儒学大师才足以配称"继往开来之哲"。②

因此，相比于宋明理学，顾氏经学固然比较重视"征实"，不似前者那样偏执于"义理"，乃至于沦为如凌廷堪所说"虚理在前，吾所谓是者，人既可别持一说为非，吾所谓非者，人亦可别持一说以为是也"③的"义理之学"，但相对于自我标榜"夫实事在前，吾所谓是者，人不能强辞而非之，吾所谓非者，人不能强辞而是之也"④的"征实之学"——清代朴学，顾氏经学亦不似前者那样偏执于"征实"，乃至于陷入如沈垚（1795—1840）所说"考证于不必考之地"⑤。顾氏经学乃是据"经"论"理"之学，其诠经方法以"义理"与"征实"相互结合与融通为特点，既打通了经学内部古文派与今文派之间的学术隔阂，使二者熔为一炉，又打破了经学与理学的界限，使其浑然一体，从而使自己成为真正的"通儒之学"（潘耒语）。

作为"通儒之学"，顾氏经学的实证方法更有区别于一般考据法之特点，不像后者那样局限于书斋，仅作博览群书式考证，而是还主动走出书斋，直面生活世界，进行足迹半天下的类似田野调查的实地考察和广泛求证于学友的认知交往性征实。潘耒（1646—1708）在《日知录序》中提到："先生足迹半天下，所至交其贤豪长者，考其山川风俗疾苦利

---

① （清）顾炎武：《亭林诗集》卷四《述古》，载《顾亭林诗文集》，华忱之点校，中华书局1983年版。

② 周可真：《顾炎武哲学思想研究·导论》，当代中国出版社1999年版。

③ （清）凌廷堪：《戴东原先生事略状》，载《校礼堂文集》卷三十五，道光六年宣城张氏刊本。

④ （清）凌廷堪：《戴东原先生事略状》，载《校礼堂文集》卷三十五，道光六年宣城张氏刊本。

⑤ （清）沈垚：《落帆楼文集》卷八《与孙愈愚》，民国七年吴兴刘氏嘉业堂刻《吴兴丛书》本。

病,如指诸掌。"① ——这是为了"论今"之正确所开展的实证活动。全祖望(1705—1755)《亭林先生神道表》说:"凡先生之游,以二马二骡载书自随,所至厄塞,即呼老兵退卒,询其曲折,或与平日所闻不合,则即坊肆中发书而对勘之。"② ——这是为了"考古"之正确所开展的实证活动。顾炎武所从事的这些实证活动,不仅包括田野式实地考察,还包括广师式交往实践的内容,实际上是这两方面活动的交融,这是顾氏经学的实证方法区别于清代朴学考据法的一个独特之处。

综观之,顾炎武经学是一种实践性经学,在这种经学中,"温故知新"的具体意义在于:根据诠释者济世安民实践的现实需要,对过往知识加以重新审视、选择和变通,使之合于其实践的具体要求。该过程中知识创新是作为过往知识由观念转变为现实的一个必要条件而存在的,其实质是将过往知识应用于当今实践时对其知识所采取的调适活动。在这种调适性的知识创新活动中,被调适的知识属于"经",其调适所引起的知识变化属于"权",其调适过程则是"执经达权"的知识重建。顾氏儒经诠释学思想及方法的上述诸特点都是由其经学的实践性所决定,其"征实""义理"相结合的诠经方法是直接服务于其"执经达权"的知识重建的。这种知识重建样式代表了中国古代经学的知识创新模式,在人类知识整体化发展阶段上具有典型意义。

(二)"转智成识":专业化知识重建——以高锟对低损耗光纤的开创性研究为例

2009年10月,英籍华人高锟(Sir Charles Kuen Kao,1933—2018)因在"有关光在纤维中的传输以用于光学通信方面"取得突破性成就,和两名美国人一起共获诺贝尔物理学奖。

60年代,高锟还在英国求学时,就已有人研究,透过气体或玻璃传送光,期望可达到高速的传送效率,但无法克服讯号会严重衰减的问题。1965年,高锟对各种非导体纤维进行仔细的实验。按他分析,当光学讯号衰减率能低于每公里20分贝时,光束通信便可行。1966年7月,高锟

---

① (清)潘耒:《日知录序》,载《日知录集释〈外七种〉》,黄汝成集释,上海古籍出版社1985年版。

② (清)全祖望:《鲒埼亭集》卷十二《亭林先生神道表》,《四部丛刊》本。

在英国电子工程学会的年报上发表了一篇题为《光频率的介质纤维表面波导》的论文，首次利用无线电波导通信的原理，提出了低损耗光导纤维概念，并指出了玻璃是最可用的透光材料，关键在于降低玻璃中铁、铜、锰等杂质，只要制造出"纯净玻璃"，讯号传送的损耗就会被减至最低，当玻璃纤维损耗率下降到 20 分贝/公里时，光纤通信即可成功。这项关键研究结果，推动了全球各地连串运用玻璃纤维波导来通信的研发工作。1970 年美国康宁公司终于首次研制成功损耗为 20db/km（光波沿光纤传输 1km 后，光的损耗为原有的 1%）的石英光纤。

高锟对低损耗光纤的开创性研究作为自然科学领域的一种知识创新活动，属于专业性知识重建。该案例显示出这种样式的知识重建具有如下四个鲜明特点：

第一，必须以一定的科学原理或科学理论作为基础。

高锟之所以能够在通信技术领域取得突破性成就，是因为他是一位电机工程专家，并且有着扎实的专业理论基础，这使他得以利用无线电波导通信的原理而破天荒地提出了低损耗光导纤维概念，此概念将光的传输与气体、玻璃等介质联系起来，认为只要克服讯号严重衰减的问题，就可借助这些介质来传送光，实现远距离高效快速的通信。在此新概念问世之前，尽管光的传输早已成为一种实事，玻璃纤维更是早就被人们发现了的一种实物，它们之间的内在联系却是如黑暗中的东西，是不为人们所见的，而低损耗光导纤维概念首次揭示了这种联系，因而标志着一项新的科学发现的问世。然而这项新的科学发现是基于无线电波导通信的原理，要是离开了这个科学原理，高锟就没有可能做出这样的科学发现。

第二，需要对所发现的事物之间的内在联系进行精确描述。

低损耗的光导纤维的概念包含这样一些具体内容：玻璃是最可用的透光材料，而关键在于降低材料中铁、铜、锰等杂质。"只要制造出'纯净玻璃'，讯号传送的损耗就会被减至最低，光就可传送万里。"[①] 并且这样的"纯净玻璃"的纯净度的具体数字指标是玻璃纤维损耗率下降到 20 分贝/公里。这说明，专业化知识的创新，并不是简单地提出一个抽象的

---

① 菡涵：《"光纤之父"高锟痴梦成真》，《中华儿女》2010 年第 4 期。

概念或一种空洞的想法，而是要对所发现的事物之间的内在联系进行精确描述，使人们能够具体地把握到这种联系，从而可以根据这种被加以精确描述的联系来进行相应的实验。

第三，需要对所提出的新概念或新理论进行实践验证。

高锟对低损耗光纤的开创性研究是光纤通信研究的一部分，它使光纤通信的一般概念具体化为低损耗光导纤维概念，由于这个具体概念的提出，推动光纤通信研究由开创性通信理论研究转变为研制通信新材料（光纤）的具体科学实验。低损耗光导纤维概念实质上是一个揭示了相关科学规律的概念系统，故或可称之为"光纤理论"。这种理论在光纤尚未被实际制造出来的时候，只是一种假说，而且是一种极典型的"大胆的假设"，以至于曾经一度被人们笑作"痴人说梦"。但是，当1970年美国康宁公司首次研制成功损耗为20db/km（光波沿光纤传输1km后，光的损耗为原有的1%）的石英光纤的时候，高锟的"大胆的假设"就被证实了。尽管光纤的成功制造者并没有因其对光纤的技术发明而获得诺贝尔奖，但是，如果没有他们具体研制通信新材料（光纤）的科学实验，高锟的这项科学发现就无以得到实证，它就仍然可能被人笑作"痴人说梦"，而不能成为获得科学共同体承认的一种现实的知识创新。

第四，对于推进人类社会发展有实际的积极作用。

高锟在有关光在纤维中的传输以用于光学通信方面所取得的科学创新成就，导致了研制光纤和进行光纤通信试验的科学技术创新行动，最终使光纤通信系统得以产生和不断更新换代，极大地改善了人类的通信条件，大大促进了全球化进程的发展。

以上四个特点中，第一个特点至为重要，也最为关键，它表明了在专业化知识重建中，学习和熟练掌握某个专业领域所特有的原理，对于洞察该领域新情况而做出新发现具有决定意义。因此，可用"转智成识"来概括和描述知识专业化发展阶段的知识重建样式："智"是通过专业知识的学习与训练所获得的某些原理的专业智慧①；"识"是洞察该领域新情况而做出新发现的专业眼光；"转智成识"是将专业智慧转换成专业眼

---

① 亚里士多德曾说："智慧就是有关某些原理与原因的知识。"（［古希腊］亚里士多德：《形而上学》，吴寿彭译，商务印书馆1959年版，第3页）

光，也就是凭借和利用一定领域的专业智慧，洞见该领域尚未被人发现的某一规律。

（三）"引石攻玉"：综合化知识重建——以本尼迪克特和米德的跨学科交叉研究为例

如上所述，刘大椿先生曾用"学科整合"[①] 来描述学科深度分化之后知识的综合化发展。关于学科整合过程中学科交叉融合而产生新知识的知识重建方式，刘先生将其描述为"各学科在研究领域、方法、规范等方面的交叉、渗透、移植和互鉴"，并将人文社会科学整合的基本过程概括为三个方面：（1）学科交叉和传统学科界限的消解；（2）综合性课题与跨学科研究的兴起；（3）学术共享范式的创生。[②] 此类综合化知识重建，可以文化人类学中文化心理学派（又称民族心理学派或种族心理学派，也称文化与人格学派）主要代表本尼迪克特和米德的跨学科交叉研究为实例。

本尼迪克特从 1921 年开始，师从美国当时最著名的人类学家博厄斯（Franz Boas，1858—1942），在哥伦比亚大学攻读博士学位，1923 年获得博士学位以后，一直在哥伦比亚大学任教，从 1936 年起担任该校人类学系代理主任，1946 年当选美国人类学学会主席。米德（Margaret Mead，1901—1978）是本尼迪克特的校友，曾在哥大专攻心理学，1924 年获心理学硕士学位，因结识了本尼迪克特的博士生导师、时任哥大人类学系主任的博厄斯，受其影响而转攻人类学，1929 年获哥大哲学博士学位，长期在美国自然史博物馆工作，先后担任该馆助理馆长、副馆长、馆长及该馆民族学名誉馆长等职，1959—1960 年还担任美国人类学会主席，1970 年担任美国科学进步协会主席，1979 年被追授"总统自由奖章"。

---

① "整合"（integration \ Integrative）作为一个学术用语，较早出现在生物学中。"在生物学的研究当中，整合一词是指机体或细胞中各个组成部分在结构上有着严密的组织形态，在功能上能够很好地协同动作，共同组成一个完整的良性系统。它含有结合、融合、统合、综合、有机化、整体化、系统化、统一化的意思。"（田文棠：《中国文化的整合与认同》，陕西人民教育出版社 1998 年版，第 1 页）后来，"整合"概念曾先后出现在 1932 年诺贝尔生理学或医学奖得主之一、英国神经生理学家谢灵顿（Charles Scott Sherrington，1857—1952）所著《神经系统的整合作用：稳态神经生物学》（Integrative Action of the Autonomic Nervous System：Neurobiology of Homeostasis，1906）、美国人类学家本尼迪克特所著《文化模式》（Patterns of Culture，1934）中，至今已被社会学、教育学、管理学等诸多学科广泛使用。

② 刘大椿、潘睿：《人文社会科学的分化与整合》，《中国人民大学学报》2009 年第 1 期。

在米德攻读博士学位期间，本尼迪克特和米德等一起创建了文化心理学派，将文化人类学与心理学联系起来，开展跨学科交叉研究。

本尼迪克特和米德都是把通常用于个人的心理分析概念应用于文化人类学中的群体研究——可将此类研究比作"引石攻玉"①，但本尼迪克特比较偏重于民族性格（或曰国民性）研究，其早期代表作《文化模式》（*Patterns of Culture*，1934）提出"文化为大写的人格"②，表明其所谓"文化模式"是属于文化心理学范畴的概念——"文化"是指人类群体（民族或种族）性格；"模式"是指（民族或种族的）性格类型；"文化模式"是指通过人们的惯常活动所表现出来的彼此互有差别的种族性格类型或民族性格类型。其书是依据其对有关部族社会的人类学研究所获得的第一手资料来讨论种族性格的理论著作，该书所重点分析的三种文化模式（"日神型""酒神型""妄想狂型"），实际上就是三个种族（新墨西哥州的普韦布洛人、美洲西北海岸的克瓦基特人、新几内亚东部多布人）的三种不同性格类型。③ 本尼迪克特认为，文化之所以具有一定模式，是因为诸种文化皆有其不同的主旋律（即民族精神），受民族精神的制约和引导，人们的行为仅有一小部分得到发挥和受到重视，其他部分都受到压抑，从而使得多种多样的行为可以被整合成彼此相互联系、和谐共存的一个有机整体。在《菊与刀——日本文化的诸模式》（*The Chrysanthemum and The Sword*：*Patterns of Japanese*，1946）中，本尼迪克特更将其在研究部族社会过程中形成的文化模式理论，用来研究和分析

---

① 此语源出《诗经·小雅·鹤鸣》："它山之石，可以攻玉。"（《诗经全译》，袁愈荌译诗，唐莫尧注释，贵州人民出版社1981年版，第267页）

② ［美］鲁思·本尼迪克特：《文化模式·序》，张燕、傅铿译，浙江人民出版社1987年版，第2页。按："大写的人格"的英语原文为"personality writ large"，张燕、傅铿译本原译"人格的典章性扩大"，此据游国龙先生的意见改译。参见游国龙《文化与人格研究和心理人类学的方法论剖析——以〈菊与刀〉与〈家元〉为例》，《日本学刊》2010年第5期。

③ "日神型"的普韦布洛人具有重视仪式、遵守秩序、恪守传统、善于合作、理性节制、崇尚中庸、讲求分寸等性格特征；"酒神型"的克瓦基特人具有充满激情、喜好幻想、做事冲动、爱出风头、狂妄自大、偏爱竞争、好走极端等性格特征；"妄想狂型"的多布人具有执拗冷酷、嫉妒心强、猜疑心重、行动诡秘、反复无常、不守规矩、不讲信用等性格特征。（［美］鲁思·本尼迪克特：《文化模式》，张燕、傅铿译，浙江人民出版社1987年版，第4—6章；聂爱文：《解读〈文化模式〉》，《昌吉学院学报》2002年第2期）

近代文明社会中日本人的民族性格。她借用"菊"与"刀"①来比喻日本人"既好斗又和善，既保守又善于接受新事物，既尚武又爱美，既蛮横又文雅，既顺从又不甘任人摆布"的矛盾性格。通过对日本社会的等级制及恩与报恩、义理与人情、耻感文化、修养和育儿方式等习俗的考察，从结构上深入探讨了日本人的价值体系，分析了日本人的外部行为及深藏于其行为之中的思考方法，得出了日本的社会组织原理是不同于欧美"个人主义"的"集团主义"，日本文化是不同于欧美"罪感文化"的"耻感文化"的结论。②

米德的研究课题相当广泛，著述等身，一生共计出版、发表了 44 部专著、1397 篇文章，还制作了 43 部音像作品。她的第一部著作《萨摩人的成年》(Coming of Age in Samoa, 1928)③是通过对萨摩亚群岛上 50 多名 13—20 岁萨摩亚少女的跟踪调查和细心观察来研究和分析其青春期的群体心理，试图据此来解答生理因素和文化因素各自在多大程度上决定人类青春期的心理特质——这也是当时西方文明社会所普遍关注的一个社会问题。后来，在通过对新几内亚三个原始部落的深入研究而写成的《三个原始部落的性别与气质》(Sex and Temperament in Three Primitive Societies, 1935)④一书中，米德具体论证了这三个部落各自不同的文化相应地产生了不同的性别角色和性别气质，否定了认为男女的不同气质是由于其各自不同的生理结构所造成的传统说法，得出了气质由文化塑模而成的结论。米德还在该书中指出，人们通常所谓不正常行为主要是指那种与该社会文化规范的要求相背离的行为，因此，考察一种行为是否正常，应着重从文化方面对其加以考察，而不是单纯去考虑它的生物性原因。在《男性与女性——有关变迁世界中性别角色的研究》(Male and female: a study of the sexes in a changing world, 1949)一书中，米德更提出

---

① "菊"本是日本皇室家徽，"刀"是武家文化象征。
② [美]本尼迪克特：《菊与刀》，吕万和、熊达云、王智新译，商务印书馆 1990 年版；邬春立：《〈菊花与刀〉：耻辱感文化 美与残酷的极致》，中国新闻网《海外华文报摘》(2011 年 2 月 12 日)摘自香港《文汇报》。
③ 中译本有周晓红等译、浙江人民出版社 1988 年版《萨摩人的成年》和商务印书馆 2008 年版《萨摩人的成年——为西方文明所作的原始人类的青年心理研究》。
④ 中译本有宋践等译《三个原始部落的性别与气质》，浙江人民出版社 1988 年版。

了关于塑造两性角色并能使人的各种潜能充分得到发挥的理想文化：一种既给两性带来满足感又不减弱其对自身性别的确定感的文化模式。①

由刘大椿先生所概括和描述的人文社会科学整合过程的三个方面，在本尼迪克特和米德的跨学科交叉研究实例中都有明显的体现：（1）在她们的研究中，文化人类学与心理学的学科界限消解了；（2）由于她们的研究，文化人类学与心理学的交叉学科中一个新学派——文化心理学派兴起了；（3）经由她们的研究，心理分析不再是心理学所特有的研究方法，而是成为一个新的学术范式，为心理学和人类学、文化学所共享了。从知识创新角度看，其中最重要的是新的学术范式的建立，因为按照库恩关于科学革命的实质是范式转移（paradigm shift）的观点②，某个新的学术范式的建立不只是意味着一套被用以进行新的知识生产的工具（包括新的学术理念、准则、方法等等）的问世，更是意味着随着这套新的知识生产工具的问世，一个新的知识共同体也应运而生——在本尼迪克特和米德的跨学科交叉研究实例中，由之兴起的文化心理学派便是这样的新的知识共同体。这个新的学术范式的建立，是其"引石攻玉"的跨学科交叉研究所带来的最重要的知识成果，正是这个知识成果，开辟了一个新的知识天地，并引领人们在这片新天地里开展新知识的求索。

第三节 创新思维的本质

一 以往研究中关于创新思维的种种界说

创新思维属于思维学的研究课题。现代思维学可分哲学、逻辑学、心理学、神经科学四个基本层次：

（一）以辩证法为主要内容和本质特征的马克思主义哲学和以科学（自然科学）为研究领域的现代西方科学哲学，都是属于哲学层次的思维学。

（二）以逻辑研究数学化为特征、以数理逻辑为基础的现代逻辑学及

---

① 陈国强主编：《简明文化人类学词典》，浙江人民出版社1990年版；（2）梁进龙、张海钟：《玛格丽特·米德的女性心理学思想述评》，《湖南科技学院学报》2010年第11期；（3）孙晓天、李晓非：《玛格丽特·米德与女性主义》，《经济研究导刊》2011年第9期。

② 李醒民：《科学革命的实质》，《民主与科学》2014年第4期。

其分支（如哲学逻辑、科学逻辑、归纳逻辑、控制论逻辑、概率逻辑、量子逻辑、自然语言逻辑、人工智能逻辑、价值逻辑、法律逻辑等），都属于逻辑学层次的思维学。

（三）以创造性人格和创造性思维为主要研究对象的创造心理学，都属于心理学层次的思维学。

（四）旨在阐明人类大脑的结构与功能以及人类行为与心理活动的物质基础的脑科学、旨在阐明各种认知活动的脑内过程和神经机制的认知神经科学，都属于神经科学层次的思维学。

自20世纪20年代以来，人们在"创造思维心理学""创造心理学""创造学"① 等名义下开展创新思维研究已近百年。近百年来中外学术界对于创新思维的研究，虽然也有哲学和逻辑学的参与，但主要是在心理学范围内展开的。

心理学是把创新思维当作个人心理现象来理解的，通常并不把逻辑思维当作创新思维来看待，有些学者甚至直接把创新思维界定为非逻辑思维形式，而在心理学界占据主导地位的权威性观点则将创新思维或创造性思维纳入"创造力"（creativity）范畴。1950年，吉尔福特（Joy Paul Guilford，1897—1987）在美国心理学会年会上所发表的题目"创造力"的演说中，首次提出并界定了创造心理学（psychology of creation）概念，认为创造心理学的研究对象是创造性人格、创造性思维，其主要任务是揭示创造活动的心理过程，为激发创造潜能，培养创造型人才提供依据。吉尔福特对"创造力"概念所下的定义是："创造力是指最能代表创造性人物特征的各种能力，是经由发散思维而表现于外的行为。"② 吉尔福特这里所讲的"发散思维"实指创造性思维，很明显，他具有把创造性思维本质地归结为发散思维的倾向。界定了创造学（creatology）是研究人类创造活动的心理、规律、方法和创造力开发的一门边缘性、综合性和应用性的软科学。

在以往的研究中，学者们对创新思维或创造性思维的具体界说向来不一致，贺善侃（1947— ）指出其有三种情况：一是以左脑、右脑为

---

① 德国符兹堡学派心理学家奥托·塞尔兹（Otto. Selz, 1881—1943）著有《创造思维心理学》（1922）。

② 转引自张红学《谈创造力的培养》，《中共郑州市委党校学报》2004年第5期。

标准，把创新思维界定为右脑思维形式；二是以是否遵循逻辑规则为标准，把创新思维界定为非逻辑思维形式；三是依据思维的自觉程度，把创新思维或界定为自觉思维形式，如创造想象、发展思维等，或界定为非自觉思维形式，如灵感、直觉、顿悟等思维形式。①

张晓芒（1955—　）则指出中外学者对创新思维大致有如下几种代表性界说：

（1）"天赋说"——认为创新思维是一种天赋能力，是一种以非逻辑因素甚至是一种"神秘力量"发挥主导作用的思维活动；

（2）"顿悟说"——认为创新思维是通过灵感、直觉、梦境、联想等一系列非逻辑思考方式，在偶然激发的、突然产生的"顿悟"指导下，产生了新的发现或启迪；

（3）"发散思维说"——认为创新思维在本质上和发散思维是统一的，发散思维是创新思维的核心；

（4）"张力说"——认为创新思维是发散思维与收敛思维的有机统一，并且两者之间保持着"必要的张力"，而辐合性思维与发散性思维的结合是创新思维运动的基本形式；

（5）"整合说"——认为创新思维是一种"展开·整合（expantegration）的思维方式"。②

张晓芒本人也提出了他自己的见解，对创新思维给出了如下界定：

> 创新思维是思维的一种智力品质，它是在客观需要和伦理规范的要求下，在问题意识的驱动下，在已有经验和感性认识、理性认识以及新获取的信息的基础上，统摄各种智力因素与非智力因素，利用大脑的有意识的悟性思维能力，在解决问题的过程中，通过思维的敏捷转换和灵活选择，突破和重新建构已有的知识、经验和新获取的信息，以具有超前性和预测能力的新的认知模式把握事物发展的内在本质及规律，并进一步提出具有独特见解的具有主动性和独特性的复杂的思维过程。③

---

① 贺善侃：《创新思维形式的分类》，《教学月刊·中学版》（教学管理）2011年第7期。
② 张晓芒：《创新思维的逻辑学基础》，《南开学报》2006年第6期。
③ 张晓芒：《创新思维的逻辑学基础》，《南开学报》2006年第6期。

据此，张晓芒将创新思维解析为五个要素或环节：（1）动力：客观需要；解决问题的"问题意识"；思维主体的好奇心。（2）基础：已经具备储存的知识和经验；新获得的信息。（3）方式：综合运用各种思维成果、思维方法。（4）结果：提出新观点、新理论、新形象、新办法、新思路。（5）要求：必须符合伦理规范。他并指出："动力"中的"问题意识"来自逻辑分析与逻辑批判精神；"基础"中的知识和经验包括了自发的逻辑感觉和自觉的逻辑意识；"方式"中包括了逻辑思维方法；"结果"中包括了逻辑论证的结果；"要求"中包括了逻辑的求真精神与求善精神。

尽管创新思维的各个部分均包含有逻辑的因素，但创新思维仍然是与逻辑思维截然不同的思维方式，这是由它的基本特征所决定的。其一是独创性，指思维主体在认识事物、解决问题时，不局限于原有的经验和知识，能够突破常规思维定势的束缚，实现认识或实践的新飞跃；其二是灵活性，指思维主体的思维活动不受常规思维定势的束缚、局限，不恪守一种稳定的有序性，其思维方式、方法、程序、途径等都没有固定的框架，允许思维的自由跳跃，它往往借助于直觉和灵感，以突发式、飞跃式的形式寻求问题的答案；其三是综合性，指对已有思维成果的综合运用，同时也指是对多种思维方式、方法的综合运用，其中特别突出的是对直觉和灵感方法的运用；其四是批判性，指在创造性地认识、解决问题的过程中，思维认识对既有知识、经验和常规思维定势的质疑。①

也有学者从创新思维与逻辑思维的区别性方面，将创新思维划分为发散与集中思维、逆向思维、形象思维、直觉和灵感思维、综合思维五种基本类型。②

还有学者以辩证法的观点，从思维运动的内在矛盾机制方面去理解创造性思维，将创新思维的内在矛盾关系归纳为发散思维与收敛思维、逆向思维与顺向思维、求异思维与求同思维、显意识思维与潜意识思维

---

① 张晓芒：《创新思维的逻辑学基础》，《南开学报》2006 年第 6 期。
② 王复亮：《创新思维的基本类型与思维模式》，《潍坊学院学报》2007 年第 3 期。

等诸多方面,认为正是这些方面的矛盾关系,构成了创新思维的最优化信息处理系统。①

综观之,关于创新思维到底是什么,迄今尚无定论。但诸种界说有一个总倾向,即否定逻辑思维是创新思维②,这是笔者所不能认同的。但这里暂且先搁置这个问题,留待后面再行讨论。

二 创新思维是人类创新活动之根本和人类思维之本性

汉语中"创"字的本义是"始",与"生"字同义,是"自无出有"之意,相当于英语所谓"God created the world"(上帝创造了世界)中"create"一词(由拉丁语"creare"一词派生而来)的含义。"create"今汉译为"创造",被用于指人事,是表示做前所未有之事且由此产生出前所未有的新事物。与名词"创造"(creation)意义相近的一个词是"创新"(innovation)。在实际使用中,"创造"强调首创、原创③,"创新"在外延上包括创造,但不强调首创、原创,也指在别人或自己的首创或原创基础上进行补充、改进和完善的工作。

在以往有关创新思维的研究论著中,学者常将"创新思维"和"创造性思维"相提并论而互相混用,对其意义并不作严格区分。在中英文互译中,"创新思维"既可译为 innovative thinking,亦可译为 creative thinking;而 innovative thinking 和 creative thinking 皆可译为"创新思维"。但 innovative thinking 常被译作"创新思维",而非"创造性思维";"创造

---

① 陶伯华:《智慧思维学》,吉林人民出版社 2010 年版。
② 有些学者虽不完全否定逻辑思维的创造性,但又断言逻辑思维"只能发现、领悟那些与原有知识具有一定逻辑联系的新事物,而不能超越原有的知识作出全新的重大发现"(陈熙谋、胡望雨、陈秉乾:《逻辑思维与直觉思维》,《物理通报》1994 年第 7 期)。也有个别学者肯定了逻辑思维的创造性作用:一方面是逻辑思维对创造科学理论的作用——这在非欧几何的发现中表现得尤为明显;另一方面是逻辑思维对反驳谬误、使新理论最终获胜的作用——在新理论建立过程中,真理与谬误的斗争十分激烈,而谬误常常与权威结合而得以生存,逻辑思维则从不惧怕权威,正如伽利略曾感叹的:在真理面前,一千个权威抵不上一个谦恭的逻辑推理。[昂扬:《论逻辑思维功能》,《复旦学报》(社会科学版)1998 年第 4 期]
③ "首创"与"原创"又有意义之异同:"首创"是从创造之事的主体归属认定上强调谁先为之;"原创"是从创造之事的成果归属认定上强调由谁为之;但不管是谁先为之抑或由谁为之,其所为之事都是前所未有之新鲜事,其所为之事的成果都是前所未有之新作品,此乃"首创"与"原创"之共有意义。

性思维"被当作英文的汉译语辞来使用时,常特指 creative thinking。

在本书中,"创新思维"一词是被用来指称以知识创新为内容、追求新知为目标、达到新知为归宿的思维活动,包括首创性或原创性的思维活动和在首创或原创基础上作补充、改进和完善的思维活动,所以它既可被英译为"innovative thinking",也可被英译为"creative thinking"。

人类的一切活动都是受其意识或思维支配的,人类活动中的一切创新行动都是发源于其创新思维,是由其创新思维所造成的精神产品(新概念、新思想、新理论、新方案、新方法等)所导致的行为,故创新思维乃是人类创新活动之根本。

创新行动所创造的物质产品能直接满足人类吃、穿、住、行等物质生活需要,以及再生产需要;创新思维所创造的精神产品则不能直接满足人类物质生活需要,而只能满足人类精神生活(包括精神生产和精神享受)需要。但是,从人类社会可持续发展角度看,创新思维是比创新行动更为重要的一种创新活动。诸如文学、史学、哲学、科学之类的经典著作(如《老子》《形而上学》《纯粹理性批判》《史记》《红楼梦》《哈姆雷特》《老人与海》《自然哲学之数学原理》《物种起源》《相对论》等),为世世代代的后人提供了效用价值不朽的精神财富,超越时空限制而流传千古,对人类社会的发展起到了无限的促进作用,这是任何一种物质产品所无法比拟的。

人类思维作为人脑对外部世界的反映是能动反映,创造性是这种能动反映的固有属性,是人类思维区别于动物心理的本质属性。所谓"创新思维"或"创造性思维",不过是对人类思维本性的一种如实陈述。学者们提出"创新思维"或"创造性思维"概念,是为了让人们达到对自己作为思维主体的创造本性的自觉意识,在这种自觉意识指导下去研究思维过程的创造规律,以便按照这种规律来进行创造,以提高知识创新效率。

三 哲学视域下创新思维的本质:追求思维与存在的一致

近代以来实证科学的发展,证明了意识是人脑这种特殊自然物质的机能,从而证明了思维是自然界中的一种特殊运动形式——"运动,就它被理解为物质的存在方式、物质的固有属性这一最一般的意义来说,涵盖宇宙中发生的一切变化和过程，从单纯的位置变动直到思维"①。事实上，当人们将思维纳入科学（science）范畴，把它当作一种特殊的科学客体来加以研究时，它就获得了和其他自然物质的运动同样的品格。

当思维被当作一种特殊自然物质的运动来加以研究时，这就是意味着承认思维和其他自然物质的运动一样，也有它的时空形式，亦即承认有思维时间与思维空间的存在。于是，我们便可以从运动与时空的关系方面来理解思维运动与思维时空的关系。

物质运动在时间和空间上都必然地表现为连续性与非连续性（间断性）的辩证统一——空间上的连续性与非连续性表现为物质运动位置的确定性与不确定性，时间上的连续性与非连续性表现为物质运动方向的确定性与不确定性。然则，思维作为对外界物质运动的反映也必然具有连续性与非连续性的辩证统一特点：与外界物质运动位置的确定性与不确定性相一致，思维空间上的连续性与非连续性也就是思维位置的确定性与不确定性——所谓思维位置，就是思维空间"思所"意义的质点，在现实思维运动中表现为思维者为获得其"思所"所选择和确定的"所思"（思维对象）；与外界物质运动方向的确定性与不确定性相一致，思维时间上的连续性与非连续性也就是思维方向的确定性与不确定性——所谓思维方向，就是思维时间"思往"意义的质点，在现实思维运动中表现为思维者为实现其"往思"所选择和确定的"思路"（思维路向）。要之，思维运动的时空形式可以被描述为思维者的思维对象和思维路向——思维对象就是思维运动的空间形式，思维路向就是思维运动的时间形式。于是，我们可以进一步从时间与空间的关系方面来理解思维对象和思维路向的关系。

物质运动的空间与时间具有内在的和必然的联系，以地球运动为例，若以地球表面上的人类作为参照系，则地球自转一周为一昼夜，这一昼夜就是地球自转一周的空间量度——"昼"是地球自转过程中人类能在不同程度上见着阳光的地球运动之空间过程，"夜"是地球自转过程中人类不能见着阳光的地球运动之空间过程；同时，它又是地球自转一周的时间量度——"昼"是地球自转过程中人类能在不同程度上见着阳光的地球运动之时间过程，"夜"是地球自转过程中人类不能见着阳光的地球

---

① 《马克思恩格斯选集》第3卷，人民出版社2012年版，第951页。

运动之时间过程。物质运动的这种时空关系表明，空间与时间是互相统一而不可分割的。

然则，如果说物质运动的时间与空间之间具有互相不可分割的统一性，那么，体现思维空间的思维对象与体现思维时间的思维路向之间无疑也具有互相不可分割的统一性。正是这种统一性，客观地决定和要求思维主体在思维过程中必须保持思维路向与思维对象的一致性，否则就不可能取得积极的思维成果。问题在于：怎样理解思维过程中思维路向与思维对象的一致性？对此，仍需要从物质运动与时空的关系方面去理解。

空间与时间的互相统一性，要求研究物质运动的科学，如果是撇开作用力和质量等影响运动的因素来单纯描述物质运动的话，就不但应当描述物质运动因随时间变化所发生的空间变化，还应当描述物质运动因随空间变化所发生的时间变化。也就是说，如果不是从动力学角度来研究物质运动规律，而是从运动学角度来研究物质运动规律的话，那么，所谓运动规律，照理应该有两个方面，即物质运动因随时间的空间变化规律和因随空间的时间变化规律。在理论力学中，运用几何学的方法来研究物体运动的运动学，是只研究物质运动在空间方面的变化规律，而不研究时间方面的变化规律。但是，如果从运动学角度来研究创新思维规律的话，那就不是着眼于思维的空间变化，而是着眼于思维的时间变化了，即，不是要研究思维过程中思维对象的变化规律，而是要研究思维过程中思维路向的变化规律，从而思维过程中思维路向与思维对象的一致性，也就应该被理解为思维路向因随思维对象变化而相应变化的规律。

思维路向因随思维对象变化而相应变化的规律，本质上是由物质运动的空间与时间互相统一的规律决定的。然而，在现实思维运动中，思维主体并非总是能自觉地保持思维路向与思维对象的一致。当思维路向与思维对象不一致时，就意味着思维对象发生了变化，而思维路向却依然如故，由此导致思维路向不再适合思维对象。当思维路向不再适合思维对象时，如果思维者仍不改变原来的思维路向，其思维即属于保守思维；反之，如果能及时变换思维路向，其思维即属于创新思维。从这个意义上说，创新思维规律就是思维路向因循思维对象变化而相应变化的规律。这个规律要求思维主体在思维过程中，必须根据思维对象的具体情况来确定思维路向，根据思维对象的变化来调整自己的思维路向，唯其如此，才能达到思维路向与思维对象的一致。

因此，所谓创新思维，不外乎是两种情况：其一，通过不断改换思维路向来应对新的思维对象；其二，采取多种思维路向来应对复杂多变的思维对象。前一种情况可称为"多向思维"，后一种情况可称为"综合思维"。反之，所谓保守思维，也不外乎是两种情况：其一，不知变换思维路向，固守原来的思维路向来应对新的思维对象；其二，以某种单一的思维路向来应对复杂多变的思维对象。前者可称为"单向思维"，后者可称为"单一思维"。

要之，创新思维不外乎两种基本类型：多向思维和综合思维。无论是多向思维，还是综合思维，都是为了达成思维路向与思维对象的一致。

思维路向与思维对象的一致，本质上是思维与存在的一致。在一般世界观上，承认思维与存在有一致性（或曰同一性）是可知论，反之为不可知论。将可知论世界观贯彻到知识论中，则必然要承认，当且仅当思维与存在一致时，存在是可知的——对求知的思维主体来说，这就是意味着可以求得知识；进而也必然要承认，对知识创新主体来说，唯有通过创新思维，才能达成知识创新而获得新知。

四　创造性与主观性：相辅相成的思维能动性

可知论世界观承认思维与存在有同一性或一致性，是以承认思维与存在也有差异性或不一致性为前提的。在人类认知活动中，这种差异性或不一致性是体现在求知者思维路向与思维对象的分离或脱节和由此导致的认知偏差。人类认知过程中出现这种现象在所难免，这对一切思维者都是一样的，只不过保守思维者与创新思维者应对这种情况所采取的措施不同罢了。① 这种现象是由人类思维能动性的另一个方面——主观性所造成，认知偏差是主观性在认知过程中的表现形式和现象形态。

"主观"一词，顾名思义，是"以主观之"之意，它是同"以客观

---

① 在哲学视域下，保守思维的本质是不求思维与存在的一致，故遇到思维与存在不一致的情况，其思维者只是固执己见，不思如何调整自己的思维路向，不思怎样去努力使自己的思维达到与存在相一致；创新思维则追求思维与存在的一致，故遇到思维与存在不一致的情况，其思维者会主动自我调整其思维路向，以求其思维与存在的一致。

之"的"客观"相对而言。"主""客"之间是"客随主便"（客人依随主人的方便或安排而行事），在这种关系中，"主"居主导地位，"客"居从属地位。当"主观"一词被用以描述人类思维性状时，它是指思维反映外物的认知活动具有"以主观之"的主动性、主导性。这里"主"是表示反映者（思维），"之"是表示被反映者（外物），"观"是表示反映过程（认知活动）；所谓"以主观之"，是指思维对外物的反映具有主动性、主导性。

人类在认识世界的过程中，其思维之所以具有主观性，是因为在自然界中讨生活的人类是有现实生活需要的，他们总是带着自己的生活需要去认识世界，出于其生活需要而思考世界。或者说，是现实生活需要推动着人们去认识世界、思考世界，这才使他们的认知活动具有了"以主观之"的主动性，这种主动性本质上是其现实生活需要对其思维的主导作用。

由于人的现实生活需要对其思维的主导作用，思维者不仅在感知外物的过程中自然地倾向于选择接收符合其需要的信息，而且在将这些实物信息转换成语言信息时，也自然地倾向于选用符合其需要的话语来标识这些信息。在这两个环节上，前者可能导致其信息失真，因为符合其需要的信息未必真实；后者可能导致其话语失当，因为符合其需要的话语未必恰当。这就是说，由现实生活需要所造成的思维主观性，可能导致思维主体的认识或失真或失当，抑或既失真又失当。所谓认知偏差，不外乎就是这三种情况：（1）认知失真；（2）认知失当；（3）认知失真又失当。当认知失真时，这是意味着所得到的认识，无论是对思维主体自己，还是对与其共处于同一知识共同体中的其他主体，都是无效的，因为失真的认识不能满足任何人的需要。当且仅当一种认识为真时，它才可以有效地指导人们采取相应的正确行动来达成其现实生活中的某种需要。当认知失当时，意味着所得到的认识，无论其真实与否，对其他主体都是无效的，因为失当的认识是得不到知识共同体承认的，所以不能转化为知识共同体的认识，也就不具有知识意义，因为一切知识都是为别人存在并且因此也为知识创造者自己存在。一种认识仅当其恰当时，才能转化为知识共同体的认识；如果它同时又是真实的，它才能转化为一种有效知识。因此，当认知既失真又失当时，这就意味着所得到的认识不能转化为知识共同体的认识,更遑论转化为一种知识。

综上所述,人的现实生活需要,既积极地推动人去认识世界,又造成了人的思维具有主观性,这种主观性对人正确认识世界会产生消极影响。

思维的主观性由人的现实生活需要(属于文化因素)所造成,因而是一种文化属性。而思维的创造性则不然,其追求思维路向与思维对象的一致,是为一种客观必然性所驱使,这种客观必然性是由物质运动的空间与时间互相统一的客观规律所决定的思维规律,即思维路向因随思维对象变化而相应变化的规律。无论思维者是否意识到这条规律的存在,也无论其是否认识和掌握了这条规律,其规律都在起作用,都在支配着思维者的思维活动,其差别只在于:

当思维者尚未认识和掌握这条规律时,其规律是作为一种盲目必然性在支配着思维者,使其自发地追求思维路向与思维对象的一致;

当思维者认识和掌握了这条规律时,其规律是作为一种服务于其求知活动的自为力量在支配着思维者,使其自觉地追求思维路向与思维对象的一致。

因此,思维的创造性本质上是一种自然属性,是人所固有的一种天赋能力。当人们在其现实生活中逐渐意识到并认识和掌握了上述规律,从而自觉遵循其规律而有意识地追求思维路向与思维对象的一致时,他们只是在锻炼和发展自己的这种天赋能力,而不是在自我造就、自我赋予这样的能力。

要之,创造性是思维的自然属性,主观性是思维的文化属性,它们作为思维能动性的两个方面,是构成人类思维本性的特殊矛盾。正是这个特殊矛盾,造成了人类的认知运动。在这个运动中,因主观性而产生的认知偏差,可因创造性而得以纠正;因创造性而使某种认知达至正确,又因主观性而可能造成另一种认知偏差。如此往复无穷,使人类的认知运动永无终了,永远处在发展过程中。

五 伦理视域下创新思维的本质:追求成己成人的知识创新效果

在人类的认知运动中,思维的创造性作为一种自然属性,是相对恒定的,尽管在某些特殊的个人身上这种天赋能力可能因受到特殊锻炼而会有所提高，但这改变不了这种天赋能力在全人类的总体水平。就其总体水平而言，人类思维的创造性是几千年都没有明显变化的。例如，以当今人类思维的创造性同几千年前轴心时代人类思维的创造性相比，很难说到底是哪个时代的创造性更强。何况，各个不同历史时代，人类思维创造性的发挥方向是不一样的，所求得的知识也因此而有总体性差别，以西方的科学领域为例，在古代，其思维创造性的发挥主要是思辨方向，所求得的知识总体上是属于思辨科学知识；近现代，其思维创造性的发挥则主要是实证方向，所求得的知识总体上是属于实证科学知识。世界各个不同民族之间，其思维创造性的发挥方向也是不一样的，例如同样是中世纪，中国是儒学占统治地位，西方是神学占统治地位，其思维创造性的发挥，于中国儒学是追求天人合一的终极真理，于西方神学则是追求与神合一的终极真理。因其方向不一样，其知识性质也不同：儒学知识是世俗性的人文知识，神学知识是超越性的宗教知识。因此，难以用同一标准来衡量不同时代和不同民族的创造性的高低强弱。

与相对恒定的思维创造性不同，由人的现实生活需要所造成的思维主观性是变动性很大的。从历时维度看，人类自进入文明社会以来的几千年间，其生产方式和生活方式都发生了翻天覆地的变化，其现实生活需要也发生了相应的巨大变化；从共时维度看，由于人类文明发展水平不平衡，世界各民族的生产方式和生活方式都互有差异，特别是各民族在宗教信仰和文化传统上差异性很大，由此导致其现实生活需要具有高度复杂多样性。现实生活需要的复杂多变，决定了思维的主观性也是复杂多变的。

对人类来说，凡相对恒定的东西，因其可变性小，往往可以忽略不计，也就用不着去考虑如何加以人为的改变，例如，由自然原因（自然界的客观规律）造成的人类思维的创造性就是如此；反之，凡多变的、不确定的东西，就给人为的改变留有了宽泛余地，例如，由文化原因（人类现实生活需要）造成的人类思维的主观性就是如此。

从思维的主观性与创造性对人类认知活动的关系来说，思维的创造性是积极因素，以其相对恒定，理应使其得到正常发挥；思维的主观性则既有积极意义，也有消极影响，因其可变性强，理应加以适当限制，以减少其消极影响。这两个方面有如此本质关联：欲使创造性得到正常发挥，必须适当限制主观性；最大限度地减少主观性的消极影响，才能使创造性最大限度地得到正常发挥。

思维的主观性是由思维主体的现实生活需要所造成，其实质是思维主体现实生活需要在其心理（思维）上的反映。以中国古典哲学术语来说，这种心理形式的需要也就是所谓"欲"。中国古代儒家心性之学有所谓"理欲之辨"，这可以被理解为是从伦理角度来讨论人心的主观性与创造性的关系，因此与"欲"相对的"理"具有"生理"（生物成物的创造德性）之意。宋代以降，从张载、二程（程颢、程颐）到朱熹再到王守仁、戴震（1724—1777），儒家学者大都是受启于《易传》"天地之大德曰生"和"生生之谓易"之说，将儒家之"仁"和"生"结合起来论"理"①，这个"生理"既是天地生万物的创造德性，又是天赋于人而为人心固有的创造德性。因此，考察中国古代哲学中的"理欲之辨"，对于我们在知识创新语境下来探讨思维的主观性与创造性的关系当会有所裨

---

① 例如，张载："天地之大德曰生，则以生物为本者，乃天地之心也。……天地之心惟是生物，天地之大德曰生也。"[（宋）张载：《张载集》，中华书局1978年版，第113页]又："语其推行故曰'道'，语其不测故曰'神'，语其生生故曰'易'，其实一物，指事而异名尔。"[（宋）张载：《张载集》，第65—66页]程颐："一阳复于下，乃天地生物之心也。先儒皆以静为见天地之心，盖不知动之端乃天地之心也。"[（宋）叶采：《近思录集解》，程水龙校注，中华书局2017年版，第12页]又："天地之化，自然生生不穷……。道则自然生万物。……道则自然生生不息。"[（宋）程颐、程颢：《二程集》，王孝鱼点校，中华书局1981年版，第148—149页]又："生生之理，自然不息。"[（宋）叶采：《近思录集解》，程水龙校注，中华书局2017年版，第25页]朱熹："天地以生物以为心者也，而人物之生又各得天地之心以为心者也。故语心之德，虽其总摄贯通无所不备，然一言以蔽之，则曰仁而已矣。……此心何心也？在天地则块然生物之心，在人则温然爱人利物之心。"[（宋）朱熹：《晦庵先生朱文公文集》卷六十七《仁说》，《朱子全书（全27册）》第23册，上海古籍出版社、安徽教育出版社2002年版，第3279页]王守仁："仁是造化生生不息之理，虽弥漫周遍，无处不是，然其流行发生，亦只有个渐，所以生生不息。"[（明）王守仁：《传习录》上，《王阳明全集（全二册）》，吴光等编校，上海古籍出版社1992年版，第26页]戴震："人道，人伦日用身之所行皆是也。在天地，则气化流行，生生不息，是谓道；在人物，则凡生生所有事，亦如气化之不可已，是谓道。……人道本于性，而性原于天道。天地之气化流行不已，生生不息。……'天地之大德曰生'，物之不以生而以杀者，岂天地之失德哉！"[（清）戴震：《孟子字义疏证》，何文光整理，中华书局1982年版，第43页]又："仁者，生生之德也。……自人道溯之天道，自人之德性溯之天德，则气化流行，生生不息，仁也。……在天为气化之生生，在人为其生生之心，是乃仁之为德也。惟条理，是以生生；条理苟失，则生生之道绝。"[（清）戴震：《孟子字义疏证》，第48页]又："生生者，化之原；生生而条理者，化之流。……人道举乎生，性配乎息。生则有息，息则有生，天地所以成化。生生者，仁乎！"[（清）戴震：《孟子字义疏证》，第177页]

益;尤其是从朱熹的相关论述来看,他是从"学"或"学者"角度来考察和讨论"理""欲"关系的,而在儒学语境下"学"与"知"密不可分,所谓"学而知之"(孔子语)是也。所以也可以认为,朱熹是将"理""欲"关系置于"学知"(即认知活动)中来加以考察和讨论的,这更与我们在"知识创新"语境下来探讨思维的主观性与创造性的关系有相通之处。

宋代至清代的"理欲之辨",以朱熹的"存理去欲"说①和戴震的"理存乎欲"说②最具典型性,它们分别代表了理学与反理学两种互相对立的理欲观。

依朱熹"存理去欲"说,"欲"在认知活动中毫无积极意义,只有消极意义,所以"学者须是革尽人欲"。"革尽人欲"是为了要"复尽天理",这个"天理"是认知者("学者")赖以正确认识世界的一种天赋能力,必须依靠和充分发挥这种能力,才能获得真知,所以对认知者("学者")来说,"复尽天理,方始是学。"如果以朱熹的观点来解释思维的主观性与创造性的关系,则只能得到这样的结论:

在认知活动中,主观性只有消极作用,毫无积极作用,所以必须彻底消除主观性;只有彻底消除了主观性,创造性才得到正常而充分的发挥。

显然,这个结论存在问题。且不说思维的主观性能使思维者在认知活动中扮演主体角色,使其认知活动具有主动性,免于认知过程中的直观性、机械性,就算思维的主观性压根儿没有这样的积极作用,它只会对认知活动造成消极影响,因而必须根除之,这也是完全办不到的,因为要根除思维的主观性,就必须消除造成这种主观性的文化原因,而要做到这一点,就必须让思维主体与其现实生活彻底隔离开来,使其不生产任何现实生活需要,只是作为一种纯思的存在者而存在——显然,这是根本行不通的。

---

① 朱熹:"学者须是革尽人欲,复尽天理,方始是学。"[(宋)黎靖德编:《朱子语类(一)》,中华书局1986年版,第225页]

② 戴震:"今以情之不爽失为理,是理者存乎欲者也。"[(清)戴震:《孟子字义疏证》,何文光整理,中华书局1982年版,第8页]

再来看反理学的戴震的理欲观。戴震的理欲观是从人的现实生活出发的，他首先以现实世界中"凡事为皆有于欲"的日常生活事理作为逻辑前提来进行推论，得出"有欲而后有为""无欲则无为矣"的结论，以此证明"无欲"论之不合现实生活之理；复以前述结论中"有欲而后有为"的命题作为立论依据，对"理"做出界定："有为而归于至当不可易之谓理。"再以此"理"概念作为逻辑前提来进行推论，得出"无欲无为，又焉有理"的结论[1]，以此证明其"理存乎欲"的命题之合于现实生活之理；进而对该命题做出具体阐释，提出："天理者，节其欲而不穷欲也。是故欲不可穷，非不可有；有而节之，使无过情，无不及情，可谓之非天理乎！"[2] 这就是说，天理就是情欲适中——或曰情欲适中便是天理。怎样才算情欲适中？曰："欲不流于私则仁。"[3] 此话该作何解？曰："欲遂其生，亦遂人之生，仁也；欲遂其生，至于戕人之生而不顾者，不仁也。"[4] 据此，戴震提出的情欲适中原则有两个方面：以利己不损人为底线——守住这个底线就不是"不仁"；以利己又利人为上线——达到这个上线就是"仁"。据此，所谓无过无不及的正当情欲，就是无利己害人之私，有成己成人之仁。成己成人的生生之仁，便是天理。

戴震的理欲观对正确理解思维的主观性与创造性的关系具有重要启示意义：一方面，可以从主观性方面去理解创造性，将创造性归结于适中主观性，即受到合理节制的正当主观性；另一方面，可以从道德实践方面去理解创造性，将创造性即正当主观性归结于追求成己成人的创新效果，即创造出既能成就自己生命又能成就他人生命的知识成果。

受启于戴震的理欲观，我们可以将创新思维的伦理本质归结为追求成己成人的知识创新效果。

要之，从哲学角度看，创新思维的本质是在于追求思维与存在的一致；从伦理角度看，创新思维的本质是在于追求成己成人的知识创新效

---

[1] 戴震："凡事为皆有于欲，无欲则无为矣；有欲而后有为，有为而归于至于不可易之谓理；无欲无为又焉有理！"〔（清）戴震：《孟子字义疏证》，何文光整理，中华书局1982年版，第58页〕
[2] （清）戴震：《孟子字义疏证》，中华书局1982年版，第11页。
[3] （清）戴震：《孟子字义疏证》，中华书局1982年版，第167页。
[4] （清）戴震：《孟子字义疏证》，中华书局1982年版，第8页。

果。就创新思维与知识创新的关系而言，知识创新是通过创新思维来实现的，因此，追求思维与存在的一致和成己成人的知识创新效果对于知识创新具有如此意义：当且仅当达到思维与存在的一致时，创新主体才能得到普遍真实的新知；当且仅当达到成己成人的知识创新效果时，创新主体才能得到普遍良善的新知。这种意义关系显示了创新思维的本质与知识的客观性之间具有如此相关性和一致性：知识的普遍真实性和普遍良善性，必然地要求知识创新主体具有追求思维与存在的一致和成己成人的知识创新效果的创新思维；反之，当且仅当知识创新主体具有追求思维与存在的一致和成己成人的知识创新效果的创新思维时，他们才能得到普遍真实良善的知识。

第九章 规范思维与自由思维

第一节 理论假设条件与相关概念界定

围绕知识创新所开展的创新思维研究，必须假定思维主体是能够自主地自我支配、自我控制其思维活动而不受外在力量支配和控制的自由思维者，因为如果是在外部力量支配和控制下进行思维，那就成了按外来指令来进行的机械思维了，这样的思维不具有人类思维所特有的能动性与创造性，是不配称为"人的思维"的，当然就更谈不上是什么创新思维了。

在上述假定条件下，创新思维是自由思维，然其自由度是有限的，因其思维主体是在彼此互相合作的社会关系中进行思维的，他们每个个体的思维活动都必须遵守能使彼此理解对方思维活动的意义的思维规则，否则便不能称其为创新思维。笔者曾撰有《人生如游戏，创新似炫技》一文，将创新比作诸如玩牌之类的竞技性游戏中的技巧，认为"懂得什么是玩游戏，懂得在怎样的竞技环境中才能将自己的牌技玩到上乘境界，或许就能知道创新是怎么回事了"。笔者认为：

"有牌戏必伴生牌戏的规则，但如果玩者容许玩伴不守规则的情况经常发生，对违规者宽待以忍、以容，而非要么将违规者逐出牌局，要么宣布散伙或另找玩伴重开一局，就不能称其为'玩牌'，而只是相互取乐打发时光的玩闹罢了，在这种玩闹性的牌戏中，无人会在乎打牌本身，自然也不存在竞技性游戏为取胜而提高技巧的问题。"①

以知识创新为内容的创新思维，其情形亦类似于牌戏，它也不是单个人孤独进行的活动，而是有许多个人共同参与的合作活动，其参与者必须遵守其合作规则，才能使其合作正常有效地进行；否则，其合作便不是真正意义上的合作，而是成为如同玩闹性的牌戏一样了。在玩闹性的牌戏中，因为打牌没有规则或打牌者不守牌戏规则，所以无所谓打牌技巧，自然也谈不上牌技水平的提高；与之相似，在有许多个人共同参与的思维运动中，假使没有思维规则或思维者不守思维规则，也就无所谓创新，当然更谈不上创新能力的提高。

玩牌的必要前提，是有牌戏规则；牌技的存在及牌技水平可以提高的必要条件，是打牌者都遵守牌戏规则。与之相似，创新思维的必要前提，是有思维规则；创新的存在及创新能力可以提高的必要条件，是思维者都遵守思维规则。所谓创新思维，就是遵守一定思维规则的自由思维，它具有规范性和自由性互相统一之特点。易言之，创新思维是规范思维和自由思维的辩证统一体。在这个统一体中，规范思维是体现这些思维者作为人的一般存在而进行的彼此互相协同而呈现出统一性的社会思维，自由思维是体现互相合作的思维者作为人的个别存在而进行的彼此互有差异而呈现出多样性的个人思维——这是同一思维过程的两个方面，其思维主体乃是同一主体，即遵守其社会中的思维规则来进行独特思维的自由人。当且仅当其遵守这种规则来进行思维时，自由人之间才是可以彼此理解其思维活动的意义的；当且仅当他们互相理解其思维活动的意义时，他们在思维领域的互相合作才是可能的和有效的。因其如此，创新思维才既具有规范性，又具有自由性。这种双重属性，本质上就是创新思维的社会性和个人性。换言之，创新思维的社会性体现在其规范性上，个人性即体现在其自由性上。

上文提到，迄今为止关于创新思维的种种界说有一个总的倾向，就

---

① 周可真：《人生如游戏，创新似炫技》，《高科技与产业化》2014 年第 5 期。

是否定逻辑思维为创新思维。对此，笔者不予认同，因为逻辑思维不过是规范思维的一种具体形式，即遵守逻辑规则来进行的规范思维，故否定逻辑思维为创新思维，就是意味着否定创新思维具有规范性，只承认创新思维的自由性，其思维实质是在于割裂了创新思维的规范性和自由性的辩证统一关系，没有把规范思维和自由思维理解为创新思维的两个方面——规范思维是体现思维主体作为人的存在的共性（社会性、群体性）方面，自由思维是体现思维主体作为人的存在的个性（个人性、个体性）方面。

按照辩证法关于个别与一般、个性与共性的观点[1]，体现人的个性的自由思维是与体现人的共性的规范思维相联系而存在的，并且规范思维只能在自由思维中存在，只能通过自由思维而存在；任何自由思维（不论怎样）都是规范思维，但都不能完全包括在规范思维中；自由思维有比规范思维更为丰富的内容，它不但包括规范思维，还包括非规范思维，也就是说，自由思维是规范思维和非规范思维的辩证统一体。

因此，在创新思维是自由思维的假设前提下，它的自由性应该被本质地理解为非规范性，从而"自由思维"可以且应该被区分为广义与狭义两种概念：广义的自由思维概念是指遵守一定思维规则来进行知识创造的思维——在外延上，它包括规范思维；狭义的自由思维概念是指知识创造中的非规范思维——在外延上，它不包括规范思维。本书以下的内容是在使用狭义自由思维概念的前提下来讨论规范思维与自由思维的关系。

第二节　逻辑学与仁道学

人类的思维最初是无所谓规范与否的，当且仅当发生如下情况时才

---

[1] 列宁曾指出："对立面（个别跟一般相对立）是同一的：个别一定与一般相联系而存在。一般只能在个别中存在，只能通过个别而存在。任何个别（不论怎样）都是一般。任何一般都是个别的（一部分，或一方面，或本质）。任何一般只是大致地包括一切个别事物。任何个别都不能完全地包括在一般之中等等。任何个别经过千万次的转化而与另一类的个别（事物、现象、过程）相联系。诸如此类等等。"（列宁：《谈谈辩证法问题》，载《列宁选集》第2卷，人民出版社1972年版，第713页）

出现规范思维与自由思维：人类自觉意识到需要对自己的思维进行管理，并为此制定出一套规则来约束自己的思维。

思维必须依赖于语言，语言是现实的思维，因此，对思维的管理必须通过对语言的管理来实现。作为管理对象的语言，是人们在社会交往中学习和使用语言的活动——言语，而不是作为社会交际工具的语言。当言语处于纯自然的杂多与变化状态时，参与社会交往的人们之间的对话是既没有效率也无所谓效果的，在这种假定情况下，人们不可能进行有效的社会合作。在现实生活世界中，有社会合作的地方，就有且必定有思维—言语管理，因为唯有通过这样的管理，人们进行相互合作所必需且因此作为一个要素而成为其合作内容的有机组织分部之一的对话才能取得一定的效率与效果，这种对话包含知、情、意的相互表达、传递和交流等精神交往内容。保证人们之间精神交往的正常开展，以达成他们在生产劳动过程中的有效合作，是思维—言语管理的初始目的与本来意义。

初民社会中的思维—言语管理是依靠自发的宗教（或曰原始宗教）力量来实现的，是自发的宗教信仰与禁忌在制约着初民的思想与言语活动。也就是说，思维—言语管理的最初形式是自发的宗教活动，在这种原始的思维—言语管理形态中，自发的宗教信仰与禁忌扮演着思维—言语规则的角色，发挥着规范和约束人们的思想和言语行为，使其精神交往过程正常有序进行的作用。

进入文明社会后，随着劳心与劳力分工的出现，一批劳心者开始从事脱离生产劳动的学术研究，其中包括适应思维—言语管理需要的思维—言语规则研究。对思维—言语规则的学术研究，标志着思维—言语管理由自发状态转变为自觉状态，从此产生了叫作"思维—言语管理学"的学问，这门学问的根本任务和基本功能，是为思维—言语管理提供尽可能合理的规则。随着这种规则的产生，人类的思维便有了遵守其规则来进行的规范思维和超越其规则的自由思维之分别。知识创新的思维规律，即体现在规范思维与自由思维的互相协同关系中，这种协同关系是通过思维—言语主体对思维—言语规则的学习建立起来的，知识创新的思维规律即实现于思维—言语主体自觉遵守和运用思维—言语规则来进行自由的知识创造的思维过程中。

人类由以实现知识创新的创造性思维应当遵循一定的思维—言语规则，这种规则最初是以自发的宗教信仰与禁忌形式出现并发挥其规范和约束人们的思想和言语行为的作用，进入文明社会后，则是由思维—言语管理学提供的。思维—言语管理学本质上是研究人类思维规律的学问，它是通过对人类思维规律的研究来制定思维—言语规则，以服务于知识创新所必需的思维—言语管理。

由于世界各民族使用不同语言系统来进行思维，其思维—言语方式和思维—言语管理方式都各不相同，思维—言语管理学在不同民族文化中也相应地各有其特点。从中西方学术文化之间的差异性方面看，西方学术是继承了古希腊学术传统，其思维—言语规则研究是偏重于人类精神交往中的认知对话，由此形成和发展了一种被称为"Logic"的学问——西方逻辑学；中国学术则是继承了先秦儒家学术传统，其思维—言语规则研究是偏重于研究人类精神交往中的情感对话，由此形成和发展了一种被称为"理学"的学问——儒家仁道学。

在管理文化哲学看来，西方逻辑学和中国儒家仁道学，实际上是两种不同类型的思维—言语管理学。这意味着中、西方在思维—言语管理方式上向来各有特点：西方的思维—言语管理是偏重于人际认知交往领域，中国的思维—言语管理则偏重于人际情感交往领域。从知识创新角度看，重视认知交往的西方思维—言语管理，是崇尚和追求合乎逻辑的真知识；重视情感交往的中国思维—言语管理，是崇尚和追求合乎仁道的善知识。在文化管理哲学看来，西方逻辑学不过是以推崇真知和重视真知管理为特点的思维—言语管理学，儒家仁道学则是以推崇善知和重视善知管理为特点的思维—言语管理学。但从逻辑学维度来看，这两种不同类型的思维—言语管理学，也未尝不可以被当作两种不同类型的逻辑学来看待。

众所周知，在中国现代汉语系统中，"逻辑"是一个外来词。在中国学术界，最早使用"逻辑"一词的是严复（1854—1921），首见于他的译著《穆勒名学》（1903）之序文，这是英语 logic 的音译名称。在古法语中叫 logique，拉丁语则叫 logica，这是英语 logic 语源的两个源头。在中国明朝传教的意大利耶稣会士高一志（Alfonso Vagnoni）所编《童幼教育》（1620）中，logic 被音译为"落热加"；在另一位意大利耶稣会士艾儒略（Giulio Alenio）所编《西学凡》（1623）中，logic 则被音译为"落日加"。① "落热加"和"落日加"可能是西文 logic 最早的两个中文音译名，也是音译名"逻辑"最早的两个前身。

但是，严复在《穆勒名学》及《名学浅说》（1908）中所使用的正式译名，是 logic 的义译名称"名学"②。清宣统二年十月二十一（1910年11月22日），章士钊（1881—1973）曾以"民质"为笔名，在梁启超（1873—1929）主编的《国风报》第 29 期上发表了一篇题为《论翻译名义》的译论文章，倡导统一使用"逻辑"这一音译名，不过短期内并未得到普遍响应。清末和民国年间，学者们往往是多种译名③杂用，其中比较常见的是"名学"和"论理学"，诸如《周秦诸子之名学》（王国维，1905）、《先秦名学史》（胡适，1917）、《中国名学考略》（齐树楷，1923）、《论理学》（王振瑄，1925）、《名学通论》（陈显文，1925）、《名学纲要》（屠孝实，1925）、《论理学》（范寿康，1931）、《中国名学》（1937，虞愚）、《论理学》（陈高傭，1938），等等。通常，论及中国本土固有的逻辑学则多用"名学"之名，论及西洋的逻辑学则多用由日本泊来的"论理学"之名。

如果考虑到英语 logic 是源于古希腊语 λόγοs（logos），其本义为"词语"或"语言"，后引申出"思维""推理"等意思，再往后则越来越专用于称谓研究推理形式的学问④的话，那么，"logic"的核心词义应该是"推理"。也就是说，推理是逻辑的本质特征。恩格斯曾指出："形

---

① 晋荣东：《逻辑的名辩化及其成绩与问题》，《哲学分析》2011 年第 6 期。
② "名学"之名初见于清道光四年（1824）乐学溪堂刊行的佚名译著《名学类通》。
③ 德国汉学家顾友信（Joachaim Kurtz）在其所著《中国逻辑的发现》（陈志伟译，江苏人民出版社 2020 年版）一书中，详细梳理了自明末以来对"逻辑学"（logica、logic）的将近 50 种汉语译名，其中既有逻辑、逻辑学、理则学、论理学等今日还被广泛应用的名称，还有名学、辩学、理学、道、理辩学、明辨之道等颇有传统学术术语意味的名称，更有像"落日伽""络日伽""牢辑科""老诘"等今已不大熟悉的音译名称，以及明理之学、学扩心思之法、意法、思想公理之法等较少听闻的义译名称。（张万强：《中国古代有"逻辑学"吗?》，《中华读书报》2020 年 7 月 22 日 10 版）
④ "在当代的中国逻辑学发展谱系中，'逻辑学'作为对英文'logic'的音译，指谓的是人们对推理形式的研究，包含有诸如三段论、命题逻辑、符号逻辑、归纳推理、类比推理等一大批思维科学知识在内，这一点不会产生任何争议。"（张万强：《中国古代有"逻辑学"吗?》，《中华读书报》2020 年 7 月 22 日第 10 版）

式逻辑也首先是探寻新结果的方法，由已知进到未知的方法；辩证法也是这样，不过它高超得多。"① 这里"由已知进到未知"所指的是作为思维形式的推理，即推理形式；"形式逻辑"和"辩证法"（辩证逻辑）所指的是作为思维方法的推理，即推理方法。按照恩格斯"关于思维过程本身的规律的学说，即逻辑和辩证法"② 的观点，被称名为"logic"的这门学问，其实是依据对思维规律的研究来制定推理规则的学问，在此意义上，logic 这门学问所提供的推理规则（即逻辑规则），不过是思维规律在这门学问中的自觉反映和陈述形式。在 logic 和 logic 的信奉者看来，这些规则是人类进行正确推理所应当且必须遵循的思维规则，因而也是人们用以评价和判定某种具体的推理是否正确的思维准则。从这个意义上说，logic 是向人们提供关于正确推理的准则与方法的学问。

推理是人类思维的一种普遍形式，它当然也是中华民族固有的一种思维形式。西方有研究推理形式的逻辑学，中国也有类似的学问。然而迄今为止，人们研究中国逻辑思想基本上都是以西方的那套认知逻辑作为标准来梳理中国历史上关于论述推理的那些文献材料③，如此"以西释中"的做法，是极易引发所谓"中国逻辑合法性"危机的④，就像"以西释中"的中国哲学研究极易引发所谓"中国哲学合法性"危机⑤一样。

诚然，在哲学和逻辑学等一些学术领域，"以西释中"固然很难避免——这与这些领域很难做到完全的"以中释中"有密切关联，假使能够做到完全的"以中释中"，"以西释中"当然就完全可以避免了，反之亦然；但是，毕竟我们可以在"中""西"之间找到一个合适的中介，以

---

① 《马克思恩格斯选集》第 3 卷，人民出版社 2012 年版，第 513 页。
② 《马克思恩格斯选集》第 4 卷，人民出版社 2012 年版，第 264 页。
③ 由此梳理出来的是所谓"名辩学"。对此，周云之先生曾指出："在中国近现代思想史上，中国古代逻辑曾被称作'名学'、'辩学'或'名辩学'等。其实。所谓的'名学'也只限于指中国古代的正名之学或名实之学（正名学），'辩学'才主要是指推理论证之学（论辩学），合正名学和论辩学而称'名辩学'，包含并代表了中国古代逻辑的全部理论和学说。正名学乃是整个名辩学的基础。"（周云之：《中国正名学说中的意义理论》，《哲学研究》1996 年第 4 期）
④ 张晓翔《中国逻辑具有合法性——〈中国逻辑对"必然地得出"的研究〉》[《重庆大学学报》（社会科学版）2009 年第 1 期] 就指出："近年来，学者们对中国有无逻辑、有无逻辑学的问题，一直存在着分歧和争论。"
⑤ 胡文会：《中国哲学合法性问题研究综述》，《湖北民族学院学报（哲学社会科学版）》2008 年第 4 期；复旦大学儒学院编：《中国哲学合法性与儒学世界化》，商务印书馆 2020 年版。

免在做不到完全的"以中释中"情况下深陷于"以西释中"的泥潭。

例如,"哲学"是一个外来词,它所表示的意思,起初是"爱智慧",后来则泛指理论学术,再后来更特指理论学术中对世界做整体思考的学问(即形而上学),再往后则越来越把对世界作整体思考所形成的世界观当作哲学的核心内容来看待了,于是"哲学"一词的中心意义便等同于"世界观"了。"世界观"就可以充当哲学领域"中""西"之间的中介,据此将中西方历史文献中以不同的语言形式和不同的表达方式来阐述世界观的内容都纳入哲学范畴,把它们都当作哲学思想来看待,这些哲学思想有些成体系、有些不成体系,有些理论性强、有些理论性弱,但都不失为阐述世界观的哲学实质。

与"哲学"类似,"逻辑"也是一个外来词,如上所述,它的核心意义是"推理"。这样,"推理"便可以充当逻辑学领域"中""西"之间的中介,据此将中西方历史文献中以不同的语言形式和不同的表达方式来论述推理的内容都纳入逻辑范畴,把它们都当作逻辑思想来看待,这些逻辑思想有些成体系、有些不成体系,有些理论性强、有些理论性弱,但都不失为论述推理的逻辑学实质。

人类的思维并不限于认知思维,推理也并非只有在认知领域中才存在,其他形式的思维领域中也有推理的存在。

现代心理学中固然有"知"(认知)、"情"(情感)、"意"(意志)之说,这些心理形式是属于心理学中广义的意识范畴[①],这个意义的意识概念与哲学上的思维概念是意义相同的,故在哲学意义上,可以把"知""情""意"当作思维的三种基本形式来看待;而远在《论语》中就已不止一次地提到了"智""仁""勇"[②]——"智"是指认知清晰而无所迷惑,所谓"知(智)者不惑"也;"仁"是指心情快乐而无所忧愁,所谓"仁者不忧"也;"勇"是指意志坚强而无所畏惧,所谓"勇者不惧"也。在这里,孔子实际上已将人的思维或心理区分为认知、情感、意志

---

① 现代心理学中狭义的意识概念是指人们对外界和自身的觉察与关注程度。
② 《论语·宪问》:"子曰:'君子道者三,我无能焉:知者不惑,仁者不忧,勇者不惧。'"(杨伯峻:《论语译注》,中华书局1980年版,第155页);《论语·子罕》:"子曰:'知者不惑,仁者不忧,勇者不惧。'"(杨伯峻:《论语译注》,第95页)

三种形式了,并从人格修养角度提出了"君子"(理想人格)所应具备的思维品质或心理品质——认知上具有"智"的品质,情感上具有"仁"的品质,意志上具有"智"的品质。对于人类思维形式的多样性,先贤之见与时贤之见竟是如此惊人的不谋而合!

人类的思维形式具有多样性,而作为思维的物质外壳的语言更有民族性差异,故不同民族之间有不同的逻辑传统,是再正常不过了。中国固然有与西方逻辑学相似的名辩学,但足以代表中华逻辑传统的,并非名辩学,而是以情感推理为研究内容的儒家仁道学。

中、西方事实上存在着两种不同类型的思维—言语管理学,但这仅仅是意味着中、西方学者对于思维规律的研究各有其侧重点而已。事实上,西方学者的思维规律研究也有关涉情感和意志的内容,例如康德的伦理学,其立基于"上帝存在""灵魂不死""意志自由"三大命题,表明其研究内容兼涉情感和意志,因这三大命题涉及宗教范畴的信仰(关乎情感的归依与安顿)和伦理范畴的自由(关乎意志的选择与自律);而如果说"自由是康德伦理学的核心"①的话,那么,康德的伦理学更可以被本质地理解为是研究意志活动规律的学问;而"自由"是被康德作为"道德法则的存在理由"②而提出来的,它应该被理解为用作设定意志活动规则的伦理依据。③

中国传统学术中也有关涉认知思维的内容,即中国逻辑学界通常所讲的名辩学。即便是特别重视情感推理研究的儒家也有名辩思想,例如《论语·子路》所载孔子之言"名不正,则言不顺;言不顺,则事不

---

① 张传有:《自由——康德伦理学的核心》,《武汉大学学报》(哲学社会科学版)1999年第3期。

② 张传有:《自由——康德伦理学的核心》,《武汉大学学报》(哲学社会科学版)1999年第3期。

③ 然而康德涉及意志活动的研究,其旨趣并不在于探求意志推理规律,而是为了探解"人是什么"——这是其"三大批判"所要解决的根本问题,它包含三个方面:(1)我能知道什么?(2)我应该做什么?(3)我可以希望什么?康德通过"三大批判"明确了哲学的意义在于教人把握自己,做自己的主宰,正如郑昕在《康德学述》中评论的那样,"哲学的用处,即在使人明白自家的尊严"(郑昕:《康德学述》,商务印书馆2001年版,第8页)。"意志自由"的命题即从属于这个哲学宗旨。

成"① 就具有名辩学意义,其意思是说:如果所使用的概念("名")是不准确("不正")的,则运用概念来对实际情况所做的判断("言")就不会是恰当的;如果对实际情况的判断是不恰当("不顺")的,则依据这种判断来处理实际情况("事")就不会取得成功("不成")。墨家和名家固然有较丰富的名辩思想,就是管仲学派也有这方面的思想,例如《管子·九守》就提出了"名实相当"的正名原则:"修名而督实,按实而定名。名实相生,反相为情。名实当则治,不当则乱。"其意思是说:"依照名称考察实际,依据实际确定名称。名、实互相促进,反过来又互为说明。名实相当则治,不相当则乱。"② 但是,曾经在先秦"百家争鸣"时代盛极一时的名辩思潮到了秦朝以后便逐渐式微,在近代西方逻辑学传入中国以前再也没有掀起新高潮。

因此,用"逻辑学"和"仁道学"来概括中西方之间思维—言语管理学之总体倾向和主流方面的差异关系是恰当的,是与其实际情况大抵相符的。

第三节 规范思维——广义逻辑思维

在知识创新过程中,创新思维是作为一个动态系统而存在的,在这个系统中,"知""情""意"三要素相互联系,彼此间存在相互依赖、相互制约、相互影响、相互作用、相互渗透、相互转化的关系。对于"知""情""意"之间的这种系统关系,西方逻辑学从一开始就没有自觉的意识,至今也还没有清醒的认识,它不考虑"情"和"意"的因素,只是孤立地研究"知"的推理形式,从知识管理角度看,这就注定了它所提供的用以规范知识信息的标准是一套片面的知识标准,这势必会引导知识创新朝着某个片面的方向发展,因为从"知""情""意"三者之间的系统关系来看,"情"和"意"的发展状态都会影响到"知"的发展状态,如果忽视"情"和"意",乃至于对"情"和"意"的发展漠不关心,那就会导致"情"和"意"得不到正常和正当的发展,于是作

---

① 杨伯峻:《论语译注》,中华书局1980年版,第134页。
② 赵守正:《管理注译》(下册),广西人民出版社1987年版,第139页。

为知识创新主体的人，其有不健康的"情"和不健全之"意"，也就在所难免，从而"知"的发展也难保是正常和正当的了。

以对现代实证科学产生深刻影响的归纳逻辑来说，它所提供的逻辑规则，就只是被用来规范出于获取"准确的、可以论证的知识"的认知需求和运用这些知识"在行动中征服自然"的意志需求而开展的知识创新活动。① 显然，受这种逻辑规则制约的知识创新活动，是不会去追求成己成人的普遍良善知识的，因为知识的普遍良善性与人的道德情感紧密联系在一起，只有具有道德情感的知识创新者，才会考虑大众利益和社会公共利益；反之，在缺乏道德情感的情况下，追求"知识发明"的创新思维者，势必只是考虑如何求得可以被用以"在行动中征服自然"从而可以满足自己利益需求的实用知识。曾经被卢梭批评的所谓"科学与技术"，应该就是指这种缺乏普遍良善性的实用知识。②

事实上，西方近代以来的科学研究几乎完全不顾及科学的伦理界限，只求知识之真，不求知识之善，由此导致科学领域的"不择手段"和"无法无天"，即科学研究百无禁忌，无所不为，于是早期的毒气弹诞生了，更先进的生化武器诞生了，原子弹之类的核武器轰然出世了。为何科学悲观主义者会认为科学必然导致人类毁灭？就是因为西方近代以来的科学研究素无伦理限制，一贯的"不择手段"和"无法无天"，什么杀人武器都研制。如今世界上的核武器如果一起爆炸，这地球上的人类还能剩几个？这所剩无几的人还会是正常的文明人吗？姑且撇开核武器不说，就是人工智能，也有人提出警告说，它对人类的潜在威胁其实不亚

---

① "如果另外有人不满足于停留在和仅仅使用那已经发现的知识，而渴欲进一步有所钻掘；渴欲不是在辩论中征服论敌而是在行动中征服自然；渴欲寻求不是那美妙的、或然的揣测而是准确的、可以论证的知识；那么，我就要邀请他们全体都作为知识的真正的儿子来和我联合起来，使我们经过罪人所踏到的自然的外院，最后还能找到一条道路来进入它的内室。"（［英］培根：《新工具》，序言，许宝骙译，商务印书馆1997年版，第5页）

② "什么是实用的理智？如果不是牺牲目前的、瞬时的好处，用以在某一天得到更大或者更实在的好处，那又是什么呢？而什么是'利害'？如果不是增加和不断扩大这些手段，那又是什么呢？为利害所左右的人，……根本没有真实的激情。"（［法］卢梭：《对话录》，袁树仁译，上海人民出版社2007年版，第14页）；"科学与技术并没有给我们真正的福祉增加任何东西。"（［法］卢梭：《论科学与艺术》，何兆武译，商务印书馆1995年版，第35页）；"在人类中有成百上千的腐败根源，但来自于科学的根源最多，流传得也最广，它差点儿就成了唯一的根源了。"（［法］卢梭：《卢梭散文选》，李平沤译，百花文艺出版社2005年版，第138页）

于核武器。① 虽然也有人对这样的严重警告不以为意,但是,随着机器的智能水平越来越高,只要其技术的边界被突破而进化出"自我意识"与"社交能力",人工智能就不是没有可能威胁到人类的生存。②

严峻的客观现实,迫切要求为科学研究确立伦理规范,设立科学研究的伦理禁区,使科学研究严守反映人类命运共同体利益要求的伦理准则。当科研活动以遵循这样的伦理准则为条件时,科学观念就要发生相应转变,不再把科学仅仅当作关于自然的一种知识体系,而是同时也把它当作关于人类的一种价值体系。按照这种新的科学观念,科学作为一个系统应有两个基本的子系统:知识系统和价值系统。然而迄今为止,科学仍只重知识体系的建构,忽视甚至根本无意于价值体系的建构,这种情况亟待改变。价值体系是涉及人类命运共同体利益的目标体系或目的体系。强调科学的价值体系,就是强调科学知识的伦理界限,强调科学的求知活动应该被限制在这个界限之内,也就是认为,并不是什么知识都是值得追求和允许追求的,只有符合人类命运共同体利益,符合人类永续发展要求的知识才是应当去追求的。

当科学观念需要做出上述改变时,规范知识创新的思维规则也需要做出相应改变,即逻辑学应该由传统的认知领域向情感领域和意志领域延展,使自己真正成为如恩格斯所说的"关于思维过程本身的规律的学说"。这样的逻辑学是广义逻辑学;按广义逻辑学所提供的思维规则来进行的规范思维,是广义逻辑思维。广义逻辑学和广义逻辑思维可统称为"广义逻辑"——这意味着该术语可以指研究推理规则的学问,也可以指遵守一定推理规则来进行的推理思维,还可以兼指二者。

在狭义逻辑视域中,所谓"逻辑思维"(Logical thinking)的"逻辑"(Logical)是一个形容词,其含义是"符合逻辑的",实指符合逻辑学推理规则要求的;"逻辑思维"是指遵循逻辑规则来进行的推理思维。但是从广义逻辑视角来看,逻辑思维只是认知领域的推理形式,除此以外,

---

① 例如,美国连续创业家伊隆·马斯克(Elon Musk)近著《生命3.0:人工智能时代的人类》(Life 3.0: Being Human in the Age of Artificial Intelligence),就提出了人工智能对人类的潜在威胁。

② 笔者最近指导的管理哲学专业博士学位论文《人工智能风险治理研究》(于国强,苏州大学,2021年),正是出于人工智能对人类有潜在威胁的思虑。

推理也还存在于情感领域和意志领域，"广义逻辑思维"是泛指"知""情""意"三个领域的推理思维。这些领域各有特殊的推理规则和与之相应的推理形式，"广义逻辑学"是泛指研究这些推理形式的学问；"广义逻辑"是泛指这些学问以及按照这些学问所提供的推理规则来进行的各种形式的推理思维。广义逻辑有三种基本形式——认识逻辑、情感逻辑和意志逻辑，下文用三节篇幅分别加以论述。

第四节　认知逻辑——logic 的历史形态

一　从 dialectic（论辩术）到 logic（逻辑学）

就认知逻辑作为一专门学问而言，它就是西语所称的 logic，即西方逻辑学。这门学问是源于古希腊哲学中一个以教授修辞学、论辩术为业的学派——智者学派（Sophistes）对论辩术的研究与教授活动。

智者学派的职业活动是为古希腊城邦的公民服务的。在希腊文里，"公民"（polite）一词由"城邦"（Polis）一词衍化而来，意为"属于城邦的人"。他们属于城邦，城邦也属于他们。亚里士多德曾说："确定为一个城邦不应该以垣墙作标准"，城邦是"若干公民的组合"。"若干公民集合在一个政治团体内，就成为一个城邦"①。各个城邦按自己的方式和自己的道路建立了各种各样的政治制度，但大多数城邦都经历了王政时代（约公元前 11 世纪—前 8 世纪中期）、贵族政治时代（公元前 8 世纪中期—前 7 世纪中期）、僭主政治时代（约公元前 7 世纪中期—前 6 世纪末）和民主政治时代（约公元前 5 世纪—前 4 世纪）。② 在民主政治时代，全体公民都有平等权利参加议事和审判，并有平等机会担任公职。政治辩论是当时公民政治生活的一个重要内容，是公民参与城邦公共事务的一种具体形式。智者学派正是适应公民的这种政治生活而产生的，其利

---

① ［古希腊］亚里士多德：《政治学》，商务印书馆 1981 年版，第 117、109、118—119 页。转引自丛日云《先秦与古希腊思想家政治认知方式的差别》，《辽宁师范大学学报》（社会科学版）1992 年第 4 期。

② 丛日云：《西方政治文化传统》，大连出版社 1996 年版，第 23—41 页。

用对论辩术有专门研究的特长，教授公民表达自己政治信念、阐述自己政治观点和进行政治辩论的方法和技巧。用来指称我们现在称为逻辑学科的第一个专门术语便是"论辩术"（dialectic），其含义是"在论辩中使用的能够战胜论敌的方法或技术"[1]。苏格拉底的对话艺术和"问答式"智力训练、柏拉图用对话体来阐述他的学说的形式、亚里士多德对论辩术和修辞术的系统研究，都直接受益于智者学派。[2]

然而，智者学派研究论辩术并不是为了追求真理，只是为了帮助参与论辩的人战胜论敌，由此导致其论辩术沦为诡辩法（eristic），而苏格拉底的论辩术对诡辩法有某种程度的批评和超越[3]，他曾将其论辩术称作"精神接生术"——在柏拉图《对话录》中则被称为"辩证法"[4]。辩证法是苏格拉底所运用的对话方法，它不是像"智者"的诡辩法那样将战胜论敌当作唯一的诡辩目的，而是以引导人离开幻想或虚假，使得灵魂朝向善、真理，使得灵魂有恒定的方向作为目标，将讨论置于真理的守护之下，通过设问、诘问的方式，引导参与对话的人对自己的信念或意见进行理性的审查和检验，发现自己的意见与真知不一致或不相容，由此达到从纷杂的意见中使真理澄明显现——这是一种理性的方法，一种心灵教育艺术。[5]

苏格拉底的辩证法有反证、归纳、诱导、定义四个环节，其中反证是最为基本的方法，这也是"辩证法"的基义：通过反证来揭露对方谈话中的矛盾，迫使其承认对原来自以为十分熟悉的事物实际上一无所知。这成为后来黑格尔构建唯心主义辩证逻辑体系的思想源头之一。而归纳、

---

[1] 谷振诣：《"论辩术"与希腊逻辑的传统》，《求是学刊》2000 年第 6 期。
[2] 谷振诣：《"论辩术"与希腊逻辑的传统》，《求是学刊》2000 年第 6 期。
[3] 方朝晖：《"辩证法"一词考》，《哲学研究》2002 年第 1 期。
[4] 金生鈜《作为心灵教育艺术的辩证法》（《教育学报》2018 年第 1 期）指出：在古希腊语中，辩证法（dialektike）一词的含义是通过诘问、反驳、否定、追溯理由等进行谈话，是言辞的艺术。方朝晖《"辩证法"一词考》（《哲学研究》2002 年第 1 期）指出：柏拉图在他的著作中所使用的"辩证法"一词有多种写法，在形式上一直固定不下来，直到亚里士多德才基本上只采用以 dialektik - 为词头的拼写形式，终于使"辩证法"一词在形式上固定下来，成为一个专门的哲学术语。从词源上说，该词在希腊文中是由动词 dialegesthai 演变而来，后者来自 dialego，其原意是谈话、对话，dialegesthai 稍后演变为通过对话的方式进行讨论，并在这一基础上发展成为通过合乎逻辑的论证来寻求真理的科学。
[5] 金生鈜：《作为心灵教育艺术的辩证法》，《教育学报》2018 年第 1 期。

定义对于其后亚里士多德开展逻辑学研究更具有直接的启示意义。亚里士多德曾有如此评论:"两件大事尽可归之于苏格拉底——归纳思辨与普遍定义,两者均有关一切学术的基础。"① 从这个意义上说,苏格拉底的辩证法已具逻辑意义,尽管从苏格拉底"辩证法的精神实质是一种批评过程,而不是追求结论的确定性,是一种思维训练而不是为了证明任何一个预设的前提"② 方面来看,它还不能说就是一种逻辑方法。不过,就其和智者学派的思想联系来说,苏格拉底的辩证法对智者学派的诡辩法有明显的纠偏意义,也就是说,苏格拉底的论辩研究已有规范和引导现实生活中的论辩活动的自觉意识。

对现实的论辩活动的规范和引导意识,到了亚里士多德的论辩研究中达到了高度自觉的程度,对现实的论辩活动提出了明确要求。例如,亚里士多德在《形而上学》中对形而上学的论说证明活动提出了必须依据一个定义来进行论辩的要求,"因为不确定一个含义等于没有什么含义,若字无含义,人们也就无法互相理解"③。由此可以看出,亚里士多德的论辩研究是出于对相关领域认知对话有效性的考虑,试图通过自己的研究为论辩活动提供合理规则,使这种活动能够获得一定效率与效果;而且,亚里士多德是明确地将"归纳论证和一般定义"(或曰"归纳思辨与普遍定义")当作"科学的出发点"(或曰"一切学术的基础")来看待的,所以他的论辩研究所提供的论辩规则,不仅具有规范日常对话的思维—言语管理的意义,而且很明显还具有规范科学(学术)的知识管理意义。

亚里士多德的论辩研究成果集中反映在《范畴篇》《解释篇》《前分

---

① [古希腊]亚里士多德:《形而上学》,吴寿彭译,商务印书馆1959年版,第266—267页。按:此段文字在《西方哲学原著选读》上卷(商务印书馆1981年版,第58页)中被译为:"有两样东西完全可以归功于苏格拉底,这就是归纳论证和一般定义。这两样东西都是科学的出发点。"

② 方朝晖:《"辩证法"一词考》,《哲学研究》2002年第1期。

③ [古希腊]亚里士多德:《形而上学》,1006B9-10。转引自谷振诣《"论辩术"与希腊逻辑的传统》,《求是学刊》2000年第6期。按:此段文字在吴寿彭译本中被译为:"因为不确定一个命意等于没有什么命意,若字无命意,人们也无从相互理解。"([古希腊]亚里士多德:《形而上学》,吴寿彭译,商务印书馆1959年版,第64页)

析篇》《后分析篇》《论辩篇》《辩谬篇》① 六篇论文中，它们在亚氏生前并未出版，是到了公元 1 世纪由亚氏曾讲学其中的吕克昂学院的第 11 代继承人安德罗尼柯（Andronicus，盛年约公元前 40 年）编辑出版的，安氏并以"工具论"作为其论文集的书名，意指其文集中的这些论文所讲的内容是关于知识工具的理论。正是这个理论奠定了被后人称为 logic 的专门学问的思想基础，亚里士多德也因此成为公认的西方逻辑学创始人。

二　知识管理视域中的逻辑（logic）

知识管理的实质是在于通过制定一套规则来规范认知活动，使知识按既定规则所指引的方向有序发展。逻辑规则具有规范认知活动的知识管理意义，不同逻辑系统的逻辑规则对于认知活动具有不同的规范作用，也就意味着不同的逻辑系统各有不同的知识管理功能，它们对认知活动有不同的指导意义，对知识发展有不同的导向作用。

（一）演绎逻辑的知识管理作用：使知识系统化和学术理论化

亚里士多德所提出的以三段论演绎法为核心内容的逻辑理论，是在他的《工具论》出版以后才逐渐广为人知，并被奉为"知识工具"而对西方学术产生巨大而深远影响的。而他之所以能提出这套逻辑理论，除了其个人才智因素外，主要原因是由于古希腊学者（以当时的哲学家群体为代表）普遍重知尚智的文化环境和在这种环境中孕育生成和发展起来的理论学术的繁荣。亚里士多德曾这样称述古希腊哲学家的学术活动：

> 古往今来人们开始哲理探索，都应起于对自然万物的惊异；他们先是惊异于种种迷惑的现象，……一个有所迷惑与惊异的人，每自愧愚蠢；他们探索哲理只是想脱出愚蠢，显然，他们为求知而从事学术，并无任何实用的目的。②

---

① 这六篇论文，《范畴篇》是处理词项和定义，《解释篇》讨论命题或前提，《前分析篇》探讨三段论或三个命题即大前提、小前提和结论的连接，《后分析篇》《论辩篇》《辩谬篇》分别思考三段论在证明和论辩中的运用，以及对诡辩论证的反驳。（［德］顾友信：《中国逻辑的发现》，陈志伟译，江苏人民出版社 2020 年版，第 27 页）

② ［古希腊］亚里士多德：《形而上学》，吴寿彭译，商务印书馆 1959 年版，第 5 页。

事实上，古希腊"第一位哲学家泰勒斯摆脱俗事甚至家庭生活而专注于学术研究，历史上传为美谈。赫拉克利特放弃王位继承权而专心于哲学研究，后来竟至离开人群而隐居山林。① 黑格尔说，从他开始，'哲学家才从公共事务和祖国的利益分离或撤退，为学术而学术。'② 毕泰戈拉学派把追求真理视为最高尚的事业，将无所为而为的科学研究视为净化灵魂的手段。这一派以宗教般的热情从事科学研究，据说因为发现勾股定理（毕泰戈拉定理）而举行过一次百牛大祭，③ 但他们的研究成果绝对保密，不许外泄，以致他们无数科学发现都失传了"④。

古希腊哲学家爱智慧，求知识，不为实用目的，只为"照管灵魂"（苏格拉底语），过一种理智的生活。

在他们看来，智慧或哲学既是幸福的手段又是其内容，作为前者，它使我们认识至善并调整实践生活以实现这个目的；作为后者，哲学或对宇宙的科学沉思是人的本性的最高、最自由的功能，是唯一为它自身的缘故而被我们所欲望的东西。根据阿那克萨哥拉曾经被人问到他是为什么目的而生的，他答道："为了沉思太阳、月亮、天空以及支配着整个宇宙的秩序。"这实际上正是整个希腊哲学和一般希腊精神对这个问题所作的回答。⑤

对知识的不可抗拒的力量的信念表现在苏格拉底的下述陈述中，即知识决定着行为，因为不能想象一个竟然会做他自己认为不正当的事情。这一陈述在所有哲学家那里又以这种或别种形式重新出现，它显然在很大程度上确定了哲学在希腊人理智生活中所具有的地位。⑥

---

① 原注：参见第欧根尼·拉尔修：《著名哲学家的生平和学说》，第9卷，第6节。
② 原注：黑格尔：《哲学史讲演录》，第1卷，第295页。
③ 原注：第欧根尼·拉尔修：《著名哲学家的生平和学说》，第8卷，第7节。
④ 丛日云：《西方政治文化传统》，大连出版社1996年版，第148—149页。
⑤ ［德］包尔生：《伦理学体系》，何怀宏、廖申白译，中国社会科学出版社1988年版，第54—55页。
⑥ ［德］包尔生：《伦理学体系》，何怀宏、廖申白译，中国社会科学出版社1988年版，第56页。

综上并参考亚里士多德"不为任何其它利益而找寻智慧；只因人本自由，为自己的生存而生存，不为别人的生存而生存，所以我们认取哲学为唯一的自由学术而深加探索，这正是为学术自身而成立的唯一学术"①的论述和孟子、董仲舒的有关术语②，完全可以将古希腊哲学描述为一种仅仅出于"养心"需要而追求"悦我心"之"理义"的"自由学术"。"悦我心"的幸福既是这种"自由学术"的目的，又是以这种"自由学术"为内容的。正是为这种纯粹精神需要所支配，其哲学本身也成为一种纯粹理性活动，一种既不受世俗目的支配，也不受感性事物支配，"对于经验和特殊的东西只是瞥眼而过"③，"把一切事物都诉诸艰苦的思维，诉诸心灵的不断动作和运用"④的思辨活动。这种纯粹理性活动因其不求实用，故无须考虑也根本不去考虑作为其思维出发点的理论前提是否与经验事实相符合。

当初亚里士多德创制演绎法，正是在不抱有"任何实用目的"，纯粹"为求知而从事学术"的"自由学术"环境中进行的；他本人也是完全站在认知主体立场上，不考虑实践主体的实用要求，只考虑认知主体的求知要求，因此，在认知推理研究中，一方面，他清醒地意识到"一切的确信，都是通过三段论或归纳获得的"，并肯定三段论是"归纳形成的三段论"，更明确指出"归纳推理对于我们则更具有说服力"⑤，"我们必须通过归纳获得最初前提的知识，因为这也是我们通过感官知觉获得普遍概念的方法"⑥。还指出："证明从普遍出发，归纳从特殊开始，但除非通

---

① ［古希腊］亚里士多德：《形而上学》，吴寿彭译，商务印书馆1959年版，第5页。
② 孟子："理义之悦我心，犹刍豢之悦我口。"（《孟子·告子上》）董仲舒："天之生人也，使之生义与利，利以养其体，义以养其心。"［（汉）董仲舒：《春秋繁露·身之养莫重于义》］
③ ［英］培根：《新工具》，许宝骙译，商务印书馆1997年版，第13页。
④ ［英］培根：《新工具》，序言，许宝骙译，商务印书馆1997年版，第2页。
⑤ 均见［古希腊］亚里士多德：《工具论》，分析前篇，转引自李廉《亚里士多德的归纳逻辑》，《学海》1996年第3期。
⑥ 温华《归纳逻辑与认识论》（《江汉论坛》2002年第12期，第36页）；转引自［美］梯利《西方哲学史》，商务印书馆1995年版，第84页。

过归纳，否则要认识普遍是不可能的。"① "它们（知识）也可以由归纳来证明，这就是思维由感官知觉或对个体事物的知觉，上升到总的概念或关于一般的知识的过程。"② 从而表明，他非但自觉意识到了三段论演绎推理中大前提的来源问题，并清楚地认识到了其大前提是来源于归纳推理，甚至对于归纳和演绎的相互关系也有相当明了的认知，但另一方面，他对于归纳推理却未尝进行过深入系统的思考和研究，用培根的话来说，亚氏的归纳推理是"从感官和特殊的东西飞越到最普遍的原理"③，即"对于经验和特殊的东西只是瞥眼而过"，"开始时一下子就建立起某些抽象的、无用的、普遍的东西"④，而且这些原理一经建立起来，"其真理性即被视为已定而不可动摇，而由这些原则进而去判断，进而去发现一些中级的公理"⑤。这意味着，亚里士多德其实是并不在意作为演绎推理的知识前提是否真确，他只是关心推理程序是否正确，并因之致力于研究程序正确的推理规则，认为只要按这些规则来进行推理，那么，只要大前提真确，其结论就必然真确。演绎推理中大前提和结论之间的必然性联系，才是亚氏逻辑研究的真正关注点，其演绎推理的三段论形式正是根据其必然性推理的要求来设计的。他提供这种必然性推理的规则，不是要服务于实践主体的务实性认知交往，只是要用来规范认知主体交往中的理论活动。按照这种推理规则来进行的理论活动，是不求其理论之内容适于生活事务之实用，只求其理论之形式符合推理程序之规则，即不求事实真理，只求逻辑真理。用康德指摘"玄学"（形而上学）时所说的话来说，这种不求事实真理、只求逻辑真理的理论活动，乃是"高翔于经验教导之外"，"唯依据概念"来进行的"完全孤立之思辨"⑥；相

---

① 唐梅《知识论难题——"休谟问题"的追溯及后续》（贵州大学 2009 年外国哲学硕士学位论文，第 8 页），转引自［英］罗素《我的哲学的发展》，商务印书馆 1982 年版，第 184 页。
② 温华《归纳逻辑与认识论》（《江汉论坛》2002 年第 12 期，第 36 页），转引自［美］梯利《西方哲学史》，商务印书馆 1995 年版，第 84 页。
③ ［英］培根：《新工具》，许宝骙译，商务印书馆 1997 年版，第 12 页。
④ ［英］培根：《新工具》，许宝骙译，商务印书馆 1997 年版，第 12—13 页。
⑤ ［英］培根：《新工具》，许宝骙译，商务印书馆 1997 年版，第 12 页。
⑥ ［德］康德：《纯粹理性批判》，第一版序文，蓝公武译，商务印书馆 1960 年版，第 13 页。

应地，其推理规则乃是纯思辨的理论规则。

　　由于亚里士多德逻辑学所创建的推理规则要求前提必然地推出结论，这样，当他的逻辑学被人们信奉为"知识工具"而对其认知活动产生实际影响时，这种逻辑学对于求知者的认知活动便具有了如此规约与引导作用，使他们不再以获取那些可以满足具体实用要求的杂多知识为目标，而是注重按必然性推理的要求，来构造使各种知识之间或知识要素之间具有必然联系的知识体系，这就使得知识增长会朝着建立和完善以知识系统化为共性特征的各种专门学问的方向发展。

　　另一方面，亚里士多德在《形而上学》中，更是按照其三段论演绎推理模式来构建各门学问之间具有必然联系的学术系统。这是一个等级化的学术系统，它包含理论学术、实用学术和生产（制造）学术三个子系统，其中理论学术（广义哲学）是"一门研究原理与原因的学术"①，它高于或优于其他学术；在包括数学、物学（物理学）和神学在内的理论学术系统中，神学（狭义哲学，"类似天文哲学，异于宗教上的神学"②，即后世所谓"物理学之后"或"形而上学"③）处于最高地位，它是研究"万物的原因"和"世间第一原理"的"最神圣的学术"④，因其向其他学术提供最普遍的原理或通则，其他学术都要由这通则来推演出自己的原理，所以被亚里士多德称为"第一哲学""第一学术"。这种基于三段论演绎逻辑思想的等级学术观念，曾经长期统治西方学术界，形

---

① ［古希腊］亚里士多德：《形而上学》，吴寿彭译，商务印书馆1959年版，第4—5页。

② 吴寿彭：《形而上学》，译者附志，转引自［古希腊］亚里士多德《形而上学》，吴寿彭译，商务印书馆1959年版，第329页。

③ 亚里士多德《形而上学》的主旨是要说明，他的哲学是以"不动变本体"为研究主题的，以此将他自己的哲学同广义哲学（"理论学术"）中以"自然实物本体"为主题的自然哲学区分开来，为此他还将后者归到"物学"（物理学）名下。在亚里士多德去世近三百年后，他生前曾讲学其中的吕克昂学院的第11代继承人安德罗尼柯在整理亚氏遗著时，将排在《物理学》之后的著作命名为《物理学之后》（希腊文 ta meta ta physica，拉丁文 metaphysica，英文 Metaphysics）。所谓"物理学之后"，就是亚里士多德本人的哲学，即他在该书中所确定的以"不动变本体"为研究主题的"第一哲学"。自从日本哲学家井上哲次郎（Tetsujiro Inoue，1855—1944）取《易传》"形而上者谓之道，形而下者谓之器"之说而将英语 metaphysic 译为"形而上学"，该词遂逐渐成为全球汉学界通用的哲学专名之一，并一直沿用至今。

④ ［古希腊］亚里士多德：《形而上学》，吴寿彭译，商务印书馆1959年版，第5—6页。

而上学因此长期占据"一切学术之女王"①的至尊地位，由此推动和引领西方学术朝着理论化方向发展，从而形成了西方学术推崇哲学的理论思维传统，养成了西方学者好尚思辨的理论思维习惯，而"一个民族要想站在科学的最高峰，就一刻也不能没有理论思维"②，"离开了思维便不能前进一步，而且要思维就必须有逻辑范畴"③。由此可见，传统演绎逻辑与现代科学之间是存在某种内在关联性的，这种关联性表明，传统演绎逻辑思维实为现代科学思维的根基。

（二）归纳逻辑的知识管理作用：使科学经验化、实证化

古希腊的思辨学术传统一直延续到中世纪。到了弗兰西斯·培根时代，不抱任何实用目的的传统哲学不再合乎时宜。培根在《新工具》中的抱怨"现有的科学不能帮助我们找出新事功，现有的逻辑亦不能帮助我们找出新科学"④，就反映了他那个时代对于"新事功"的急切需求，和由这种时代需要所决定的要求学术帮助人们"找出新事功"的时代精神。其《新工具》之书名表明，该书和亚里士多德的《工具论》一样亦属逻辑学著作，但在培根看来，他的《新工具》是向人们提供了《工具论》所没有提供的新的知识工具——一种可以帮助人们"找出新科学"从而归根到底可以帮助人们"找出新事功"的求知方法。

培根《新工具》所提供的求知方法是由"观察和实验—列'三表'—归纳"三个环节所构成的归纳推理规则系统。从思维—言语管理学角度来看，该系统的推理规则是服务于实践主体为创造新事功而开展的认知交往，用于规范实践主体认知交往中思维—言语行为的实用逻辑规则。如果说思辨学术时代演绎逻辑的创造者是不求理论内容切于实用，因而只关心和思考语言世界里的理论建造以及如何构造形式上合理的概念和命题系统的话，那么，作为"现代实验科学的真正始祖"的培根则是务求理论内容之切于实用，并不注重理论形式之合理了。正因如此，《新工具》所集中讨论的是如何"从经验来抽出和形成原理"的归纳问

---

① 语出［德］康德《纯粹理性判断·第一版序文》。
② 《马克思恩格斯全集》第3卷，人民出版社2012年版，第875页。
③ 《马克思恩格斯选集》第3卷，人民出版社2012年版，第898页。
④ ［英］培根：《新工具》，许宝骙译，商务印书馆1997年版，第10页。

题，而对于演绎问题，它则批评亚氏演绎逻辑"由论辩而建立起来的原理，不会对新事功的发现有什么效用"①，并赋予了演绎以新的意义，将亚氏《工具论》所讲的那种仅仅在语言世界里构造形式上合理的概念和命题系统所进行的思辨性演绎，改造为为了在实在世界中创造新事功而进行的由经验归纳得来的原理推出新的实验的实用性演绎。据此可以说，培根所创立的归纳逻辑其实是一种实证逻辑，按照这种实证逻辑的要求，"只有已被实验证实的或至少能被实验证实的陈述才是容许作出的"②。培根归纳逻辑正是以其重经验、尚实证的知识价值观，贬黜偏好理论、崇尚论辩的思辨学术，贬斥一切脱离经验和不切实用的玄虚之论，以此规范和引导自然科学朝着经验化、实证化方向发展。这是培根归纳逻辑的正向知识管理作用。

另一方面，培根归纳逻辑是与哲学（形而上学）融合在一起的，以培根按其归纳思维所构建的学术体系中哲学和科学的地位来说，哲学处于高端，科学则处于低端。培根所提出的"从感官和特殊的东西引出一些原理，经由逐步而无间断的上升，直至最后达到最普遍的原理"③的归纳推理，看似也被用来推求科学原理，但从根本上说，其实是被用来推求"始基原理"④ 的——这"始基原理"作为"自然的永恒的和基本的法则"⑤，正是自然界"最普遍的原理"！从这方面来看，培根归纳逻辑又有负向的知识管理作用，因为它所指引的推求自然界"始基原理"的自然哲学认知方向，是与探求自然界某个领域特殊运动规律的现代科学认知方向相悖的。

综上所述，培根归纳逻辑的知识管理作用具有双重性：其积极作用或正向作用是引导自然科学朝着经验化、实证化方向发展；其消极作用或负向作用是阻碍自然科学挣脱出传统哲学的怀抱而走上独立的实证科学之路。这种双重性意味着，如果完全按照培根归纳逻辑思路来发展科学的话，那么，科学仍旧是哲学的附庸，只能作为一种依附于形而上学

---

① ［英］培根：《新工具》，许宝骙译，商务印书馆1997年版，第14页。
② ［德］海森堡：《物理学和哲学》，范岱年译，商务印书馆1981年版，第36页。
③ ［英］培根：《新工具》，许宝骙译，商务印书馆1997年版，第12页。
④ ［英］培根：《新工具》，许宝骙译，商务印书馆1997年版，第115页。
⑤ ［英］培根：《新工具》，许宝骙译，商务印书馆1997年版，第116页。

而仅在方法上具有独特性的自然哲学而存在和发展。这也就是说，培根所创的归纳法，按其本来意义说，乃是用于探求自然界永恒不变的普遍法则的自然哲学方法，而非用于探求自然界某个领域特殊运动规律的自然科学方法；其归纳逻辑作为一种实证逻辑，本质上是实证哲学逻辑，而非实证科学逻辑。

（三）数理逻辑的知识管理作用：使知识表达符号化和精确化

在逻辑学界的术语系统中，"传统逻辑"是相对"现代逻辑"而言，前者指与哲学融合在一起，采用形式语言（含部分日常语言）来表示词项、命题、推理等的形式逻辑；后者指从传统逻辑发展而来，从哲学中独立出来的一门学科，它完全抛弃日常语言而采用人工语言，以构造形式语言和建立演算为基本特征。①

现代逻辑采用一套特制的人工语言来表示词项、命题、推理等，使它们转化为形式系统中的表意符号，以此对演绎系统作为形式化的公理系统加以处理，故名符号逻辑；又以其运用数学的方法来研究推理、证明等问题，故又称数理逻辑。

数理逻辑为计算机科学及其应用提供了理论基础和实现方法。20世纪中后期计算机科学的发展进入了知识处理和智能模拟领域，逻辑学研究的主流遂由认知逻辑和心理逻辑两个方向上来研究高级认知过程逻辑结构和利用具有这种结构的逻辑系统来进行知识表达和处理并研制新型软件。②

数理逻辑使得推理规则和程序大大精细化了，将这些推理规则和推理程序数字化，以至于可以将这套规则系统和程序系统编制成让人工模拟思维可以遵守执行的机械性规则和机械性程序，并利用电脑来实现这种人工模拟思维，这种思维因其规则和程序被数字化而达到了极精细和极精密的程度，故其推理所得到的结论也是极其精确，这是传统逻辑所无法比拟的。

但是，也因为电脑的推理模式本质上属于演绎推理，所以它和传统演绎逻辑一样，也是不考虑其大前提真确与否的，要保证其推理所得到

---

① 王路：《逻辑与哲学》，人民出版社2007年版。
② 鞠实儿：《论逻辑学发展的方向》，《中山大学学报》（社会科学版）2003年第S1期。

的结论不但精确而且真确,就必须为其提供真确的大前提,而这种真确的大前提只能是来自于实验科学,将实验科学通过实验证明为真确的知识转换成数字化的信息,再提供给电脑使用,作为其推理的大前提,才能保证电脑的人工模拟思维获得既精确又真确的结论。所以,电脑只是部分地代替人脑进行工作,并且使这部分思维工作的效率和精确度能达到人脑所无法达到的高度。

(四) 辩证逻辑的知识管理作用:使个别知识和一般知识相互转化

辩证逻辑至今未获逻辑学界广泛承认,尤其在西方逻辑学界,大多数逻辑学家对辩证逻辑持否定、批判态度。[①] 这既与西方逻辑学发展到现代出现了数理逻辑及其分支学科的现实状况有关,同时更与西方学术长期以来乃至迄今为止一直占有世界学术的"话语霸权"有关。这些因素综合在一起,使逻辑学界主要以西方学者所定的标准来判别和决断逻辑是非,而且这种"西方标准"实际上并非只是学理性的逻辑标准,还隐含着非学理性的意识形态标准。按照"西方标准"中的逻辑标准,构造形式语言和建立演算的符号逻辑系统才是逻辑学发展的正确方向,与此方向不一致者则遭受贬抑而不被认可;按照"西方标准"中的意识形态标准,先是和黑格尔哲学联系在一起、后来更与马克思主义哲学联系在一起的辩证逻辑,更是遭到贬斥乃至摒弃。而屈从于西方"话语霸权"的一些中国学者,则要么是以"西方标准"为标准,根本不承认辩证逻辑的合法性;要么致力于对辩证逻辑进行重新诠释和重新建构的研究,以最终建立起一套合乎抑或至少接近"西方标准"的辩证逻辑体系。笔者以为,我们应当有"文化自信",其中当然也包括"学术自信";对于逻辑学,同样应该有"学术自信"。这种"学术自信"是建立在按照事物的本来面目来理解事物和认识事物的科学原则基础上的理性学术态度,而不是背离科学原则的非理性学术偏执。若以理性学术态度来看待辩证逻辑,则应该摒弃有关成见和偏见,按逻辑学发展的本来面目来理解辩证逻辑,将辩证逻辑理解为一种高级逻辑:这种高级逻辑是马克思主义创始人吸取黑格尔逻辑学中的辩证法并加以唯物主义改造,使之转变为一种新的世界观,进而运用这种新的世界观,对原本在理论上互相独立

---

① 王庆英:《辩证逻辑与逻辑辩证法》,《河南社会科学》2007年第5期。

的演绎逻辑和归纳逻辑加以整合而建立起来的一个新逻辑体系,在这个新逻辑体系中,原本分属于不同逻辑系统的演绎和归纳,成为同一逻辑系统中相辅相成的两种推理形式。

黑格尔逻辑学是黑格尔哲学体系的三个组成部分(逻辑学、自然哲学和精神哲学)之一,以所谓"纯概念"为研究对象,描述"纯概念"自我发展、自我认识的过程。[①] 如果说培根逻辑学可以被看作对亚里士多德逻辑学加以批判基础上所做的补充从而是对形式逻辑的发展的话,那么,黑格尔逻辑学则可以被看作对苏格拉底辩证法(论辩术)的继承和发展:黑格尔吸取了苏格拉底辩证法中揭露对方议论中的矛盾的因素并加以改造,使之发展为揭示"纯概念"之内在矛盾和由于其矛盾所造成的"纯概念"自我发展、自我认识的过程及其规律的逻辑学。

黑格尔逻辑学的核心观念是关于概念对立统一的联系(矛盾)观和概念自我运动、自我发展的过程(历史)观,这是黑格尔哲学中最受马克思主义创始人赏识的"合理因素",即所谓黑格尔辩证法。但在黑格尔辩证法中,自然界和人类社会是作为"纯概念"自我运动、自我发展过程的两个阶段而存在的,它们是"纯概念"的表现和"自我实现"——也因为如此,在黑格尔哲学体系中,逻辑学是自然哲学和精神哲学的"灵魂"。[②] 马克思主义创始人则认为,对立统一的联系和自我运动、自我发展的过程,其主体绝非黑格尔所谓"纯概念"(精神),而是自然界(物质)。于是,描述"纯概念"矛盾发展过程的黑格尔唯心主义辩证法,就被马克思主义创始人改造成了描述自然界矛盾发展过程的唯物主义辩证法。

唯物主义辩证法是基于这样一种世界观:自然界是精神的本原,精神是由自然界派生出来的一种特殊自然物质(人脑)的属性。这种世界观内在地包含着一种历史观,一种把自然界理解为一个"历史发展过程"[③] 的自然历史观,在这种历史观看来,人类社会是由自然界发展出来

---

① 张世英:《论黑格尔的逻辑学》,上海人民出版社1981年版,第2页。
② 张世英:《论黑格尔的逻辑学》,上海人民出版社1981年版,第2页。
③ 在《路德维希·费尔巴哈和德国古典哲学的终结》中,恩格斯有"这样,自然界也被承认为历史发展过程了"(《马克思恩格斯选集》第4卷,人民出版社2012年版,第253页)的提法。

的，也有自己的历史发展过程，人类史是自然史的一个现实部分①。根据这种自然历史观，马克思主义创始人提出了历史科学概念："我们仅仅知道一门唯一的科学，即历史科学。历史可以从两方面来考察，可以把它划分为自然史和人类史。但这两方面是不可分割的；只要有人存在，自然史和人类史就彼此相互制约。自然史，即所谓自然科学，我们在这里不谈；我们所需要研究的是人类史……"②"关于思维的科学，也和其他各门科学一样，是一种历史的科学，是关于人的思维的历史发展的科学。"③ 以笔者对历史科学概念的理解，可以将这一概念界说为：

> 所谓历史科学，就是关于历史发展的科学，即现实地生活在由于一定社会主体实践所造成的感性世界里的人们在自身的感性实践中，基于对自己周围世界的自觉的观察与探索所创造的反映物质世界各种运动形式及其相互转化的关系与过程的理论。这些理论本质上都是历史发展的抽象形式，需要不断接受社会主体实践的检验和证明，因而是随着这种实践的发展而发展的。历史可以划分为自然发展史、社会发展史和思维发展史三种基本形式，相应地历史科学可以划分为自然科学、社会科学和思维科学三个基本门类。④

自然科学、社会科学和思维科学之所以可以被纳入同一门历史科学，

---

① 恩格斯："人类社会同自然界一样也有自己的发展史和自己的科学。"（《马克思恩格斯选集》第 4 卷，人民出版社 2012 年版，第 237 页）马克思："历史本身是自然史的即自然界成为人这一过程的一个现实部分。"（《马克思恩格斯全集》第 42 卷，人民出版社 1979 年版，第 128 页）

② 《马克思恩格斯选集》第 1 卷，人民出版社 2012 年版，第 146 页。按：据《马恩选集》编者注，这段话及其他与此相关的一些话在马克思和恩格斯合著的《德意志意识形态》手稿中被删去了。这或许是由于他们在这里只想谈人类史而姑置自然史于不谈的缘故吧。马、恩在这里既然说"自然史，即所谓自然科学"，则他们所谓"人类史"就也未尝不可以说是"人类科学"，但他们本人未尝使用过"人类科学"一词，除同书中尚有"关于人的科学"的提法以外，其他著作中还有"关于社会的科学""关于现实的人及其历史发展的科学"等提法，据笔者分析，这些提法的含义并无实质差异，为本书叙述方便起见，以下统称"社会科学"。

③ 《马克思恩格斯选集》第 3 卷，人民出版社 2012 年版，第 873—874 页。

④ 周可真：《马克思恩格斯历史科学体系的内在逻辑》，《江苏行政学院学报》2013 年第 5 期。

是因为在马克思主义创始人看来,"思维过程同自然过程和历史过程(引者按:这里所谓"历史过程"是指社会发展过程)是类似的,反过来也一样,并且证明了同一些规律对所有这些过程都是适用的"①;"我们的主观思维和客观世界遵循同一些规律,因而两者的结果最终不能互相矛盾,而必须彼此一致,这个事实绝对地支配着我们的整个理论思维"②;"思维规律和自然规律,只要它们被正确地认识,必然是互相一致的"③。

与上述自然历史观和历史科学概念相辅相成的是唯物主义的辩证法概念,按照这个概念,"概念的辩证法"不过是"现实世界的辩证运动的自觉的反映"④,由此将逻辑学所要揭示的思维运动(判断、推理)的规律和现实世界运动的规律当作两个不同系列,但在本质上是同一的、只是表现形式不同的规律来看待⑤,于是"辩证法"便获得了如此双重意义:它既是指支配现实世界运动的矛盾法则等,又是指自觉反映由矛盾法则等支配的现实世界运动的思维形式——在前一种意义上叫"客观辩证法";在后一种意义上叫"主观辩证法"。⑥ 当"辩证法"和"逻辑"二词被并举使用时,"辩证法"是指辩证逻辑,"逻辑"是指形式逻辑。在《自然辩证法》中,恩格斯曾明确提到了"辩证逻辑"和"形式逻辑",并指出了它们之间的差异在于:

> 辩证逻辑和旧的纯粹的形式逻辑相反,不像后者那样只满足于把思维运动的各种形式,即各种不同的判断形式和推理形式列举出来并且毫无关联地并列起来。相反,辩证逻辑由此及彼地推导出这些形式,不是把它们相互并列起来,而是使它们互相从属,从低级

---

① 《马克思恩格斯选集》第3卷,人民出版社2012年版,第978页。
② 《马克思恩格斯选集》第3卷,人民出版社2012年版,第977页。
③ 《马克思恩格斯选集》第3卷,人民出版社2012年版,第927页。
④ 《马克思恩格斯选集》第4卷,人民出版社2012年版,第250页。
⑤ 《马克思恩格斯选集》第4卷,人民出版社2012年版,第249—250页。
⑥ 恩格斯在《自然辩证法》中指出:"所谓的客观辩证法是在整个自然界中起支配作用的,而所谓的主观辩证法,即辩证的思维,不过是在自然界中到处发生作用的、对立中的运动的反映,这些对立通过自身的不断的斗争和最终的互相转化或向更高形式的转化,来制约自然界的生活。"(《马克思恩格斯选集》第3卷,人民出版社2012年版,第908页)

形式发展出高级形式。①

另又指出了它们之间所存在的关联性：

> 形式逻辑也首先是探寻新结果的方法，由已知进到未知的方法；辩证法也是这样，不过它高超得多；而且，因为辩证法突破了形式逻辑的狭隘界限，所以它包含着更广泛的世界观的萌芽。在数学中也是存在着同样的关系。初等数学，即常数数学，是在形式逻辑的范围内运作的，至少总的说来是这样；而变数数学——其中最重要的部分是微积分——本质上不外是辩证法在数学方面的运用。②

由此可见，辩证逻辑是既区别于形式逻辑又包含形式逻辑于自身之中的一种高级的逻辑形态。这种高级逻辑与传统形式逻辑相比，其根本区别是它们所包含的世界观的区别：

首先，在研究思维运动（判断、推理）时，形式逻辑缺乏发展的观点，因而不是把思维运动理解为一个历史发展过程，而是对它作凝固化、绝对化的理解，从而把关于某种特定思维形式（例如演绎思维或归纳思维）的逻辑理论（例如演绎逻辑或归纳逻辑）当作不可更改的"永恒真理"来看待，以至于出现"牺牲一个而把另一个捧到天上去"③ 的情况。而辩证逻辑恰恰是依据和运用发展的观点，将思维运动理解为一个历史发展过程，一个与自然界从低级形式向高级形式发展的客观历史进程相一致的思想发展进程——"历史从哪里开始，思想进程也应当从哪里开始，而思想进程的进一步发展不过是历史过程在抽象的、理论上前后一贯的形式上的反映。"④ 因而认为"思维规律的理论决不像庸人的头脑在想到'逻辑'一词时所想象的那样，是一种一劳永逸地完成的'永恒真理'。形式逻辑本身从亚里士多德以来直到现在仍是激烈争论的领域。而

---

① 《马克思恩格斯选集》第3卷，人民出版社2012年版，第925页。
② 《马克思恩格斯选集》第3卷，人民出版社2012年版，第513页。
③ 《马克思恩格斯选集》第3卷，人民出版社2012年版，第930页。
④ 《马克思恩格斯选集》第2卷，人民出版社2012年版，第14页。

辩证法直到今天也只有两位思想家曾做过较细致的研究，这就是亚里士多德和黑格尔"①；进而依据由低级运动形式发展出高级运动形式的一般历史规律（这个规律适用于自然、社会、思维三大历史领域）来构建自己的逻辑理论体系，使逻辑学成为隶属于历史科学的一个门类。

其次，在研究思维运动（判断、推理）时，形式逻辑缺乏联系的观点，因而不是把各种思维形式看作彼此互相制约、互相补充的关系，于是，要么是像亚里士多德那样基本撇开归纳而只做演绎研究，要么是像培根那样几乎完全撇开演绎而单做归纳研究，由此导致形式逻辑片面发展，形成了演绎逻辑与归纳逻辑两种逻辑理论长期并存又彼此独立的格局，这使得无论是演绎逻辑还是归纳逻辑都存在着难以自我克服的理论缺陷。

从培根《新工具》中有关其归纳法与亚氏演绎法之间根本区别的论述来看，新、旧两种"工具论"（逻辑理论）所共同面对的问题，是怎样建立"最普遍的原理"。培根指出，亚氏"工具论"的解决思路，是"从感官和特殊的东西飞越到最普遍的原理"②。然依培根之见，这种"飞越"式的原理建构方式，充其量不过能"建立起某些抽象的、无用的、普遍的东西"③；而亚氏"工具论"本身，对于怎样实现从"感官和特殊的东西"到"最普遍的原理"的"飞越"，也确实未曾深究，实际上是束之高阁，不了了之。这样，在亚氏演绎法中充当终极大前提的"最普遍的原理"就至多只具有理论假设意义，按培根的归纳逻辑思维，这种假设的原理或理论不过是"无用的"虚理，由此建立起来的哲学，除了"供争论的题材""供谈话的装饰""供教授讲学之用""供生活职业之用"以外，百无一用④；

而培根自己所提出的解决思路则是"从感官和特殊的东西引出一些原理，经由逐步而无间断的上升，直至最后达到最普遍的原理"⑤，这看起来倒像是解决了亚氏演绎逻辑所未曾解决的问题，可是据培根的相关论述，他所谓"感官和特殊的东西"，其确切含义是"简单的感官知

---

① 《马克思恩格斯选集》第3卷，人民出版社2012年版，第874页。
② [英] 培根：《新工具》，许宝骙译，商务印书馆1997年版，第12页。
③ [英] 培根：《新工具》，许宝骙译，商务印书馆1997年版，第12—13页。
④ [英] 培根：《新工具》，序言，许宝骙译，商务印书馆1997年版，第4页。
⑤ [英] 培根：《新工具》，许宝骙译，商务印书馆1997年版，第12页。

觉"——培根解释之所以应当"直接以简单的感官知觉为起点"① 的道理在于:"由论辩而建立起来的原理,不会对新事功的发现有什么效用,这是因为自然的精微远较论辩的精微高出多少倍。但由特殊的东西而适当地和循序地形成的原理,则会很容易地发现通到新的特殊的东西的道路,并从而使各门科学活跃起来。"② 按照培根的归纳理论,获得"简单的感官知觉"的途径是"观察和实验"。然而,无论是观察还是实验,其前提是观察者和实验者具备一定的知识,必须在一定知识指导下他们才能进行有意义和有序的观察和实验,否则就只能进行动物式的本能活动,这种本能活动是既谈不上什么观察,更谈不上什么实验的。如果"简单的感官知觉"真是一种动物式本能知觉的话,那么,以这种本能知觉作为前提的归纳,就不是由已知的判断推出新判断的一种推理形式了③。换言之,如果承认归纳是一种推理形式,那就必须承认作为其前提的"简单的感官知觉"是一种区别于动物式本能知觉的知识,并同时承认这种知识的获得是以另一种知识作为前提和根据的。显然,当培根抱怨"现有的逻辑亦不能帮助我们找出新科学"④ 和指摘"由论辩而建立起来的原理,不会对新事功的发现有什么效用"⑤ 的时候,他忽视了甚至根本没有认识到作为"有意识的类存在物"的人的观察与实验和其他一切活动一样是有目的的活动,即在其观察和实验开始之前,就已经有某种观念存在于他的头脑中了,并且正是这种观念推动着他去从事观察和实验从而才能获得"简单的感官知觉",而这种事先存在于其头脑中的观念恰恰是有别于"简单的感官知觉"(个别知识)的一般知识,"简单的感官知觉"不过是由这种一般知识推出个别知识的演绎活动所得到的结论;假使离开这种演绎活动,就不可能得到"简单的感官知觉"这样的个别知识。可是,充当归纳前提的一般知识是从哪里来呢?在培根的逻辑理论

---

① [英]培根:《新工具》,序言,许宝骙译,商务印书馆1997年版,第2页。
② [英]培根:《新工具》,许宝骙译,商务印书馆1997年版,第14页。
③ "推理是从一个或几个已知的判断推出一个新判断的思维形式。"(刘仲林:《中西会通创造学:两大文化生新命》,天津人民出版社2017年版,第231页)
④ [英]培根:《新工具》,许宝骙译,商务印书馆1997年版,第10页。
⑤ [英]培根:《新工具》,许宝骙译,商务印书馆1997年版,第14页。

框架内是无法自洽地解答这个问题的。①

亚氏演绎逻辑与培根归纳逻辑的上述理论缺陷,在其自身的理论框架之内是无法得到克服的,但正是这种理论缺陷,使得这两种逻辑理论都未能处理好演绎与归纳的关系,都不能使它们在理论上互相协调和统一起来,由此便造成了演绎与归纳长期处于理论上的分离状态,而不能成为同一逻辑系统中相辅相成的两种推理形式。

诚然,作为传统逻辑的两种历史形态,由亚里士多德创立的演绎逻辑和由培根创立的归纳逻辑通常是一起被归到形式逻辑中的,这样看起来,似乎归纳和演绎是统一于形式逻辑的两种推理形式,但实际上,由于这两种逻辑理论长期互相并存又彼此互相独立,形式逻辑从来都不是将演绎和归纳当作彼此不可分离和相辅相成的两种推理形式来理解和处理的一种逻辑理论;更何况,狭义的形式逻辑,仅仅是指研究演绎推理的学问,它压根儿就不包括归纳推理在内!甚至,现代数理逻辑也不过是传统演绎逻辑的一种发展形式——自从英国哲学家大卫·休谟提出所谓"归纳问题"以来,归纳推理的有效性向来受到一些哲学家和逻辑学家的诘难,像伯特兰·罗素这样的数理逻辑学家、卡尔·波普尔这样的科学哲学家,他们都各自从不同角度和在不同程度上对归纳推理的有效性提出了质疑和批评,波普尔根本否定归纳法②,罗素则指出:"为归纳本身找出根据是不可能的,因为我们可以证明归纳法导致虚妄和导致真理是同样常见的。"③ 在这种情况下,也根本难以在理论上将归纳和演绎

---

① 后来,康德在《纯粹理性批判》中探究了人的认识何以可能的问题,提出了先天认识形式(包括先天范畴和先天综合能力)作为人认识现象界的根据(按:在康德看来,作为主体能力而先天地存在于心灵的认识形式仅适用于现象界,而不适用于物自体——物自体是不可认识的),认为起始于经验的知识是主体借助于先天的范畴和综合能力对其经验中的杂多内容(感性材料)进行综合而形成的,这可以看作康德对上述培根逻辑理论所无以自洽地解答的问题的解答。然而,以唯物主义观点来看,凭借先天认识形式建立起来的原理本质上是属于先验知识,如果承认这种先验知识也是知识,那就等于承认知识是人的头脑里固有或从天上掉下来的!

② 波普尔《猜想的知识:我对归纳问题的解决》:"我的主要成果之一是,既然休谟认为在逻辑学中不存在以重复为根据的归纳法这样的东西,并且这个看法是正确的,按照转换原则,在心理学中(或科学方法中,或科学史上)也就不可能有任何这样的东西。版以重复为根据的归纳法观念一定是由于一种错误——一种视错觉。简单地说,不存在以重复为根据的归纳法。"([英]卡尔·波普尔:《客观知识——一个进化论的研究》,舒炜光等译,上海译文出版社1987年版,第7页)

③ [英]罗素:《人类的知识》,张金言译,商务印书馆1983年版,第517—518页。

纳入同一逻辑系统，把它们当作互相对称的两种推理形式来看待。

当且仅当演绎和归纳被纳入同一逻辑系统，成为彼此相辅相成的辩证逻辑推理的两种形式时，原本存在于演绎逻辑和归纳逻辑中的上述理论缺陷才可以得到克服，这是因为辩证逻辑还包含着同上述自然历史观密不可分的普遍联系观。

> 我们所接触到的整个自然界构成一个体系，即各种物体相联系的总体，而我们在这里所理解的物体，是指所有的物质存在，从星球到原子，甚至直到以太粒子，如果我们承认以太粒子存在的话。这些物体处于某种联系之中，这包含了这样的意思：它们是相互作用着的，而它们的相互作用就是运动。①

> 相互作用是事物的真正的终极原因。②

当以"相互作用就是运动"为核心内容的普遍联系观被运用于考察思维运动时，演绎推理和归纳推理就被本质地理解为内在于思维运动的两个要素或方面了，相应地，思维运动也就被本质地归结为这两个要素或方面的相互作用了。

按照恩格斯关于"一切真实的、寻根究底的认识都只在于：我们在思想中把个别的东西从个别性提高到特殊性，然后再从特殊性提高到普遍性；我们从有限中找出和确定无限，从暂时中找出和确定永久"③的认识论思想，在归纳和演绎相互联系和相互作用所构成的思维运动中，归纳是从个别知识推出特殊知识、再由特殊知识推出普遍知识——即，由个别知识推出一般知识；反过来，演绎是从普遍知识推出特殊知识、再从特殊知识推出个别知识——即，由一般知识推出个别知识。在这里，"归纳和演绎，正如综合和分析一样，必然是相互关联的"④。恩格斯认为，科学发现是归纳和演绎相互结合的辩证思维的产物，因为它涉及对科学所发现的自然规律的必然性证明，而"单凭观察所得的经验，是决

---

① 《马克思恩格斯选集》第3卷，人民出版社2012年版，第952页。
② 《马克思恩格斯选集》第3卷，人民出版社2012年版，第920页。
③ 《马克思恩格斯选集》第3卷，人民出版社2012年版，第937页。
④ 《马克思恩格斯选集》第3卷，人民出版社2012年版，第930页。

不能充分证明必然性的"①,唯有将归纳法和演绎法结合起来,才能充分证明科学所发现的自然规律的必然性。因此,恩格斯指摘当时流行于西欧科学界的"归纳万能论",认为"归纳法没有权利要求充当科学发现的唯一的或占统治地位的形式"②,强调在归纳和演绎之间"不应当牺牲一个而把另一个片面地捧到天上去,应当设法把每一个都用到该用的地方,但是只有认清它们是相互关联、相辅相成的,才能做到这一点"③。

综上所述,就 logic 主要是研究推理形式这一逻辑学本质特征来说,演绎和归纳是直到逻辑学发展至辩证逻辑阶段时才被真正归入同一逻辑系统,被当作互相对称的两种推理形式来进行研究的;只是到了这个时候,演绎和归纳才在理论上被视为"一物两体"的关系,并在这种关系中被升级为超越和高于传统逻辑中被互相割裂的演绎逻辑推理和归纳逻辑推理的辩证逻辑推理。

> 从辩证逻辑产生的科学发展背景和它所包含的世界观来说,辩证逻辑有引导科学走向历史化和系统化的独特知识管理作用。

引导科学走向历史化。培根归纳逻辑虽有引导自然科学朝着经验化、实证化方向发展的积极作用,但就其本来意义和根本作用来说,它所提供的方法原是被用来探求自然界永恒不变的普遍法则的哲学方法,而非用于探求自然界某个领域特殊运动规律的科学方法。而辩证逻辑所包含的自然历史观,根本否定自然界有所谓永恒不变的事物和法则,认为自然界的一切事物都只是暂时的存在,它们永远处在产生和消失的变化之中,科学只能去考察它们作为一种暂时的存在从产生到消失之间相对稳定发展的规律。所谓"引导科学走向历史化",正是指在辩证逻辑所包含的自然历史观的指引下,自然科学逐渐摆脱自然哲学的影响而朝着历史科学方向独立发展,即不再去探求自然界永恒不变的普遍法则,而是去探寻和揭示特定自然事物的发展规律了。

---

① 《马克思恩格斯选集》第 3 卷,人民出版社 2012 年版,第 922 页。
② 《马克思恩格斯选集》第 3 卷,人民出版社 2012 年版,第 931 页。
③ 《马克思恩格斯选集》第 3 卷,人民出版社 2012 年版,第 9309 页。

引导科学走向系统化。尽管分门别类地研究自然的科学从15世纪下半叶就已开其端，但从那时到马恩生活的年代，这几个世纪里的自然科学在总体上还处在"收集材料"阶段，而这个阶段自然科学的思维方式总的说来是形而上学的思维方式①，因此，不仅这个阶段自然科学各部门之间缺乏内在联系，呈现出互不相属的零散状态，而且面对当时这种现状，绝大多数的自然科学家都没有能力去加以改变，因为"学会辩证地思维的自然科学家到现在还屈指可数"②。马恩当初致力于哲学史研究，以吸取哲学史上的思维成就特别是古希腊哲学和德国古典哲学的辩证思维成就来发展逻辑学，使传统形式逻辑的形而上学思维推进到高级的辩证逻辑思维，其现实目的就是为了向自然科学家提供一种"通晓思维历史及其成就的基础上的理论思维形式"③，因为"认识人的思维的历史发

---

① "真正的自然科学只是从15世纪下半叶才开始，从这时起它就获得了日益迅速的进展。把自然界分解为各个部分，把各种自然过程和自然对象分成一定的门类，对有机体的内部按其多种多样的解剖形态进行研究，这是最近400年来在认识自然界方面获得巨大进展的基本条件。但是，这种做法也给我们留下了一种习惯：把各种自然物和自然过程孤立起来，撇开宏大的总的联系去进行考察，因此，就不是从运动的状态，而是从静止的状态去考察；不是把它们看做本质上变化着的东西，而是看做固定不变的东西；不是从活的状态，而是从死的状态去考察。这种考察方式被培根和洛克从自然科学中移植到哲学中以后，就造成了最近几个世纪所特有的局限性，即形而上学的思维方式。"（《马克思恩格斯选集》第3卷，人民出版社2012年版，第395—396页）"形而上学的考察方式，虽然在相当广泛的、各依对象的性质而大小不同的领域中是合理的，甚至必要的，可是它每一次迟早都要达到一个界限，一超过这个界限，它就会变成片面的、狭隘的、抽象的，并且陷入不可解决的矛盾，因为它看到了一个一个的事物，忘记它们互相间的联系；看到了它们的存在，忘记它们的产生和消逝；看到了它们的静止，忘记它们的运动；因为它只见树木，不见森林。"（《马克思恩格斯选集》第3卷，人民出版社2012年版，第396—397页）

② 《马克思恩格斯选集》第3卷，人民出版社2012年版，第398页。

③ 从恩格斯在《自然辩证法》中所谈到的情况来看，当时德国的自然科学家非但普遍缺乏理论意识和理论思维能力，更嚷嚷着要从哲学的束缚中解放出来，甚至用"侮辱哲学"的方式来达到摆脱哲学的目的，全不自知他们所使用的逻辑范畴恰恰是"他们从那些所谓有教养者那种受早已过时的哲学的残渣支配的一般意识中盲目地取来的，或是从大学必修的哲学课的零星内容（这些内容不仅是片断的，而且是分属于极不相同的和多半是最蹩脚的学派的人们的观点的杂烩）中取来的，或是从不加批判而又毫无联系地阅读的各种哲学著作中取来的——正因为这样，他们同样做了哲学的奴隶，而且遗憾的是大多做了最蹩脚的哲学的奴隶，而那些对哲学家辱骂最厉害的人恰好成了最蹩脚的哲学家的最蹩脚的庸俗残渣的奴隶"。（《马克思恩格斯选集》第3卷，人民出版社2012年版，第898页）正是面对这种情况，恩格斯指出，其实，对自然科学家来说，问题不在于怎样才能摆脱哲学的支配，而是在于"他们是愿意受某种蹩脚的时髦哲学的支配，还是愿意受某种建立在通晓思维历史及其成就的基础上的理论思维形式的支配"。（《马克思恩格斯选集》第3卷，人民出版社2012年版，第899页）

展过程,认识不同时代所出现的关于外在世界的普遍联系的见解,对理论自然科学来说也是必要的,因为这种认识可以为理论自然科学本身所要提出的理论提供一种尺度"①。也正因为理论自然科学的理论建构应当且必须运用辩证逻辑的理论思维才能达成,所以"对现今的自然科学来说,辩证法恰好是最重要的思维形式,因为只有辩证法才为自然界中出现的发展过程,为各种普遍的联系,为一个研究领域向另一个研究领域过渡提供类比,从而提供说明方法"②。所谓"引导科学走向系统化",就是指辩证逻辑所包含的关于运动形式由低级向高级发展以及各种运动形式之间相互联系、相互作用、相互转化的世界观,为处于"收集材料"阶段的自然科学提供了"整理材料"所必需的理论准则和方法,从而使自然科学能够将原本处于零散状态的各个知识部门互相联系起来并整合成一个完整的知识体系。从上文所述的马恩关于历史科学体系的构想中,可以看出,他们构建这个知识体系所依据的理论准则,是运动形式由低级向高级发展的历史原则和思维规律同客观规律相一致的逻辑原则,并且是这两个原则的相互结合与统一,由此初步搭建起了历史科学体系的基本框架结构,这个框架结构由三大基本要素或三个基本知识部门(描述自然运动形式及其规律的自然科学、描述社会运动形式及其规律的社会科学、描述思维运动形式及其规律的思维科学)所构成。这个知识体系的基本框架结构至今没有过时,只是变得更加细密、更加完善罢了。这也证明了,辩证逻辑所提供的历史原则与逻辑原则互相统一的理论准则,是经得起历史考验的合理原则;它对于构建合理的人类知识体系,至今仍具有现实生命力。

当然,自马克思和恩格斯创立辩证逻辑以来自然科学发展的实际进程,并非因为这期间自然科学家们普遍自觉地运用了辩证逻辑所包含的世界观来行事的缘故,但是这期间对自然科学发展起支配作用的世界观或思维方式,是与辩证逻辑所包含的世界观或辩证逻辑思维相一致的——事实上,20世纪以来对科学思维产生了重要影响的系统论、协同论、耗散结构理论等,都与辩证的世界观或辩证思维方式内在相通。这

---

① 《马克思恩格斯选集》第3卷,人民出版社2012年版,第874页。
② 《马克思恩格斯选集》第3卷,人民出版社2012年版,第874页。

也就是说，不管辩证逻辑所包含的世界观以怎样的具体形态出现，也不管这种世界观冠以什么样的名称或以怎样的名义行于天下，它对科学的历史化和系统化，事实上是起到了引导作用的。

归纳和演绎相互结合的辩证逻辑，更具有促使个别知识与一般知识（包括特殊知识和普遍知识）相互转化的知识管理作用。

从逻辑学发展的历史进程来看，在辩证逻辑产生以前，演绎与归纳曾长期处于理论上的分离状态，在这种状态下，它们分属于不同的逻辑系统，在各自所属的逻辑系统中片面地发展和发挥其独特的知识管理作用；只是到了辩证逻辑阶段，演绎与归纳由于在理论上达到了统一而得以相对全面地发展，它们对于知识增长和发展所起到的管理作用才得以真实显现：人类知识的增长和发展是在个别知识和一般知识循环往复的相互转化中得以实现的，而归纳和演绎相互结合的辩证逻辑则促成了这种知识转化，在这种知识转化中，归纳和演绎互相提供了它们的知识前提——归纳推理的大前提（个别知识）由演绎得来，演绎推理的大前提（一般知识）由归纳得来。归纳和演绎之间这种互相依赖、互为其根的统一关系，只有用辩证逻辑所包含的世界观，才能得到合理的解释：由归纳和演绎相互作用所构成的辩证思维运动，是与由人与自然和人与人错综复杂的相互作用所构成的实际生活运动相一致的，前者作为后者的自觉反映，和后者一样是由无数有限过程所构成的"过程集合体"——和无限发展的实际生活运动一样的无限历史过程，其中每一阶段（每一有限的推理过程）都是前一阶段的终点又是后一阶段的起点，即对于任何一个推理过程（归纳过程或演绎过程）来说，它既是以此前的推理所获得的结论作为大前提，同时它的结论又为此后的推理提供了大前提。

综上所述，逻辑学对于人类知识的意义，在于它为知识管理提供了驳杂多样的知识信息从而达成统一的普遍标准，使知识创造者之间得以共享其知识而形成知识共同体，由此提高了知识创新的群体效率，促进了人类知识增长。知识共同体的知识创新效率和知识增长速度，在很大程度上是取决于逻辑学的发展状况：逻辑学愈是发达，知识共同体的知识创新效率就愈高，其知识增长速度也就愈快；反之亦然。

第五节 情感逻辑——"将心比心"的仁道思维

在中国逻辑史上,起始于先秦的认知推理研究,远未得到长足进步,但与之同时起步的情感推理研究,则奠基于孔、孟而发达于宋明新儒家,由此建立和发展了专注于情感推理研究的中国儒家仁道学和惯于"将心比心"进行情感推理的中国传统仁道思维。"情感逻辑"是对仁道学和仁道思维的统称。

一 孔子情感逻辑思想的基本内容

中华文明开启于夏,历商至周而达到"郁郁乎文哉"① 的繁盛局面。孔子所用以称道周代文明的所谓"文",是指周公"制礼作乐"② 所创立的那套礼乐制度。孔子认为,周公借鉴夏、商二代的礼制所创建的周代礼制是一套教化人心、陶冶人情的制度("夫礼,先王以承天之道,以治人之情"③),周公"制礼作乐"的意义就在于,通过推行礼乐制度,实行礼乐教化,使民情感统一于"仁";而对于国民个人来说,只要他们能做到克制自己,使自己的言行举止都符合礼制的规定,那便可以说,他们具有仁爱的品质了。④ 所以,尽管孔子要求君子"智""仁""勇"兼备⑤,但他最为重视的还是情感品质的修养,他是以"仁"为君子人格

---

① 《论语·八佾》:"子曰:'周监于二代,郁郁乎文哉,吾从周。'"(杨伯峻:《论语译注》,中华书局1980年版,第28页)
② 参见《礼记·明堂位》。
③ 《礼记·礼运》引孔子语,《礼记正义(十三经注疏)》,(汉)郑玄注,北京大学出版社2000年版,773页。
④ 左丘明《子革对灵王》:"仲尼曰:'古也有志:克己复礼,仁也。'"(《左传·昭公十二年》)《论语·颜渊》:"颜渊问仁。子曰:'克己复礼为仁。一日克己复礼,天下归仁焉。为仁由己,而由人乎哉?'颜渊曰:'请问其目。'子曰:'非礼勿视,非礼勿听,非礼勿言,非礼勿动。'"(杨伯峻:《论语译注》,中华书局1980年版,第123页)
⑤ 周可真:《君子之道"智""仁""勇"》,《光明日报》2017年10月11日11版。

的本质内容,并主张由"孝"入手来培养"仁"的品质①。孔子的逻辑思想主要是关于"仁"的情感逻辑思想。

以"仁"为核心的孔子情感逻辑思想是其"为国以礼"②的政治思想的一个有机组成部分。孔子的政治思想主要包括两个方面的内容。一方面是"为政以德,譬如北辰居其所而众星共之"③和"道之以政,齐之以刑,民免而无耻;道之以德,齐之以礼,有耻且格"④的德治思想,其实质是将礼乐制度下国家政治的本质归结为"治人之情"的情感政治,认为德治的意义就在于通过礼教来培养国民的耻辱情感而使其心归于正道。另一方面是"人而不仁,如礼何?人而不仁,如乐何?"⑤和"君子博学于文,约之以礼"⑥的修德思想,其实质是将礼乐制度下国民道德的本质归结为"克己复礼"的仁爱品质,认为修德的意义就在于通过"博学于文,约之以礼"的学习来自我造就君子的仁爱品质,以维护国家的礼乐制度。

以"仁"为核心的孔子情感逻辑思想是其修德思想的一部分,它包括如下三个方面的内容:

(一)情感适中原则

孔子认为,人的情感表达可以通过"视""听""言""动"来实现,而"仁"是恰到好处的情感表达方式,即"视""听""言""动"皆合"礼",所谓"非礼勿视,非礼勿听,非礼勿言,非礼勿动"是也。盖"唯仁者能好人,能恶人"⑦,因而合"礼"的情感表达可以是表达"爱",也可以是表达"恨",但无论是"好(爱)人"还是"恶(恨)人",都应该避免偏倚之失而达到情感适中;反之,"爱之欲其生,恶之

---

① 《论语·学而》:"君子务本,本立而道生。孝弟也者,其为仁之本与!"(杨伯峻:《论语译注》,中华书局1980年版,第2页)《论语·颜渊》:"樊迟问仁。子曰:'爱人。'"(杨伯峻:《论语译注》,中华书局1980年版,第131页)
② 《论语·先进》,载《论语译注》,杨伯峻译注,中华书局1980年版,第119页。
③ 《论语·为政》,载《论语译注》,杨伯峻译注,中华书局1980年版,第11页。
④ 《论语·为政》,载《论语译注》,杨伯峻译注,中华书局1980年版,第12页。
⑤ 《论语·八佾》,载《论语译注》,杨伯峻译注,中华书局1980年版,第24页。
⑥ 《论语·雍也》,载《论语译注》,杨伯峻译注,中华书局1980年版,第63页。
⑦ 《论语·里仁》,载《论语译注》,杨伯峻译注,中华书局1980年版,第35页。

欲其死。既欲其生，又欲其死，是惑也"①。所谓"知（智）者不惑"之"智"，就是能自我控制情感表达，使之恰到好处而免于偏倚之失的知性。这种知性是通过"学礼"得以建立的，所谓"不学礼，无以立"② 也。通过"学礼"建立起来的知性，使感情主体能自我控制情感表达，使其情感发乎视听言动都能恰到好处而无有悖礼之失。所谓情感适中，就是情感表达合乎礼仪规矩而无过无不及的中道。（《中庸》所谓"喜怒哀乐之未发，谓之中；发而皆中节，谓之和"③ 的"中和"观念即来源于此）能守情感中道者，无论是对待怨仇还是对待恩德，都能采取合"礼"的行为予以恰当回报：对于合"礼"的恩德行为，固然是报以同样的合"礼"行为；就是对于失"礼"的怨仇行为，也不是以牙还牙地用同样的失"礼"行为来回报它，而是以合"礼"的正直行为来回应它。这就叫"以直报怨，以德报德"④。

（二）情感推理方法

孔子主张由"孝"入手来培养"仁"的品质，这意味着在孔子看来，"爱人"之"仁"是由"亲亲"之"孝"发展而来。对情感主体而言，他是通过孝德修养而建立起对父母的道德情感，从而使自己由情感主体转变为道德主体，在此基础上，其由"亲亲"到"爱人"的情感发展，是他作为道德主体运用情感推理而达到的，这种情感推理是由对自己亲人的特殊道德感情（属于私德范畴的"孝亲"之情）上升到对他人的普遍道德感情（属于公德范畴的"仁爱"之理）的归纳推理，这种情感归纳推理是建立"仁爱"的普遍道德情感的方法，在这个过程中，由情感主体转变而来的道德主体进一步由私德主体转变为公德主体。

当"仁爱"的普遍道德情感建立起来之后，公德主体的道德实践就是将普遍的"仁爱"之理运用于具体的"仁爱"之事了，就其作为情感主体来说，这是一个由对人类的普遍道德情感（"仁爱"之理）到对具体的人类个体的特殊道德情感（"忠""信""恭""敬""宽""惠"等，

---

① 《论语·颜渊》，载《论语译注》，杨伯峻译注，中华书局1980年版，第127页。
② 《论语·季氏》，载《论语译注》，杨伯峻译注，中华书局1980年版，第178页。
③ （宋）朱熹：《四书章句集注》，中华书局1983年版，第18页。
④ 《论语·宪问》，载《论语译注》，杨伯峻译注，中华书局1980年版，第156页。

它们都属于"仁爱"之理,是"仁爱"之理的具体形式)的转变过程,这个过程是它作为公德主体运用另一种形式的情感推理而达到的,这就是孔子所谓"夫仁者,己欲立而立人,己欲达而达人"①的情感演绎推理,这种以"近取譬"为特点的情感演绎推理是"仁爱"的实践方法,所以被孔子称为"仁之方"②。这个"仁之方"作为一种情感演绎推理,并不只是"己欲立而立人,己欲达而达人",还包括"己所不欲,勿施于人"③。

(三)"性相近"的人性论

孔子的上述情感推理方法是基于他对人与人之间同一性的认识,这种认识集中反映在其"性相近"④的人性论命题中。该命题所表达的观点是:人与人之间在本性上是相近的,所以他们都是同类。因其为同类,所以人与人之间在情感上有同一性;因其有同一性,所以才可以进行人际情感推理。

二 孟子的"思诚推理法"

孟子继承并发展了孔子的情感逻辑思想,这主要体现在:

> 将孔子由"亲亲"到"爱人"的人际情感归纳推理,发展为由"亲亲"到"仁民"再到"爱物"的天人之际情感归纳推理。

孔子"性相近"的人性论肯定所有人都是同类,这一思想为孟子所继承,并被表述为:"凡同类者,举相似也,何独至于人而疑之?圣人,与我同类者。"⑤ "相似"即孔子所谓"性相近"之"相近",所谓"同类"者,犹言"性相近"也。孟子更引述孔子弟子有若举例释"类"之

---

① 《论语·雍也》,载《论语译注》,杨伯峻译注,中华书局1980年版,第65页。
② 《论语·雍也》:"能近取譬,可谓仁之方也已。"(杨伯峻:《论语译注》,中华书局1980年版,第65页)
③ 《论语·颜渊》,载《论语译注》,杨伯峻译注,中华书局1980年版,第123页。
④ 《论语·阳货》:"子曰:'性相近也,习相远也。'"(杨伯峻:《论语译注》,中华书局1980年版,第181页)
⑤ 《孟子·告子上》,载《孟子译注》,杨伯峻译注,中华书局1960年版,第261页。

言曰:"麒麟之于走兽,凤凰之于飞鸟,泰山之于丘垤,河海之于行潦,类也。圣人之于民,亦类也。"① 孟子又有"知性则知天"之论②,这表明了孟子不但肯定"圣人与我同类",还肯定了人与万物也都是"性相似"的同类③,而且认为人与万物的"相似"之"性"是天所赋予——即子思所著《中庸》所谓"天命之谓性"④也。子思还提出"我之性""人之性""物之性"的概念,认为"能尽其性(按:即'我之性'),则能尽人之性;能尽人之性,则能尽物之性;能尽物之性,则可以赞天地之化育;可以赞天地之化育,则可以与天地参矣"⑤。显然,这与孟子"尽其心者,知其性也。知其性,则知天矣。存其心,养其性,所以事天也"⑥的观点是前后一贯、完全一致的,由此反映出思孟之儒在天人观上具有"天人同类"的情感哲学特点。

"天人同类"的情感哲学在理论上赋予了人与天地万物以相似的情感属性,证明了天人之际情感交流和互相感应是可能的。在此基础上,孟子又发挥子思"诚者,天之道也;诚之者,人之道也"⑦的观点,提出:"诚者,天之道也;思诚者,人之道也。至诚而不动者,未之有也;不诚,未有能动者也。"⑧ 这里将"诚"与"天之道"、"人之道"联系起来,其"诚"显然是就天人之际情感交流中的道德情感而言,系指道德情感真实。思、孟都认为天人之际存在道德情感上的互相感应关系,而孟子更相信,万物之所以能遵从"天道"而行,是由于"天意至诚"而感动了万物,因此认为,"思诚"是人对"天意至诚"的应有回应,是为了建立至诚如"天意"的道德情感,以这种真实的道德情感来对待人和

---

① 《孟子·公孙丑上》,载《孟子译注》,杨伯峻译注,中华书局1960年版,第64页。
② 参见《孟子·尽心上》,《孟子译注》,杨伯峻译注,中华书局1960年版,第301页。
③ 孟子所谓"万物皆备于我矣"(《孟子·尽心上》,《孟子译注》,杨伯峻译注,中华书局1960年版,第302页),就是在人与万物都是同类意义上讲的——因为是同类,其性相似,所以才说万物之性皆为我所具备。
④ (宋)朱熹:《四书章句集注》,中华书局1983年版,第17页。按:朱熹《中庸章句序》云:"中庸何为而作也?子思子忧道学之失其传而作也。"〔(宋)朱熹:《四书章句集注》,中华书局1983年版,第14页〕
⑤ (宋)朱熹:《四书章句集注》,中华书局1983年版,第32—33页。
⑥ 《孟子·尽心上》,《孟子译注》,杨伯峻译注,中华书局1960年版,第301页。
⑦ 《中庸》,载《四书章句集注》,(宋)朱熹,中华书局1983年版,第31页。
⑧ 《孟子·离娄上》,载《孟子译注》,杨伯峻译注,中华书局1960年版,第173页。

万物，由此达成"人之道"与"天之道"的一致。对"思诚"者来说，这种真实的道德情感是通过"亲亲而仁民，仁民而爱物"① 的感情归纳推理而逐步建立起来的，所以这种情感推理法也可以叫作"思诚推理法"。

根据杨伯峻（1909—1992）先生对"亲亲而仁民，仁民而爱物"的解释是："君子亲爱亲人，因而仁爱百姓；仁爱百姓，因而爱惜万物。"② 则"思诚推理法"之推理的基础和前提是"亲亲"。按这段话的前一段"君子之于物也，爱之而弗仁；于民也，仁之而弗亲"③ 的说法，"亲"与"仁"、"爱"都不同；但是在接下来的一段话中，孟子则说："仁者无不爱也，急亲贤之为务。"④ 另外，孟子还有"亲亲，仁也"⑤ 之说。从这些话来看，"亲"与"仁"、"爱"又是同等意义的概念。若是用西式逻辑学中的同一律来衡量，孟子这样一会儿说"仁之而弗亲"，一会儿说又"亲亲，仁也"，这好像是违背同一律的，而其实这些话是孟子在不同场合下讲的，故当作如是观：当说"仁之而弗亲"时，这是就情感程度而言——从情感程度上讲，"仁""亲"是有差别的；当说"亲亲，仁也"时，这是就情感性质而言——从情感性质上讲，"仁""亲"是没有区别的。实际上，恰恰是因为"亲""仁""爱"既有情感程度差异又彼此性质相同，其情感推理才是可能且有效的，否则这种推理就没有根据而行不通了。

鉴于"亲""仁"之间既同又不同的情况，下面从两个角度来考察孟子情感逻辑思想中"亲亲"是怎样建立起来的。

首先，撇开"仁"而单独考察"亲亲"，孟子有如是之论：

> 人之所不学而能者，其良能也；所不虑而知者，其良知也。孩提之童无不知爱其亲者，及其长也，无不知敬其兄也。⑥

---

① 《孟子·尽心上》，载《孟子译注》，杨伯峻译注，中华书局1960年版，第322页。
② 《孟子·尽心上》，载《孟子译注》，杨伯峻译注，中华书局1960年版，第322页。
③ 《孟子·尽心上》，载《孟子译注》，杨伯峻译注，中华书局1960年版，第322页。
④ 《孟子·尽心上》，载《孟子译注》，杨伯峻译注，中华书局1960年版，第322页。
⑤ 《孟子·尽心上》，载《孟子译注》，杨伯峻译注，中华书局1960年版，第307页。
⑥ 《孟子·尽心上》，载《孟子译注》，杨伯峻译注，中华书局1960年版，第307页。

这里，孟子先讲"良能""良知"，后讲"爱亲""敬兄"之"知"，似乎是暗示后者是属于"良知"，假使真是如此，那就意味着在孟子看来，"亲亲"是靠"良知"建立起来的；然而"良知"是"不虑而知"，如果靠"良知"来建立"亲亲"，这就和"思诚推理法"的"思诚"有冲突了。所以，还是应该按顾炎武对孟子这段话的解释来理解这段话的本意比较靠谱，顾氏曰："《孟子》言：'所不虑而知者，其良知也。'下文明指是爱亲敬长。若夫因严以教敬，因亲以教爱，则必待学而知之者矣。"① 孟子并不认为靠着"不虑而知"的"良知"就能建立起"亲亲"的道德情感，这种道德情感还是要靠"学"才能建立起来。

其次，结合"仁"来考察"亲亲"，孟子有如下论述：

> 恻隐之心，人皆有之；羞恶之心，人皆有之；恭敬之心，人皆有之；是非之心，人皆有之。恻隐之心，仁也；羞恶之心，义也；恭敬之心，礼也；是非之心，智也。仁义礼智，非由外铄我也，我固有之也，弗思耳矣。故曰："求则得之，舍则失之。"②

> 仁，人心也；义，人路也。舍其路而弗由，放其心而不知求，哀哉！人有鸡犬放，则知求之；有放心而不知求。学问之道无他，求其放心而已矣。③

> 恻隐之心，仁之端也；羞恶之心，义之端也；辞让之心，礼之端也；是非之心，智之端也。人之有是四端也，犹其有四体也。……凡有四端于我者，知皆扩而充之矣，若火之始然，泉之始达。苟能充之，足以保四海；苟不充之，不足以事父母。④

> 耳目之官不思，而蔽于物。物交物，则引之而已矣。心之官则思，思则得之，不思则不得也。此天之所与我者。先立乎其大者，则其小者弗能夺也。此为大人而已矣。⑤

---

① （清）顾炎武：《日知录》卷十八《破题用庄子》，载《日知录集释（外七种）》，黄汝成集释，上海古籍出版社1985年版。
② 《孟子·告子上》，载《孟子译注》，杨伯峻译注，中华书局1960年版，第259页。
③ 《孟子·告子上》，载《孟子译注》，杨伯峻译注，中华书局1960年版，第267页。
④ 《孟子·公孙丑上》，载《孟子译注》，杨伯峻译注，中华书局1960年版，第80页。
⑤ 《孟子·告子上》，载《孟子译注》，杨伯峻译注，中华书局1960年版，第270页。

> 口之于味也，有同耆焉；耳之于声也，有同听焉；目之于色也，有同美焉。至于心，独无所同然乎？心之所同然者何也？谓理也，义也。圣人先得我心之所同然耳。故理义之悦我心，犹刍豢之悦我口。①
>
> 养心莫善于寡欲。其为人也寡欲，虽有不存焉者，寡矣；其为人也多欲，虽有存焉者，寡矣。②
>
> 仁之实，事亲是也；义之实，从兄是也；智之实，知斯二者弗去是也；礼之实，节文斯二者是也。③

由此可见，在孟子情感逻辑思想中，以"学"来建立"亲亲"的道德情感，是一个"求放心"过程，这个过程包括"思"与"事"两个方面："思"是充分发挥自己思维器官天性好求理义的功能去思索理义，让人所共有的这种先天理智德性占据绝对优势，以便最大限度地压低和减少自己的感官对于外物的欲求，免得因这种感性欲求增多而放失掉自己与生俱来的恻隐之心④，从而使这种只要看到别人生命面临危险就不由自主地替他人担忧的天赋善性能够得到保存，并能像星火燎原、源泉涌流一样扩展开去；"事"是侍奉父母，这种事亲行为是依靠事亲者天赋的是非之心而得以自觉坚持，并依靠其天赋的恭敬辞让之心而得以合宜的自我调节和恰当的自我修饰。

要之，"亲亲"的建立乃是侍奉父母和理义思索互相结合的生活实践中天赋善性的扩充过程。

就该过程对恻隐之心的存养作用而言，它是"存心""养心"过程；就恻隐之心在该过程中不断得到扩充，其势如星火燎原、源泉涌流而堪比流动延展的气而言，它是"养浩然之气"的过程；就"思诚"者在该

---

① 《孟子·告子上》，载《孟子译注》，杨伯峻译注，中华书局1960年版，第261页。
② 《孟子·尽心下》，载《孟子译注》，杨伯峻译注，中华书局1960年版，第339页。
③ 《孟子·离娄上》，载《孟子译注》，杨伯峻译注，中华书局1960年版，第183页。
④ "恻隐之心"又叫"不忍人之心""怵惕恻隐之心"："人皆有不忍人之心。先王有不忍人之心，斯有不忍人之政矣。以不忍人之心，行不忍人之政，治天下可运之掌上。所以谓人皆有不忍人之心者，今人乍见孺子将入于井，皆有怵惕恻隐之心，非所以内交于孺子之父母也，非所以要誉于乡党朋友也，非恶其声而然也。由是观之，无恻隐之心，非人也。"（《孟子·公孙丑上》，载《孟子译注》，杨伯峻译注，中华书局1960年版，第79—80页）

过程中边侍奉父母边思索理义而言，它是"集义"过程。孟子说，"浩然之气"（实指处于扩充过程中的恻隐之心）是"集义所生"，它可"直养"至"塞于天地之间"①，这实际上是间接地说明了情感归纳推理的实质所在：

> "思诚"者将自己的恻隐之心由侍奉父母的"亲亲"之爱，扩展到"行不忍人之政"的"仁民"之爱，再扩展到不随意糟蹋和摧残万物的"爱物"之爱。

这个推理过程的关键所在，是"亲亲""仁民""爱物"的仁道实践和相应的理义思索，这个寓理义思索于仁道实践之中的知行合一过程便是所谓"思诚"。作为儒家情感哲学中的一种情感推理方法，"思诚推理法"的根本特点就在于"知行合一"。对于以"仁"为本的孟子情感哲学来说，"思诚推理法"的意义是在于：

> 通过这种情感归纳推理，以敬畏生命为伦理内涵的恻隐之心，由"亲亲"的家庭私德转化为"仁民"的社会公德，进而由"仁民"的社会公德转化为"爱物"的宇宙公理。

要之，孟子情感哲学是借助于"思诚推理法"，使敬畏生命的"仁"得以上升为宇宙公理。

三 "致知"：宋明理学的情感演绎法

后世儒家学者中，真正继承孔孟情感哲学并有所发展且做出实质性贡献的，是奉"四书"为主要经典的宋明新儒家。宋明新儒家对于孔孟情感哲学的实质性继承，主要是体现在对"性本善"这一孔孟情感哲学

---

① 《孟子·公孙丑上》："（公孙丑问曰：）'敢问夫子恶乎长？'（孟子）曰：'我知言，我善养吾浩然之气。''敢问何谓浩然之气？'曰：'难言也。其为气也，至大至刚；以直养而无害，则塞于天地之间。其为气也，配义与道；无是，馁矣。是集义所生者，非义袭而取之也。'"（杨伯峻：《孟子译注》，中华书局1960年版，第62页）

基本理念的严格信守上——这一点无论是荀子还是董仲舒抑或韩愈（768—824）均未能做到。而在宋明新儒家中，对发展孔孟情感哲学做出实质性贡献的主要是朱熹和王守仁，其贡献最主要的是体现在他们对孔孟情感逻辑思想中情感推理法的哲学基础进行了改造。

儒家情感逻辑思想中作为情感推理法之哲学基础的，起初在孔子为"性相近"的人性论，至孟子则发展为"性相似"的"天人同类"论，到朱熹则进一步发展为"性即理"的理学，再到王守仁更发展为"心即理"的心学。

在孔子"性相近"的人性论中，"性"只是表示人与人之间情感的近似性，这意味着孔子的情感哲学是人情哲学，其情感逻辑思想是关于人情推理法则的思想。在孔子的情感逻辑思想中，其情感推理方法主要是"近取譬"的演绎推理法，其归纳推理法尚处在"孝为仁之本"的萌芽状态——"孝为仁之本"蕴含"孝（亲亲）而仁（爱人）"的情感归纳推理。

在孟子"性相似"的"天人同类"论中，"性"是表示人与万物之间情感的相似性，在与"仁"的关系中，它只是表示"仁之端"，而"仁之端"不等于是"仁"。从"仁之端"到"仁"有一个发展过程，而孟子对情感推理的研究，正是要从理论上解决怎样由"仁之端"发展为"仁"的问题，故其情感逻辑思想所提供的推理方法是"思诚推理法"——情感归纳推理法。当运用这种方法由"仁之端"推出"仁"时，"性"就获得了"理"的意义——不过在孟子情感哲学中，"性""理"之间的同一性还不是直接的，在它们的关系中，"性"只是"理"的萌芽，还不就是"理"。

自朱熹提出"性，即理也"[①]的感情哲学命题后，"性""理"遂成为异名同实的概念，都是表示"天"所赋予人类和万物的性命："天之赋予人物者谓之命，人与物受之者谓之性。"[②]"万物皆有此理，理皆同出一原。……近而一身之中，远而八荒之外，微而一草一木之众，莫不各具

[①]（宋）朱熹：《四书章句集注》，中华书局1983年版，第17页。
[②]（宋）黎靖德编：《朱子语类》（全八册），王星贤校点，中华书局1986年版，第260页。

此理。"① "人物之生，天赋之以此理，未尝不同，但人物之禀受自有异耳"，"在人则蔽塞有可通之理；至于禽兽，亦是此性，只被他形体所拘，生得蔽隔之甚，无可通处。"② "仁"则是"爱之道理，犹言生之性，爱则是理之见于用者也。盖仁，性也，性只是理而已。爱是情，情则发于用。性者指其未发，故曰'仁者爱之理。'情即已发，故曰'爱者仁之用'。"③ "未发而言仁，可以包义礼智；既发而言恻隐，可以包恭敬、辞逊、是非。"④ 在朱熹看来，"仁"作为"爱之理"是"天地生物之心"⑤的体现，因其"本于天而备于我"⑥，故曰"天地万物本吾一体"⑦。这是朱熹"性即理"的"天人合一"论与孟子"性相似"的"天人同类"论的分野所在。

朱熹"性即理"的命题使"性""理"之间具有了直接同一性，其情感哲学中自然就不存在怎样从"性"（"仁之端"）推出"理"（"仁"）的情感归纳问题，而只存在怎样从"性"（"仁"）这个宇宙公理（"天理"⑧）推演出具体事理的问题了，所以只需按孔子"近取譬"的"仁之方"来进行情感演绎推理——将"自家身上道理"（朱熹语）推行于日常生活实践，使这"道理"（"天理"）具体落实到日常生活事务中去就行了。朱熹的情感逻辑思想正是如此，他所谓"致知"，便是指从"本于天而备于我"的宇宙公理——"自家身上道理"出发，据此推出具体事物之理的情感演绎推理："'致'字，如推开去。譬如暗室中见些子明处，

---

① （宋）黎靖德编：《朱子语类》（全八册），王星贤校点，中华书局1986年版，第398页。
② （宋）黎靖德编：《朱子语类》（全八册），王星贤校点，中华书局1986年版，第58页。
③ （宋）黎靖德编：《朱子语类》（全八册），王星贤校点，中华书局1986年版，第464页。
④ （宋）黎靖德编：《朱子语类》（全八册），王星贤校点，中华书局1986年版，第465页。
⑤ 朱熹曰："仁者，天地生物之心，而人得以生者，所谓元者善之长也。……具此生理，自然便有恻怛慈爱之意"。[（宋）朱熹：《四书章句集注》，中华书局1983年版，第28页]
⑥ （宋）朱熹：《四书章句集注》，中华书局1983年版，第17页。
⑦ （宋）朱熹：《四书章句集注》，中华书局1983年版，第18页。
⑧ 朱熹曰："须知天理只是仁、义、礼，智之总名，仁、义、礼、智便是天理之件数。"[（宋）朱熹：《朱文公文集》卷四十《答何叔京》，《朱子全书》，上海古籍出版社、安徽教育出版社2002年版，第1838页]

便寻从此明处去；忽然出到外面，见得大小大明。人之致知，亦如此也。"① "致知工夫，亦只是且据所已知者，玩索推广将去。"② "便是要从那知处推开去，是因其所已知而推之，以至于无所不知也。"③

朱熹的情感演绎推理思想有个特点：一方面，以"本于天而备于我"的宇宙公理作为"致知"的前提，认为"致知"就是由这个公理出发来进行"因其所已知而推之"的演绎；另一方面又认为，这个公理在自然状态下为人的气禀物欲所遮蔽，所以它并不直接构成"致知"的前提。也就是说，这个一会儿被他称为"天理"、一会儿又被他称为"明德"④的宇宙公理，虽然是人所共有、与生俱来，但在自然状态下还仅是"致知"的潜在前提，而非"致知"的现实前提。欲使其由潜在前提转变为现实前提，尚须经过后天修养——朱熹吸纳了孟子"养心莫善于寡欲"的思想，主张通过"寡欲"来建立"致知"的现实前提：

缘本来个仁义礼智，人人同有，只被气禀物欲遮了。⑤

"孩提之童，莫不知爱其亲；及其长也，莫不知敬其兄。"人皆有是知，而不能极尽其知者，人欲害之也。⑥

明德是自家心中具许多道理在这里。本是个明底物事，初无暗昧，人得之则为德。如恻隐、羞恶、辞让、是非，是从自家心里出来，触着那物，便是那个物出来，何尝不明。缘为物欲所蔽，故明

---

① （宋）黎靖德编：《朱子语类》（全八册），王星贤校点，中华书局1986年版，第291页。

② （宋）黎靖德编：《朱子语类》（全八册），王星贤校点，中华书局1986年版，第282页。

③ （宋）黎靖德编：《朱子语类》（全八册），王星贤校点，中华书局1986年版，第292页。按：朱熹有时也将"因其所已知而推之"的情感演绎推理称为"穷理"："穷理者，因其所已知而及其所未知，因其所已达而及其所未达。人之良知，本所固有。然不能穷理者，只是足于已知已达，而不能穷其未知未达。"［（宋）黎靖德编：《朱子语类》（全八册），王星贤校点，中华书局1986年版，第392页］

④ "或问：'明德便是仁义礼智之性否？'曰：'便是。'"［（宋）黎靖德编：《朱子语类》（全八册），王星贤校点，中华书局1986年版，第260页］

⑤ （宋）黎靖德编：《朱子语类》（全八册），王星贤校点，中华书局1986年版，第412页。

⑥ （宋）黎靖德编：《朱子语类》（全八册），王星贤校点，中华书局1986年版，第291页。

易昏。如镜本明，被外物沾汙，则不明了。少间磨起，则其明又能照物。①

学者必须先克人欲以致其知，则无不明矣。②

将致知者，必先有以养其知。有以养之，则所见益明，所得益固。欲养其知者，惟寡欲而已矣。寡欲，则无纷扰之杂，而知益明矣；无变迁之患，而得益固矣。③

所谓"克人欲""寡欲"，便是"收拾此心，令专静纯一，日用动静间都无驰走散乱"④，"盖静则心虚，道理方看得出"⑤。从这个意义上说，"克人欲""寡欲"是为了"致知"而"涵养本原"。以读书为例，"学者观书多走作，亦恐是根本上功夫未齐整，只是以纷扰杂乱心去看，不曾以湛然凝定心去看。不若先涵养本原，且将已熟底义理玩味，待其浃洽，然后去看书，便自知"⑥。"涵养本原"也就是"明明德"："明德，是我得之于天，而方寸中光明底物事。统而言之，仁义礼智。以其发见而言之，如恻隐、羞恶之类；以其见于实用言之，如事亲、从兄是也。如此等德，本不待自家明之。但从来为气禀所拘，物欲所蔽，一向昏昧，更不光明。而今却在挑剔揩磨出来，以复向来得之于天者，此便是'明明德'。"⑦

朱熹的心性涵养思想，是来源于《中庸》的中和思想，或者也可以

---

① （宋）黎靖德编：《朱子语类》（全八册），王星贤校点，中华书局1986年版，第263页。

② （宋）黎靖德编：《朱子语类》（全八册），王星贤校点，中华书局1986年版，第291页。

③ （宋）黎靖德编：《朱子语类》（全八册），王星贤校点，中华书局1986年版，第405页。

④ （宋）黎靖德编：《朱子语类》（全八册），王星贤校点，中华书局1986年版，第177页。

⑤ （宋）黎靖德编：《朱子语类》（全八册），王星贤校点，中华书局1986年版，第198页。

⑥ （宋）黎靖德编：《朱子语类》（全八册），王星贤校点，中华书局1986年版，第178页。

⑦ （宋）黎靖德编：《朱子语类》（全八册），王星贤校点，中华书局1986年版，第371页。

说是来源于孔子关于情感表达的中道思想。朱熹释《中庸》"喜怒哀乐之未发，谓之中；发而皆中节，谓之和。中也者，天下之大本也；和也者，天下之达也"之语曰：

> 喜、怒、哀、乐，情也。其未发，则性也，无所偏倚，故谓之中。发皆中节，情之正也，无所乖戾，故谓之和。大本者，天命之性，天下之理皆由此出，道之体也。达道者，循性之谓，天下古今之所共由，道之用也。此言性情之德，以明道不可离之意。①

朱熹之所以主张"克人欲""寡欲"以至于"革尽人欲，复尽天理"②，正是为了情感主体返归其"天命之性"，从"无所偏倚"之"中"的情感本体出发，依循其本性来表达情感，使情感本体之发用达到"无所乖戾"之"和"的适中状态。他所谓"专静纯一""湛然凝定"，即指情感适中的心理状态。在他看来，在这种状态下，才可以进行"因其所已知而推之"的情感演绎。

在朱熹的情感逻辑思想中，"因其所已知而推之"的情感演绎，是自我证验"自家身上道理"的方法。朱熹说："心包万理，万理具于一心。"③"自家身上道理都具，不曾外面添得来。然圣人教人，须要读这书时，盖为自家虽有这道理，须是经历过，方得。"④ 这就是说，必须通过自身"经历"（包括读书等在内的各种日常生活事务）方能达到对"自家身上道理"的自我体验、自我确认和自我证明。这种对于"自家身上道理"的自我证验活动，朱熹称作"理会"——"这个道理，与生俱生。今人只安顿放那空处，都不理会，浮生浪老，也甚可惜！"⑤ "推极我所

---

① （宋）朱熹：《四书章句集注》，中华书局1983年版，第18页。
② （宋）黎靖德编：《朱子语类》（全八册），王星贤校点，中华书局1986年版，第225页。
③ （宋）黎靖德编：《朱子语类》（全八册），王星贤校点，中华书局1986年版，第154页。
④ （宋）黎靖德编：《朱子语类》（全八册），王星贤校点，中华书局1986年版，第161页。
⑤ （宋）黎靖德编：《朱子语类》（全八册），王星贤校点，中华书局1986年版，第154页。

知,须要就那事物上理会。……极其所知去推究那事物,则我方能有所知。"① 为了自我证验"自家身上道理"所开展的各种日常生活事务,朱熹称为"物"(又称"事"或"事物")②;在日常生活事务中自我证验"自家身上道理"的活动,朱熹称为"格物";在"遇事接物之间,各须一一去理会","随事遇物,皆一一去穷极"③ 意义上"理会取透"而非"半青半黄"④,则称之曰"穷理"。朱熹说:"圣人不令人悬空穷理,须要格物者,是要人就那上见得道理破,便实。"⑤ "人多把这道理作一个悬空底物。《大学》不说穷理,只说个格物,便是要人就事物上理会,如此方见得实体。所谓实体,非就事物上见不得。且如作舟以行水,作车以行陆。今试以众人之力共推一舟于陆,必不能行,方见得舟果不能以行陆也,此之谓实体。"⑥ "理不是在面前别为一物,即在吾心。人须是体察得此物诚实在我,方可。"⑦

在自己的生活经历中证验宇宙公理以至于"见得实体"从而自我确证其"诚实在我",这是朱熹情感逻辑思想中情感演绎推理所要达到的目标。

从孔子"性相近"的人性论到思孟学派的"天人同类"论,再到朱熹的"天人合一"论,作为儒家情感哲学核心范畴的"仁",其内涵经历

---

① (宋)黎靖德编:《朱子语类》(全八册),王星贤校点,中华书局1986年版,第292页。

② 朱熹:"眼前凡所应接底都是物。"[(宋)黎靖德编:《朱子语类》(全八册),王星贤校点,中华书局1986年版,第282页]"物,犹事也。"[(宋)黎靖德编:《朱子语类》(全八册),第4页]"物,谓事物也。"[(宋)黎靖德编:《朱子语类》(全八册),第284页]"自一念之微,以至事事物物,若静若动,凡居处饮食言语,无不是事。"[(宋)黎靖德编:《朱子语类》(全八册),第287页]

③ (宋)黎靖德编:《朱子语类》(全八册),王星贤校点,中华书局1986年版,第286页。

④ (宋)黎靖德编:《朱子语类》(全八册),王星贤校点,中华书局1986年版,第154页。

⑤ (宋)黎靖德编:《朱子语类》(全八册),王星贤校点,中华书局1986年版,第257页。

⑥ (宋)黎靖德编:《朱子语类》(全八册),王星贤校点,中华书局1986年版,第282页。

⑦ (宋)黎靖德编:《朱子语类》(全八册),王星贤校点,中华书局1986年版,第154页。

了一个由属"礼"到属"性"再到属"理"的演变过程，反映了儒家情感哲学将情感主体由"人"提升为"天"的过程。而自王守仁阐扬南宋理学家张九成（1092—1159）《孟子传》中"心即理"① 思想以后，儒家情感哲学又将情感主体由"天"返归于"人"。于是，"致知"——情感演绎推理，就不再是自我证验"自家身上道理"的方法，而是"吾心之良知"自我实现的方法了。——王守仁所讲的"吾心之良知"不同于朱熹所谓"自家身上道理"之处仅仅在于：在朱熹，当"自家"未"经历过"时，这"道理"不但已在"自家"的"心"中，也在"万物"之中；而在王守仁，当未"致吾心良知之天理于事事物物"时，这"天理"却只在"吾心"，至于"事事物物"则必待"致吾心良知之天理于事事物物"方能"皆得其理"②。因此，其"致知"的意义差异也不过在于：在朱熹，"致知"是为证验"自家身上道理"——以吾心之理的自我体验、自我觉解为目标；在王守仁，"致知"是为"事事物物皆得其理"——以吾心之理的自我显现、自我实现为目标。这是王守仁心学的情感演绎推理与朱熹理学的情感演绎推理的区别所在。

综上所述，儒家的情感逻辑研究始于孔子。孔子情感逻辑思想包含情感适中原则、情感推理方法等内容。孟子将孔子由"亲亲"到"爱人"的人际情感归纳推理，发展为由"亲亲"到"仁民"再到"爱物"的天人之际情感归纳推理，借助于这种"思诚推理法"，敬畏生命的"仁"得以上升为宇宙公理。在此基础上，宋明新儒家更将孔子"近取譬"的演绎推理法发展为"致知推理法"，这种情感演绎方法在朱熹和王守仁的情感逻辑思想中具有不同意义：在朱熹，"致知"是吾心之理自我觉解的方法；在王守仁，"致知"是吾心之理自我实现的方法。儒家的情感逻辑思想固然也包含情感归纳的内容，但就其思想的成熟形态而言，情感演绎

---

① 张九成："我之心，即天心也，我之心正，则天之星辰，无不循轨，我心不正，则灾异百出矣。"[（宋）黄伦：《尚书精义》，台北：台湾商务印书馆 1986 年影印本，第 605 页］"夫如是，则心即理，理即心。内而一念，外而万事，微而万物，皆汇归在此，出入在此。"[（宋）张九成：《孟子传》，吉林出版集团有限责任公司，2005 年版，第 196 页］——转引自李敬峰《理学范式，心学旨趣：张九成思想特质辨析》，《原道》2015 年第 4 期。

② 王守仁曰："致吾心良知之天理于事事物物，则事事物物皆得其理矣。"（吴光等编校：《王阳明全集》，上海古籍出版社 1992 年版，第 45 页）

才是其本质内容。具有儒家思想特色的情感推理,本质上是依据情感适中原则来进行的情感演绎推理。

四 "将心比心":仁道思维的本质特征

儒家的情感逻辑思想起始于孔子,至宋儒朱熹、王守仁而达到成熟,最终建立起了儒家情感逻辑体系——仁道学。这个情感逻辑体系最显著的特点在于:遵循由它所提供的规则来进行的情感推理,是同思维(情感)主体的生活实践紧密结合的,其推理与实践是同一过程的两个方面。这意味着,无论是作为其推理前提的知识,还是作为其推理结论的知识,都不是西方逻辑学所讲的那种需要借助于某种恰当的语言来表达(陈述)的知识,而是不必借助于语言但必须借助于行动来表达(体现)的知识。这种知识的意义是在于告诉行动者"应当做什么"和"不应当做什么"——用儒家术语来说,就是"何事为义(宜)"和"何事为不义(宜)"[①];它被认为是来源于"天命",亦即被孟子认为是发端于人生而有之的"恻隐之心"(或曰"不忍人之心")的"仁"。所谓"恻隐之心",是指生命主体的一种生理本能,这种生理本能在生命主体际相互作用过程中表现为彼此关切对方生命,当对方生命遭受残害和痛苦或处于危难险境时,油然产生不忍其生命遭受痛苦或危难的生理反应,并顺随这种生理反应自然采取相应的行动,不管这种行动是积极的救助行为,还是不忍面对残酷真相的消极回避行为,它都体现了生命主体生来就有不忍其同类受苦受难,或知其同类受苦受难便自然产生忧惧的生理本能。[②] 基于这种生理本能的"仁",其作为一种情感之知,因其体现着"天命之性"(朱

---

① 《中庸》:"义者宜也。"[(宋)朱熹:《四书章句集注》,中华书局1983年版,第28页]

② 在日常生活中,对于因自己固有的"恻隐之心"所做出的生理本能反应,笔者是有所体验的(相信其他人也会有类似体验)。例如,在我孩童时代,有时看别人杀鸡,当看到鸡在作垂死挣扎时,我会不由自主地闭起双眼,不敢(忍)看下去。现在看电影,有时看到恐怖片里的一些血腥场面(例如《红高粱》电影里,就有日本鬼子逼迫一屠夫对一抗日分子进行凌迟的场景),也是不敢(忍)看下去,甚至连想都不敢(忍)想下去。诸如此类目击"惨"(某个生命遭受残害和痛苦)而"不忍睹"的生理反应的例子甚多。此类生理反应,正是"恻隐之心"的表现。因此,孟子说人生而具有"恻隐之心",这应该是有其生活体验作为根据的,是对现实生活中的一些自我体验和他人的类似经验的总结,即令不能说是科学的,但却无疑是可信可靠的。

熹语），是人们由以评判一切思想和行为的至善标准。追求这种至善知识，既不是为了得到所谓"逻辑真理"，也不是为了得到所谓"事实真理"，而是为了达到"凡事正义（宜）"。在生活实践中，要达到"凡事正义（宜）"，就必须进行合乎"仁道"的情感推理，以获得以"仁"为内容的至善知识，以此作为行动指南和行为法则，推动并指导"正义（宜）之事"的开展。

"仁道"一词源于《孟子·离娄上》："孔子曰：'道二，仁与不仁而已矣。'"① 这里所使用的"仁道"概念包含如下两种意义：

一是指为获得以"仁"为内容的至善知识而进行情感推理所必须遵从的"道"——儒家仁道学所揭示的情感推理法则。其首要的和根本的法则是情感适中原则。为了使情感表达合于无过无不及的中道，思维（情感）主体须通过"寡欲"来"养心"，或者说通过"克人欲"来"涵养本原"。这种心灵涵养功夫是在现实的生活实践中进行的，这是一个永无止境地向着至善目标不断迈进的过程。故"仁"作为一种至善知识是贯穿于生活实践过程始终、决定生活实践过程不断向着至善目标迈进的一种过程性行为法则。

二是指"仁"作为一种过程性行为法则是贯穿于生活实践过程始终、支配着生活实践过程向着至善目标不断迈进的"道"。

上述两种意义的"仁道"是互相关联的，它们是同一生活实践过程两个不可分割的方面：生活实践过程之思维（情感推理）方面的过程法则和行动（感情行为）方面的过程法则。按其思维过程法则来进行的思维是仁道思维，按其行动过程法则来进行的实践是仁道实践。

仁道思维是根源于人生而具有的"恻隐之心"，凭由这种生理本能所产生的情感反应，内在地包含着感同身受的情感体验，这种自己虽未亲身经历但感受却如同自己亲身经历过的情感体验，是基于一种情感推理，即俗语所谓"将心比心"，亦即根据对自己生存状态的自我感受，来推断他人处在和自己相似的生存状态中会有怎样的自我感受。孔子所谓"近取譬"的"仁之方"，正是对基于"恻隐之心"的生理本能反应中所包含的情感推理方法的哲学提炼与概括；而宋明新儒家朱熹、王守仁等，

---

① 杨伯峻：《孟子译注》，中华书局1960年版，第165页。

更将这种情感演绎方法发展为"致知推理法"。就仁道思维的本质特征在于情感演绎推理来说,其方法特征正可以用"将心比心"来加以通俗的描述。与"将心比心"的推理相应的,是"对得起良心"的事为。有了"将心比心"的推理,则有"对得起良心"的事为。因为"将心比心"的原动力就是来自于"恻隐之心",故"将心比心"的推理是意味着"恻隐之心"的发动。所谓"良心",便是已然发动的"恻隐之心",亦即所谓"仁心"①。所谓"对得起良心",就是为人处世出于"中心之仁爱"②。只要做人做事对得起良心,就能达到心安理得。在儒家思想熏陶下形成和发展起来的中国人的道仁思维传统,其体现于为人处世,就是追求对得起良心的心安理得。这种心安理得,也就是心灵安顿于仁道所带来的内心踏实感。仁道,就是信奉儒教的中国人的心灵安顿处。

第六节 意志逻辑——"见义而为"的意志推理

如果把逻辑的本质特征理解为推理,并且把推理理解为人类固有的思维形式的话,那么,研究推理形式的逻辑学,理应考虑到在形式多样的人类思维领域,不仅"知"(认知)有推理,"情"(情感)和"意"(意志)亦都有推理。但是迄今为止,"情"和"意"几乎还是逻辑学界的两片荒原。尽管中国古代儒家对于情感推理有较深入的研究,但是对于儒家在这方面的思想成果,向来都没有受到逻辑学界的关注,中国哲学界也向来只是从哲学(包括伦理学)维度(近年来更从儒学维度)来审视和研究儒家"仁(道)学",压根儿就没有把它当作情感逻辑来理解和看待。本章上节从情感逻辑角度对儒家仁道学所做的阐释,在包括逻辑学在内的广义哲学界尚属首创,具有尝试性、初探性;本节是基于这

---

① "仁心"一词出自《孟子·离娄上》:"今有仁心仁闻,而民不被其泽,不可法于后世者,不行先王之道也。"[杨伯峻译:"现在有些诸侯,虽有仁爱的心肠和仁爱的声誉,但老百姓却受不到他的恩泽,他的政治也不能成为后代的模范,就是因为不去实行前代圣王之道的缘故。"(杨伯峻:《孟子译注》,中华书局1960年版,第162—163页)]

② 语出顾炎武《日知录》卷六《胗胗其仁》:"五品之人伦,莫不本于中心之仁爱。"(《日知录集释〈外七种〉》,黄汝成集释,上海古籍出版社1985年版)

种阐释,拟将旨在倡导广义逻辑学的尝试性探讨由"情"扩展到"意",对意志推理形式做出初步探索。

在认知心理学领域,人们通常以"事实判断""价值判断""行为判断"来区划和标识"知""情""意"三种思维形式。从管理学角度看,"意"的"行为判断"可被理解为"决策性判断",即对未来行动进行决策所做出的决定。凡决策皆须依据于一定信息。就决策者作为思维主体而言,其决策所依据的信息,不外乎是来源于其认知活动和情感活动。根据这些信息来做决策,无非是要对未来行动做出两个方面的决定:决定"做什么"和决定"怎样做"。

如果对决策过程所必然面临的两个问题"做什么"和"怎样做"做出相对区分,从而把它们当作两个相对独立的问题来看待的话,那么,决策过程中关于"做什么"所需要和依据的信息,应是属于"价值"范畴的信息;关于"怎样做"所需要和依据的信息,应是属于"事实"范畴的信息。这意味着,关于"做什么"的决策,是涉及未来行动目的的决策;关于"怎样做"的决策,是涉及未来行动方案的决策。按照马克思关于人的活动的目的"是作为规律决定着他的活动的方式和方法的,他必须使他的意志服从这个目的"① 的观点,决策的首要任务应是决定"做什么",必须在这个问题得到解决之后,才能进入关于"怎样做"的决策。这意味着"做什么"和"怎样做"这两个问题在决策过程中具有不同地位:"做什么"决定着"怎样做";"怎样做"是从属于"做什么"的。这种关系决定了决策的本质是在于决定"做什么"。所谓正确决策,本质上就是对"做什么"即未来行动目的做出正确的"行为判断"。由正确的"价值判断"引出正确的未来行动目的,便是决策过程中正确推理的本质内容,亦即正确的意志推理的本质内容。

上文论及儒家仁道学中情感推理的意义时指出:"要达到'凡事正义(宜)',就必须进行符合'仁道'的情感推理,以获得以'仁'为内容的至善知识,以此作为行动指南和行为法则,推动并指导'正义(宜)之事'的开展。"从意志推理角度看,以"仁"为内容的至善知识,便是

---

① [德]马克思:《资本论》第1卷,载《马克思恩格斯全集》第23卷,人民出版社1995年版,第202页。

做出正确"行为判断"所依据的"价值判断"。这种至善知识作为"正义（宜）之事"的行动指南和行为法则，是导致正确行为的知识依据。正确的意志推理，从积极方面说，就是由"义（宜）为"的知识导致采取"义（宜）为"的行动的过程；从消极方面说，就是由"不义（宜）为"的知识导致放弃"不义（宜）为"的行动的过程。按孔子"见义不为，无勇也"[①]的说法，这个过程也就是堪称"勇"的"见义而为"。

照孔子"克己复礼为仁"[②]的观点，"见义而为"是指心思合于"仁"而身行合于"礼"。心思合于"仁"是身行合于"礼"的内在根据，身行合于"礼"是心思合于"仁"的外在体现。"见义而为"是一个由"知"（"见义"）到"行"（"义为"）的过程。但是，这个意志推理过程何以被称为"勇"？

据新近的一项相关研究，"勇"是由"有危险"、"不顾危险的行动"以及"高尚的目的"三个基本要素所构成，它是"为了他人或群体的善好而甘冒危险的行动"[③]。从管理学角度来理解，所谓"高尚的目的"，应可理解为决策过程中对未来行动目的所做出的正确"行为判断"——正确的未来行动目的。所谓"危险"，应可理解为这种"行为判断"作为一种"决策性判断"所带有的风险[④]。风险关涉收益[⑤]，它关乎未来行动主体的利益得失，因而是未来行为决策所必须思考的问题，这种思考便是与孔子所谓"见义"相联系的所谓"见利"。从孔子"见利思义"[⑥]的话，可以看出"见义"与"见利"之间的关联，在这种联系中，"思义"充当着"见利"与"见义"之间的思维中介，是"见利"转变为"见

[①] 《论语·为政》，载《论语译注》，杨伯峻译注，中华书局1980年版，第22页。
[②] 《论语·颜渊》，载《论语译注》，杨伯峻译注，中华书局1980年版，第123页。
[③] 高德胜：《"道德的勇敢"与道德勇气——兼论道德勇气的培育》，《教育研究与实验》2020年第1期。
[④] "风险（risk）是指一个事项的未来发生具有不确定性并对目标实现具有负面影响的可能性与后果，其中不确定性是指发生与否不确定、发生的时间不确定、发生的状况不确定，以及生的后果严重性程度不确定。"（王周伟主编：《风险管理》，机械工业出版社2011年版，第3页）
[⑤] 一般地说，风险与收益之间的关系具有如此不确定性：在某种条件下它们表现出正相关性（即风险越大，收益亦越大；反之亦然），在另种条件下它们又表现出负相关性（即风险大而收益却不大，甚至风险极大而收益极小；反之亦然）。
[⑥] 《论语·宪问》，载《论语译注》，杨伯峻译注，中华书局1980年版，第149页。

义"的主观条件。这意味着在未来行动决策上，在思考关乎利益得失的风险问题时，孔子的思路是将"义"放在优先于"利"的位置来考虑，即暂且不论其行动之能否获利或收益大小，先考虑其行动是否合"礼"而能"成仁"，当确认其行动合"礼"而能"成仁"时，则不管其行动将会有多大的收益或风险，都应该义无反顾地采取行动；反之，如果确认其行动不合"礼"而将"害仁"，那么，即使其行动风险极低而收益极大，也应该毫不犹豫地放弃其行动。此即"志士仁人，无求生以害仁，有杀身以成仁"① 之意。

由此可见，"见义而为"是内在地包含着"不顾危险的行动"意义的，而且这种"义为"更具有甘冒生命危险甚至"杀身成仁"的意义，故而堪称"勇"。被称为"勇"的正确意志推理所当遵循的法则，正是"见利思义"所内在地包含着的"义以为上"② 的适宜原则，这一原则亦可用顾炎武所谓"先义后利"③ 来概括。从决策学角度讲，"义以为上"正是孔子所倡导的"喻于义"的君子决策原则④，其特点即是按"先义后利"原则，首先考虑"行为判断"的仁道是非问题，然后再考虑"行为判断"的利益得失问题；反之，"喻于利"的小人决策却是只考虑利益得失，完全根据利益得失来做"行为判断"，以致见利忘义，唯利是图，百无禁忌，无所不为。

综上所述，意志推理与情感推理具有如此内在关联：情感推理的结论是意志推理的前提和根据；意志推理是依据情感推理的结论，以此结论作为前提来进行的演绎推理。因此，意志推理可以被当作情感推理的继续形式来看待。这两种前后衔接的推理形式，都与生活实践紧密结合，都是在生活实践过程中进行的践行性推理，其前提和结论都是同生活实践融成一片的践行性知识。但是同为践行，其意义又有区别：

---

① 《论语·卫灵公》，载《论语译注》，杨伯峻译注，中华书局1980年版，第163页。
② 《论语·阳货》："君子义以为上"（杨伯峻：《论语译注》，中华书局1980年版，第190页）。
③ 顾炎武《日知录》卷十二《河渠》："苟非返普天率土之人心，使之先义而后利，终不可以致太平。"（《日知录集释〈外七种〉》，黄汝成集释，上海古籍出版社1985年版）
④ 从决策学来审视孔子思想，他对于未来行为的决策，是主张首先区分两种不同类型的决策——"喻于义"的君子决策和"喻于利"的小人决策——"君子喻于义，小人喻于利。"（《论语·里仁》，载《论语译注》，杨伯峻译注，中华书局1980年版，第39页）

对情感推理来说，践行不涉及践行者的利益得失，践行者只是通过其践行，使以"仁"为内容的至善知识在自己的生活中得到体现，并获得对这种至善知识的真切体验；

对意志推理来说，践行是在以"仁"为内容的至善知识指导下行其所宜，这种"义为"关乎践行者的利益得失，但践行者不予计较，甘愿承担由此带来的任何风险。

因其如此，意志推理与情感推理各有不同法则：情感推理所遵循的是情感表达的适中原则；意志推理所遵循的是意志决断的适宜原则。

第七节 自由思维——广义直觉思维

从已有的相关研究成果来看，逻辑思维研究者常将"逻辑思维"与"直觉思维"作为彼此相互对应的一组概念来使用并研究这对概念之间的关系①，这实际上是把与逻辑思维相对的非逻辑思维归结为直觉思维，或者说，是把直觉思维理解为与逻辑思维相对的非逻辑思维。因此，当使用"广义逻辑思维"概念来表示创新思维中与自由思维相对的规范思维时，就意味着可以且应当使用"广义直觉思维"概念来表示创新思维中与规范思维相对的自由思维，在这里，"直觉"一词是对自由思维总特征的描述。

一 经验直觉与理论直觉——以直觉与推理的相似性为视角

"直觉"的英文对应词为"Instinct"。在英文中，"Instinct"兼有"本能"与"直觉"双重含义，这反映出直觉与本能具有某种共同点。直觉与本能的共同点表现在两个方面：一方面，和本能一样，直觉也是人与生俱来的一种能力②；另一方面，和本能一样，直觉也是在没有被人意

---

① 例如孙伟平《论逻辑思维与直觉思维的互补关系》（《北京师范大学学报》1991年第6期）、陈熙谋等《逻辑思维与直觉思维》（《物理通报》1994年第7期）、李志昌《论直觉思维与逻辑思维的相互关系》（《楚雄师专学报》2001年第2期）等。

② ［美］泰丽·贾米森、琳达·贾米森：《直觉》，吴茜译，企业管理出版社2013年版。按：该书认为，直觉是人与生俱来的本能。

识到的不自觉状态或无意识状态下发生的。但是，直觉与本能又并非一回事，其差异表现在对外界刺激物做出反应时，本能的反应是仅仅凭借天赋的本性，而无须凭借后天形成和积累起来的经验。例如，当我们的手触碰到尖锐物而引起刺痛感时自然地就会将手缩回来，这种本能反应是在事先没有任何这方面经验的婴孩身上也会发生的；而直觉的反应除了本能因素以外，更必须依赖于经验，例如，熟练地掌握了汽车驾驶技术的人在行驶过程中，多半能有效避开突然闯入路中的行人或车辆而免于车祸的发生，这种未加思考就做出的直觉的应急反应，首先是基于人生而具有的避险本能，其次是凭借以往的行驶经验，二者缺一不可，这里避险本能是直觉反应的生理基础，行驶经验则是直觉反应的知识根据，其中后者在直觉反应中起着关键作用。

就直觉思维须依托一定知识来进行而言，直觉与推理实有相似之处——推理亦须依据一定知识来进行；但同样是依凭一定知识来进行，推理是一种连续性思维，直觉则是一种非连续性思维。

在连续性的推理思维中，由前提得出结论有明确规则，其规则要么表现为推理的步骤或模式，要么表现为推理的原则。例如：在认知推理中，归纳推理的一般步骤为"实验、观察→概括、推广→猜测一般结论"；演绎推理的一般模式（三段论）是"大前提→小前提→结论"；类比推理的一般步骤则是"找出两类对象之间可以确切表述的相似特征→用一类对象的已知特征去推测另一类对象的特征从而得出一个猜想→检验猜想"。再如：在情感推理中，需要遵守适中原则；在意志推理中，需要遵守适宜原则。

然而，在非连续性的直觉思维中，从前提到结论是跳跃而至，这里没有明确规则，既无步骤或模式可言，也无原则可讲，其前提至结论的中间过程是如黑箱般窈冥，对思维主体来说，他能清楚地说出其推理所得的结论是怎么得来的，却无法说清楚其直觉所得的结论究竟是怎样得到的。例如，德国数学家高斯（Johann Carl Friedrich Gauss，1777—1855）就曾如此描述他依靠直觉发明数学定理的情状：

> 有一条定理，我求证数年都没有解决。终于在两天之前我成功了……像闪电一样，谜一下子解开了。我自己也说不清楚是什么导

线把我原来的知识和使我成功的东西连接了起来。①

根据直觉所依托的知识之类型不同,直觉可分为两类:一类是依凭一定经验知识来进行的经验直觉;另一类是依凭一定理论知识来进行的理论直觉。

由于理论知识是擅长于逻辑思维的人所创造,因此,在逻辑尚未产生的前逻辑时代,人类的直觉思维都是属于经验直觉;在逻辑已然产生但尚欠发达,抑或尽管已有发达的逻辑学及其逻辑规则,却从不重视逻辑思维训练的族群中,其直觉思维也基本上是属于经验直觉。

经验直觉的基本特征,是依靠个人的天赋悟性和后天的感觉经验来进行思维,相应地,其思维过程中所做的判断是经验判断和悟性判断。经验判断依赖于个人经验的积累,各人经验的丰富程度不一,其经验判断的准确程度也相应有差异:经验较丰富者,其判断的准确程度相应较高;经验较欠缺者,其判断的准确程度相应较低。通常老人的经验较丰富,故直觉思维时代的人在日常的认知交往中,很自然地倾向于听信老人的经验判断。悟性判断则依赖于个人天赋的悟性,各人天赋高低程度不同,其悟性判断的准确程度也相应有差异:天赋较高者,其判断的准确程度相应较高;天赋较低者,其判断的准确程度相应较低。天赋最高的人便是所谓"先知""圣人",故前逻辑时代的人和逻辑思维能力低下的族群中的人,除了习惯于听信老人的经验判断,更推崇"先知""圣人",信奉"先知启示""圣人之言"。

在逻辑和逻辑思维发达的族群中,其直觉思维则是经验直觉和理论直觉互相并存,而尤以理论直觉为典型。上文所提到的导致高斯发明数学定理的直觉,就显然属于理论直觉,因为在西方传统数学中作为直觉前提的知识,通常是既有的公理、公设、定理之类的理论知识。理论物理学的情形亦类似于数学,其直觉所依据的知识通常也是属于理论知识。20世纪最著名的两位理论物理学家玻恩(Max Born, 1882—1970)和爱因斯坦(Albert Einstein, 1879—1955),都认为物理学的发现或发明都是

---

① 转引自 [英] W. I. B. 贝弗里奇《科学研究的艺术》,陈捷译,科学出版社1979年版,第75页。

依靠直觉。玻恩曾宣称:"实验物理学的全部伟大发现都是来源于一些人的直觉。"① 他将物理学的科学发现完全归功于"直觉"(理论直觉)。爱因斯坦则认为物理学的基础理论是"自由发明"的,即不是靠逻辑思维而是靠"自由"(理论直觉)创造出来的。他说:"物理学构成了一个处于进化状态的逻辑思维系统,可以说,它的基础不能通过归纳方法从经验中提炼出来,而只能通过自由发明来获得。"② 不过,爱因斯坦虽然不认为逻辑推理本身可以导致科学发现③,但认为逻辑推理可以使直觉创造的成果由不可靠的或然性结论上升为可靠的必然性结论,所以,他曾如此评价伽利略(Galileo Galilei,1564—1642)的科学贡献:

> 伽利略的发现以及他所应用的科学的推理方法,是人类思想史上最伟大的成就之一,而且标志着物理学的真正开端。这个发现告诉我们,根据直接观察所得出的直觉的结论,不是常常可靠的,因为它们有时会引到错误的线索上去。……伽利略对科学的贡献就在于毁灭直觉的观点而用新的观点来代替它。这就是伽利略的发现的重大意义。④

法国著名的数学家、物理学家、天文学家和科学哲学家彭加勒更明

---

① 转引自伍香平、李华中《论柏格森的直觉体验教育哲学观》,《湖南师范大学教育科学学报》2002 年第 3 期。

② 爱因斯坦《物理学与实在》(Physics and reality. The Journal of the Franklin Institute, Vol. 221, No. 3. March, 1936):"Physics constitutesa logical system of thought which is in a state of evolution, whose basis cannot be distilled, as it were, from experience by an inductive method, but can only be arrived at by free invention." 按:在此感谢科学网博主李泳先生在《科学是自由发明的》(http://blog.sciencenet.cn/home.php?mod=space&uid=279992&do=blog&id=883765)中提供了这段材料。

③ 爱因斯坦在《我的世界观》(MeinWeltbild, Amsterdam: Querida Verlag, 1934.)中指出:"想从基本事实逻辑演绎出力学的基本概念和假定的努力,是注定要失败的"这可以证明爱因斯坦确乎不认为逻辑推理具有科学发现的创新意义。按:在此感谢科学网博主李泳先生在《科学是自由发明的》(http://blog.sciencenet.cn/home.php?mod=space&uid=279992&do=blog&id=883765)中提供了这段的材料。

④ [美]爱因斯坦、L. 英费尔德:《物理学的进化》,周肇威译,上海科学技术出版社1962 年版,第 3—5 页。

确指出:"逻辑是证明的工具,直觉是发现的工具。"①

像彭加勒、玻恩、爱因斯坦这样的西方学者,都是深受西方逻辑学思想的熏陶和影响,所以在论及科学发现或科学发明的原因时,往往是局限于认知领域,只是从认知领域的逻辑与直觉的关系方面来思考和评价它们各自对于知识创新的意义。这种思考和评价方式是有缺陷的,最重要的是它们忽略了或者压根儿没有意识到,情感领域和意志领域也存在规范思维与自由思维,因而没有考虑到体现自由思维之总特征的直觉本身也是多样的,认知领域的直觉只是直觉的一种特殊形式,将新知识的发现或发明归功于这种特殊形式的直觉,未免失之偏颇;同时,它们也忽视了,知识创新是新知识从无到有的过程,寓于该过程之中的创新思维是一个过程系统,该系统中各个思维要素对于知识创新都有其特殊的作用与意义,因此,并不能将新知识的发现或发明归功于其中某个特定的思维要素。

二 "知""情""意"中的直觉形式
（一）灵感——认知直觉

在认知领域,当亚里士多德尚未创立逻辑学诞生时,古希腊哲学家、亚里士多德的老师柏拉图已开始研究文学创作中的灵感问题。柏拉图的"灵感说"是与"理念论"结合在一起的,具有超越不完善的现实而追求完美理想的基本思想特征,它不满足于诗歌对宇宙人生的纷纭表相的叙写和对不完善现实的如实模仿,认为诗歌应当超越于不完善的现实美而去追求完善的理想美,但构造理想美须得神助,只有借助于神灵凭附,方能创作出有益世道人心的伟大篇章。柏拉图"灵感说"的要义有三:其一,灵感来源于神灵凭附诗人;其二,灵感来临时具体表现为迷狂;其三,灵感的获得过程是不朽的灵魂对真、善、美理念世界的回忆。② 近代一些西方作家于灵感亦有所论,例如,19世纪法国浪漫主义作家雨果（Victor Hugo, 1802—1885）曾以"天才"（Le génie）释"灵感"（L'inspiration）:"诗人的脑海深处产生了单一而复杂、简单而复合的灵

---

① ［法］彭加勒:《科学与方法》,李醒民译,商务印书馆2006年版,第438页。
② 王小丁:《柏拉图的灵感说及影响论》,硕士学位论文,西北大学,2010年。

感，人们称之为天才。"① 这是把灵感理解为一种天赋的非凡创造力。20世纪瑞士著名心理学家荣格（Carl Gustav Jung，1875—1961），则将灵感归本于"无意识"②，认为"无意识是人的灵感、智慧和力量的不竭源泉。人在返回无意识的过程中，通过激活原始意象，激活集体无意识中的原型，往往因此找到新的灵感，并凭借它重返意识，解决那些似乎不能解决的难题"③。

《中国社会科学》1980年第3期发表了刘欣大（1934— ）所撰写的《科学家与形象思维》和沈大德（1943—1991）、吴廷嘉（1943— ）合作撰写的《形象思维与抽象思维——辩证逻辑的一对范畴》两篇文章，引起学术界强烈反响。沈、吴于是年6月下旬写信并将文章寄给著名科学家钱学森（1911—2009），希望听到钱先生的意见。钱先生在7月1日写了回信，提出了在思维规律科学研究中一些值得重视的问题，嗣后提出："光靠形象思维和抽象思维不能创造，不能突破，要创造要突破得有灵感。"④ 这标志着"灵感"正式进入思维规律科学研究领域，成为思维科学中的一个概念，并成为创新论域中的一个重要概念。1988年《哲学研究》第8期发表了阎力（1956— ）所撰写的《浅析科学创造中的直

---

① ［法］雨果：《雨果论文学》，柳鸣九译，上海译文出版社1980年版，第119页。
② "无意识"（unconscious）起初是一个哲学概念，来源于古希腊哲学家柏拉图哲学，至德国哲学家哈特曼（Karl Robert Eduard von Hartmann，1842—1906）集"无意识"哲学思想之大成，著《无意识哲学》（Philosophy of the Unconscious，1869），提出宇宙本体是"无意识"的哲学本体论。自19世纪德国哲学家、教育家和心理学家赫尔巴特（Johann Friedrich Herbart，1776—1841）提出"意识阈"（consciousthreshold）概念，"无意识"乃成为一个心理学概念。"意识阈"是指一个观念若要由一个完全被抑制的状态进入一个现实观念的状态，必须跨越一道界线，这些界线即意识阈。处于完全被抑制状态的意识，就是所谓"无意识"。弗洛伊德更以"无意识"作为其精神分析（包括新精神分析）学说的基本概念，他认为，"无意识"是生物本能的作用，是人的行为的决定因素。1922年，荣格在《论分析心理学与诗的关系》一文中提出，在人类心灵最深处，拥有一个超越所有文化和意识的共同基底，这个基底就是集体无意识，所有意识和无意识现象都从集体无意识中生发出来。集体无意识内容不像个体无意识那样由本人曾经感受的经验构成，在个体的整个生命过程中它们从未被感知。对个人而言，集体无意识是比经验更深的一种本能性的东西。
③ ［瑞士］荣格：《心理学与文学》（冯川、苏克译，生活·读书·新知三联书店1987年版），转引自印大中《科学灵感产生的生物学原理及主动获取技术》（《科学时报》2011年2月23日A3新知）。
④ 钱学森：《关于形象思维问题的一封信》，《中国社会科学》1980年第6期。

觉、灵感和顿悟》一文，表明了哲学界也开始关注灵感问题。从创新思维研究角度看，此文的意义并不在于它澄清了"直觉"、"灵感"和"顿悟"三个概念（实际离此尚有较大差距），而是在于将这三个概念和科学创造联系起来，使之成为创造性思维或创新思维研究中的重要概念。1992年《辽宁大学学报》第6期发表了景为民的论文《论逻辑思维与顿悟和灵感》，其中"有意识的逻辑思维"和"无意识的灵感、顿悟"的提法，显然是受到了西方心理学"无意识"理论的影响，故以"有意识"与"无意识"作为逻辑思维与灵感、顿悟的划界标准；在此基础上，该文还提出了"逻辑思维是灵感、顿悟的胚胎，灵感、顿悟是长期逻辑思维的升华和结晶"和"联想和想象是灵感的接生婆"两个重要观点，其中后一观点与阎力"通过有意识的联想和类比来引发灵感"[①]的观点有相似和相通之处，是明显值得推敲的，因为按照黑格尔的观点，想象本身就属于灵感，而不是联想引发灵感。"想象活动和完成作品技巧的运用，作为艺术家的一种能力，单独来看，就是人们通常所说的灵感"；"灵感就是这种活跃地进行构造形象的本身。"[②] 不过景为民的这篇论文，从"灵感""顿悟"研究方面来看还是很有意义的，其理论意义主要在于：它把"灵感""顿悟"纳入"无意识"范畴，这实际上是把"顿悟"与"灵感"当作异名同谓的两个语词，用来指称本质上同一的思维形式了。这一解释有其以下合理性：

首先，在创新论域中，无论是"灵感"还是"顿悟"，说到底，它们都是被用来描述知识创新过程中这样一种创新思维形式：它导致某个在思维主体的主观感受上是突然来临的新颖之念的产生，并让思维主体自我感受到随着这个突发新念的出现，自己的心灵一下子走出思维困局，由久思不解的疑难状态转变为豁然开朗的洞察状态。但比较而言，"灵感"是侧重于描述这种思维活动对于客体所达到的理解在思维主体的自我感受中有不可名状的极高敏锐性与洞察力，"顿悟"则侧重于描述这种思维活动对于客体所达到的理解在思维主体自我感受中效率极高的超高速度。不过，这种语义上的细微差异，并不意味着这两个语词所称谓的

---

① 阎力：《浅析科学创造中的直觉、灵感和顿悟》，《哲学研究》1988年第8期。
② ［德］黑格尔：《美学》，朱光潜译，商务印书馆1982年版，第363—364页。

对象本身有差异,其指称对象是不变和同一的,只是人们在称谓这个对象时,由于语用习惯的不同,遂造成因时而异或因人而异地使用"顿悟"或"灵感"来指称那个对象。具体地说,按中国习惯,则使用"顿悟"一词;按西方习惯,则使用"灵感"一词。这是因为中国古籍中原无"灵感"一词,只有"灵觉"(如扬雄《太玄·迎》:"精微往来,妖先灵觉。"①)"灵明"(如王守仁《传习录下》:"盖天地万物与人原是一体,其发窍之最精处,是人心一点灵明。"②)之类;"灵感"(inspiration)是一外来语,它最初来源于古希腊,本义为"神附体""迷狂"。③"顿悟"则是中国古已有之的本土名词,"东晋时,支道林等高僧根据佛教《十住经》提出,人修行有十人阶段,至'七地(级)'时,会达到远离三界烦恼的境界。人一旦修行到这个境界,就会产生一个飞跃,修成'菩萨果'。这个飞跃,支道林称之为'顿悟',也就是《世说新语·文学篇注》引《支法师传》所说的'法师研十地,则知顿悟于七住'④。"⑤东晋高僧竺道生(355—434)则认为,在"七地(级)"不存在"顿悟",只有到了"十地(级)",才可"顿悟成佛"。⑥后来"顿悟"被借用来翻译英文语词"insight",但英语"insight"的核心意义为"洞见",所以有的学者将奥地利心理学家特奥多尔·埃里斯曼(Theodor Erismann)所创建的一门心理学分支科学的英文名称"psychology of insight"翻译为"洞见心理学"⑦。"insight"只是在心智清醒、理解深刻、道理明白等意义上对应于中文的"顿悟",但并不必然带有"顿悟"所包含的突然清醒、一下子理解、忽然明白等意义。在格式塔心理学(gestalt psychology)中,有一种叫作"insightful earning"的学习模式,是通过重新组织知觉环境并突然领悟其中的关系而发生的学习,通过这样的学习,可使学习者从其已有的想法和记忆中突然产生出一种可以解决他所面临的问题的办法。

---

① 《太玄集注》,(汉)扬雄著,司马光集注,中华书局2013年版,第100页。
② 《王阳明全集》,吴光等编校,上海古籍出版社1992年版,第107页。
③ 肖婷婷:《浅析西方灵感说的发展与演变》,《丝绸之路》2013年第16期。
④ (原注)汤用彤:《汉魏两晋南北朝佛教史》,北京大学出版社1997年版,第426页。
⑤ 王景琳、徐匋:《说说惠能的"顿悟"(上)》,《文史知识》2013年第5期。
⑥ 王景琳、徐匋:《说说惠能的"顿悟"(上)》,《文史知识》2013年第5期。
⑦ 参见王申连《狄尔泰对自然科学心理学的批判及其效应》,《中国社会科学报》2020年11月19日。

这种学习模式的英文名称"insightful earning",倒是可以被翻译为"顿悟学习"的——这里"insight"的形容词形式"insightful"含有"顿悟的"意思。不过,这里所谓"顿悟",无非是指通过这种学习所获得的解决问题的办法是突然间想出来的。这种突然间想出办法的思维活动与"灵感"一词所称谓的那种思维活动是没有什么实质性区别的。也就是说,在称谓突然间想出解决问题的办法的思维活动这一语用意义上,"灵感"与"顿悟"完全相同。但是在有些情况下,"灵感"与"顿悟"的语用意义又有所差别,美国学者查尔斯·基弗(Charles Kiefer)等认为:"人们的顿悟能力是与生俱来、贯穿一生的。它让人愁云散去、灵感闪现,所遇到的问题也随之迎刃而解。"① 这里"灵感"与"顿悟"的语用意义有如此差异:"顿悟"是特指突然间想出解决问题的办法的思维活动;"灵感"是特指由这种思维活动(顿悟)所产生的想法或办法。要之,相对于"顿悟"而言,"灵感"一词的含义较为宽泛,可以指突然间想出解决问题的办法的思维活动,也可以指由这种思维活动所产生的想法或办法。这意味着"顿悟"的意义实为"灵感"所含摄。

其次,将"顿悟""灵感"纳入"无意识"范畴,其实质是在于把"顿悟""灵感"所指称的那种思维活动理解为从无意识到有意识的飞跃,并随着这个飞跃而产生某种解决问题的想法或办法。从无意识到有意识的飞跃,从时间维度看,其速度是如此之快,以至于可用佛教术语"刹那间"②来形容——在此意义上,用"顿悟"来指称这种思维活动,似显更加贴切。另一方面,从空间维度看,从无意识到有意识的飞跃是思维运动从无到有的跳跃,这种跳跃性思维相对于连续性思维来说,是思维运动过程的中断——在此意义上,确乎可以这么说:"从灵感的本质看,灵感是思维过程间断的飞跃,是思维活动进程的中断。"③ 就其思维运动的跳跃是从无意识飞跃到有意识而言,用佛教术语"顿悟"来描述似乎并不恰当,因为至少在禅宗六祖惠能(638—713)的"顿渐皆立无

---

① [美]查尔斯·基弗、马尔科姆·康斯特布尔:《顿悟:捕捉灵感的艺术·导言》,中国人民大学出版社2017年版。
② "悟则刹那间。""刹那间,妄念俱灭,即是自真正善知识,一悟即至佛地。"(《敦煌新本六祖坛经》,宗教文化出版社2001年版,第39页、第37页)
③ 张雪临:《灵感及诱发运动灵感的方法》,《中国体育科技》1997年第4期。

念为宗,无相为体,无住为本"① 的"性空"理论中,"顿悟"是意味着"空心不思"②而达到"无念""无忆""无著"的"自性",即非但没有任何世俗念头,连"空"的观念甚至成佛的念头都没有的"清净心"——"真如性",在这种禅定状态下,依靠"本性自有"的"般若之智"③,悟道成佛,故曰:"我此法门,从一般若生八万四千智惠,何以故?为世有八万四千尘劳;若无尘劳,般若常在,不离自性。悟此法者,即是无念、无忆、无著,莫起诳妄,即是真如性。用智惠观照,于一切法不取不捨,即见性成佛道。"④"故知一切万法,尽在自身中,何不从于自心顿现真如本性。《菩萨戒经》云:'我本元自性清净'。识心见性,自成佛道。《维摩经》云:'即时豁然,还得本心。'"⑤ 所以,如果用心理学"无意识"理论来解读这里的"无念"概念,则"无念"应可解读为"无意识"。这样的解读固然未必确当,但于此可见,假使用"顿悟"来称谓灵感思维的话,那就可能导致人们朝着佛教"顿悟"论所指引的方向去理解灵感思维,从而不是把灵感理解为由无意识进入有意识,而是反过来将灵感理解为从有意识进入无意识了。有鉴于此,并考虑到"顿悟"的意义实为"灵感"所含摄,宜以"灵感"一词作为专有名词来称谓从无意识飞跃到有意识的思维活动,而把"顿悟"当作一个日常用语来形容灵感思维的飞跃特征。当把灵感思维理解为由无意识飞跃到有意识时,这里的"无意识"可以被理解为个体无意识和集体无意识的总和,其中个体无意识是由本人曾经感受的经验所构成,这种经验不只包括直接经验,也包括由学习得来的间接经验——包括所学到的理论知识,所有这些主观信息和客观知识,在其尚未跨出意识阈时都是完全被抑制的个人无意识,它们构成为直觉(灵感)所产生的新颖想法(突发念头或闪念)的信息基础和知识根据;集体无意识是比个人无意识更深层的无意识,它们为人类个体所共有但却从未被这些个体所感受到,其实就是由于代际遗传而为人所共有的对于外界事物的先天反应能力,这种天赋

---

① 《坛经校释·一七》,(唐)慧能著,郭朋校释,中华书局1983年版,第31—32页。
② 《坛经校释·二四》,(唐)慧能著,郭朋校释,中华书局1983年版,第50页。
③ 《坛经校释·二八》,(唐)慧能著,郭朋校释,中华书局1983年版,第54页。
④ 《坛经校释·二七》,(唐)慧能著,郭朋校释,中华书局1983年版,第53页。
⑤ 《坛经校释·三十》,(唐)慧能著,郭朋校释,中华书局1983年版,第58页。

能力构成为直觉（灵感）所产生的新颖想法（突发念头或闪念）的本能基础与天性根据。

要之，将"灵感""顿悟"纳入"无意识"范畴，这便是意味着把它们所称谓的那种突然间想出解决问题的办法的思维活动理解为一种直觉——直觉既有其生理基础，也有其知识根据（参见上文）。就这种思维活动作为一种直觉形式而言，其生理基础是集体无意识，其知识根据是个人无意识。

在知识创新过程中，当无意识尚未跨出意识阈时，思维主体对认知客体的思考是属于逻辑思维。景为民认为，这个时候的逻辑思维是"灵感、顿悟的胚胎"，灵感、顿悟则是"长期逻辑思维的升华和结晶"。印大中则认为，灵感不但与思考有关，也与放松入静有关，与睡眠休息有关，尤其与睡醒之际关系最为密切。"大量研究实例和反复体验实践告诉我们，'睡足'加上'闭目'便是灵感产生的两条最为重要的生物学基础。凌晨醒来，半醒半睡，恰好满足了这两条要素，于是灵感之门向幸运的有心人敞开了！"[1] 玛合沙提古丽·克孜尔汗曾对"灵感突现的途径"做出了较全面的概括：（1）灵感在苦思冥想中闪现；（2）灵感在睡梦中闪现；（3）灵感在不经意的一个动作、一句话、一个自然现象中闪现；（4）灵感可能在你完全放弃对某一问题深度思考后闪现；（5）某种刺激也可以突发灵感，这种刺激可以是实物、声音、气味、感情、语言、光线等。[2] 张雪临（1964— ）则曾从体育运动灵感角度，将灵感的特性概括为突发性、创造性、兴奋性、跳跃性和非逻辑性、模糊性、瞬时性[3]。以上这些论见都很有学术价值。下面拟结合中国首位诺贝尔医学奖获得者、药学家屠呦呦（1930— ）的青蒿素发明实例，对灵感思维再做几点具体说明。

灵感是受某个刺激因素的诱导而发生。当年促使屠呦呦尝试从青蒿中提取有效物质的新想法，就是她在苦思冥想之际突然冒出的一个念头，

---

[1] 印大中：《科学灵感产生的生物学原理及主动获取技术》，《科学时报》2011年2月23日A3新知。

[2] 玛合沙提古丽·克孜尔汗：《灵感的心理学概念》，《辽宁广播电视大学学报》2014年第3期。

[3] 张雪临：《灵感及诱发运动灵感的方法》，《中国体育科技》1997年第4期。

这个突发新念便是灵感的产物，这个灵感是产生于储藏在她头脑中的一个载于东晋炼丹家和医药学家葛洪（283—363）《肘后备急方》的验方知识①的回忆，其回忆中所出现的这个知识点，是触发其灵感的直接诱因。

青蒿素的发明过程也表明，灵感思维必须以扎实的专业知识作为基础。倘使屠呦呦缺乏广博厚实的医学专业知识，根本没看过葛洪的《肘后备急方》，或者即使看过了也没用心记住其内容，她就不可能会从其中的一个验方中受到启发而产生那个新想法。

青蒿素的发明过程还表明，一旦灵感来临，突然闪出一个新念，就要紧抓不放，立即着手实验，这样才能发挥灵感思维在科学知识创新中的应有作用。假使屠呦呦不是在闪出新念之后，立即带着这个新想法去进行相应的药物提取实验和临床治疗试验，那么，即使出现了灵感，有了新想法，也不可能导致一种新药物的产生。

（二）激情——情感直觉

据儒家的情感逻辑思想，情感表达应遵循适中原则。这意味着，遵循情感逻辑来表达的情感是无过无不及的中和情感。这种中和情感是规范思维在情感领域的体现，或者说，是创新思维的连续性在情感领域的表现形式。那么，情感领域的自由思维形式是什么呢？俄国著名作家托尔斯泰（ЛевНиколаевич Толстой，1883—1945）曾说："我们的创作没有激情是不成的。"② 这给予了我们这样一个启示：在情感领域，与知识创新相关，对知识创新有积极作用的自由思维形式，应该是激情——可称为"创作激情"或"创造激情"。

关于激情，据"现代激情理论的奠基人"③、17 世纪法国哲学家笛卡儿《论灵魂的激情》（Les Passions de，1649）称："我们从古人那里接受的科学遗产中，没有哪个问题比激情问题更模糊不清的了。"④ 不过，在

---

① 《肘后备急方》是葛洪从民间收集得来的一些可供急救医疗、实用有效的单验方及简要灸法的汇编之书。验方不是古代医书上的流传方，而是没经过论证，但是临床却有疗效的，一般是民间的方子。

② 转引自周瑞良、刘爱莲、沈荣兴等《创造与方法》，中国林业出版社 1999 年版，第 87 页。

③ [美] J. 阿然奎：《笛卡儿和维特根斯坦论激情》，贺翠香译，《世界哲学》1998 年第 2 期。

④ 转引自徐法超《阿奎那论激情及其对象》，《肇庆学院学报》2013 年第 4 期。

笛卡儿研究激情问题之前，西方学者中早就有人做过一些研究，例如，亚里士多德最早将"激情"定义为人自身的一种"承受"（pathos）。[①] 中世纪神学家托马斯·阿奎那在《神学大全》第一卷第二部分中对人的灵魂的各种能力进行系统分析时，区分了两种激情——"身体的激情"（Passions of the body）和"心灵的激情"（Passions of the soul），又将后者分为欲求性激情（包括爱、欲求、快乐、恨、厌恶、悲伤）与意气性激情（包括希望、勇气、绝望、恐惧、愤怒）两类。[②] 阿奎那进而延续亚里士多德的思路，将"激情"定义为作为灵魂和身体的组合体的人的一种"承受"状态："承受有三种意思：一种是指接受什么东西，同时并不丧失什么，比如空气受到了光的照射，空气有所承受；另一种是指事物接受到一些东西，同时又丧失了一些与自身不适合的东西，比如我们得到了健康，驱除了疾病；第三种是指接受了一些不适合自身的东西，而丧失了一些好的东西，这是最确切意义上的承受。这三种承受，灵魂都有，即激情。"[③]

在《论灵魂的激情》中，笛卡儿将身体对心灵的作用及其过程称作"知觉"，将知觉区分为三类：第一类是与外物相关联的知觉（比如对颜色、气味的知觉）；第二类是与身体相关联的知觉（比如疼痛、饥饿）；第三类是与灵魂相关联的知觉（比如喜怒哀乐）。笛卡儿将前二类合称为"感觉"，称第三类为"激情"。笛卡儿重点讨论了激情问题，主要论及六种基本激情——惊奇、爱、恨、渴望、高兴和悲伤，其中惊奇是最基本激情，例如婴儿降生后初次见到这个世界和父母初次见到自己的孩子，其第一反应都是"惊"。渴望是由惊奇引发，伴随着爱和恨一同出现的。笛卡儿所给出的"激情"（Pathos）的定义是：

> 尽管所有的知觉，即不管是我们把它们与外在的物体相连的知觉，还是我们把它们与我们身体自身的各种反应相连的知觉，当我

---

① 《亚里士多德全集》第1卷，苗力田主编，中国人民大学出版社1990年版，第28—29页。
② 徐法超：《阿奎那论激情及其对象》，《肇庆学院学报》2013年第4期。
③ 转引自贾江鸿《从笛卡儿对激情的界定来看"我思"的两种内涵》，《哲学研究》2013年第6期。

们在最广泛的意义上使用激情这个词的时候，它们在我们的灵魂看来都确实是激情，但是我们还是习惯于把这个词进行一下限定，用它来只指那些相连于灵魂自身的知觉。①

依据这个定义，激情就是那些"相连于灵魂自身的知觉"，也就是说，激情是灵魂自身的一种当下体验或认识。②

以上都还没有联系到创作或创造来谈论激情，只是到了18世纪德国著名诗人、启蒙文学的代表人物之一席勒（Johann Christoph Friedrich von Schiller，1759—1805）所撰《论激情》（1793），才开始结合艺术创作来讨论激情，但还不是讨论激情对艺术创作的作用问题，而是讨论艺术对激情的表现问题，具体地说，是讨论悲剧艺术如何表现痛苦的问题。席勒认为，悲剧艺术应遵循两条法则：它既要表现受苦的自然，又要表现对痛苦的道德反抗。如果缺乏对受苦的自然的描写，悲剧艺术就不具有美学的力量；而如果没有对痛苦的道德反抗的描写，悲剧艺术所表现的激情就缺乏道德崇高性而不具有美学的意义，因为仅当激情为崇高的东西时，它才具有美学的力量。也就是说，席勒所坚持和倡导的是自然的激情与道德的激情（或曰"本能的激情"与"人格的激情"）互相统一的激情观。③

与席勒同时代的康德，在《实用人类学》（1798）第三卷中，则是在与情欲相对置的关系中来讨论激情的。康德将情欲区分为"自然的（天生的）意向的情欲"和"来自人类文化的（获得的）意向的情欲"两类。前一类有"自由意向"和"性的意向"，它们都与激情相联系，可以称为"炽热的情欲"；后一类有荣誉癖、统治癖和拥有癖，它们是"对指向某些目标的那个格律的执着"，与激情无关，可称为"冷漠的情欲"。

---

① Descartes, 1990, *Les passions de*, introdeution de Michel Meyer, Paris：Librairie générale, p.55；转引自贾江鸿《从笛卡儿对激情的界定来看"我思"的两种内涵》，《哲学研究》2013年第6期。

② [法]笛卡儿：《论灵魂的激情》，贾江鸿译，商务印书馆2013年版；施璇：《笛卡儿的两条身心联结原则》，《哲学动态》2017年第8期；贾江鸿：《从笛卡儿对激情的界定来看"我思"的两种内涵》，《哲学研究》2013年第6期。

③ [德]席勒：《论激情》（1793），张玉能译，《外国美学》第3辑，商务印书馆1986年版；陆兴忍：《论席勒的激情观》，《吉首大学学报》（社会科学版）2005年第4期。

这两类情欲都是"人对人的欲求",而非"人对物的欲求"。① 在康德看来,激情只是同情欲相关,但并不是真正的情欲。在激情与情欲之间,康德是褒激情而贬情欲的。例如,他通过比较法国人的"激情"与"意大利和西班牙人(还有印度人和中国人)"的"情欲",得出结论:"后者心怀怨恨而策划复仇,或者爱情执着乃至幻想。——激情是开诚布公的,与此相反,情欲则是阴险狡诈的。"② 由于这里的比较是以断言英国和法国是"地球上两个最文明的民族"③ 为前提的,所以康德所讲的激情是同文明相联系的,它可以被理解为文明的感情,这与席勒所讲的那种道德的激情是相通的、一致的,所以,也意味着康德所讲的情欲,是与席勒所讲的那种自然的激情相一致的。但是在席勒那里,道德的激情与自然的激情不是彼此不能相容的互斥关系,而是可以彼此相容且应当达到互相融合的统一关系,而康德却把激情同情欲完全对立起来,对情欲加以贬斥。对于激情与情欲的关系,康德曾打过这样一个比方:"如果激情是一种迷醉,情欲就可说是一种疾病。"④ 在这种对置关系中,情欲是应当加以消除的东西,激情则是可让人陶醉的东西。康德将激情比作"迷醉",这不但意味着肯定激情具有令人陶醉而心神向往的崇高性,还意味着认为激情具有"冲动的"直觉意义。在后一种意义上,"迷醉"是就激情所导致的"心灵失去自制的那种感觉"状态而言,康德指出:"激情是使心灵失去自制的那种感觉的突袭,所以它是冲动的,也就是说,它使感情迅速膨胀到不可能进行思考的程度(它是不审慎的)。"⑤ 这就是说,激情是感情的突然膨胀,以至于使情感主体一下子进入心灵失去自我控制的无思状态。由此可见,康德所讲的"激情"与上文所说的"灵感"实有相通处,即它们都包含思维过程发生中断的直觉意义。

综上所述,西方传统激情理论中的激情概念有广义和狭义之分:广义的激情关联着人的身体和心灵,狭义的激情仅与人的心灵相关;狭义的激情是人的心灵的一种当下体验形式,这种体验是与人的道德情感密

---

① [德]康德:《实用人类学》,邓晓芒译,上海人民出版社2007年版,第187页。
② 李秋零主编:《康德著作全集》第7卷,中国人民大学出版社2008年版,第247页。
③ 李秋零主编:《康德著作全集》第7卷,中国人民大学出版社2008年版,第306页。
④ [德]康德:《实用人类学》,邓晓芒译,上海人民出版社2007年版,第184页。
⑤ [德]康德:《实用人类学》,邓晓芒译,上海人民出版社2007年版,第166页。

不可分的，它可以被理解为人的道德情感的当下体验，这种情感体验是以直觉方式来进行的，或者说它表现为一种直觉，即思维过程中断的一种特殊情形。这样，我们就可以把西方传统激情理论中的激情概念同中国传统儒家的情感逻辑思想联系起来，在这种联系中来把握激情的本质。

按照儒家的情感逻辑，遵循适中原则的规范情感乃是无过无不及的中和情感。然则，如果说中和情感是人所固有的道德良知（恻隐之心或不忍人之心）的常性反应形式的话，那么，作为道德情感当下体验形式的激情就是道德良知的变性反应形式。道德良知的这种常变关系，可比作水体与水浪的关系：水体是平静的水，水浪是激荡的水。如果把规范的常性道德情感比喻为平静的水体的话，那么，自由的变性道德激情则可比喻为激荡的水浪。

道德激情是当情感主体强烈感受到现实生活的某种紧迫需要时其中和情感为之激荡而产生的。例如，青蒿素的发明者屠呦呦的治疟药物研究，是起因于1967年中南半岛（旧称印度支那半岛）疟疾肆虐之际越南政府向我国求援治疟药物，我国政府决定给予支援。正是在这种情况下，屠呦呦及其研究团队急当时国家所急——同时也是急当时越南人民所急，因此产生了尽快研制出治疟药物的强烈欲望，其研究激情就是因这种强烈欲望的激发而产生。

这种激情的产生，类似于眼见到一个小孩快要掉到井里时，急于救人的激情陡然生起。按孟子"恻隐之心，人皆有之"的观点，急于救人的激情应是人所固有的恻隐之心在受到外界强烈刺激时被激发出来的。如果说在通常情况下人的恻隐之心是表现为平静的中和状态的话，那么，急于救人的激情则是打破了这种平静状态，而表现为恻隐之心的激荡了。

就青蒿素的发明活动来说，如果屠呦呦及其研究团队只是按平静的仁爱心行事，而没有急于救人的激情参与的话，他们的研究工作就只会是按部就班地依照常规来进行，其进展必定相对缓慢，这种常规性工作也很难做出知识发明的成果来。这意味着，激情对于知识创新所能起到的作用，就在于它可以加快知识创新的进程，并且使知识创新变得具有现实可能性。

具体说来，激情作为自由思维的一种形式，它对由"将心比心"的情感推理转入"见义而为"的意志推理具有思维切换作用。在青蒿素发明案例中，这种思维切换作用就表现在，屠呦呦及其研究团队急于救人的激情，将其固有的爱国爱民之心（他们对自己国家的深情和对越南人民的友情）直接推进到体现这种仁爱心的紧急研制治疟药物的行为决策和实施阶段，从而使青蒿素的发明进入实质性研发阶段。

（三）兴趣——意志直觉

意志领域的规范思维是按适宜原则来进行推理的，这个推理过程便是所谓"见义而为"。按儒家思想，"义""为"就是合乎仁道是非标准的行为。这里的标准是行为的普遍标准，符合这种标准的合宜行为有无数，到底采取怎样的合宜行为，这是每个人的自由选择。这意味着从"知"（"见义"）到"行"（"义为"）的过程，并非只是思维主体按适宜原则来进行的推理过程，它还包含着思维主体的自由选择，这种自由选择决定着思维主体所最终采取的合宜行为的个性特征。这里，思维主体的自由选择是在无数合宜行为之间进行抉择，这种抉择当然不是靠推理思维，而是靠自由思维。那么，意志领域的自由思维形式是什么呢？

爱因斯坦曾说过："兴趣是最好的老师。"[①] 这话出自一个伟大的科学家，其意思显然是指一个对科学探索怀有兴趣的人，自然会在其兴趣引导下，主动去从事科学探索，且乐此不疲地沉浸其中。爱因斯坦所说的"兴趣"，近似亚里士多德下述言论中所说的"惊异"："古往今来人们开始哲理探索，都应起于对自然万物的惊异……一个有所迷惑与惊异的人，每自愧愚蠢；他们探索哲理只是想脱出愚蠢……"[②] 亚里士多德和爱因斯坦的观点使我们有理由相信：在意志领域，对哲理探索、科学探索产生直接推动作用，对知识创新有积极意义的自由思维形式，应该是兴趣。

在教育心理学中，涉及学习动机的心理研究，常把兴趣和好奇心联系起来加以分析。郑也夫（1950— ）认为：

> 兴趣与好奇心常常如影随形，但它们并不是一个东西。好奇心是最初的动力，是兴趣的前驱。好奇是广泛而短暂的兴趣，兴趣是

---

① 《爱因斯坦文集》第3卷，商务印书馆1979年版，第144页。
② ［古希腊］亚里士多德：《形而上学》，吴寿彭译，商务印书馆1959年版，第5页。

专一且持久的好奇。①

这表明了兴趣与好奇心密切相关。但郑也夫对兴趣与好奇心关系的这一阐释,并没有把它们的关系说透。他虽然指出了"它们并不是一个东西",却未讲明兴趣与好奇心之间的区别究竟何在;在对它们未作明确区分的情况下,自然难以透彻地说清它们之间的关系。

好奇心是人的天性和本能,是人类在长期进化过程中形成的自然禀赋。② 兴趣则不然,它不是人的天性和本能。在中文汉语里,"兴趣"之"兴"是"兴起"之意,常对人事而言,指谓举事、开始动作;"兴趣"之"趣"是"趋向"之意,常对人心而言,指谓意志趋向。"兴趣"是表示举事、开始动作的举动意向。这种意向是属于意识(意志)范畴的东西,与属于自然(天性和本能)范畴的好奇心有本质区别:好奇心是人生而具有的诸多自然品质之一,它具有生物学意义上的遗传性;兴趣则是在后天的社会环境和生活实践中形成的,它具有社会性和实践性。从本质上说,好奇心与兴趣之间的联系是属于自然心理与意志心理的联系,在这种联系中,好奇心是兴趣所表现的自然心理内容,兴趣则是表现好奇心的意志心理形式。这意味着,好奇心是兴趣赖以产生的自然心理基础,但它并非必然以兴趣形式来表现自己。从自然心理形态的好奇心到意志心理形态的兴趣的转变是有条件的,当其条件缺乏时,好奇心只是好奇心,这种自然状态的好奇心是在思维主体的主观意欲之外自在地活动着的,其注意力呈离散状态,其关注目标游移散漫,没有相对固定的意识对象,如此变动不居、变化无常的好奇心是不可能导致知识创新的。那种认为好奇心是创新(思维)源泉的观点③,是根本站不住脚的。在童蒙教育中,若以培养孩子的自然好奇心来促进其心理成长,则

---

① 郑也夫:《吾国教育病理》,中信出版社 2013 年版,第 172 页。
② 李珍:《好奇心是创造性思维的源泉》,《光明日报》2020 年 11 月 6 日。
③ 吾闻:《好奇心是创造思维的不竭源泉》,《学苑创造(B 版)》2008 年第 3 期;李珍:《好奇心是创造性思维的源泉》,《光明日报》2020 年 11 月 6 日;美国国家科学院院士、美国艺术与科学院院士、诺贝尔物理学奖得主、引力波之父巴里什(Barry Clark Barish)在京领榜单发布会暨诺奖创新论坛上的演讲——"好奇心是创新的源泉"(2020 年 12 月 25 日,https://www.sohu.com/a/443269064_100169020)。

不论其效果如何，其前提就不能成立，因为自然状态的好奇心并不是被培养出来的，它根本无待于培养，而是人所固有，与生俱来，先天地存在于每个人身上。在孩童心理成长过程中，童蒙教育者所应当努力的一个方向，在于如何将孩子的自然好奇心培养成能使注意力收敛集中、关注目标相对确定、意识对象相对固定的兴趣，因为，只有兴趣才能使人沉浸在其兴趣所在的事情中，也只有达到如此投入其事、专心其事的诚心之境，才能取得有所发现、有所发明的创新成效，所谓"心诚则灵""精诚所至，金石为开"。在这里，兴趣、诚心、创新之间具有这样一种内在联系：有兴趣斯有诚心，有诚心斯有创新。这意味着兴趣是创新的先决条件，而非好奇心是创新的源泉。

兴趣固然以好奇心作为其自然心理基础，但它绝不等于是好奇心。从好奇心到兴趣的转化必须具备一定条件，这个条件便是思维主体的主观意欲作用。思维主体的现实生活需要反映到其头脑中而形成其主观意欲，思维主体是直接受其主观意欲的支配去认识世界、思考世界的；正是在其主观意欲的支配作用下，原本其关注目标游移散漫的好奇心，才得以收敛集中到其意欲的对象上，从而转变为目标稳定而专一的兴趣。

质言之，兴趣是在思维主体自觉反映其现实生活需要的主观意欲作用下所表现出来的好奇心。

兴趣之根本区别于自然好奇心之处在于：自然好奇心与人的现实生活需要无关，不受人的主观意欲的支配；兴趣则和人的现实生活需要密切相关，直接受人的主观意欲的支配。以其如此，它们的目标指向也相应有差：自然好奇心是指向与人的现实生活需要无关从而也意味着是外在于人的生活实践的自然事物，这种自然事物既非现实的生活实践对象，当然也无以构成现实的意识对象；兴趣则是指向与人的现实生活需要相关的感性存在，这种感性存在是由人的生活实践所造成的价值存在，只有这种价值存在才构成现实的意识对象。

好奇心之不能成为创新的源泉，恰是由于自然好奇心所指向的对象是生活实践之外的自然事物，它无以构成现实的意识对象；兴趣之能成为创新的先决条件，是因为它所指向的对象是由生活实践所造成的价值存在，这种价值存在才构成现实的意识对象。

因此，如果确实存在所谓创新（思维）的源泉的话，那么，这个源泉一定不是自然性的东西，不管它是自然的好奇心，还是自然的存在物。诚如徐耀（1972— ）所说："好奇心是求知欲的根源。"① 当好奇心尚未转化为兴趣时，好奇心处在自然状态，这种自然状态的好奇心只是求知欲的根源，它既非现实的求知欲望，更非现实的求知活动，因而对知识创新是没有意义的，又如何能成为创新的源泉呢？！

当且仅当好奇心转化为兴趣时，原本作为一种自然心理的好奇心，因其获得了意志心理形式，从而建立起了它和现实生活需要的联系，在这种联系中，好奇心成为反映现实生活需要并通过意志心理形式表现出来的求知欲望——兴趣。

因此，兴趣作为一种意志趋向——举动意向，是内在地包含着一定价值判断的，无论其价值标准如何，兴趣的对象都是被思维主体判定为值得关注的东西，只是其判断不是以显意识形式出现，而是在思维主体不自觉状态下发生的，是思维主体在长期生活实践中潜移默化地形成的某种价值观在其潜意识中的表现，以其不为思维主体所意识到，故由此产生的兴趣也是在思维主体不自觉状态下发生的。

---

① 徐耀：《好奇心与创造力》，《中国科学报》2017年11月20日第7版。

第十章　知识创新中规范思维与自由思维的差异协同规律

——以"螃蟹可吃"的知识发明为例

创新思维不能被简单归结为规范思维与自由思维中任何一个方面，不能把知识创新归功于其中任何一种思维形式，而是应当把规范思维与自由思维看作内在于创新思维的两个方面或两个因素，把知识创新理解为创新思维中这两个因素共同作用的结果。本章将探讨知识创新中规范思维与自由思维的互相作用规律，旨在说明：知识创新是在规范思维与自由思维的相互协同中实现的。这一探讨拟通过"螃蟹可吃"的知识发明案例分析来进行，这主要是考虑到：

（1）"螃蟹可吃"是第一个吃螃蟹的人所发明的知识，这种知识发明作为亲知创新的一种具体形式，在知识创造方面较具典型意义。

（2）知识创新思维规律是通过具体的知识创新活动表现出来的，它理应亦必然存在于"螃蟹可吃"的知识发明过程中。

（3）"螃蟹可吃"的知识发明固然是简单知识创新，但此类知识创新和复杂知识创新（即上文所论之利用已有知识来开展的知识重建，包括整体化知识重建、专业化知识重建、综合化知识重建诸样式）都可以被理解为信息重构：后者固然是如此，因其利用的知识是用语言来加以陈述的客观信息；前者同样是如此，以其利用的对象是第一次试吃螃蟹所获得的感觉材料，这种感觉材料也是一种信息——相对于用语言来加以陈述的客观信息，那是无言无名而仅仅在第一次试吃螃蟹后所留下的知觉表象中存在的主观信息。也就是说，无论是简单知识创新，还是复杂知识创新，其本质是相同的，寓于其中的创新思维规律当然也应该是本质上同一的，虽然在这两种创新活动中思维规律的具体作用形式会有差别。

（4）仅从一般理论上讲说思维规律，未免抽象而流于空洞，难以达到令人信服；然而，如果能将一般理论说明和具体案例分析结合来进行论述并且论述得至少可以自圆其说的话，就能做出较有说服力的解释。

第一节 自由思维对知识创新的作用

一 兴趣和激情是知识创新的内在动力

在我国，食蟹最早始于何时，无可考考。《易传·说卦》① 有"（离）为蟹"② 之言，这说明，至迟春秋时已开食蟹之端。不过，《国语·越语》中提及越王勾践时曾发生蟹食稻所酿成的农业灾害③，据此推测，春秋末年吴越一带可能尚未形成普遍食蟹之习，否则吃蟹的人多了，恐怕就不至于会闹蟹灾了。东汉郭宪《汉武洞冥记》卷三中提到："善苑国尝贡一蟹，长九尺，有百足四螯，因名百足蟹。煮其壳，胜于黄胶，亦谓之螯胶，胜于凤喙之胶也。"④ 善苑国不知其所在何处，但体长有九尺的"百足蟹"，显然不是江南的河蟹之类，可能为沿海地区的海蟹之属。郭宪此说虽非史实记载，却至少说明，汉代已盛行吃蟹之风。唐宋诗人多有咏蟹之作，其中最有名的当推宋代诗人朱贞白（或作李贞白）的七绝

---

① 高新民《〈周易·说卦〉简论》(《甘肃高师学报》2004年第4期) 提出：《说卦》约成书于《周易古经》六十四卦同时，其作者应为西周至春秋之筮官。

② 《易传·说卦》："离……为鳖，为蟹，为蠃，为蚌，为龟，其于木也，为科上槁。"高亨注："离是两阳爻在外，一阴爻在内，即外刚而内柔，则外实而内空，俗谓之空心木。穿心木之上部枝叶必枯，故离为木之科上槁。"（高亨：《周易大传今注》，齐鲁书社1979年版，第633页）

③ 《国语》（下册）卷二十一《越语下》，上海古籍出版社1978年版，第650—651页。

④ （汉）郭宪：《汉武帝别国洞冥记》，《汉魏六朝笔记小说大观》，上海古籍出版社1999年版，第133页。

诗《咏蟹》:"蝉眼龟形脚似蛛,未曾正面向人趋。如今钉在盘筵上,得似江湖乱走无。"①

蟹,原本就有"夹人虫"之称,加以"蝉眼龟形脚似蛛"的可怖形象,倘非已知它看似面目可怖而其实可吃且味道鲜美的话,正常情况下人们是不敢去吃它的。那么,第一个吃螃蟹的人为何敢去吃它呢?照通常观点,那是因为他勇敢、大胆,有常人所不备之勇气、胆量,所以敢于冒常人所不敢冒之风险、危险。例如,鲁迅曾这样评论道:

> 许多历史的教训,都是用极大的牺牲换来的。譬如吃东西罢,某种是毒物不能吃,我们好像全惯了,很平常了。不过,这一定是以前多少人吃死了,才知道的。所以我想,第一次吃大闸蟹的人是很可佩服的,不是勇士谁敢去吃它呢?螃蟹有人吃,蜘蛛也一定有人吃过,不过不好吃,所以以后人就不吃了,像这种人我们应当极端感谢。②

这里,鲁迅用"勇士"来称赞第一个吃螃蟹的人,实际上是把敢于冒险的行为和勇敢行为混为一谈,不加区分了。然而据实说,"勇敢""勇气"这类词是不适宜用来泛称敢于冒险的行为的,因为冒险行为有多种多样的情况,其中有太多情况是属于非正义行为,甚至属于犯罪行为,诸如飙车行为、赌博行为、贩毒行为……这些行为无不需要行动者敢于冒险,因为它们都带有不同程度或不同性质的风险或危险,但此类情况均不配称为"勇"(包括"勇敢""勇气""勇士"等等)。唯有属于"见义而为"的情况,才堪称是"勇"。

拿第一个吃螃蟹的人来说,假使把他的第一次吃蟹行为与其后续行为割裂开来而孤立地加以评价的话,那么,他的这种冒险行为是根本称不上"勇"的,不过是明知有危险却不顾危险而鲁莽行事的一种冒失

---

① 北京大学古文献研究中心编:《全宋诗》(全72册)第3册,北京大学出版社1995年版,第205页。
② 鲁迅:《今春的两种感想》,《世界日报》(北平)1932年11月30日第七版《教育》栏。

行为罢了，因为既然撇开了使其做出"螃蟹可吃"知识发明的后续行为不论，他的冒险试吃螃蟹就只是让他自己知道了螃蟹可吃，别人却依旧是不知道螃蟹可吃的，换言之，其冒险行为只是对他个人有意义，对其他人是没有意义的，这种无益于他人、无益于天下的纯私性冒险行为，当然既不值得人佩服，更不值得人感谢，又哪里能称得上"勇"呢?!

推动第一个吃螃蟹的人去冒险吃蟹的现实动因，并不是什么"勇气"之类的正能量，而是与他和为了生活同他结成了互相协作关系的人的"食性"[①]直接相关、由其"食性"所必然产生的"吃"的需要。这种现实生活需要，既说不上是正能量，也说不上是负能量。当其"吃"的需要是如此强烈，以至于使他自觉地意识到这种需要从而产生"吃"的"心欲"（主观欲望）时，他就必然要"从心所欲"去从事与"吃"相关的活动了。此时，为其"吃"的"心欲"所驱使，他生而具有的好奇心已然全部集中到了与"吃"相关的事物上——这个时候，除了食物（可吃之物），他对别的事物全无兴趣；正是他对食物（可吃之物）的兴趣——专注于其"心欲"客体（主观欲望的对象）的好奇心，推动着他去从事搜寻可吃之物的活动；其试吃螃蟹的冒险活动和相应的知识发明，就是发生在他为解决其"吃"的问题而探索外部世界以搜寻可吃之物的过程中。

由以上分析可知，在"螃蟹可吃"知识发明案例中，为"吃"的"心欲"所驱使而产生的对于食物的兴趣乃是其知识发明过程的主观动因。由此可以概括出一个基本原理：兴趣是知识创新的内在动力。

就第一个吃螃蟹的人所发明的"螃蟹可吃"知识而言，它作为一种用语言来加以陈述的知识，其性质同语言一样，也是"一种实践的、既为别人存在因而也为我自身存在的、现实的意识"（马克思语）[②]。也就是说，他的知识发明活动是在他与别人的协作系统中进行的，这个为了他们自己的生活而构建的协作系统是他们赖以生存与发展的社会基础，

[①] 告子有"食色，性也"（《孟子·告子上》，《孟子译注》，杨伯峻译注，中华书局1960年版，第255页）之说。

[②] 《马克思恩格斯选集》第1卷，人民出版社2012年版，第161页。

他的知识发明活动便是为了这个协作系统的正常运转，为了维持他们的正常生活所开展的一项社会活动。在这项活动进行过程中，其探索外部世界以搜寻可吃之物所要解决的问题，既与他本人相关，同时也跟别人相关，即这种探索活动既是为他自己也是为别人（他的协作伙伴或生活搭档）解决其生活中的"吃"的问题，至于这里的"别人"到底是谁，是他的亲人还是朋友抑或邻居之类，这是无关紧要的。

就其为了解决别人的"吃"的问题而言，他的探索活动乃是一种急他人之所急的行为，即这种行为是出于不忍他人饥饿的现实境遇所产生的救济他人的激情——无论其激情到底是处于怎样一种程度水平，都不会影响其激情本身的性质。这意味着他的探索活动既与他对食物的兴趣相关，又与其救济他人的激情相关，在这双重关系中，兴趣是基于他的好奇本能所产生的对于可吃之物的认知直觉，激情则是基于他的良知本能（不忍人之心）所产生的对于饥饿之人的情感直觉；他的探索活动是由这两种直觉因素交互作用所引起。因此，不仅兴趣是知识创新的内在动力，激情也是知识创新的内在动力。换言之，知识创新的内在动力是由兴趣（意志直觉）和激情（情感直觉）两个心理要素所构成的心力系统。

二 灵感是知识创新的来源

当第一个吃螃蟹的人为解决其"吃"的问题而开始搜寻可吃之物时，他心中已具某些可吃之物的概念，这些概念使他知道哪些东西可吃，哪些东西不可吃，他是依凭这些概念来判定其搜寻范围内的实物哪些可吃，哪些不可吃的。

具体而言，此时他所知道可吃的东西，在数量上应该有很多种，但总是有其限度的，为了下面论析方便起见，这里将其限度假定在米、鱼、龙虾、鸡、土豆五者之间，亦即假设他在搜寻可吃之物时，仅知道这五样东西可吃。

根据这个假设条件，可以肯定，在其确定以螃蟹作为试吃对象之前，他是按规范思维来思考其搜寻范围内所出现的包括螃蟹在内的实物，进言之，他是依凭其心中的那些概念，以之作为前提，来推断这些实物是否可吃的。这个推断过程蕴含着一个三段论式演绎推理①：

只有米、鱼、龙虾、鸡、土豆是可吃的（大前提），但它们不都是米或鱼或龙虾或鸡或土豆（小前提），所以它们都是非可吃之物（结论）。

在这种理论性演绎思维框架下，他只能把从未有人吃过的螃蟹判定为非可吃之物。非可吃之物当然不等于不可吃之物，但是按照三段论式演绎推理，却只能推断出它属于非可吃之物，而不能确定它究竟是否可吃。要确知其可吃与否，应该也只能通过对它的试吃。但是这种带有实验性和实证性的试吃活动，已然超出了理论性演绎思维范畴。这意味着，如果他保持其思维的连续性，继续按规范思维（理论性演绎思维）来思考问题的话，他就不可能对从未有人吃过的螃蟹作冒险试吃的实验，从而由这种试吃性实验所产生的"螃蟹可吃"知识就不可能被发明出来。

但是，第一个吃螃蟹的人显然不是一个思维刻板之人，而是一个思维灵活开放之人，因随其灵感出现而突发的新颖之念（试吃螃蟹的想法），使其搜寻可吃之物的活动随之发生了如下"两个转向"：

（1）首先是发生于三段论式演绎思维中断之时的思维转向，即由原来不能确定螃蟹究竟是否可吃的理论性演绎思维，转向了可以确定它到底是否可吃的经验性归纳思维；

（2）正是由于这种经验性归纳思维的引导，其搜寻可吃之物的活动才发生了相应的行为转向，即他不再像开始时那样漫无目标地搜寻，而是将其目标锁定在了螃蟹上，确定了以螃蟹作为试吃对象并付诸行动，由此正式开启了"螃蟹可吃"知识发明的历程。

要之，假使没有他那"灵机一动"，便不会有其后的"两个转向"以及随之而来的试吃螃蟹的冒险行为，他也就成不了第一个吃螃蟹的人，不能成为"螃蟹可吃"的知识发明人。从这个意义上完全可以说，"螃蟹可吃"的知识发明是来源于第一个吃螃蟹的人的认知直觉（灵感），或者也可以说，"螃蟹可吃"知识的基础只能通过认知领域的自由思维（认知直觉）才能获得。

---

① 这并不是说，他学过逻辑而懂得三段论规则从而有意识地按照逻辑规则来进行三段论推理，而是说，他的推断过程中事实上包含了合乎三段论规则的推理活动。

第二节 规范思维对知识创新的作用

一 认知推理在知识创新中的作用

（一）理论性演绎是作为知识发明之基础的灵感得以产生的认知先导

如上所述，第一个吃螃蟹的人，起初是在理论性演绎思维支配下去探索外部世界，搜寻可吃之物的，螃蟹便是在这探寻过程中被发现的，这一发现对于其随后产生灵感具有直接意义——这灵感就是在螃蟹的直接刺激下被激发出来的。于此可见，在知识发明过程中，理论性演绎虽不能直接导致知识发明，但却是作为知识发明之基础的灵感得以产生的认知先导，因为促使灵感产生的刺激物是在理论性演绎思维引导下被发现的，而这个刺激物不但是灵感产生的直接原因，同时还是新知识的客观对象，新知识的产生正是对这个新的认知对象加以实验性研究（冒险的试吃行动）的结果。

（二）演绎推理和类比推理是促成知识发明过程实验行动发生的认知条件

第一个吃螃蟹的人其试吃第一个螃蟹的行为发生的首要条件，是他在试吃之前已经掌握了一些与螃蟹相关的一般知识（例如有关动物、植物的某些知识），他是在这种一般知识指导下去分辨其想要试吃的那种东西。这种分辨活动是属于从一般到个别的演绎推理，对第一个吃螃蟹的人来说，倘使离开了这种认知推理形式，他就不可能有试吃第一个螃蟹的行为；而其推理结论对他是否最终采取试吃行动至关重要，因为正是有了这个结论，他心里才明白他想要试吃的那种东西到底是什么。唯有达到如此认识，他才能把它同自己曾经吃过的某种东西联系起来进行对比，通过这种比较来确定它与那些可吃之物的相似度——当确认其相似度较高时，他可以通过类比推理得到它也许可吃的或然性结论，从而促使其采取对它的冒险试吃行动；反之，当确认其相似度较低时，他为了安全起见，可能会放弃其试吃行动。他最终做出了冒险试吃的意志决断并付诸行动，这显然是由于上述两种形式的认知推理（演绎推理和类比推理）互相协同作用的结果。离开其中任何一种推理，其试吃第一个螃蟹的行为都不会发生。

（三）概念界说和归纳推理是促成知识发明过程中"信息形态转换"（由实物信息到语言信息的转换）和"知识形式转换"（由特殊知识到普遍知识的转换）的认知条件

概念是思维的细胞；没有概念，就没有思维。任何概念要达到其内涵明确，就必须运用恰当的判断来揭示其内涵；在任何一个由判断所表示的定义（例如"人是会劳动的动物"）中，被界定的个别对象（例如"人"）总是和一般对象（例如"动物"）相联系的；如果离开了一般对象，个别对象就无以得到界定。这意味着，在"螃蟹可吃"这样的亲知创新中，要得到一个内涵明确的概念，其前提条件是必须掌握相关的一般知识。这种一般知识不仅是获得这个概念的知识基础，还是第一个吃螃蟹的人决定冒险试吃第一个螃蟹的知识基础，他是凭借这种知识去分辨其想要试吃的那种东西（螃蟹），这种分辨作为认知活动中的一种演绎推理，其结论在开始的时候是无须用语言来表达的，但是当他想要把自己的吃蟹经验告诉别人时，他就不得不把这个结论由无言无名的"潜在意识"转换成有言有名的"现实意识"，即运用一定语词来称谓他所试吃过的那种实物。例如，他告诉别人他试吃过的那种东西叫"蟹"；并且，为了使别人明白他所说的"蟹"是什么意思，他更必须运用一定语句来阐明"蟹"的语义（内涵）——在本质上，这属于逻辑学范畴的概念界说。比如说："所谓蟹，是指这样一种甲壳动物，它生活在水中，蝉眼龟形脚似蛛。"只有这样，他才能让别人明白他所试吃过的那种东西到底是什么。

当第一个吃螃蟹的人得到了这样一个语义明确的概念从而可以恰当地向别人言说其吃蟹经验时，他想要告诉别人的是"螃蟹可吃"的知识讯息。然而，在他的吃蟹体验中，在关于他曾经吃过的那些螃蟹的知觉表象中，那些螃蟹的数量是有限的，因此，当他把这些具体的知觉表象转换成语言信息时，这些知觉表象仅可被直接转换成"那些螃蟹可吃"（即"有些螃蟹可吃"）的特称肯定判断，而不能被直接转换为"螃蟹可吃"（即"凡螃蟹皆可吃"）的全称肯定判断。然而，"有些螃蟹可吃"在逻辑上是不排除"有些螃蟹不可吃"的，所以它作为一个特称肯定判断所陈述的知识并不具有普遍性，只是一种特殊知识。

作为一种特殊知识，"有些螃蟹可吃"是基于第一个吃螃蟹的人的亲身经验，对他本人来说，这种经验知识自然是真实可靠的，但对于尚未有这种亲身经验的人来说，它却是不真实的，而且由于它在逻辑上不排除"有些螃蟹不可吃"，所以它实际上并没有解决螃蟹到底是否可吃的问题，从这个意义上说，它是一种不确定知识，且以其不确定，它也不具有可靠性，对于这种不可靠的知识，人们自然会心存疑虑，而不会觉得它是值得其信任和应该被其纳入的。

如果把不确定、不可靠、缺乏信用价值的特殊知识也都当作真正的知识来看待的话，人们就会失去追求知识的热情与动力，知识也不会使人变得更有力量，人类文明就会因知识的逐渐萎缩而停滞不前。近代以来人类文明之所以能加速度发展，是与培根以来人们坚信"知识就是力量"和相应地运用其"新工具"（归纳法）来追求普遍知识密不可分的。近现代哲学界和科学界的主流观点认为，普遍知识是可以借助于由个别上升到一般的归纳推理来获得的，并且事实上这种推理方法也确是该时代哲学界和科学界由以求取普遍知识的一般方法和基本方法。在"螃蟹可吃"的知识发明事例中，从"有些螃蟹可吃"的前提（特称肯定判断）推出"凡螃蟹皆可吃"的结论（全称肯定判断），也必须借助于归纳推理才能实现。当且仅当运用这种推理方法得到这样的结论时，"螃蟹可吃"的知识才可以通过信息传播由亲知转变为一种闻知，而为其知识创造者所在的社会共同体所共享。

一如语言是既为别人存在因而也为他自身存在的"现实意识"，为语言所陈述的知识亦复如是，它一经被创造（向世人首次陈述）出来，首先就是为别人存在因而也为知识创造者自身存在，而且唯其如此，它才能如活水般地流播于一定社会共同体，而为现实地生活在该共同体中的人们所分享和利用的"现实知识"，并且在这种信息分享与利用活动中得到发展。而诸如"有些螃蟹可吃"之类的特殊知识，以其缺乏信用价值而难以被人们广泛接受，极有可能被人们当作一种姑且存疑的意见而束之高阁，从而失去其发展机会，成为如同很快就会被蒸发掉的晨露一般的东西。故采用归纳法，使特殊知识上升为普遍知识，乃是知识创造者通过其亲身实践所创造的亲知能够获得传播和发展所不可或缺的一个必要条件。

归纳所得之结论在多数情况下存在着因其不完全归纳所带来的独断问题，例如"螃蟹可吃"的知识发明者，其由"有些螃蟹可吃"之前提所推出的"凡螃蟹皆可吃"之结论，就属于不完全归纳的结论，因为他所吃过的螃蟹必定是有限的，他没有也不可能把所有螃蟹都给吃遍。他仅据其亲自吃过的为数有限的螃蟹，就得出所有螃蟹可吃的结论，这当然是带有一定独断成分的。但是，该结论完全可以被当作如恩格斯所说的那种随着实践的发展而发展的"相对真理"来看待。事实上，诸如"螃蟹可吃"之类的知识发明都不是知识创造者一劳永逸的事，其所发明的知识都还需要继续接受实践的不断检验，因为相关知识领域的实践永远是一个开放系统，它永远处在与其环境的相互作用过程中，由此必然导致其实践条件的变化以及由于其条件变化所导致的实践本身的发展和相应的知识的发展。中国第一个吃螃蟹的人固然无可确考，但吃蟹之风至迟在先秦时代已开其端，从那时以来，"螃蟹可吃"的知识被食蟹者的美食活动反复验证并得到证实。但是，中国的美食活动也是一个开放系统，随着中外交流日益增多，人们的美食眼界逐渐由中国扩展到其他国家和地区，在这过程中人们发现，有些国家和地区的螃蟹是有毒的，例如广泛分布于太平洋一些国家和地区的铜铸熟若蟹（Zosimus aeneus，俗称"埋扇蟹"），就含有神经性毒素，是不可食用的。这个发现使"螃蟹可吃"的知识受到了挑战，但它并没有完全推翻这个知识，只是迫使人们不得不对这个知识加以修正，对它作一定条件限制，例如"螃蟹可吃，除××种类的蟹以外"之类，这是"螃蟹可吃"的知识在现实社会生活中的一种发展形式。

二　情感推理与意志推理在知识创新中的作用

知识是意识主体由外界获取并借助语言予以陈述的客观信息，所以，尽管知识发明是来源于知识发明者的直觉（灵感），并且还必须通过他的经验实证研究，他才能获得作为新知识之基础的知觉经验，但是，这种包含新知识内容的知觉经验，起初只存在于他的知觉表象中，如果他就此终结其发明活动的话，他所得到的就不是什么知识，而仅是为其自身的特殊经验所证实和给他自身带来了某种新颖体验的个人经验，这种无言无名的个人经验，不为他人所知，得不到同类的社会性经验证明，不能给别人带来任何积极效用，因而不具有客观性，是只有个人知觉体验价值，没有社会知识效用价值的主观意识。要使这种主观意识转变为客观知识，其中介条件是借助于语言的陈述来实现其信息形态的转换，使之由无言无名的个人私密信息转变为有言有名的社会公共信息。

（一）"将心比心"的推理是知识发明者愿意公布其研究成果的情感条件

在"螃蟹可吃"的知识发明事例中，由无言无名的个人私密信息转变为有言有名的社会公共信息的信息形态转换具体表现在：第一个吃螃蟹的人将自己的吃蟹经验告诉别人，使"螃蟹可吃"由原来只有他一个人知道的私密信息转换成其他人也都能知道的公共信息。这意味着，假如他不想让别人也知道螃蟹可吃的话，其吃蟹经验就不会转变为一种知识，"螃蟹可吃"的知识发明也就无从谈起了。这种假设情况并非不可能发生，类似的情形就曾经发生在古希腊毕达哥拉斯学派中：该学派将追求真理视为最高尚的事业，将无所为而为的科学研究视为净化灵魂的手段，故以宗教般的热情从事科学研究，并对其研究成果绝对保密，不许外泄，遂使得该学派无数科学发明都"失传"了。① 出于保密而"失传"其实是不能叫作"失传"的，因为"失传"是指先有流传而后因故不再流传于世。而绝对保密其研究成果而不许外泄，则是其成果根本不曾流传过，故只能说是未传于世。这种未传于世的研究成果，无论怎样，都是不能叫"知识发明"的，也根本不能被当作知识发明来看待。

由此可见，在知识发明过程中，有一个环节是绝对不能被忽略的，那就是：知识发明者愿意将自己的研究成果公布于世。在"螃蟹可吃"的知识发明案例中，那便是：第一个吃螃蟹的人愿意将自己的吃蟹经验告诉别人。然而，这种意愿是从何而来？换言之，他为什么会产生这样一种意愿呢？合理的解释应该是：他不但是一个敢于冒险的人，而且还是一个心怀仁爱的人。他是带着仁爱的情感来反思自己的吃蟹经验的，在这样的反思过程中，他实际运用了道仁思维中"将心比心"的情感推理法，即：当他经过反复尝试，亲知螃蟹可吃且觉得好吃时，他由自己喜欢螃蟹的美味，推断他人也可能喜欢这种美味，由此产生了让别人来

---

① 丛日云：《西方政治文化传统》，大连出版社1996年版，第148—149页。

分享这种美食的想法——而且很可能他首先想到的是，让自己的亲人来分享这种美食，因为毕竟"仁者人也，亲亲为大"① 也。这种让别人来分享自己之所喜所好的想法，即属于孔子所谓"夫仁者，己欲立而立人，己欲达而达人"② 的成人之美的仁爱情感。正是这份仁爱情感，才让他产生了将自己的吃蟹经验告诉别人的由衷意愿。

（二）"见义而为"的推理是知识发明者决定公布其研究成果并付诸实施的意志条件

当且仅当第一个吃螃蟹的人有了将自己的吃蟹经验告诉别人的意愿时，他才会有将其吃蟹经验告诉别人的行动——其意愿的产生是一个情感推理过程；其行动的产生则是一个意志推理过程。

第一个吃螃蟹的人是在其成人之美的仁爱情感推动下，做出了将自己的吃蟹经验告诉别人的意志决断并付诸行动——这是一个"见义而为"的意志推理过程：作为该过程之起点的仁爱之心——属于"良知"（以"仁"为内容的至善知识），是他赖以进行意志推理的前提和根据；由这种至善知识所导致的将其螃蟹可吃的亲身体验告诉别人的行动——属于"义为"（合乎仁道是非标准的行为），是其意志推理的结论。

第一个吃螃蟹的人之所以配称为"勇士"，其根据并不在于他在别人都还没有吃过螃蟹抑或不敢吃螃蟹时第一个采取了冒险吃蟹的行动，而是在于他在别人都还不知道螃蟹可吃时，不仅第一个采取了冒险吃蟹的行动，而且第一个采取了将其螃蟹可吃的亲知告诉别人的行动。当且仅当这两种行为统一在一起时，其冒险吃蟹的行为才堪称"勇"，因为此时他的这种行为获得了成人之美的高尚目的而成为一种"义为"了。这意味着其冒险精神与仁爱精神达到了互相融合，遂使其不但敢于冒险向可怖的食人虫大胆开吃，并且乐于让别人来分享其吃蟹经验，让别人也能体验和享受到同他一样的食蟹美感。

上述"螃蟹可吃"知识发明案例分析表明：在一定协作系统中进行的知识发明，是在规范思维与自由思维的相互协同中实现的。在这个过程中，自由思维所起的作用在于：兴趣和激情是知识发明的心理动力，

---

① 《中庸》引孔子语，《四书章句集注》，（宋）朱熹，中华书局1983年版，第28页。
② 《论语·雍也》，《论语译注》，杨伯峻译注，中华书局1980年版，第65页。

灵感则是知识发明的认知来源。规范思维所起的作用在于：首先，演绎推理引导灵感产生，并与类比推理共同促成实验行动；其次，"将心比心"的情感推理使基于实验的实证研究成果公布于众的意愿得以产生，"见义而为"的意志推理则促使这种观念形态的意愿转变为现实形态的行动；最后，概念的逻辑界说促成由实物信息到语言信息的信息形态转换，归纳逻辑思维则促成由特殊知识到普遍知识的知识形式转换。

综上所述，知识创新是在规范思维（认知逻辑思维、情感逻辑思维和意志逻辑思维）与自由思维（灵感、激情和兴趣）的协同作用下实现的。这是本篇研究所得到的关于知识创新的"所以然之理"：知识创新的根据在于规范思维与自由思维的差异协同。由此乃可引出关于知识创新的"所当然之理"：当且仅当思维主体自觉遵循规范思维与自由思维的差异协同规律，将规范思维与自由思维互相结合起来并加以合理的协调时，知识创新才是可能的。

余　论

元管理哲学是对管理哲学的元研究，是对管理哲学的学术本性的探讨。管理哲学史表明，管理哲学的发展方向是管理文化哲学。管理文化哲学是文化哲学的一种具体形态，它是把管理当作一种文化现象来理解，进而运用文化哲学方法来研究以价值观为核心的管理文化。

以把握人性为旨归的文化哲学，原本是传统哲学中与自然哲学相对应的一种基本研究方式，到19世纪末20世纪初自然哲学发生转型，由研究自然界的极因与普遍法则转向研究自然科学的本性和一般规律时，传统哲学的两种基本研究方式开始合流，乃至呈现出同归于文化哲学的趋势。传统哲学研究方式的这一发展趋势是与哲学形态的演进过程相一致的。当哲学形态按"存在论—认识论—实践论"的次序逐步演进至现代实践论哲学阶段时，其哲学内部两个基本派别——马克思主义的社会劳动实践论和非马克思主义的精神活动实践论之间的根本分歧日益明显，越来越聚焦于对人性（作为实践主体的人的本质）的不同理解，由此显示出哲学形态的演进趋势将是由实践论形态的现代哲学进至于生活论形态的后现代哲学，以便从理论上解决由现代哲学所揭示的人性矛盾——社会与个人的矛盾。全球化时代的到来，为文化研究从把握特殊人性（民族性）转向把握普遍人性（人类性）创造了历史条件；而适应全球化时代要求的"后现代精神"（非对抗精神或合作精神），则为理论地化解社会与个人的矛盾提供了一种合理的思维方式——差异协同思维方式。故接续现代管理哲学中的价值管理理论和知识管理理论，运用文化哲学方法来研究以价值观为核心的管理文化，便是要研究思维领域中社会与个人的关系，揭示价值观创新——归根到底是知识创新——过程中社会思维与个人思维的差异协同规律，为知识创新管理提供哲学智慧。

对知识创新思维规律的研究是知识创新管理的一部分，而且是知识创新管理的基础部分，如果没有这种研究活动，那就根本谈不上对知识创新活动的改善。这种研究作为一种思维活动，是任何一个有思维能力的人在一定条件下都可以进行的，故其思维主体不能被理解为某一特定之人或特定人群，而是应当被理解为一般或普遍的人，其思维活动是作为一般或普遍的人将反映以往知识创新结果的信息返送到其头脑中，并依据这些信息对原有知识创新目的加以调整，而形成新的知识创新目的的信息反馈过程。这个信息反馈过程的进一步展开，就是将这新的目的落实到未来知识创新活动中，成为支配未来知识创新活动的目的进而产生新结果，这是一个改善知识创新活动和提高知识创新水平的实践过程。质言之，知识创新管理作为一个信息反馈过程包括思维和实践两个环节，其思维环节是研究和揭示知识创新思维规律，其实践环节是根据知识创新思维规律来改善知识创新活动和提高知识创新水平。

从知识创新角度看，创新思维规律无非是两条：其一，规范思维与自由思维的差异协同导致知识创新——这是关于知识创新的"所以然之理"；其二，应当把规范思维与自由思维结合起来并使之达到差异协同来达成知识创新——这是关于知识创新的"所当然之理"。知识创新管理的实践环节，就是要根据知识创新的"所以然之理"而遵循其"所当然之理"，致力于协调规范思维与自由思维而使之达到差异协同状态。

规范思维与自由思维的差异协同本质上乃是"知""情""意"的差异协同，假使把"知""情""意"割裂开来，规范思维与自由思维的差异协同是没有可能的。因此，知识创新管理实践的首要任务是在于：根据"知""情""意"辩证统一的观念来为知识创新活动确定行为规则，亦即为从事知识创新活动的知识共同体确定其组织行为规范。对于知识共同体来说，这种组织行为规范，必须通过教育才能由观念形态的东西，转变为现实形态的东西，即转变为知识共同体成员在现实生活中所实际遵循的行为规则；而对于知识共同体成员个体来说，则必须通过他们在受教育过程中的学习活动（包括自我修养），才能使这些原本外在于他们的行为规则转变成内在于其心灵的自律意识、自律习惯和相应的自律行为。因此,根据"知""情""意"辩证统一的观念来为知识创新活动确定行为规则,在其现实性上,就是为知识共同体的教育确立一种新的教育理念——"知""情""意"全面协调发展的教育理念。这种教育理念之所以可以称为"新",是因为反观迄今为止人类对于自己思维的研究,向来都没有把它当作一个由"知""情""意"所构成的心理过程系统来理解,由此导致了对"知""情""意"辩证统一关系的实际割裂,因而在教育理念上不可能去追求"知""情""意"全面协调发展。

事实上,就思维知识领域而言,割裂"知""情""意"的学术缺陷,在"中""西""马"三个不同领域都各有其形式不同的表现:

首先,中国学术向来缺乏足够自觉的形式逻辑意识,不重视对人际对话中与语言文字密不可分的认知思维规律的研究,由此导致了理论思维的不发达和相应地对于理论的长期轻视。这种轻视理论的传统思维方式形成于春秋之末,其思想基础是儒道哲学的天道观——道家哲学的天道观以老子声称为圣人所效法的"无名"之"道"[①]为主要标识,儒家哲学的天道观以孔子声称为圣人所效法的"无言"之"天"[②]为主要标识。这种因形式逻辑不发达所导致的轻视理论的传统思维方式集中体现于中国哲学。对于中国哲学轻视理论的思维特征,张岱年(1909—2004)先生曾在《中国哲学大纲》中明确指出:

> 中国哲学不注重形式上的细密论证,亦无形式上的条理系统。中国思想家认为经验上的贯通与实践上的契合,就是真的证明。能解释生活经验,并在实践上使人得到一种受用,便已足够;而不必更作文字上细微的推敲。可以说中国哲学只重生活上的实证,或内心之神秘的冥证,而不注重逻辑的论证。……所以中国哲学家的文章常是断片的。但中国哲学家并不认为系统的长篇较断片的缀集更

[①] 《老子·三十二章》:"道常无名,朴虽小,天下莫能臣也。侯王若能守之,万物将自宾。"(楼宇烈:《王弼集校释》,中华书局1980年版,第81页。

[②] 《论语·阳货》:"子曰:'予欲无言。'子贡曰:'子如不言,则小子何述焉?'子曰:'天何言哉?四时行焉,百物生焉,天何言哉?'"(杨伯峻:《论语译注》,中华书局1980年版,第182—183页)

为可贵。中国思想家并不认为细密论证是必要的；反之，乃以为是赘疣。①

轻视理论的传统思维方式一直延续到当代中国，这突出地表现在，官方哲学长期以来一直都把辩证法和形而上学当作两种互相对立的世界观来看待，并把形而上学当作错误世界观予以否弃。然而据实说，就其思维特质而言，辩证法和形而上学乃是两种不同形式的逻辑思维：辩证法是辩证逻辑思维，形而上学是形式逻辑思维②。对形而上学的否弃，乃是意味着在思维方法和思维形式上否定形式逻辑和摒弃形式逻辑思维。因此，尽管相对于西方学术来说，中国学术向来比较擅长于辩证逻辑思维，但由于形式逻辑的欠发达和相应的理论思维不发达，这种辩证逻辑思维在实际生活过程中往往表现为实践缺乏理论作为先导这样一种特殊形式的知行分离，由此导致的直接后果是：在认知过程中，因缺乏演绎逻辑推理的引导，思维主体难以产生作为知识创新的认知来源的灵感，同时更由于缺乏演绎推理和归纳推理互相结合的逻辑界说与逻辑推理，难以实现由实物信息到语言信息的信息形态转换和由特殊知识到普遍知识的知识形式转换。这是我国学术界至今难以创造出具有逻辑必然性的普遍知识的文化（思维方式）原因。所谓逻辑的必然性，就是通过逻辑论证所达到的理论上的无可辩驳性，它是以知识共同体对于逻辑论证规则和程序的公认作为前提的，在此前提下，知识创新主体对于其创新成果的逻辑证明，乃是为了证明其创造或发明的知识在形式或结构上是符

---

① 张岱年：《中国哲学大纲》，中国社会科学出版社1982年版，第8页。
② "形而上学"（希腊文 ta meta ta physica，拉丁文 metaphysica，英文 Metaphysics）之名的来历是：亚里士多德去世近三百年后，他生前曾讲学其中的吕克昂学院的第11代继承人安德罗尼柯在整理亚氏遗著时，将排在《物理学》之后的著作命名为《形而上学》。故"形而上学"的本义为"物理学之后"，是指亚里士多德的哲学，即他在《形而上学》中所自我确定的以"不动变本体"为研究主题并予以阐述的"第一哲学"，这是一门以脱离经验的纯粹思辨来推求至理极因的理论学术。也就是说，"形而上学"一词在用法上从一开始就有两种基本指向：一是在思维对象、思维内容的确定上指向终极存在——第一性存在或宇宙本体，一是在思维方法、思维形式的确定上指向纯粹思辨——运用演绎法来进行纯理论、纯概念的思考。中世纪经院哲学也依然是从这两个方面去理解形而上学的，这突出地表现在经院哲学大师阿奎那在把主要研究上帝的神学纳入"思辨科学"范畴的同时，又称它为"形而上学"。

合逻辑要求的,亦即证明其知识的逻辑合法性,以便使这种个人意见形式的私人知识转化成可获知识共同体承纳的公共知识。由于与形式逻辑思维存在严重分离倾向的传统辩证逻辑思维的惯性作用,我国学术界向来具有"事实胜于雄辩"的经验知识信念,却缺乏"逻辑上无可辩驳"的理论知识信念,故而不重视理论思维能力的自我锻炼与提升,由此导致在科学研究中既无足够的自觉意识也无足够的思维能力运用形式逻辑来构造理论,基本上只是利用已有的科学理论来从事开发性的应用研究,抑或充其量能够利用在已有科学理论指导下从事科学实验所获得的第一手经验材料与数据来发表一些科研论文,但这类论文基本上只是对原始材料与数据的初级整理,距离依靠形式逻辑思维创造出新概念、新命题和新理论则普遍尚存不小差距。

其次,西方学术自古希腊亚里士多德以来就擅长于演绎逻辑推理,自培根以来更注重归纳逻辑推理,这两种逻辑推理在近现代科学研究中相互结合使用,使研究者能够把理论创造与经验实证结合起来,再加上数学的运用,由此导致实证科学日新月异的蓬勃发展。但是,一方面,在现代西方逻辑学界,不仅普遍忽视情感逻辑和意志逻辑的研究,而且大多数逻辑学家对于辩证逻辑都是持否定、批判态度。[①] 另一方面,现代西方创新心理学则脱离逻辑思维等规范思维形式来研究所谓创造力。例如,美国著名心理学家吉尔福特曾这样来解释人类的创造力:"创造力是指最能代表创造性人物特征的各种能力,是经由发散思维而表现于外的行为。"[②] 这分明是把人类的创造活动归本于发散思维。吉尔福特认为,发散思维具有四个主要特征:(1)流畅性(fluency)——在短时间内能连续地表达出的观念和设想的数量;(2)灵活性(flexibility)——能从不同角度、不同方向灵活地思考问题;(3)独创性(originality)——具有与众不同的想法和独出心裁的解决问题思路;(4)精致性(elaboration)——能想象与描述事物或事件的具体细节。显然,这种发散思维应是属于直觉思维或自由思维,其相关研究实为脱离规范思维而孤立地研究自由思维的一种形式,因而不能从其与规范思维的相互联结中去把握

---

① 王庆英:《辩证逻辑与逻辑辩证法》,《河南社会科学》2007年第5期。
② 转引自张红学《谈创造力的培养》,《中共郑州市委党校学报》2004年第5期。

自由思维的本质和分析自由思维的诸种形式。

最后,马克思主义在学术上十分重视逻辑思维,而且马克思主义所重视的逻辑思维是包含形式逻辑思维于自身的辩证逻辑思维,这种形态的逻辑思维被马克思主义创始人称为"理论思维"——马克思和恩格斯曾将他们所要创建的新哲学本质地归结为"建立在通晓思维历史及其成就的基础上的理论思维形式"①。在他们看来:

> 经验的自然研究已经积累了庞大数量的实证的知识材料,因而迫切需要在每一研究领域中系统地和依据其内在联系来整理这些材料。同样也迫切需要在各个知识领域之间确立正确的关系。于是,自然科学便进入理论领域,而在这里经验的方法不中用了,在这里只有理论思维才管用。②

> 对现今的自然科学来说,辩证法恰好是最重要的思维形式,因为只有辩证法才为自然界中出现的发展过程,为各种普遍的联系,为一个研究领域向另一个研究领域过渡提供类比,从而提供说明方法。③

> 认识人的思维的历史发展过程,认识不同时代所出现的关于外在世界的普遍联系的见解,对理论自然科学来说也是必要的,因为这种认识可以为理论自然科学本身所要提出的理论提供一种尺度。④

也正因其认识到运用辩证法的理论思维对于自然科学的发展具有如此重要意义,恩格斯遂提出"一个民族要想站在科学的最高峰,就一刻也不能没有理论思维"⑤的观点,同时认为,"理论思维无非是才能方面的一种生来就有的素质。这种才能需要发展和培养,而为了进行这种培养,除了学习以往的哲学,直到现在还没有别的办法"⑥。然而,毋庸讳

---

① 《马克思恩格斯选集》第3卷,人民出版社2012年版,第899页。
② 《马克思恩格斯选集》第3卷,人民出版社2012年版,第873页。
③ 《马克思恩格斯选集》第3卷,人民出版社2012年版,第874页。
④ 《马克思恩格斯选集》第3卷,人民出版社2012年版,第874页。
⑤ 《马克思恩格斯选集》第3卷,人民出版社2012年版,第875页。
⑥ 《马克思恩格斯选集》第3卷,人民出版社2012年版,第873页。

言，虽然马克思主义创始人对于情感和意志有所论究①，但总的说来，他们对于情感逻辑和意志逻辑是缺乏研究的，对与认知逻辑相联系的直觉（灵感）及其他直觉形式也同样缺乏研究。

"中""西""马"在思维知识领域所存在的上述学术缺陷，实际上是反映了迄今为止人类思维方式的缺陷——在思维结构上"知""情""意"处于总体上的互相分离状态。这一缺陷在"中""西""马"交汇的当今中国思想界尤其有比较极端的表现：改革开放以来四十余年间，包括学术界和教育界在内的整个社会都将目光聚焦于"知"，指望通过全民的崇"知"和对"知"的倾力投入来求得知识的快速发展，但由于轻视理论的传统思维方式的惯性作用，整个社会所倾力以求的"知"，以其总体而言，实际上是既脱离"情""意"又脱离理论思维的单向度的经验之"知"。在现实生活中，整个社会对于这种经验之"知"的追求与对GDP的追求互相结合和融合起来，蔚然形成了一股强大的崇实用而逐实利的功利主义思潮，在这种思潮支配下，不仅为马克思主义所特别重视的理论思维被抛在一边②，连原本为中华民族所擅长的仁道思维也被弃置

---

① 李艳：《试论情感、意志在人的活动中的作用》，硕士学位论文，贵州师范大学，2008年。

② 在改革开放初期，即20世纪70年代末到80年代前期，中国学术界还是比较看重理论思维的，那个时候，哲学界是按照恩格斯关于通过学习以往的哲学来发展和锻炼理论思维以攀登科学最高峰的教导来开展哲学史研究的。这种哲学史观的思想实质是在于把哲学理解为一种科学现象，在这种理解中，哲学与科学的区别是对世界的整体认识与部分认识的区别，其思维形式的区别是一般的理论思维与特殊的理论思维的区别。根据这种理解，哲学史是"整体认识的历史"（列宁《哲学笔记》，人民出版社1974年版，第399页。转引自朱德生、李真主编《简明欧洲哲学史》，人民出版社1979年版，第1页），逻辑分析方法则是哲学史研究的基本方法。但是，进入20世纪80年代中期以后，随着我国改革开放的不断深化，社会物质生活条件的不断改善和国民文化需求的日益增长，我国学术界的哲学研究活动越来越不再被当作发展和锻炼理论思维能力以攀登科学最高峰的手段，而是被当作从事"文化创新"以实现"社会主义文化大发展大繁荣"（2011年10月18日中国共产党第十七届中央委员会第六次全体会议通过《中共中央关于深化文化体制改革推动社会主义文化大发展大繁荣若干重大问题的决定》）的手段了，其思想实质是在于把哲学当作一种文化现象来理解，在这种理解中，哲学是"文化的核心"或"文化的内核和灵魂"[张立伟：《论哲学是文化的核心》，《重庆师范大学学报》（哲学社会科学版）1992年第4期；唐景莉：《哲学社会科学是文化的内核和灵魂——访全国政协委员、中国人民大学党委书记程天权》，《中国教育报》2012年3月12日第9版]。根据这种理解，哲学史是文化史的核心内容和灵魂部分，于是，哲学史研究的基本方法就从逻辑分析方法转变为文化解释学方法了。这样，逻辑和辩证法的理论思维训练也就被抛在一边了。

一旁,由此造成了理论思维和仁道思维双缺、唯求知识立见实功实效的实用思维。这种情况亟待改变,否则无论我们主观上多么想提升自己民族的知识创新能力,都是难以在事实上如愿以偿的。

因此,树立"知""情""意"全面协调发展的教育理念,并据此开展旨在促进"知""情""意"全面协调发展的心理素质教育,对于完善人类思维结构是十分必要的,具有重要的现实意义和长远的文化意义。

对中国而言,这种新的教育理念是有文化渊源的,其思想源头可追溯至孔子。孔子作为儒家创始人,向有"至圣先师"之称,其"至圣"倒未必,其"先师"则确然无疑:他是中国历史上首开私人讲学之风的一位"先师"。作为一位老师,一位教育家,孔子无论是对他自己还是对他的学生,都不是用"圣人",而是用"君子"的标准来要求的。关于君子,《论语》中有种种具体描述,而第十四篇《宪问》中的一段描述最能反映孔子对君子的人格定位:

> 子曰:"君子道者三,我无能焉:仁者不忧,知(智)者不惑,勇者不惧。"子贡曰:"夫子自道也。"①

按子贡的理解,这段话是孔子的自谦之辞,即在孔子自己看来,他在"智""仁""勇"三个方面都还做得不够好:"智"方面的欠缺是尚未达到无惑,"仁"方面的欠缺是尚未达到无忧,"勇"方面的欠缺是尚未达到无惧。孔子的这些自我评判表明,他是从"智""仁""勇"三个方面来评价一个人是否达到了君子标准的。② 从现代心理学角度来解读,

---

① 杨伯峻:《论语译注》,中华书局1980年版,第155页。按:《论语·子罕》亦载有孔子"知者不惑,仁者不忧,勇者不惧"(杨伯峻:《论语译注》,中华书局1980年版,第95页)之言。

② 值得注意的是,上述所引孔子之语"仁者不忧,知(智)者不惑,勇者不惧",在《论语》第九篇《子罕》所记孔子之言中被表述为:"知(智)者不惑,仁者不忧,勇者不惧。"(《论语·子罕》,《论语译注》,杨伯峻译注,中华书局1980年版,第95页)这不同于上述"仁""智""勇"的排序,而是以"智"为首的排序,与《中庸》第二十章所引孔子答鲁哀公问政之言中所谓"知、仁、勇三者,天下之达德也"[《中庸》引孔子语,载《四书章句集注》,(宋)朱熹,中华书局1983年版,第28页]的排序是一样的,据此可以认为,在孔子相关言论之正式表述中的排序应该是"智、仁、勇",而非"仁、智、勇"。

"智""仁""勇"乃是孔子对君子所作出的周全的人格定位，它们分别对应于现代心理学所讲的"知""情""意"。按孔子的思想，君子的人格特点就在于：认知上达到"智"，情感上达到"仁"，意志上达到"勇"。

孔子对君子的人格定位是反映他作为一位教育家的教育理念的，他希望并致力于使自己的学生个个都培养成为"智""仁""勇"兼备的君子。现代心理学证明，"知""情""意"作为人的心理的三种基本形式，彼此具有相互联系、相互作用和相互转化的统一关系。根据这种关系，它们完全可以被理解为同一系统中的三个基本要素，从而按现代系统论的原理，也必然要导致提倡"知""情""意"全面协调发展。孔子的育人观念正与之相契合，从这种契合关系中我们可以领悟到，所谓"智""仁""勇"，其实就是君子人格境界中彼此互相协调发展的"知""情""意"。

鉴于当代中国理论思维和仁道思维双缺、唯求知识立见实功实效的实用思维流行的现实情况，理应运用科学的系统论思维，将关于"智""仁""勇"的传统儒家君子人格理论和关于"知""情""意"的现代认知心理学理论加以整合，创造出一种新的教育模式——基于"知""情""意"全面协调发展的教育理念，以培养"智""仁""勇"兼备的新君子作为教育目标的人格教育。唯有通过这种人格教育，人类思维以及受其思维支配和控制的人类其他活动才能得到根本性的整体改善。

参考文献

一 中文文献

（一）马克思主义经典著作

《马克思恩格斯选集》第1—4卷，人民出版社2012年版。
《马克思恩格斯文集》第5卷，人民出版社2009年版。
《马克思恩格斯文集》第7卷，人民出版社2009年版。
《马克思恩格斯全集》第2卷，人民出版社1959年版。
《马克思恩格斯全集》第42卷，人民出版社1979年版。
《马克思恩格斯全集》第46卷下册，人民出版社1980年版。
《列宁选集》第1—4卷，人民出版社1972年版。
《毛泽东选集》第1卷，人民出版社1999年版。
《毛泽东文选》第7卷，人民出版社1999年版。

（二）中文专著

丛日云：《西方政治文化传统》，大连出版社1996年版。
陈龙安：《创造性思维与教学》，中国轻工业出版社1999年版。
陈咏梅：《行政法与行政诉讼法（现代法学系列）》，中山大学出版社2008年版。
陈序经：《文化学概观》，中国人民大学出版社2005年版。
崔绪治、徐厚德：《现代管理哲学概论》，安徽人民出版社1986年版。
崔绪治、徐厚德：《现代管理哲学纲要》，经济管理出版社1990年版。
范进：《康德文化哲学》，社会科学文献出版社1996年版。

复旦大学儒学院编：《中国哲学合法性与儒学世界化》，商务印书馆 2020 年版。

高亨：《周易大传今注》，齐鲁书社 1979 年版。

葛荣晋：《中国哲学智慧与现代企业管理》，中国人民大学出版社 2006 年版。

洪晓楠：《科学文化哲学研究》，上海文化出版社 2004 年版。

韩雪涛：《数学悖论与三次数学危机》，湖南科学技术出版社 2006 年版。

《韩非子》校注组：《韩非子校注》，江苏人民出版社 1982 年版。

江怡：《维特根斯坦：一种后哲学的文化》，社会科学文献出版社 1996 年版。

刘进田：《文化哲学导论》，法律出版社 1999 年版。

刘仲林：《中西会通创造学：两大文化生新命》，天津人民出版社 2017 年版。

李兰芬：《管理伦理学》，中国商业出版社 1995 年版。

李翔宇：《管理文明论》，武汉出版社 2011 年版。

鲁迅：《三闲集》，译林出版社 2018 年版。

梁启雄：《荀子简释》，中华书局 1983 年版。

黎红雷：《儒家管理哲学》，广东高等教育出版社 1998 年版。

黎红雷：《中国管理智慧教程》，人民出版社 2006 年版。

彭新武：《管理哲学导论》，中国人民大学出版社 2006 年版。

全国九所综合性大学《心理学》教材编写编组：《心理学》，广西人民出版社 1982 年版。

苏东水：《中国管理通鉴》，浙江人民出版社 1996 年版。

时蓉华：《现代社会心理学（第 3 版）》，华东师范大学出版社 2007 年版。

舒炜光、邱仁宗主编：《当代西方科学哲学述评》，人民出版社 1987 年版。

田文棠：《中国文化的整合与认知》，陕西人民教育出版社 1998 年版。

陶伯华：《智慧思维学》，吉林人民出版社 2010 年版。

王树人、余丽嫦、侯鸿勋主编：《西方著名哲学家传略》，山东人民出版社 1987 年版。

王路：《逻辑与哲学》，人民出版社 2007 年版。

王周伟主编：《风险管理》，机械工业出版社2011年版。

乌杰：《系统辩证论》，人民出版社1991年版。

吴宁：《日常生活批判——列斐伏尔哲学思想研究》，人民出版社2011年版。

肖前主编：《马克思主义哲学原理》，中国人民大学出版社1994年版。

夏书章：《夏书章自选集》，广东人民出版社2007年版。

叶秀山：《前苏格拉底哲学研究》，生活·读书·新知三联书店1982年版。

易晓波编著：《邓晓芒点评：论康德的知性与理性》，湖南教育出版社2010年版。

杨伯峻：《孟子译注（全二册）》，中华书局1960年版。

杨伯峻：《论语译注》，中华书局1980年版。

朱德生、李真主编：《简明欧洲哲学史》，人民出版社1979年版。

张世英：《论黑格尔的逻辑学》，上海人民出版社1981年版。

张岱年：《中国哲学大纲》，中国社会科学出版社1982年版。

郑昕：《康德学述》，商务印书馆2001年版。

郑也夫：《吾国教育病理》，中信出版社2013年版。

周三多、陈传明、鲁明泓：《管理学——原理与方法（第四版）》，复旦大学出版社2003年版。

周瑞良等：《创造与方法》，中国林业出版社1999年版。

周可真：《顾炎武年谱》，苏州大学出版社1998年版。

周可真：《顾炎武哲学思想研究》，当代中国出版社1999年版。

周可真：《明清之际新仁学——顾炎武思想研究》，中国大百科全书出版社2006年版。

周可真：《顾炎武与中国文化》，黄山书社2009年版。

赵守正：《管子注译》，广西人民出版社1987年版。

钟祥财：《中国近代民族企业家经济思想史》，上海社会科学院出版社1992年版。

《哲学原理发展概述》编写组：《哲学原理发展概述》（上），福建人民出版社1981年版。

曾仕强：《中国管理哲学》，台北：东大图书公司，1963年版。

曾仕强：《中国式管理》，中国社会科学出版社2005年版。

（三）中文辞书

《简明文化人类学词典》，陈国强主编，浙江人民出版社1990年版。

《马克思主义哲学大辞典》，金炳华主编，上海辞书出版社2003年版。

《心理学词典》，全国八所综合大学《心理学词典》编写组编，广西人民出版社1984年版。

《牛津现代高级英汉双解词典》，商务印书馆、牛津大学出版社1996年版。

《汉英词典》，吴景荣主编，商务印书馆1978年版。

《中国卫生管理辞典》，武广华等主编，中国科学技术出版社2001年版。

《中国百科大辞典》，袁世全等主编，华夏出版社1990年版。

《党的十一届三中全会以来新名词术语辞典》，张首吉等主编，济南出版社1992年版。

《现代汉语词典（修订本）》，中国社会科学院语言研究所词典编辑室编，商务印书馆1996年版。

（四）中文古籍

《诗经》，《诗经全译》，袁愈荌译诗，唐莫尧注释，贵州人民出版社1981年版。

《老子》，《王弼集校释》，楼宇烈校释，中华书局1980年版。

《管子》，《管子注译》，赵守正注译，广西人民出版社1987年版。

《论语》，《论语译注》，杨伯峻译注，中华书局1980年版。

《孟子》，《孟子译注（全二册）》，杨伯峻译注，中华书局1960年版。

《庄子》，《庄子今注今译》，陈鼓应注译，中华书局1983年版。

《礼记》，《礼记正义（十三经注疏）》，（汉）郑玄注，北京大学出版社2000年版。

《墨经》，《墨经分类译注》，谭戒甫译注，中华书局1981年版。

《荀子》，《荀子简释》，梁启雄简释，中华书局1983年版。

《易传》，《周易大传今注》，高亨今注，齐鲁书社1979年版。

《韩非子》，《韩非子校注》，《韩非子》校注组校注，江苏人民出版社1982年版。

《吕氏春秋》，刘生良评注，商务印书馆，2015年；《吕氏春秋集释》，许维遹集释,北京市中国书店1985年版。

《国语》,上海古籍出版社1978年版。

(汉)郭宪:《汉武帝别国洞冥记》,《汉魏六朝笔记小说大观》,上海古籍出版社1999年版。

(汉)刘向:《列女传》,文物出版社2019年版。

(汉)司马迁:《史记》,岳麓书社1988年版。

(汉)司马迁:《报任安书》,《汉书·司马迁传》,中华书局2012年版。

(汉)扬雄:《太玄集注》,司马光集注,中华书局2013年版。

(汉)许慎:《说文解字》,中华书局1963年版。

(汉)王充:《论衡》,上海人民出版社1974年版。

(晋)葛洪:《抱朴子》,诸子百家丛书,上海古籍出版社1990年版。

(晋)释慧远:《大智论钞序》,《大正新修大藏经》第55册,中华书局1990年版。

(南朝·梁)萧统:《令旨解二谛义》,道宣《广弘明集》卷二十一,《四部丛刊》本。

(唐)李延寿:《南史》,《二十二史·南史卷》,中华书局1999年版。

(唐)慧能:《坛经》,《坛经校释》(《中国佛教典籍选刊》),郭朋校释,中华书局1983年版;《敦煌新本六祖坛经》,杨曾文校写,宗教文化出版社2001年版。

(宋)张载:《张载集》,中华书局1978年版。

(宋)李昉等编:《太平广记》,中华书局2020年版。

(宋)朱熹:《四书章句集注》(《新编诸子集成》第一辑),中华书局1983年版。

(宋)朱熹:《晦庵先生朱文公文集》,《朱子全书(全27册)》第23册,上海古籍出版社、安徽教育出版社2002年版。

(宋)陆九渊:《陆九渊集》,钟哲点校,中华书局1980年版。

(宋)黎靖德编:《朱子语类》(全八册),王星贤点校,中华书局1986年版。

(宋)叶采:《近思录集解》,程水龙校注,中华书局2017年版。

《全宋诗(全72册)》第3册,北京大学古文献研究中心编,北京大学出版社1995年版。

（明）施耐庵：《水浒传》，群言出版社 2017 年版。

（明）焦竑：《焦氏笔乘》，李建雄点校，凤凰出版社 2020 年版。

（清）顾炎武：《顾亭林诗文集》，华忱之点校，中华书局 1983 年版。

（清）顾炎武：《日知录》，《日知录集释（外七种）》，黄汝成集释，上海古籍出版社 1985 年版。

（清）全祖望：《亭林先生神道表》，《鲒埼亭集》卷十二，《四部丛刊》本。

（清）钱大昕：《卢氏（群书拾补）序》，《潜研堂文集》卷二十五，吕友仁点校，上海古籍出版社 2009 年版。

（清）凌廷堪：《戴东原先生事略状》，《校礼堂文集》卷三十五，清道光六年宣城张氏刊本。

（清）沈垚：《落帆楼文集》卷八《与孙愈愚》，民国七年吴兴刘氏嘉业堂刻《吴兴丛书》本。

《四库全书提要》卷十六经部·诗类二《毛诗稽古编》第一册。

（五）中文译著

[美] A. 爱因斯坦、L. 英费尔德：《物理学的进化》，周肇威译，上海科学技术出版社 1962 年版。

[美] A. 爱因斯坦：《爱因斯坦文集》第 3 卷，商务印书馆 1979 年版。

[古罗马] 马可·奥勒留：《沉思录》，何怀宏译，中央编译出版社 2008 年版。

[俄] T. H. 奥伊泽尔曼：《元哲学》，高晓惠译，人民出版社 2013 年版。

[法] 维克多·埃尔：《文化概念》，康新文、晓文译，上海人民出版社 1988 年版。

《古希腊罗马哲学》，北京大学哲学系外国哲学史教研室编译，生活·读书·新知三联书店 1957 年版；北京大学哲学系编译，商务印书馆 1961 年版。

《十八世纪法国哲学》，北京大学哲学系外国哲学史教研室编译，商务印书馆 1979 年版。

《西方哲学原著选读》，北京大学哲学系外国哲学史教研室编译，商务印书馆 1981 年版。

[德] 包尔生：《伦理学体系》，何怀宏、廖申白译，中国社会科学出版社

1988年版。

［英］W. I. B. 贝弗里奇：《科学研究的艺术》，陈捷译，科学出版社1979年版。

［美］安德鲁·J. 杜布林：《组织行为基础——应用的前景》，奚慧等译，机械工业出版社1985年版。

［法］笛卡儿：《论灵魂的激情》，贾江鸿译，商务印书馆2013年版。

［法］笛卡儿：《哲学原理》，关文运译，商务印书馆1958年版。

［德］顾友信：《中国逻辑的发现》，陈志伟译，江苏人民出版社2020年版。

［美］狄伯瑞：《从理学到朴学》，赵刚译，江苏人民出版社1997年版。

［英］W. C. 丹皮尔：《科学史及其与哲学和宗教的关系》，李珩译，商务印书馆1975年版。

［德］费尔巴哈：《费尔巴哈哲学著作选集》，荣震华、李金山译，生活·读书·新知三联书店1959年版。

［法］伏尔泰：《风俗论》，梁守锵、吴模信、邱公南、汪家荣等译，商务印书馆1997年版。

［法］亨利·法约尔：《工业管理和一般管理》，曹永先译，团结出版社1999年版。

［苏联］В. П. 戈卢宾科：《必然和自由》，苍道来译，北京大学出版社1984年版。

［德］海森堡：《物理学和哲学》，范岱年译，商务印书馆1981年版。

［德］黑格尔：《小逻辑》，贺麟译，商务印书馆1980年版。

［德］黑格尔：《哲学史讲演录》第1卷，贺麟、王太庆译，商务印书馆1959年版。

［德］黑格尔：《哲学史讲演录》第3卷，贺麟译，商务印书馆1996年版。

［德］黑格尔：《美学》，朱光潜译，商务印书馆1982年版。

［加］霍金森：《领导哲学》，刘林平等译，云南人民出版社1987年版。

［美］查尔斯·基弗、马尔科姆·康斯特布尔：《顿悟：捕捉灵感的艺术》，蔡宇星译，中国人民大学出版社2017年版。

［美］泰丽·贾米森、琳达·贾米森：《直觉》，吴茜译，企业管理出版社

2013年版。

[美] 哈罗德·孔茨、西里尔·奥唐奈、海因茨·韦里克:《管理学》,黄砥石等译,中国社会科学出版社1987年版。

[英] 伯特兰·罗素:《西方哲学史》,何兆武、李约瑟译,商务印书馆1963年版。

[英] 伯特兰·罗素:《人类的知识》,张金言译,商务印书馆1983年版。

[英] 伯特兰·罗素:《我的哲学的发展》,温锡增译,商务印书馆1982年版。

[美] 杰里米·里夫金、特德·霍华德:《熵:一种新的世界观》,吕明、袁舟译,上海译文出版社1987年版。

[英] 卡尔·波普尔:《客观知识——一个进化论的研究》,舒炜光等译,上海译文出版社1987年版。

[德] 康德:《纯粹理性批判》,蓝公武译,商务印书馆1960年版。

[德] 康德:《纯粹理性批判》,邓晓芒译,人民出版社2004年版。

[德] 康德:《实用人类学》,邓晓芒译,上海人民出版社2007年版。

[德] 康德:《康德著作全集》第7卷,李秋零主编,中国人民大学出版社2008年版。

[美] 丹尼尔·雷恩:《管理思想史(第五版)》,中国人民大学出版社2009年版。

[美] 理查德·罗蒂:《后哲学文化》,黄勇译,上海译文出版社1992年版。

[美] 鲁思·本尼迪克特:《文化模式》,张燕、傅铿译,浙江人民出版社1987年版。

[美] 鲁思·本尼迪克特:《菊与刀》,吕万和、熊达云、王智新译,商务印书馆1990年版。

[法] 卢梭:《论科学与艺术》,何兆武译,商务印书馆1995年版。

[法] 卢梭:《卢梭散文选》,李平沤译,百花文艺出版社2005年版。

[法] 卢梭:《对话录》,袁树仁译,上海人民出版社2007年版。

[美] 约瑟夫·L. 梅西:《管理学概要》,何广扬、谢作垣译,辽宁人民出版社1985年版。

[美] W. H. 纽曼、小 C. E. 萨默:《管理过程——概念、行为和实践》,

李柱流等译，中国社会科学出版社1995年版。

［德］尼采：《权力意志——重估一切价值的尝试》，张念东、凌素心译，商务印书馆1991年版。

［英］培根：《新工具》，许宝骙译，商务印书馆1997年版。

［法］彭加勒：《科学与方法》，李醒民译，商务印书馆2006年版。

［比］普里戈金、［法］斯唐热：《从混沌到有序——人与自然的新对话》，曾庆宏、沈小峰译，上海译文出版社1987年版。

［德］石里克：《自然哲学》，陈维杭译，商务印书馆1984年版。

［美］列奥·施特劳斯：《自然权利与历史》，彭刚译，生活·读书·新知三联书店2006年版。

［德］叔本华：《论理学的两个基本问题》，任立、孟庆时译，商务印书馆1996年版。

［美］泰勒：《科学管理原理》，马风才译，机械工业出版社2011年版；蔡上国译，上海科学技术出版社1982年版。

［美］梯利：《西方哲学史》，葛力译，商务印书馆1995年版。

［美］小詹姆斯·H. 唐纳利、詹姆斯·L. 吉布森、约翰·M. 伊凡赛维奇：《管理学基础——职能·行为·模型》，李柱流、苏沃涛等译，中国人民大学出版社1982年版。

［德］马克斯·韦伯：《新教伦理与资本主义精神》，于晓、陈维刚等译，生活·读书·新知三联书店1987年版。

［英］摩根·威策尔：《管理的历史》，孔京京、张炳南译，中信出版社2002年版。

［德］文德尔班：《哲学史教程》，罗达仁译，商务印书馆1987年版。

［英］休谟：《人性论》，关文运译，郑之骧校，商务印书馆1980年版。

［古希腊］亚里士多德：《形而上学》，吴寿彭译，商务印书馆1959年版。

［古希腊］亚里士多德：《亚里士多德全集》第1卷，苗力田主编，中国人民大学出版社1990年版。

［法］雨果：《雨果论文学》，柳鸣九译，上海译文出版社1980年版。

［英］谢尔登：《管理哲学》，刘敬鲁译，商务印书馆2013年版。

［日］占部都美：《现代管理论》，蒋道鼎译，新华出版社1984年版。

（六）中文期刊论文

安维复：《元哲学与哲学——与李光程同志商榷》，《哲学研究》1988年第4期。

昂扬：《论逻辑思维功能》，《复旦学报》（社会科学版）1998年第4期。

程宇宏：《"管理哲学"何为》，《科学学研究》第24卷（增刊），2006年12月。

丛日云：《先秦与古希腊思想家政治认知方式的差别》，《辽宁师范大学学报》（社会科学版）1992年第4期。

崔绪治、徐厚德：《应用哲学的基本问题与哲学应用观》，《河南大学学报》（社会科学版）1986年第3期。

陈嘉明：《"元哲学"研究：现状、意义及其问题》，《上海交通大学学报》（哲学社会科学版）2017年第2期。

陈熙谋等：《逻辑思维与直觉思维》，《物理通报》1994年第7期。

陈振明：《走向一种"新公共管理"的实践模式——当代西方政府改革趋势透视》，《厦门大学学报》（哲学社会科学版）2000年第2期。

段培京：《吉尔福特论创造力》，《心理发展与教育》1986年第2期。

东方管理科学研究院编写组：《中国"东学"三十年——东方管理学的创新与发展》，《世界经济文汇》2006年专刊。

方朝晖：《"辩证法"一词考》，《哲学研究》2002年第1期。

冯天瑜：《"科学"：概念的古今转换与中外对接》，《中国地质大学学报》（社会科学版）2007年第6期。

樊洪业：《中国科学社与新文化运动》，《科学》1989年第2期。

苟欢迎、刘文瑞：《管理哲学的探索者——郎特里和谢尔登》，《管理学家》2007年第2期。

葛新斌：《教育领导乃是一种道德艺术——霍金森教育管理价值论评析》，《比较教育研究》2007年第12期。

谷振诣：《"论辩术"与希腊逻辑的传统》，《求是学刊》2000年第6期。

高德胜：《"道德的勇敢"与道德勇气——兼论道德勇气的培育》，《教育研究与实验》2020年第1期。

高新民：《〈周易·说卦〉简论》，《甘肃高师学报》2004年第4期。

胡永嘉：《霍金森对当代领导理论的批判和重建》，《领导科学》2009年第 35 期。

胡文会：《中国哲学合法性问题研究综述》，《湖北民族学院学报》（哲学社会科学版）2008 年第 4 期。

贺善侃：《创新思维形式的分类》，《教学月刊·中学版（教学管理）》2011 年第 7 期。

韩林合：《石里克论自然科学、精神科学和世界观的构建》，《自然辩证法通讯》1995 年第 3 期。

韩东屏：《人·元价值·价值》，《湖北大学学报》（哲学社会科学版）2003 年第 3 期。

菡涵：《"光纤之父"高锟痴梦成真》，《中华儿女》2010 年第 4 期。

蒋国杰：《留学生与西方科学管理思想在中国的传播》，《徐州师范大学学报》（哲学社会科学版）2007 年第 3 期。

江天骥：《从意识哲学到文化哲学的转变》，《哲学研究》2001 年第 1 期。

鞠实儿：《论逻辑学发展的方向》，《中山大学学报》（社会科学版）2003 年第 S1 期。

贾江鸿：《从笛卡儿对激情的界定来看"我思"的两种内涵》，《哲学研究》2013 年第 6 期。

景志明：《浅析领导者的信息沟通艺术》，《西昌师范高等专科学校学报》（社会科学版）1998 年第 3 期。

晋荣东：《逻辑的名辩化及其成绩与问题》，《哲学分析》2011 年第 6 期。

金生鈜：《作为心灵教育艺术的辩证法》，《教育学报》2018 年第 1 期。

《今日教育》编辑部：《看到梦 找到路 中小学生生涯教育全解读》，《今日教育》2015 年第 3 期。

V. 科希、J. 库琴斯基、姜晓辉：《蒙特利尔世界哲学大会的成果和世界使命》，《国外社会科学》1985 年第 1 期。

黎红雷：《中法启蒙哲学之比较》，《哲学研究》1987 年第 5 期。

李光程：《哲学究竟是什么？——从元哲学的观点看来》，《哲学研究》1987 年第 12 期。

李翔宇：《管理词源探析——以中、英、日三种语言为例》，《管理学家》2010 年第 12 期。

李培挺：《国外管理哲学基本定位研究：变迁、实质与趋势》，《管理学报》2012 年第 6 期。

李廉:《亚里士多德的归纳逻辑》,《学海》1996 年第 3 期。

李振伦:《元理论与元哲学》,《河北学刊》1996 年第 6 期。

李志昌:《论直觉思维与逻辑思维的相互关系》,《楚雄师专学报》2001 年第 2 期。

李德顺、崔唯航:《哲学思维的三大特性》,《学习与探索》2009 年第 5 期。

李醒民:《科学革命的实质》,《民主与科学》2014 年第 4 期。

李敬峰:《理学范式,心学旨趣:张九成思想特质辨析》,《原道》2015 年第 4 期。

刘大椿、潘睿:《人文社会科学的分化与整合》,《中国人民大学学报》2009 年第 1 期。

刘敬鲁、宋作宇:《彻底规范视角下的管理实践——科克比的管理哲学述评》,《学海》2010 年第 2 期。

刘凤娟:《康德的知性存在与理性存在概念之区分》,《江淮论坛》2010 年第 1 期。

刘敬鲁:《谢尔登管理的社会责任理论及其现实意义》,《湖南科技大学学报》(社会科学版) 2008 年第 1 期。

刘伟:《西方政府改革运动实践模式演变的回溯分析》,《理论与现代化》2008 年第 1 期。

陆兴忍:《论席勒的激情观》,《吉首大学学报》(社会科学版) 2005 年第 4 期。

吕力:《元管理学:管理学属性之争的"应然"与"实然"》,《管理观察》2010 年第 10 期。

吕力:《元管理学:研究对象、内容与意义》,《当代财经》2010 年第 9 期。

梁进龙、张海钟:《玛格丽特·米德的女性心理学思想述评》,《湖南科技学院学报》2010 年第 11 期。

玛合沙提古丽·克孜尔汗:《灵感的心理学概念》,《辽宁广播电视大学学报》2014 年第 3 期。

聂爱文:《解读〈文化模式〉》,《昌吉学院学报》2002 年第 2 期。

彭光灿、李道模：《管理学与管理哲学的联系与区别——从研究对象及学科属性视角》，《理论月刊》2012 年第 2 期。

彭贺、苏宗伟：《东方管理学的创建与发展：渊源、精髓与框架》，《管理学报》2006 年第 1 期。

彭公亮：《论"无蔽"（Aletheia）——兼论海德格尔的思想转向》，《培训与研究（湖北教育学院学报）·社科版》1999 年第 6 期。

钱学森：《关于形象思维问题的一封信》，《中国社会科学》1980 年第 6 期。

强月新、陈星：《线性思维、互联网思维与生态思维——新时期我国媒体发展思维的嬗变路径》，《新闻大学》2019 年第 2 期。

苏东水：《论东方管理学》，《世界经济文汇》2006 年世界管理论坛专刊。

苏宁：《中国科学发展历程及现状》，《知识与创新》2009 年第 8 期。

施璇：《笛卡儿的两条身心联结原则》，《哲学动态》2017 年第 8 期。

Г. 斯米尔诺夫、吴薇：《哲学与文化——第十七次世界哲学大会总结》，《国外社会科学》1984 年第 5 期。

孙伟平：《论逻辑思维与直觉思维的互补关系》，《北京师范大学学报》1991 年第 6 期。

孙晓天、李晓非：《玛格丽特·米德与女性主义》，《经济研究导刊》2011 年第 9 期。

王雷：《企业文化的人性基石：文化人假设》，《企业改革与管理》2015 年第 17 期。

王庆英：《辩证逻辑与逻辑辩证法》，《河南社会科学》2007 年第 5 期。

王复亮：《创新思维的基本类型与思维模式》，《潍坊学院学报》2007 年第 3 期。

王志康：《具有一般方法论意义的元理论何以可能？——读李振伦的〈元理论与元哲学〉》，《自然辩证法研究》2001 年第 12 期。

王建军：《论康德对真理概念的判断力奠基》，《哲学研究》2016 年第 4 期。

王永丽：《国外生涯教育的特点及对我国的启示》，《基础教育参考》2010 年第 21 期。

王景琳、徐匋：《说说惠能的"顿悟"（上）》，《文史知识》2013 年第

5 期。

温华：《归纳逻辑与认识论》，《江汉论坛》2002 年第 12 期。

吴宁：《列斐伏尔哲学观审读》，《长江论坛》2009 年第 2 期。

伍香平、李华中：《论柏格森的直觉体验教育哲学观》，《湖南师范大学教育科学学报》2002 年第 3 期。

吾闻：《好奇心是创造思维的不竭源泉》，《学苑创造（B 版）》2008 年第 3 期。

徐厚德、崔绪治：《关于应用哲学的研究对象、目的和方法》，《苏州大学学报》（哲学社会科学版）1986 年第 2 期。

徐法超：《阿奎那论激情及其对象》，《肇庆学院学报》2013 年第 4 期。

夏书章：《设置公共行政硕士专业学位的建议》，《学位与研究生教育》1998 年第 4 期。

夏书章：《公共管理的旧貌新颜和发展趋势——公共管理面面观》，《公共管理学报》2004 年第 1 期。

肖婷婷：《浅析西方灵感说的发展与演变》，《丝绸之路》2013 年第 16 期。

肖建华：《文化哲学简论》，《中南论坛》2006 年第 1 期。

谢地坤：《狄尔泰与现代解释学》，《哲学动态》2006 年第 3 期。

谢敏：《论哲学视野中的"世界历史"》，《中文信息》2016 年第 12 期。

席泽宗：《关于"科学"一词的来历》，《历史教学》2005 年第 11 期。

叶秀山：《读那总是有读头的书——重读黑格尔〈精神现象学·序言〉》，《读书》1991 年第 4 期。

阎力：《浅析科学创造中的直觉、灵感和顿悟》，《哲学研究》1988 年第 8 期。

阎平：《格式塔心理学派关于创造性思维的研究：方法论原则与认识论基本分析》，《自然辩证法研究》1992 年第 10 期。

杨铨：《科学管理法之要素》，《科学》1922 年第 4 期。

杨文衡：《"科学"一词的来历》，《中国科技史资料》1981 年第 3 期。

游国龙：《文化与人格研究和心理人类学的方法论剖析——以〈菊与刀〉与〈家元〉为例》，《日本学刊》2010 年第 5 期。

余自武、苏东水：《论东方管理的人道哲学》，《上海管理科学》2010 年第 5 期。

尹姣容、葛新斌：《霍金森教育管理思想之再探析》，《清华大学教育研究》2016 年第 2 期。

周昌忠：《西方归纳哲学五题议》，《哲学研究》1987 年第 12 期。

周云之：《中国正名学说中的意义理论》，《哲学研究》1996 年第 4 期。

周可真：《真理新探》，《江海学刊》1999 年第 4 期。

周可真：《罗蒂的后哲学文化观》，《江苏大学学报》（社会科学版）2005 年第 3 期。

周可真：《构建普遍有效的文化价值标准——对文化哲学的首倡者文德尔班的文化哲学概念的解读》，《苏州大学学报》（哲学社会科学版）2011 年第 3 期。

周可真：《中国哲学诠释方法——"同情之理解"的源流及其限制》，《河南社会科学》2013 年第 4 期。

周可真：《马克思恩格斯历史科学体系的内在逻辑》，《江苏行政学院学报》2013 年第 5 期。

周可真：《体古今人性之常，通古今人性之变——论中国哲学史研究的意义和目的》，《湖北大学学报》（哲学社会科学版）2013 年第 6 期。

周可真：《人生如游戏，创新似炫技》，《高科技与产业化》2014 年第 5 期。

周军：《英语中名词 + 名词的复合词》，《四川师范学院学报》（哲学社会科学版）1990 年第 4 期。

周程：《"科学"一词并非从日本引进》，《中国文化研究》2009 年第 2 期。

周程：《究竟谁在中国最先使用了"科学"一词?》，《自然辩证法通讯》2009 年第 4 期。

朱发建：《清末国人科学观的演化：从"格致"到"科学"的词义考辨》，《湖南师范大学社会科学学报》2003 年第 4 期。

朱发建：《最早引进"科学"一词的中国人辨析》，《吉首大学学报》（社会科学版）2005 年第 2 期。

张晓芒：《创新思维的逻辑学基础》，《南开学报》2006 年第 6 期。

张红学：《谈创造力的培养》，《中共郑州市委党校学报》2004 年第 5 期。

张晓翔：《中国逻辑具有合法性——〈中国逻辑对"必然地得出"的研究〉》，《重庆大学学报》（社会科学版）2009年第1期。

张盾、刘招明：《黑格尔和马克思的"世界历史"概念》，《马克思主义与现实》2009年第3期。

张新平：《价值论与整合论：外国教育管理学理论的新进展》，《比较教育研究》2003年第1期。

张雪临：《灵感及诱发运动灵感的方法》，《中国体育科技》1997年第4期。

张茂泽、徐怀东：《同情的了解：现代中国的诠释方法》，《人文杂志》2000年第6期。

张立伟：《论哲学是文化的核心》，《重庆师范大学学报》（哲学社会科学版）1992年第4期。

张传有：《自由——康德伦理学的核心》，《武汉大学学报》（哲学社会科学版）1999年第3期。

转引自［希腊］斯塔夫里阿诺斯《全球通史——1500年以前的世界》，"序言·走向全球史"（张广勇），吴象婴、梁赤民译，上海社会科学院出版社1999年版。

赵璧如：《关于用"认知"取代"认识"的问题》，《中国社会科学》1994年第3期。

曾志柏：《新公共管理：当代西方政府改革的新模式》，《科学管理研究》2002年第5期。

（七）中文报刊文章

冯宇嘉、王韧：《苏东水的东方管理学》，《光明日报》2018年11月5日16版。

李珍：《好奇心是创造性思维的源泉》，《光明日报》2020年11月6日理论版。

林坚：《"文化学"的历史考察》，《社会科学报》2007年5月24日第5版。

鲁迅：《今春的两种感想》，《世界日报》（北平）1932年11月30日第七版《教育》栏。

唐景莉：《哲学社会科学是文化的内核和灵魂——访全国政协委员、中国人民大学党委书记程天权》,《中国教育报》2012年3月12日第9版。

王申连:《狄尔泰对自然科学心理学的批判及其效应》,《中国社会科学报》2020年第11期。

邬春立:《〈菊花与刀〉:耻辱感文化　美与残酷的极致》,中国新闻网《海外华文报摘》(2011年2月12日)摘自香港《文汇报》。

徐耀:《好奇心与创造力》,《中国科学报》2017年11月20日第7版观点。

印大中:《科学灵感产生的生物学原理及主动获取技术》,《科学时报》2011年2月23日A3新知。

周可真:《人文社会科学评价中的逻辑标准与事实标准》,《科学时报》2009年4月10日A4周末评论。

周可真:《君子之道"智""仁""勇"》,《光明日报》2017年10月11日11版。

张玉新、张小慧:《"全国管理哲学创新论坛"提出:从实际出发创新中国管理哲学》,《人民日报》2007年5月25日第8版。

张万强:《中国古代有"逻辑学"吗?》,《中华读书报》2020年7月22日第10版。

(八) 中文学位论文

陈名贤:《物理教学中创造性思维能力的培养》,硕士学位论文,四川师范大学,2002年。

李艳:《试论情感、意志在人的活动中的作用》,硕士学位论文,贵州师范大学,2008年。

唐梅:《知识论难题——"休谟问题"的追溯及后续》,硕士学位论文,贵州大学,2009年。

王小丁:《柏拉图的灵感说及影响论》,硕士学位论文,西北大学,2010年。

吴国盛:《技术与形而上学——沿着海德格尔的"思""路"》,博士学位论文,北京大学,1998年。

杨俊:《雅斯贝尔斯的元哲学研究》,博士学位论文,山东大学,2008年。

朱碧云:《直译与意译应为互补而非对立——对〈科学管理原理〉不同译本的比较》,硕士学位论文,北京大学,2012年。

（九）汉译外文论文

［美］艾尔曼：《从前现代的格致学到现代的科学》，蒋劲松译，庞冠群校，《中国学术》2000年第2期。

［美］J. 阿然奎：《笛卡儿和维特根斯坦论激情》，贺翠香译，《世界哲学》1998年第2期。

［美］列奥·施特劳斯：《什么是政治哲学》，载《现代政治思想——关于领域、价值和趋向的问题》，［美］詹姆斯·A. 古尔德、［美］文森特·A. 瑟斯比编，杨淮生译，商务印书馆1985年版。

［意］托马斯·阿奎那：《真理论》，傅乐安摘译，《哲学译丛》1978年第5期。

［德］席勒：《论激情》，张玉能译，《外国美学》第3辑，商务印书馆1986年版。

二 外文文献

Christopher Hodgkinson, *The Philosphy of Leadership*, First published 1983, Basil Blackwell Publisher limited, 108 Cowley Road, Oxford OX4 1JF, England.

Christopher Hodgkinson, *Toward a Philosphy of Administration*, Oxford: Basil Blackwell Publisheder limited, 1983.

Harold Koontz, The Management Theory of Jungle Revised, *Academy of Management Journal*, 1980.

Lazerowitz, M., "A note on 'metaphilosophy'", *Metaphilosophy*, Volume 1, Issue 1, January 1970.

Oliver Sheldon, *The Philosophy of Management*, London: Isaac Pitman & sons, 1923.

Richard Double, *Metaphilosophy and Free Will*, Oxford University Press, 1996.

Terrell Ward Bynum, Creating the Journal Metaphilosophy. *Metaphilosophy*, 42 (3). 2011.

索 引

三画

小 M. N. 李克特 123
小托马斯·沃森 162
马兰 161，162
马克思 4，8，16，18，23，28，
30，32，37，64，66—69，72—
74，76—79，94，96，120，
129—133，138，140，141，155，
158，170，194—196，229—231，
235—237，255，294，295—297，
305，326，352，362，367，368
马赫 109，131
子思 311

四画

王云五 62，73
王玉生 29
王龙宝 70
王充 217

王守仁 91，111，113—119，125，
134，174，175，223，227，267，
316，322—324，336
王志康 19
王国维 276
王振瑄 276
王浩 17
王弼 243，398
韦伯 158，202，203，402
韦特海默 143—145
支道林 336
瓦格纳 76，77
贝克莱 128，129
牛顿 93，95
毛泽东 229，230
丹恩豪尔 185
勾践 350
文德尔班 28，46，58，84—87，
89，98，99，107—109，121，
125，195

巴门尼德 126

巴纳德 40

邓晓芒 232

邓斯·司各脱 127

孔子 91，189，190，225，243，268，278，279，307—310，316，317，320—324，327，328，360，364，369，370，396

孔茨 10，41，156，165，166，172，174，205

孔德 131，196

五画

艾伦·菲利 42

艾儒略 275，276

本尼迪克特 135，137，252，253，255

石里克 9，93，95—97，121，122

布鲁强 17

卡尔纳普 21

卡西尔 46

占部都美 202

卢梭 281

叶秀山 228、402

丛大川 17

冯契 17，116、396

司马迁 111

尼采 105—109，125，130，132

弗兰西斯·培根 4，291

弗洛伊德 142

六画

邢贲思 17

吉尔福特 142，256，366

老子 28，29，52，53，90，91，225，229，260，364，398，404

亚里士多德 5，34，35，73，91，92，95，127，187，192，193，227，283—286，288—291，295，298，299，301，333，341，345，366，402，403

芝诺 126

西周时懋 196

有若 310

列宁 219，220

列斐伏尔 16，18，19

成中英 64

扬雄 336

朱熹 91，93，113，114，223，227，246—248，267，268，316—324，396

乔治·萨顿 123

休谟 84，101，125，128，129，301

伏尔泰 136

全祖望 116，249

庄子 90，225

刘大椿 240，252，255

刘仲林 144，145

刘向 214

刘述先 116

刘欣大 334

刘宗周 116
刘禹锡 112
刘逢禄 244
刘敬鲁 29，39，46，47，52，211
齐树楷 276
米德 252—255
江天骥 88，107
安维复 17
安德罗尼柯 286
许罗丹 187
许慎 167，247

七画

麦格雷戈 153—155
芮明杰 70
严复 196，275，276
克列孟梭 15
克拉底鲁 126
苏东水 66，69—73
苏勇 70
苏格拉底 16，90—92，126，127，195，226，227，284，285，287，295
杜布林 146
杜慕群 187
杨方 18
杨伯峻 312
杨铨 62
李兰芬 187
李光程 17
李凯尔特 88，98

李宗贤 29
李振伦 18—20，60
李培挺 41
李德顺 58—60
李醒民 123
吴廷嘉 334
吴寿彭 92
吴国盛 123，225
吴建国 67
吴海江 123
利辛格 42
伽利略 95，332
希尔伯特 14
狄尔泰 84，98，109—111，121，190
亨廷顿 136
库布罗 44
库恩 21，131，255
怀特 100
沙因 32，43，47—50，81，146，210—212
沈大德 334
沈垚 248
宋翔凤 244
张九成 117，322
张岱年 90，364，395
张厚粲 216
张载 112，223，267，395
张晓芒 257，258
张雪临 339
陆九渊 91，113，114，117
阿那克西美尼 127

阿那克萨哥拉 287
阿芬那留斯 131
阿奎那 227，341
陈荣辉 70
陈显文 276
陈爱容 17
陈高傭 276
陈寅恪 189
陈嘉明 20
纽曼 156

八画

范寿康 276
林蓉蓉 187
拉卡托斯 21
拉泽罗韦兹 16，18，19
拉瑞·托恩·霍斯默 187
叔本华 102—107，130，132
明茨伯格 41，46
罗伯特·豪斯 42
帕森斯 48
竺道生 336
彼得·圣吉 210—212
周公 307
周昌忠 123
郑也夫 345，346
郑玄 168，246—248
法约尔 40，44，173，202
波普尔 21，131，219，220，301
郎特里 55
孟子 91，113，190—192，214，243，288，310—318，322—324，344，396
孟建伟 123

九画

玻恩 331—333
郝红 187
荆其诚 216
荀子 111，112，166，167，217，225，316
荣格 334
胡适 120，276
胡塞尔 109
柯克比 24，32，50—55，60，61
查尔斯·基弗 337
柏拉图 16，92，127，147，226，227，284，333
柏格森 130
柳宗元 112
威廉·大内 145，146
拜纳姆 18
施莱尔马赫 109
施特劳斯 16
洪晓楠 123
费尔巴哈 8，129，233，235
费利克斯·迦塔利 17
费希特 103
费耶阿本德 21
姚建文 187
贺善侃 256

十画

泰勒斯　126，287

袁闯　70

埃德加·莫兰　187

哥白尼　194

夏书章　43

顾炎武　29，115—119，121，221，225，243—249，313，328，396—400，404

恩格斯　1，8，9，28，30，74，96，97，138，194，216，231，233—236，276，277，282，297，302，303，305，358，367

钱学森　334

特奥多尔·埃里斯曼　336

徐元文　245

徐厚德　1，66，67

徐耀　348

爱尔维修　101

爱因斯坦　331—333，345

爱德华·泰勒　99

高一志　275

高地　17

高斯　330，331

高锟　249—251

郭宪　350

席勒　342，343

凌廷堪　223，248

海德格尔　52，225

十一画

理查德·罗蒂　8，140，402

勒卢阿　136

黄宗羲　115，116，118，119，121

萧统　224

萨特　130，162

梅西　146

梅奥　40

野中郁次郎　210—212

崔绪治　1，49，65—68，71，73，402

笛卡儿　6，95，128，340，341

康有为　196

康德　6，52，84，87，88，91，93，95，98，101—107，125，128—130，134，151，219，231，232，279，289，342，343，403

章士钊　276

章学诚　118

阎力　334，335

梁启超　276

密尔　196

屠孝实　276

屠呦呦　339，340，344，345

维特根斯坦　122

十二画

博厄斯　252

彭新武　152

斯托尔斯　44

斯诺　122，123

斯蒂芬·克尔 42
葛荣晋 72
葛洪 223, 340
董仲舒 112, 243, 246—248, 288, 316
韩愈 316
惠能 337
景为民 335, 339
黑格尔 6, 7, 9, 99, 129, 131, 228, 232—234, 284, 287, 294, 295, 299, 335, 396
程颐 117, 267
程颢 112, 117, 267
焦竑 214
奥托·塞尔兹 142
奥伊泽尔曼 17, 19
奥斯特瓦尔德 100
鲁迅 214, 351
普利高津 177
道布尔 17, 19
曾仕强 63, 64
曾萍 187
谢尔登 1, 9, 11, 23—25, 32, 33, 36—41, 43, 55—61, 158, 202
谢弗 42
谢良佐 117

十三画

赖辛巴赫 9

雷舍尔 17
雷恩 35, 36, 39, 40, 55
虞愚 276
福莱特 40
赫拉克利特 126, 127, 226, 287

十四画

蔡麟笔 64
管仲 280
慧远 224
墨子 213, 220, 221
黎红雷 64—66, 72

十五画

德勒兹 17
德谟克利特 89, 226
潘耒 248
薛用弱 214

十六画

霍尔巴赫 128, 129
霍金森 24, 32, 41, 43, 45—52, 55, 57—61, 73, 74, 81, 146, 147, 210—212
穆藕初 62

十七画

戴维斯 41, 45
戴震 267—269

后　记

　　本书固然属于管理哲学研究专著，但对我个人来说，其意义则超出了管理哲学范围，实际上是对我数十年来学术性学习成果、学术研究成果和大学教学成果的一次全面总结。

　　1982 年，我由苏州大学考入南开大学攻读中国哲学史专业硕士学位研究生，从此开始了我的学术生涯。当时我的导师方克立先生从京、津二地请来了五位著名学者来给我们上中国哲学史原著课，印象最深的是，第二学年所开原著课，共读了五本书：《周易》由天津社会科学院研究员杨柳桥老先生主讲；张载的《正蒙》由北京大学教授张岱年老先生主讲；僧肇的《肇论》由中国人民大学教授石峻老先生主讲；《华严金狮子章》由中国人民大学教授方立天先生主讲；陈淳的《北溪字义》由中国社会科学院研究员蒙培元先生主讲。当时不知道这些先生的名头有多大，只知道他们都是极有学问的人。他们讲授的风格各异，但给我的总体印象是，他们都是结合着原著来讲学术思想和学术方法，同时还联系现实生活，听起来一点都不觉得乏味。我自己觉得，学得最好的是《肇论》，可以毫不夸张地说，石峻先生所讲的《肇论》为我理解中国佛学提供了一把钥匙。

　　石峻先生讲完了《肇论》，方老师让我送石公回人民大学，在途中和石公家里，彼此谈了很多事情，其中印象最深刻的是，石公问我将来有什么打算，我说将来还是想到大学做一名教师，石公说，这很好，边教书边做学问，做教师好！石公并嘱咐我，到了大学，先教中国哲学通史，至少教五六轮，然后再考虑写论文，否则没有资格写中国哲学论文。石公这话给我的印象太深了，至今犹在耳际回响。我完全听从了石公的教导，毕业后到苏州大学任教，一直认真给本科生教中国哲学通史，直到1989年才在《中国哲学史研究》上发表第一篇学术论文，次年又在《哲学研究》发表了第二篇论文。此后投入顾炎武研究，一心撰写顾炎武年谱，就不怎么写论文了。我每每想起石公之言，面对今日中国大学要求研究生必须发表两三篇论文才授予学位的现实，常常感慨万千！写论文，和做其他一切可称之为"事业"的事情一样，得讲究水到渠成，岂可急功近利，勉强为之乎？！

蒙先生给我们讲《北溪字义》的时候，讲到"理"范畴，解说朱熹哲学的"理"，特别强调了它有"所以然"和"所当然"两个方面的意义，这给我留下极深刻的印象，当时对我而言，真可以说是醍醐灌顶，对我理解朱熹哲学乃至于整个儒家哲学产生了深远的积极影响，实际上为我研究儒家哲学提供了一个思维框架。后来我又研读了冯契先生所著的《中国古代哲学的逻辑发展》，冯先生从中国古代哲学中提炼出"类""故""理"三个逻辑范畴，于是我就把这三个范畴同蒙先生所讲的上述内容联系起来，对儒家心性之学的逻辑发展作如是理解：孔子所讲的"性相近"的"性"是属于"类"范畴，孟子所讲的"天下之言性也则故而已矣"的"性"是属于"故"范畴，朱熹则在孔孟基础上讲"所以然之理"和"所当然之理"，其中"所以然之理"属于"故"范畴，相当于孟子讲的"性"，可以说是朱熹"照着"孟子心性论而讲的"理"，这个"理"是儒家哲学本体论范畴的"理"；"所当然之理"则可以说是朱熹"接着"孟子心性论而讲的"理"，这个"理"是儒家哲学功夫论范畴的"理"。我现在理解当年蒙先生强调朱熹哲学之"理"有"所以然"和"所当然"两个方面的意义，或许正蕴含着其有肯定朱熹心性之学将本体论和工夫论在理论上统一起来的深意呢！不管怎样，要不是当年蒙先生有那样的提示和强调，我肯定是不会这样来理解儒家心性之学的。

在南开读硕期间，我们的西方哲学原著课，是冒从虎教授给我们讲的，他一个学期就给我们讲了黑格尔的《小逻辑》，最后是闭卷考试。冒先生在讲课前发给我们一个讲义，是他对《小逻辑》的提要，一共不到5

页，目的是让我们掌握《小逻辑》的基本思路。这一学期给我的压力极大，因为是闭卷考试，而开始时读《小逻辑》，根本就读不懂！心里急啊，只能硬着头皮去"啃"这块"硬骨头"。考试居然过关，还考了个80多分。后来冒先生到苏州来游玩，我请他吃饭，讲起当年读《小逻辑》的事，他还夸奖说，学中国哲学专业的考《小逻辑》能得80多分，这很不简单嘛！那一学期的认真研读《小逻辑》，使我受益匪浅，对西方哲学范畴有了深刻印象，再读其他西方哲学原著，就感到不是很吃力了。

南开的读书生活给我以终生难忘的印象，这段生活也对我的学术生涯产生了极为深远的影响。南开的学术风气一直很好，其特点就是"朴实"二字。毕业后，我隔几年就会回南开一趟，去回味那段学习生活。

我的硕士导师是方克立先生，他也是我的博士生导师，自投到他的门下以后，我一直蒙受其关心和培养，同时也深受其人格和思想的影响，曾有两次公开发表我对他的看法①，在这里，我想另外谈些感受。

在我硕士研究生即将毕业之际，我与方老师曾有过一次长谈，那次长谈是1982年仲夏的一个晚上在南开大学的运动场上进行的，我们边走边聊，当然，主要是我聆听老师的教诲。方老师对我说："中国哲学史研究必须坚持'史论结合'，年青一代想要超越前辈，尤其应当在'论'上下功夫。"这话给我留下了十分深刻的印象，并且对我后来的治学产生了实际而深远的影响。我向来把自己所从事的哲学史研究定位于"历史的哲学研究"而不是"哲学的历史研究"，就是受方老师的影响。"历史的哲学研究"是重在"论"（哲学理论），"哲学的历史研究"是重在"史"（哲学史实）。但是，方老师所谓"史论结合"，是要求"论"立于"史"的，所以我在研究顾炎武时，就自觉地根据这个思路，从写作顾炎武年谱开始，这是贯彻了方老师"史论结合"的方法论思想。但是，就在我写作顾氏年谱的时候，我在大学的讲课一直都是既讲中国哲学通史，同时又讲哲学原理，直到20世纪90年代末、21世纪初，我仍给本学院管理学专业的本学生上哲学原理课。我之所以愿意上哲学原理课，正是因为我注重哲学理论。在我看来，就哲学史研究领域而言，相对说来，

---

① 《新起点》，载栾贵川主编《博士生谈自己》，黑龙江人民出版社1998年版；《哲学与文化研究·后记》，江苏人民出版社2005年版。

"史"是属于这个领域的"知识"之"知"的方面,"论"是属于这个领域的"知识"之"识"的方面。我所敬仰的方克立老师之所以具有非常人所能及的"深识",其原因在我看来主要是由于他具有非常好的哲学理论素养和高强的理论思维能力。哲学史研究领域的"史论结合",其知识论意义就在于"知识结合"。一个有作为的学者,须"富于知"而"深于识"才行。

我的硕士学位论文是《王弼哲学诸范畴研究》。由于王弼的主要著作之一是《老子注》,所以对《老子》的研读就成为撰写学位论文的前期工作。也因为这个缘故,《老子》研究一直是我学术研究的重要内容之一。参加工作以后,我公开发表的第一篇论文是《也谈"道"、"一"、"有"、"无"——与王博同志商榷》(《中国哲学史研究》1989年第1期),第二篇论文是《试论王弼"名教守自然"的思想》(《哲学研究》1990年增刊),此后又陆续发表了十多篇同类研究论文。

尽管参加工作后,我的学术研究重心渐由玄学转向儒学,但是王弼玄学思想对我产生了终身影响,王弼的名言"应物而无累于物"成为我人生的座右铭,它时刻提醒我:对于一切外在于心灵的东西,都应该相对地超脱,不能太过执着,凡事适可而止,既不勉强自己,为难自己,也不勉强别人,为难别人,努力保持精神的自我放松和自主自由最为重要,至于其他一切,举凡名誉、地位、权力、钱财之类,皆宜视为过眼云烟,其来也寓目,去也目送,唯留一片宁静于心田。

我从1989年开始留心学术界有关顾炎武的研究情况,注意收集这方面的资料。是年仲夏,到桂林参加了道家文化研讨会,有幸结识了武汉大学著名教授萧箑父先生。在短暂交流中,我向萧先生讨教了一些学术问题,特地向他提起了我有编写《顾炎武年谱》的打算,想听听他的意见,萧先生当即表示"好、好、好!"并对我进行了一番热情的鼓励。

在得到萧先生的鼓励后,我于翌年正式开始编纂《顾炎武年谱》,至1996年撰成初稿,后经数次修改、校核,始成其书①多年后,萧先生得知我的《顾炎武年谱》出版,还特地托他在苏州的一位学生买了一本寄给

---

① 此书于1998年由苏州大学出版社出版后,曾获第七届江苏省优秀图书奖二等奖(2000)、第五届苏州市哲学社会科学优秀成果奖一等奖(2000)。

编写《顾炎武年谱》的过程也是一个读书的过程,对此我在其书前言中曾有交代:

本谱所据的旧谱以《吴谱》、《张谱》和《钱谱》为主,并参以《徐谱》和《王谱》。所据其他材料主要包括:(1)《顾亭林诗文集》、《日知录》和其他有关顾氏著作;(2)钱仲联主编的《清诗纪事》(明遗民卷)、王蘧常的《顾亭林诗集汇注》、卢兴基的《顾炎武诗译释》和以朱彝尊的《静志居诗话》、王士禛的《渔洋诗话》为代表的数十家清人诗话作品;(3)以赵经达的《归玄恭先生年谱》和吴怀清的《三李年谱》为代表的十数家顾氏友人的年谱;(4)以《归庄集》和《尧峰文钞》为代表的数十家顾氏友人及其他有关人物的诗文集;(5)以纽琇的《觚剩》和陈康祺的《郎潜纪闻四笔》为代表的数十家清人笔记作品;(6)以吴山嘉的《复社姓氏传略》、李元度的《国朝先正事略》和赵俪生的《顾亭林与王山史》为代表的古今学人所著的有关人物传记;(7)以《明史》、计六奇的《明季南略》、佚名《研堂见闻杂录》为代表的数十种古今正、野史书;(8)以钱穆的《中国近三百年学术史》、谢国桢的《明末清初的学风》、沈嘉荣的《顾炎武论考》为代表的数十本(篇)学术专著和论文;(9)还有诸如周祖谟的《问学集》、王英志的《清代绝句五十家掇英》、商衍鎏的《清代科举考试述略》之类的数十种其他各种论著。

通过编写《顾炎武年谱》,我所获得的最大学术感受是:

顾炎武是一位具有真正的知识分子良知的伟大学者,他做学问不是为了一己之利,而是为天下而学问思辨的。所以,他著书立说有一个根本原则,就是"文须有益于天下"。正是从这一原则出发,他孜孜于明体达用、济世经邦之实学。为此,他极端鄙视和极力反对亟求当世之名以遂其私的"俗儒"们的"学问"方式,强调要在"本原之学"的基础上做出前世所未尝有、后世所不可无的真正"有益于天下"的学问。这种以天下为己任的学术精神,充分体现了一个正直的知识分子的天理良知。这种学术良知,对于处在市场经济条件下的当代学者来说,也仍然是须臾不可丢弃的。不顾是否有益于天下,而一味昧着良心"炒学问",乃至于像不法奸商那样大肆兜售假冒伪劣产品,这是知识分子的耻辱,亦是民族的不幸！顾炎武平生既重学又重商，既善学问亦会经商（且曾经商），然而，我们从他的学问中，却嗅不到一丝一毫的"商味"！顾炎武以其实践表明：治学与经商乃是两码事，商有商法，学有学术，绝不应当也不能视治学如经商，乃至以经商之道来取代治学之道！（摘自拙作《顾炎武年谱·后记》，苏州大学出版社1998年）

  基于对顾氏生平较为全面、系统、深入的认知和理解，我在中国社会科学院研究生院攻读博士学位期间（1996—1999），撰写了《顾炎武的哲学思想》作为自己的博士学位论文。嗣后，根据答辩委员会提出的意见和建议，在博士论文基础上加以修改和增补，撰成了《顾炎武哲学思想研究》[①]。博士毕业后不久，申请到了国家社科基金研究项目"顾炎武思想研究"（00BZX020），其最终成果《明清之际新仁学——顾炎武思想研究》于2006年出版[②]。在该书后记中，我叙写了这样的研究体会：

  学者为何要尽其心竭其力去研究那些老去已久的历史人物的思想？我想，总不外乎是出于顾炎武所谓"引古筹今"的需要。这里的"古"与"今"实际上是"往"（过去）与"来"（未来），却又不是简单的时间上的"往""来"，而是历史的文化上的"往""来"。所谓"引古筹今"，实质上是作为文化主体的人为创造其文化所从事的继"往"开"来"的历史活动。人类特有的文化，就是通过而且必须通过这种历史活动才能被创造出来。在这种历史活动中，"引古"是"温故"以"继往"；"筹今"是"知新"以"开来"。通过"温故知新"的历史活动，才能实现"继往开来"的文化创造。研究顾炎武思想的意义亦在于此。

  通过顾炎武思想的"温故"性研究，使我有所"知新"，其中最重要者莫过于获得了这样一种新知：在创造文化的历史活动中，应当追求这样两个结合：（1）知识的实证之真与实用之善的结合；（2）知识的自然之真与社会之善的结合。吾观中西方文化，其最大的问题即在于割裂了这两种关系，以至于知识的实证之真与实用之善相分离、自然之真

[①] 此书于1999年由当代中国出版社出版后，曾获苏州大学陆氏科研奖（2000）、第四届江苏省高校人文社会科学成果奖二等奖（2002）。

[②] 此书出版后曾获江苏省哲学社会科学优秀成果三等奖（2008）。

与社会之善相分离。较之近代以来西方文化最突出的偏重自然之真而轻忽社会之善的问题，近代以来中国文化最突出的问题则是偏重实用之善而轻忽实证之真。西方文化之偏重自然之真而轻忽社会之善的知识诉求，导致如文化悲观主义者斯宾格勒（Oswald Arnold Gottfried Spengler，1880—1936）所预言的科学技术必将导致人类毁灭这种人类社会不可持续发展的情况成为一种可能的发展趋势——此乃人类文化与社会发展之大忧患也；中国文化之偏重实用之善而轻忽实证之真的知识诉求，在过去是导致原本就落后的科学技术更远落后于西方，在今天则导致学术界虚浮之气日盛而腐败之风日狂，从而也使中国社会不可持续发展这样的情况成为一种可能的发展趋势——此乃中国科技与文化发展之大忧患也。

其中所表达的思想为本书所吸纳，尤其是"新知"方面的内容，实为本书第四篇的指导思想。

本书所表达的最基本观点是"管理哲学的发展方向是管理文化哲学"，这里所涉及的文化哲学是我长期以来哲学思考的重要内容之一，这种思考是与我的相关教学活动结合在一起的。

1986年夏，我国学术界于青岛召开了一次全国性的文化研讨会，与会者来自社会各界，有各行各业的哲学与文化爱好者，包括本人在内，其总人数竟逾六百，远远超出了会议组织者的预期，以至于其在安排与会者住宿时都有些措手不及。此次学术会议，论规模，在国内可谓盛况空前。由此可见当时国人于文化问题的关注之热切，"五四"以后在中国大地再度掀起的"文化热"当以此次文化大会为标志。从此，我开始自觉关注文化问题。青岛会议结束之后，我回苏州大学不久，于是年秋冬之际，会同有关同事在苏州大学发起、组织了一次全校性文化讲座。我对文化问题的学术探讨，就是从这个时候开始的。1989年夏，又参加了在桂林召开的一次道家文化研讨会，并在会上作了关于儒释道关系的简短发言。此后，就这个问题开展了进一步的研究，乃撰成了《试论儒、释、道之联结点》一文，发表于《苏州大学学报》（哲学社会科学版）1991年第3期。这是我对文化问题探研的最初成果。

不过，老实说，我起初对于文化哲学尚未有明晰的概念，当时以为，从事哲学研究的学者对文化现象进行反思性研究，这大概就是属于所谓文化哲学的研究了。直到20世纪90年代中期，我才形成了比较明确的文化哲学概念，并在《江苏社会科学》1996年第3期发表了《生活论——哲学的未来形态》一文（按：此文被中国人民大学报刊复印资料中心《哲学原理》1996年9月第7期转载），其内容为本书第二篇所吸纳。嗣后，我们当时的学科带头人崔绪治老师安排我给研究生开一门新课——"西方文化概论"，要求我认真做好备课工作（在这之前，我曾先后为专科生讲授过几轮选修课"中国文化欣赏"，为本科生讲授过几轮必修课"中国文化概论"）。由于不久我就到北京中国社会科学院研究生院攻读博士学位了，所以"西方文化概论"的备课工作实际上是到1999年博士毕业后才开始的。读博的第一学期我们有一门必修的公共平台课，由中国社会科学院各研究所的学术权威分别主讲，这个学期每周都会聆听到一位权威学者的讲课，例如江平研究员的法学课、叶秀山研究员的西方哲学课、王路研究员的逻辑学课、卓新平研究员的宗教学课，等等，他们的讲课打开了我的学术眼界，拓展了我的学术视野，也为我的"西方文化概论"备课工作打下了一定的知识基础。

我是受"五四"时期"德先生""赛先生"口号的启发，将"民主"与"科学"作为现代西方文化的两个主要标识来看待，据此讲述现代西方文化的来龙去脉，因此把"西方文化概论"课程内容的基本框架确定为"古希腊文化""古罗马文化""中世纪文化""近现代文化""后现代文化"。"古希腊文化"主要讲"城邦制度"、"公民文化"和"尚智传统"；"古罗马文化"主要讲"共和精神"和"法律传统"；"中世纪文化"主要讲"犹太教"和"基督教"；"近现代文化"主要讲"文艺复兴"、"宗教改革与马克斯·韦伯的《新教伦理与资本主义精神》"和"启蒙运动"；"后现代文化"主要讲"理查德·罗蒂的《后哲学文化》"。从1999年开始备课到次年开始为文化哲学研究方向的研究生开课，"西方文化概论"这门课我连续讲了十多轮，这期间对讲稿内容不断有所补充和修改，在这个过程中，逐渐形成了我对现代西方文化的总体印象：（1）它的民主是渊源于古代文化：其精神元素是源自古希腊，其制度元素是源自古罗马。（2）它的科学除了数学以外，还得益于逻辑：创始于亚里士多德的演绎逻辑助其创造理论，创始于培根的归纳逻辑助其实证理论。由此从知识发展角度我领悟到了中国到了近代之所以越来越落后于西方之故，是由于中国缺乏形式逻辑思维传统，而西方自近代以后则一方面继承了自亚里士多德以来基于演绎逻辑的理论思维传统，另一方面又发展了自培根以来基于归纳逻辑的实证思维传统。这为我构思本书第四篇的内容奠定了思想基础。

在讲授"西方文化概论"课程数年后，我又为哲学专业本科生讲授"文化哲学概论"课程。这门课本来是由另一位老师担任主讲，后因故由我来接任主讲老师。这是一门理论性较强的哲学专业选修课程，对我来讲，这又是一门新课程，需要白手起家地进行备课，但好在有许多现成的文化哲学专著可以参考，备课就相对轻松了许多。在备课和讲课过程中，对有关文化哲学专著中已经论及的诸如"文化概念""文化形式""文化模式""文化危机""文化转型""文化焦虑""文化批判""文化重建"之类的内容，我让学生通过自己的认真阅读有关文化哲学专著去了解和掌握，我则侧重从了解和把握文化人类学理论的角度来进行备课，并在课堂上重点讲述文化人类学中诸如文化心理学派、结构人类学、新进化主义、新康德主义之类的文化理论，这些文化理论是构建文化哲学理论的文化学基础。我自己对于文化的哲学思考，是集中在"文化与文明"、"文化学与文化哲学"、"人性与文化"和"全球化与文化哲学"这四个理论问题上，这些思考成为我构思和撰写本书第二篇的思想基础。

在我为研究生讲授"西方文化概论"和为本科生讲授"文化哲学概论"时，有一个阶段我的业余活动是在科学网上写博客。2007年春，科学网刚建站不久，其主编赵彦先生便邀请我入驻科学网博客（按：当时我正在"博客中国"写博），我欣然答应，于是有幸成为科学网博客的数位元老博主之一。从那时到现在，我在科学网共发表了博客文章两千余篇，内容涉及广泛，而与学术相关者主要是科学与科学哲学、伦理学、逻辑学、管理学、中国哲学与儒学。由于科学网博客管理比较严格，对博主有审核制度，必须具有硕士学位以上者才能加入博主行列，而且评论区主要是对内开放，仅限于学术讨论，与学术无关的评论往往被删除，所以可以说，这是一个比较纯粹的学术博客。我在科学网写博客，除了表达自己的一些思想和看法以外，主要是借此向科学界人士学习讨教。事实上，有一个阶段科学网博主之间互动相当活跃，这不仅激发了我的写博兴趣，也与许多科学界的博主建立了网上联系（甚至还偶有线下联系），这种联系使我能更多地了解到科学界人士的思想与思维方式，让我获益匪浅。我在科学网发表的博客文章中有三四百篇是直接关乎科学的，被我归入"科学之思"栏目，受到广泛关注和好评。本书第四篇以"知识创新"为主题即与之深有关系。

我对管理学的关注是始于20世纪90年代初。《老子"无为"新解——兼论老子的管理思想》（1993）是我涉及管理学领域的第一篇论文，但当时因为正在编纂《顾炎武年谱》，分不出多少精力去思考管理问题。

2002年，我被任命为苏州大学政治与公共管理学院院长。组建于1995年的苏州大学政治与公共管理学院有哲学、政治学和公共管理学三大主干学科，处在这样的学术环境中，对管理学自然是耳濡目染；兼任院长之后，对管理学的关切和了解，更成为我义不容辞的分内之事。于是开始涉足管理学领域，并尝试性探讨了中国古代管理思想，先后发表了《先秦诸子管理思想论纲》（2004）和《略论中国古典管理学的基本特征》（2005）两篇论文——它们竟然在国内学术界引起了一定反响：前一篇被《中国社会科学文摘》2005年第1期摘要转载；后一篇被2005年《中国社会科学文摘》第4期全文转载。这多少有点出乎我的意料，因为那毕竟只是我的初探成果啊！以此，我相信：该领域的研究在国内学术界尚且薄弱，应该还处在起步阶段，所以不但可以为，而且大有可为的余地。

2008年7月，院长任期届满，我重新回归普通教师队伍，专注于教学与学术研究，并将主要精力投放到管理哲学教学与研究中。

2011年，苏州大学组织申报自主设置目录外二级学科博士点，当时由我执笔撰写了在我校增设管理哲学博士点的论证方案，经专家评估，该方案获得通过，随后国家批准苏州大学设置管理哲学博士点，2013年该博士点正式开始招生。从那时以来，我同时招收（有时是交替招收）中国哲学和管理哲学两个专业方向的硕士生和博士生。

在管理哲学教学过程中，我越来越强烈地感觉到，这个领域需要有本教科书，对管理哲学的历史与现状及其发展趋势有一个概括性的描述，对管理哲学的学科性质、研究范围、基本问题、研究方法、理论框架、思想内容等有一个系统性的介绍，使该专业方向的硕士生和博士生对本专业领域的学术体系和思想体系有一个整体性的了解。但是，这样的教科书迄今尚未问世，本书也尚不足以填补这个空白，仅能对编写出一本像样的概论管理哲学的教科书起到抛砖引玉的作用而已——当然，在这样的教科书尚未编写出来之前，也可权充管理哲学通论教材，供哲学学科的管理哲学专业研究生使用。

借此机会，最后想要强调的一点是，本书"余论"部分指出：规范思维与自由思维的差异协同本质上是"知""情""意"的差异协同，然而迄今为止人类思维的整体结构尚处于"知""情""意"相互分离状态，这一思维缺陷在当今中国现实地表现为理论思维和仁道思维双缺、唯求知识立见实功实效的实用思维之泛滥。鉴于这一现实状况，本书提出了如是建议：为了促进人类思维结构的整体改善，宜将中国传统儒家君子人格理论和关于"知""情""意"的现代认知心理学理论加以整合，树立"知""情""意"全面协调发展的教育新理念，倡导和开展以培养"智""仁""勇"兼备的新君子为目标的人格教育。

周可真
2022 年 7 月 10 日